O.

VOYAGES

EN ARABIE

SOUS PRESSE, POUR PARAITRE LE 30 OCTOBRE.

VOYAGE DE L'INDE A BOUKHARA et retour par la Perse, suivi d'un voyage de l'embouchure de l'Indus à Lahor, contenant des détails nouveaux sur le pays et le gouvernement des Seikhs, le Cachemir, les royaumes de Caboul et de Balkh, les Khanats du Turkestan, la Perse, le Sindi et les autres états baignés par le Sind, suivi de notions étendues sur le commerce, l'industrie, les sciences, les mœurs, les coutumes et les usages des habitans de ces contrées et sur ceux de l'Asie centrale, par le lieutenant A. Burnes; ouvrage traduit de l'anglais par J.-B. Eyriès et enrichi de notes par M. Klaproth. 3 vol. in-8°, ornés de cartes, de vues, de costumes, etc.

UN VOYAGE EN RUSSIE, précédé d'une introduction, par M. Capefigue. Deux vol. in-8.

PUBLICATIONS NOUVELLES.

VOYAGE EN SUÈDE, contenant des notions étendues sur le commerce, l'industrie, l'agriculture, les mines, les sciences, les arts et la littérature de ce royaume; les mœurs, les coutumes et les usages de ses habitans; l'histoire de son gouvernement, de ses finances, de sa marine marchande, de ses forces de terre et de mer, de ses ressources; la description complète de son territoire, considéré tant sous le rapport de la géographie physique que sous celui de la géologie et de l'histoire naturelle, suivies de détails sur le gouvernement de Charles XIV Jean (Bernadotte), et sur les causes qui amenèrent son élévation au trône; par Alexandre Daumont. Deux vol. in-8, accompagnés d'un atlas grand in-4 composé de carte, vues, planches de costumes, etc., dont une partie coloriée. Prix : 21 fr.

VOYAGE DANS LA RÉGENCE D'ALGER, ou Description du pays occupé par l'armée française en Afrique; contenant des observations sur la géographie physique, la géologie, la météorologie, l'histoire naturelle, etc., suivies de détails sur le commerce, l'agriculture, les sciences et les arts, les mœurs et coutumes des habitans; de l'histoire de son gouvernement, de la description complète du territoire, d'un plan de colonisation, etc.; par M. Rozet, capitaine au corps royal d'état-major, attaché à l'armée d'Afrique comme ingénieur-géographe, membre de la Société d'histoire naturelle, et de la Société géologique de France. 3 vol. in-8 et un atlas de 31 planches, dont plusieurs coloriées. Prix : 33 fr.

VOYAGES DANS LES ÉTATS-UNIS DE L'AMÉRIQUE DU NORD, et dans le Haut et le Bas-Canada; par le capitaine B. Hall, officier de la marine royale, chargé par le gouvernement anglais de missions secrètes dans ces états. Ouvrage orné de la carte de ces pays. Deux vol. in-8. Prix : 15 fr.

VOYAGE AU CHILI, AU PÉROU ET AU MEXIQUE, par le capitaine B. Hall, officier de la marine royale; entrepris par ordre du gouvernement anglais : ouvrage orné de la carte de ces pays. 2 vol. in-8. Prix : 15 fr.

EXCURSION EN GRÈCE pendant l'occupation de l'armée française en Morée, dans les années 1832 et 1833; par M. J.-L. Lacour, attaché à cette armée en qualité de sous-intendant militaire. 1 vol. in-8. Prix : 7 fr. 50 c.

VOYAGE DANS LA RÉPUBLIQUE DE COLOMBIA; par M. Mollien, auteur du Voyage dans l'intérieur de l'Afrique, etc., etc. 2 vol. in-8, accompagnés de la carte de Colombia, et ornés de vues et de divers costumes. Deuxième édition. Prix : 14 fr.

ESSAI SUR LA CONSTITUTION DE L'HOMME, considérée dans les Rapports avec les objets extérieurs; par G. Combe, président de la Société phrénologique d'Édimbourg; traduit de l'anglais par P. Dumont. Un vol. in-8. Prix : 7 fr. 50 c.

IMPRIMERIE DE Mme HUZARD (née VALLAT LA CHAPELLE),
RUE DE L'ÉPERON, N° 7.

VOYAGES
EN ARABIE,

CONTENANT

LA DESCRIPTION DES PARTIES DU HEDJAZ,

REGARDÉES COMME SACRÉES PAR LES MUSULMANS,

SUIVIS

DE

NOTES SUR LES BÉDOUINS

ET

D'UN ESSAI SUR L'HISTOIRE DES WAHHABITES,

PAR J.-L. BURCKHARDT,

TRADUITS DE L'ANGLAIS

PAR J.-B.-B. EYRIÈS.

Ouvrage orné de carte et de plans.

TOME PREMIER.

Paris,

ARTHUS BERTRAND, ÉDITEUR,
LIBRAIRE DE LA SOCIÉTÉ DE GÉOGRAPHIE DE PARIS,
RUE HAUTEFEUILLE, N° 23.

1835.

PRÉFACE

DU TRADUCTEUR.

Quiconque a lu les voyages de Burckhardt en Arabie et ses notes sur les Bédouins, ou les analyses et les extraits que plusieurs de nos journaux ont donnés de ces ouvrages importans, a probablement éprouvé des regrets de ce qu'on ne les avait pas encore fait passer dans notre langue. Diverses personnes qui ont pour moi des sentimens de bienveillance m'invitaient à entreprendre cette traduction ; j'étais disposé à m'en charger, et je ne pouvais voir qu'avec une vive satisfaction qu'on me jugeât capable de ce travail. Par malheur, les événemens ont long-temps paralysé ma bonne volonté et mon vif désir de faire connaître à mes compatriotes un voyage que tous les juges compétens ont regardé comme étant, sous tous les rapports, un des plus intéressans qui aient été publiés depuis plusieurs années. Maintenant je livre mon ouvrage au public; je n'ai rien négligé pour qu'il en fût satisfait.

On verra, dans la préface de l'éditeur anglais, les motifs qui l'ont décidé à renvoyer à la fin du livre l'ensemble des mots qui, écrits en caractères arabes, se trouvaient, dans le manuscrit de l'auteur, intercalés dans le texte: les mêmes motifs m'ont déterminé à suivre la même marche.

Comme j'ignore entièrement l'arabe, j'aurais été plus qu'embarrassé pour copier les noms écrits avec les caractères de cette langue; heureusement l'extrême obligeance de M. Amédée Jaubert et de M. Klaproth, savans qui m'honorent de leur amitié, est venue à mon secours et je les en remercie; ils m'ont également aidé à transcrire avec notre prononciation les mots arabes qui, présentés avec l'orthographe anglaise, pourraient offrir des différences notables et essentielles. Si je n'ai pas toujours réussi à rendre très fidèlement ces mots dont l'usage ne m'est pas familier, j'espère du moins que mes fautes ne portent pas sur le sens des termes; dans tous les cas, l'errata signalera mes méprises; et à ce sujet je demande humblement la permission de faire observer que, si on découvre quelque différence dans la manière de tracer ces mots, on ne doit pas me l'imputer comme une faute irrémissible; les orientalistes n'étant pas d'accord entre eux sur ce point, et les plus habiles même rendant quelquefois la même lettre tantôt d'une manière, tantôt d'une autre.

Dans un livre où il est question des Bédouins, il est naturellement fait mention de chevaux : les détails dans lesquels entre Burckhardt ne me sont pas bien connus; M. Huzard fils m'a aidé de ses conseils; je lui en témoigne ma reconnaissance.

M. Arthus Bertrand n'a pas hésité à publier cette traduction du voyage de Burckhardt en Arabie, et a ainsi donné une nouvelle preuve de son empressement à concourir aux entreprises utiles aux progrès des sciences.

M. Ambroise Tardieu a employé tous ses soins à la carte de l'Arabie et à la gravure des plans qui accompagnent l'ouvrage de Burckhardt, qui paraîtra ainsi en français d'une manière digne de gagner les suffrages du public.

NOTICE

DE DIFFÉRENS VOYAGES EN ARABIE

Par J.-B.-B. EYRIÈS.

Séparée par des déserts, des pays dont elle est voisine sur le continent, et bornée ailleurs par la mer où elle n'envoie pas de rivière navigable, l'Arabie n'offre pas un accès facile aux étrangers. Ceux qui ont pénétré dans son intérieur, n'y ont pas été amenés par des monumens qui attirent la curiosité du voyageur. Le commerce, dès les temps les plus anciens, et le zèle religieux, depuis le septième siècle de notre ère, ont seuls conduit, en Arabie, des caravanes de marchands et de pélerins; c'est également le négoce et la religion qui seuls ont fait aborder les côtes de cette contrée.

On conçoit donc que les relations de voyages qui la concernent, doivent être peu nombreuses. Plusieurs Européens en ont, à la vérité, visité cette partie, que par une ancienne habitude, nous nommons Arabie Pétrée, qui est contiguë à l'Égypte, et effectivement habitée par des Arabes. Forcé de restreindre l'étendue de mon Mémoire, je ne puis même jeter un coup-d'œil rapide sur les relations qui le concernent, depuis celle d'Athelard, moine bénédictin anglais du XIIIe siècle jusqu'à celles de nos compatriotes, M. le comte Alexandre de Laborde en 1828, et M. le baron Taylor en 1829.

Je me contenterai de rappeler que La Roque, littérateur français, publia, en 1717, un manuscrit du chevalier d'Arvieux, intitulé : *Voyage dans la Palestine vers le grand émir, chef des princes arabes du désert, connus sous le nom de* Bédouins, ou d'Arabes scénites. Ce titre annonce suffisamment que d'Arvieux n'était pas allé en Arabie. Son livre donne des détails curieux sur les Arabes du désert ; ils ont été confirmés par des voyageurs modernes, cependant quelques inexactitudes lui ont été reprochées par don Raphaël, religieux levantin, à qui nous devons *les Bédouins, ou les Arabes du désert*, livre qui parut en 1816, et qui offre un tableau plein de vérité. Il est aussi question, dans cet ouvrage, des tribus qui vivent en Afrique.

Plusieurs voyageurs, en se rendant de Basra, ou de Bagdhad, aux côtes de la Méditerranée, ou en allant d'Alep à celles du golfe Persique, ont traversé le désert à l'ouest de la Mésopotamie, et à cette occasion connu les Bédouins qui les fréquentent ; mais il ne m'est pas loisible d'énoncer même le titre de leurs relations.

Les côtes de l'Yemen et de la partie méridionale de l'Arabie ont été abordées par des navigateurs de divers pays de l'Europe, depuis que Vasco de Gama leur eut ouvert la mer des Indes. Le célèbre Jean de Castro, Portugais, a donné un bon périple du golfe Arabique ; les autres voyages ne sont pas de nature à enrichir la géographie.

En 1708, une compagnie de négocians de Saint-Malo chargea un capitaine, nommé Merveille, d'aller avec deux navires, à Mokha, pour y acheter du café. Merveille, arrivé à sa destination, le 3 janvier 1709, conclut avec le gouvernement de Mokha une convention avantageuse, et sut par sa fermeté faire respecter le nom français. Il alla à Beith-el-Faki, ville voisine des grandes plantations où l'on récolte le meilleur café connu, et qui est le principal marché de cette denrée précieuse. Après avoir complété sa cargaison, il revint en Europe. La compagnie tira un tel profit de cette expédition, qu'elle en entreprit une nouvelle qui partit en janvier 1711, et revint en juin 1713 ; elle n'était pas commandée par le même capitaine. Cette fois, les officiers français s'avancèrent dans l'intérieur jusqu'à Mouah, où ils furent très bien accueillis par l'imam de l'Yemen. La Roque publia, en 1716, d'après les matériaux qui lui furent fournis: *Voyage de l'Arabie Heureuse, par l'Océan oriental et le détroit de la mer Rouge, fait par les Français*. Ce livre contient beaucoup de particularités intéressantes sur l'Arabie, ses habitans, ses productions et son commerce. Un opuscule sur le café, joint à cet ouvrage, est encore bon à consulter. Les négocians de Saint-Malo continuèrent à commercer avec Mokha. Le gouverneur de cette ville, ayant, par la suite, enfreint le traité de 1709, la compagnie des Indes expédia, en 1736, une escadre pour demander raison de cette déloyauté; elle était commandée par La Garde-Jazier, qui, arrivé devant Mokha, en janvier 1737, essaya d'abord les voies de la conciliation, et voyant qu'elles étaient vaines, attaqua la ville. Grâce à cette conduite vigoureuse, il obtint la satisfaction qu'il demandait, et le remboursement des frais de l'armement. Le récit de cette expédition a été publié à Paris, en 1739.

Mais aucune entreprise ayant pour but spécial la géographie de l'Arabie, n'avait été faite avant celle du gouvernement danois, en 1760. L'idée en fut suggérée au comte de Bernstorf, ministre de Frédéric V, par le célèbre Michaelis, professeur de langue et de littérature hébraïques, à Gœttingen. Ce philologue n'avait eu d'autre objet, en la proposant, que d'obtenir sur différens passages de la Bible des éclaircissemens puisés aux lieux mêmes dont le livre saint fait mention. Fort heureusement, le comte de Bernstorf donna plus d'étendue au plan borné du professeur, qui ne voulait faire voyager qu'un orientaliste; il décida qu'on y ajouterait un mathématicien, un naturaliste, un médecin et un peintre; ainsi la commission fut composée de Von Haven, Niebuhr, Forskol, Cramer et Baurenfeind. Niebuhr eut seul le bonheur de revenir en Europe. Les voyageurs, partis de Copenhague en janvier 1761, s'embarquèrent à Suez, en septembre 1762, sur un navire arabe destiné pour Djidda. Ils allèrent ensuite à Lohcia, c'est de là qu'ils s'avancèrent dans l'intérieur de l'Yemen; ils virent successivement Beith-el-Faki, et d'autres villes, revinrent sur la côte, à Hodeïda et à Mokha, gagnèrent les montagnes qui produisent le café, et finalement Sana'a, capitale du pays. L'imam les admit à son audience, et les combla d'amitiés. La crainte de manquer l'époque du départ des navires destinés pour la côte de Malabar, les empêcha de profiter des facilités que leur offrait ce prince pour visiter ses États. Le 23 août, Niebuhr et ceux de ses compagnons qui n'avaient pas succombé aux maladies, s'embarquèrent à Mokha, pour les Indes-Orientales.

Les résultats de cette expédition mémorable, ont été consignés dans deux ouvrages; savoir: la *Description de l'Arabie*, et le *Voyage en Arabie, et en d'autres pays voisins*. L'un et l'autre, écrits en allemand, ont été très mal traduits en français; la version du premier, réimprimée à Paris, fut revue par Deguignes; combien on doit regretter qu'il n'en soit pas arrivé autant à celle du Voyage. Toutefois ce livre offre tant d'intérêt, qu'il est toujours recherché parmi nous, malgré cette traduction barbare.

Depuis long-temps l'exactitude des observations astronomiques de Niebuhr, a été constatée; celles qu'il a faites sur les mœurs des Arabes, ne méritent pas moins d'éloges. Indépendamment de ce qu'il a pu voir, il a rassemblé une foule de renseignemens précieux recueillis de la bouche des habitans du pays, sur des faits auparavant ignorés ou mal connus.

L'anglais Eyles Yrwin, attaché au service de la compagnie des Indes, toucha, en 1777, aux côtes de l'Arabie, en revenant en Europe. Sa relation, publiée en 1780, fut traduite en français, en 1792. Deux cartes qu'elle contient, sont copiées de celles de Niebuhr; cependant l'auteur n'en avertit pas. Sa manière de narrer est assez agréable; il n'a vu de l'Arabie que la ville d'Yambo, port de Médine. Niebuhr, qui rendit compte de ce livre dans le *Deutsches museum de 1781*, avoue qu'il l'a lu avec plaisir; il ajoute que tout ce qui est relatif au commerce pourra être utile.

Un autre anglais, Henri Rooke, parti d'Europe, en 1781, sur l'escadre de l'amiral Johnston, attérit à la baie de Morebat, sur la côte du Hadramaut, puis vit successivement Mokha et Djidda. Il publia, en 1783, le récit de ses courses, sous le titre de *Voyage aux côtes de l'Arabie Heureuse, et de là sur la mer Rouge*; il en existe une traduction française. Il n'y a pas grand profit à tirer de la lecture de ce livre, qui, heureusement, est un peu mince.

On en dira autant de celui de Silas James, qui était embarqué sur la même escadre que Rooke, mais ils ne se connaissaient pas l'un l'autre. La relation de James ne parut qu'en 1797; elle est intitulée : *Voyage en Arabie*, et annonce des observations sur les indigènes de l'Arabie Heureuse. Comme James n'a vu que la baie de Kassem, sur la mer Rouge, ses remarques ne sont pas très étendues, et de plus, elles n'offrent rien de piquant ni de neuf.

Il a semblé nécessaire d'entrer dans ces détails sur des livres dont le titre tend à faire croire qu'ils offrent des renseignemens intéressans sur l'Arabie, tandis qu'on n'y trouve que ce qu'on peut lire dans d'autres relations où il est question, en passant, des ports de cete contrée; telles sont celles de Bruce, de Valentia, de Salt, du colonel Fitzclarence, aujourd'hui comte de Munster, et de plusieurs autres.

Le capitaine Owen, dans son voyage d'exploration autour des côtes d'Afrique, s'est avancé dans la mer d'Oman jusqu'à Mascat, où il a relâché; c'est sans doute pour cela que sur le titre de son livre, on lit le mot *Arabie*. Cependant il n'a vu de ce pays que ce seul point, et les détails qu'il en donne, ne sont pas à comparer avec ceux qu'on lit dans la relation de Vincenzo, qui, sous le nom de Scheikh Mansour, a publié l'*Histoire de Seyd Saïd, sultan de Mascat*, et l'a accompagnée d'une *Notice sur les pays et les peuples qui entourent le Golfe Persique* (1).

---

(1) J'en ai donné l'extrait dans le tome IX des *Nouvelles Annales des Voyages*.

Vincenzo pouvait parler pertinemment de ces pays, puisqu'il était venu par terre à Mascat, à travers les cantons occupés par les Wahhabites. Très peu de voyageurs ont visité la côte de l'Arabie, baignée par le golfe Persique. Les renseignemens qui la concernent, sont dus à des expéditions anglaises contre les pirates Djosmis, et à des rapports qu'on tenait des indigène

En 1819, le capitaine Sadlier, Anglais, est allé d'El-Katif à Yambo. Ce voyage est le premier qu'un Européen ait fait au travers de toute la Péninsule; par conséquent, cet itinéraire est très précieux; il donne une description détaillée d'El-Katif et des environs; il parle de Deraïeh, capitale des Wahhabites, de Médine et de plusieurs autres lieux du Nedjd et du Hedjaz; mais il n'a vu ce dernier pays qu'en courant.

C'est le plus curieux pour nous, parce que l'entrée en est interdite à quiconque ne fait pas profession de l'islamisme, et que par conséquent les Européens qui ont pu y pénétrer, n'y sont parvenus qu'à la faveur d'un déguisement nécessaire à leur sûreté.

Je ne ferai pas mention des divers auteurs arabes qui ont écrit sur leur pays; je me contenterai de citer Aboulfeda, prince de Hamah, en Syrie, qui naquit en 1273, et mourut en 1331; il a écrit une excellente description de l'Arabie.

Ibn Batouta, né vers 1300, à Tanger, en Afrique, fit, à l'âge de vingt-quatre ans, le pèlerinage de la Mecque, probablement avec la caravane des Mogrebins, qui part tous les ans pour la ville sainte de l'islamisme. Il n'y arriva qu'après de longues excursions dans l'Orient, et y passa trois ans, subsistant des contributions pieuses envoyées par les habitans de l'Irak. Il alla ensuite par mer dans l'Yemen, et y fut accueilli avec une hospitalité si généreuse, que sa reconnaissance manque d'expressions pour se manifester convenablement. A cette époque, les habitans de Zafar, ville la plus orientale du pays, faisaient un grand commerce de chevaux avec l'Inde; le voyage durait un mois. Ibn Batouta revint à la Mecque, en 1332; il se dirigea ensuite vers l'Inde. Il ne donna pas des détails très circonstanciés sur le Hedjaz.

Le premier Européen chrétien qui vit ce pays, fut Louis de Barthéma, gentilhomme bolonais, qui voyageait dans le seizième siècle. Au mois d'avril, 1503, étant à Damas, il profita de l'amitié d'un renégat, chef de mameloucks, qu'il avait gagné à force de présens, et se joignit à une caravane que celui-ci conduisait à la Mecque ; il avait adopté le costume de ces hommes ; le trajet dura quarante jours. Barthéma, qui se faisait passer pour musulman, vit d'abord Médine et le tombeau du prophète, et ensuite la Mecque, où un concours considérable de pélerins d'Afrique et de l'Inde, était venu, attiré autant par le commerce, que par la dévotion. Notre voyageur donne une description fidèle, quoique succincte, de Médine, de la Mecque, et des pays voisins de ces deux villes. Il s'embarqua ensuite à Djidda, pour Aden, où il fut reconnu pour chrétien, arrêté, enchaîné et emprisonné. Mené, plus d'un mois après, devant le sultan de Sana'a, il ne voulut pas, ou ne put pas répéter la profession de foi des musulmans, et fut mis dans la prison du palais. Il y était depuis trois mois, quand une négresse, l'une des trois femmes du sultan, émue de compassion, fit ouvrir la porte du cachot où il était enfermé avec deux autres malheureux. Tous trois pensèrent que si l'un d'eux contrefaisait le fou, ce serait un moyen sûr de recouvrer la liberté. Ils tirèrent au sort, qui désigna Barthéma pour jouer le premier ce rôle ; il s'en acquitta très bien parcourant nu la cour de la prison, et faisant mille extravagances. Cette femme du sultan, qui lui avait déjà témoigné de l'intérêt, s'amusa beaucoup de ses folies, lui fit donner une meilleure nourriture, et ordonna qu'on le lui amenât. Il lui déclara qu'il n'était pas fou ; elle devint éperdument amoureuse de lui. La position de Barthéma était très critique ; s'il imitait la conduite de Joseph envers Zouleikah, il courait des risques ; il n'y avait pas moins de danger à céder aux désirs de cette femme ; il fut assez heureux pour échapper adroitement à ce péril, et sans satisfaire la sultane, il put profiter des bons sentimens qu'il lui avait inspirés.

Rendu à la liberté, après une longue captivité, il visita

Ajar, Danté, Damar, Sana'a, et plusieurs autres villes de l'Arabie Heureuse qu'il décrit, et fit voile d'Aden pour l'Afrique. Sa relation, écrite originairement en italien vulgaire, est perdue. Elle a été traduite en latin, imprimée à part, et insérée dans le Recueil de Grynæus. Une version espagnole, faite sur l'italien, fut traduite en cette langue, par Ramusio, qui la plaça dans sa collection. La traduction française de Jean Temporal, est pleine de fautes grossières.

Le fameux voyageur marseillais, Vincent Le Blanc, raconte qu'il a visité la Mecque et Médine, et une partie de l'Yemen; ce dut être vers 1570. Son récit est confus et peu instructif (1).

Dans le 17ᵉ siècle, doux chrétiens tombés dans l'esclavage des musulmans sont parvenus dans le Hedjaz, l'un fut un Allemand, Jean Wilden, né à Nuremberg; étant entré au service militaire, il alla avec l'armée impériale en Hongrie; les Turcs le firent prisonnier; il fut mené à Constantinople. Son maître le conduisit ensuite en Égypte et lui fit faire par terre le voyage de la Mecque, et ensuite celui de Médine. Wilden ayant recouvré la liberté en 1611, revint dans sa patrie, et publia en 1613 le récit de ses voyages (2). Il décrit assez exactement les deux villes saintes, le pays qui les entoure, les cérémonies de pèlerinage; Niebuhr, qui cite Wilden, le nomme *Wilde*.

L'autre Européen chrétien qui visita le Hedjaz fut Joseph

---

(1) *Les voyages fameux du sieur Vincent Le Blanc, Marseillais, qu'il a faits depuis l'âge de douze ans jusqu'à soixante, aux quatre parties du monde.* Paris, 1658, in-4°.

(2) Wilden's (Joh) *Neu Reysebeschreibung eines gefangenen Christen..... Welche sich 1604 angefangen und 1611 ihr End genommen, darinnen ausfürlich zu finden, die Stædte, Lænder, Kœnigreiche (in Ungarn bis nach Constantinopel und in der Turkey, Kairo und Arabien, etc.), so viel er in werender Reys gesehen,* etc. — Nürnberg, 1613, in-4°. — Ibid. 1623, in-4° avec gravures et figures en bois. Une édition de Benjamin de Tudèle publiée à Helmstadt en 1636, 1 vol. in-12, et réimprimée à Leipzig en 1764, contient des descriptions de la Mecque et de Médine, extraites des voyages de Barthéma et de Wilden.

Pitts, Anglais, né à Exeter, dans le comté de Devon, vers 1662; étant devenu esclave chez les Algériens, en 1678, il fut contraint, par une continuité de traitemens cruels, à embrasser la religion musulmane. Le troisième maître, entre les mains duquel il tomba, fut plus humain que les autres envers lui; il le conduisit en Arabie : ce dut être vers 1686. Pitts, parti d'Alger, traversa l'Égypte, et de Suez, gagna Djidda. Arrivé à la Mecque, il remplit toutes les cérémonies prescrites aux pélerins. Il demeura quatre mois dans cette ville, et entra deux fois dans la ka'aba. Il en donne une description conforme à celle qu'on lit dans des voyageurs plus récens, et est de même d'accord avec eux sur la dévotion exemplaire que montrent les pélerins, sur le temple et sur la ville de la Mecque. Il visita aussi Médine; il réfute les fables qui, de son temps, circulaient déjà en Europe, sur le tombeau du prophète; il passa ensuite par Akaba, le mont Sinaï et le Caire. De retour à Alger, son maître lui rendit sa liberté, par un acte en forme. Pitts s'engagea dans la milice algérienne; il fit la campagne d'Oran, en 1688; il parle du troisième bombardement d'Alger par les Français. Étant allé à Smyrne avec un vaisseau algérien, il parvint à s'échapper en 1694, et revit sa patrie. Le récit de ses aventures est intitulé : *Relation fidèle de la religion et des mœurs des mahométans; laquelle contient notamment un récit du pélerinage à la Mecque, lieu de la naissance de Mahomet, et une description de Médine, et de son tombeau dans cette ville.* J'ignore en quelle année parut la première édition de ce livre. L'auteur en donna une qu'il appelle la troisième; elle parut en 1738 (1), la préface est datée d'Exeter, le 28 mars 1731. Elle a été réimprimée à Londres, en 1810, dans un même volume in-octavo, avec le voyage de Maundrell, d'Alep à Jérusalem.

---

(1) *A faithful account of the religion and manners of the mahometans...* by Jos. Pitts. — London, 1738, in-12, fig. Ce livre se trouve sous le n° 281 du catalogue de Langlès, rangé parmi les ouvrages de théologie polémique, orthodoxe et hétérodoxe.

Le livre de Pitts paraît avoir été peu connu, car je ne le trouve cité que d'une manière inexacte par les bibliographes qui ont donné des catalogues de voyages. Niebuhr en a fait mention, cet ouvrage le mérite, car avant ceux dont je vais m'occuper, c'est celui qui fournit les détails les plus circonstanciés et les plus curieux sur le Hedjaz et sur les mœurs des habitans. La figure du temple de la Mecque n'est pas mauvaise, et ressemble à celle qu'on voit dans le livre de Reland sur la religion des mahométans.

Dans un ouvrage français publié en 1823, Pitts est appelé renégat anglais : cette qualification est trop dure ; le malheureux n'embrassa l'islamisme que par violence. Dans plusieurs endroits de sa relation, il témoigne un repentir si sincère qu'on ne peut s'empêcher d'en être touché : « Quel que puisse être » le succès de mon livre, s'écrie-t-il, je déclare que mon prin- » cipal objet, en le publiant, a été de rendre gloire à Dieu, » qui, par sa bonté infinie, m'a délivré de l'esclavage, et m'a » ramené dans ma patrie. »

Le récit d'un voyageur musulman, qui dans le dix-huitième siècle visita le Hedjaz, a été donné dans notre langue.

Khodjah Abdoul Kérim, noble Cachemirien, favori de Nadir châh ou Thomas Kouli Kan, obtint de ce prince la permission de faire le pèlerinage de la Mecque. Il partit de Delhi le 4 mai 1739. Arrivé à Bagdhad, il prit la route d'Alep et de Damas, traversa le désert, vit Médine et la Mecque. Il séjourna trois mois dans cette ville qu'il quitta en 1742. Il ne donne aucun détail sur le Hedjaz ; Langlès, qui a traduit sa relation en français, y a ajouté la description des deux villes saintes d'après Niebuhr.

Maintenant passons en revue les voyageurs qui, de nos jours, ont parcouru le Hedjaz.

Dominique Badia y Leblich, né dans la province des Asturies, après avoir acquis une connaissance parfaite de la langue arabe, passa en Angleterre, prit le costume musulman et le nom d'Ali bey el Abassi, natif d'Alep, et alla s'embarquer à Gibraltar pour Tanger. Nous n'avons pas à traiter de son voyage à Maroc. Le 15 décembre 1806, il part du Caire, le

23 il s'embarque à Suez, et après une traversée pénible, le dao, ou navire arabe qui le portait, atterit à Djidda, le 13 janvier 1807. Ali bey entra dans la Mecque, le 23, et accomplit soigneusement toutes les pratiques prescrites aux pèlerins. Il fut bientôt présenté à Ghaleb, schérif de la Mecque, qui causa avec lui en arabe, et auquel il répéta la même histoire qu'il avait déjà racontée aux autres chefs musulmans, sur son origine et ses voyages. Le schérif trouva qu'il parlait l'arabe très correctement, et avec un bon accent. Ali bey eut, quelques jours après, l'insigne honneur de balayer la ka'aba après le schérif, et de la parfumer; il frotta avec une pâte parfumée la partie inférieure du mur intérieur de ce sanctuaire; et enfin parfuma la salle, en jetant sur un réchaud embrasé du bois d'aloès, qu'on lui remit. Alors le schérif le proclama serviteur de la maison de Dieu; Ali bey reçut, en partant, les félicitations du peuple assemblé dans la cour du temple; il fit ensuite des excursions ordonnées au mont A'rafat, à Muna, et à tous les lieux saints dans le voisinage de la Mecque.

Le 2 de mars, il prit la route de Djidda, où il s'embarqua pour Yambo. Il voulait visiter le tombeau du prophète, à Médine, mais à seize lieues de cette ville, un parti de Wahhabites arrêta la caravane dont notre voyageur faisait partie; il fut dépouillé de plusieurs effets précieux; il profita d'une absence momentanée de ces brigands, pour détruire ses collections d'insectes, de plantes et de minéraux qui auraient pu le compromettre auprès d'eux. Après vingt-quatre heures de transes cruelles, les pèlerins rançonnés purent s'en aller de compagnie avec les employés du temple de Médine, que les Wahhabites avaient expulsés.

Ali bey raconte sans aigreur cette triste aventure; il se félicite même de ce que les Wahhabites, après lui avoir pris sa montre et son bornous, lui avaient laissé ses autres effets et ses instrumens astronomiques.

Pourquoi tous les voyageurs auxquels il arrive des accidens fâcheux ne sont-ils pas aussi modérés dans leurs plaintes? Que d'ennui inutile ils épargneraient à leurs lecteurs!

Le 15 avril, Ali bey fit voile d'Yambo ; divers accidens retardèrent son retour au Caire jusqu'au 14 juin. Il y rentra par la porte Bab el Fatah ; ce qui est d'un heureux auspice lorsqu'on revient de la Mecque. Il fut promené comme en triomphe au milieu de la foule qui augmentait à chaque pas. Il termine le récit de son excursion par cette formule pieuse et familière aux musulmans : « A Dieu soient la louange et la gloire ! »

Ali bey voyageait en homme riche ; il était suivi d'un grand train et de plusieurs serviteurs ; il ne fréquentait que les personnages considérables, et s'abstenait de tout ce qui aurait pu faire concevoir des soupçons sur son compte. Il n'a donc pu converser avec des hommes qui, répondant à de nombreuses questions, lui auraient fourni sur beaucoup de choses qu'il voulait connaître, des renseignemens multipliés. Ceux que contient son livre concernent la géographie et la description du pays, ses observations personnelles ont pu les lui procurer ; d'autres sont relatifs à l'histoire des Wahhabites ; ils étaient si connus, que sans doute ses demandes sur ce sujet ne pouvaient passer pour indiscrètes. Ses remarques annoncent de la perspicacité, de la rectitude dans le jugement, de la bonne foi et de l'instruction ; ses observations astronomiques qu'il fit sans empêchement, sont précieuses. On lit sa relation avec intérêt, et l'on ne peut se défendre de sourire de son imperturbable sang-froid avec lequel il parle constamment en sectateur zélé de l'islamisme. Il a lui-même dessiné les vues qui sont contenues dans l'atlas joint à son ouvrage, publié à Paris en 1815. Ali bey, ayant essayé une seconde fois de pénétrer dans l'intérieur de l'Arabie, mourut de la dyssenterie, près de Damas, en 1819.

Deux ans après son départ du Hedjaz, un autre Européen réussit à y entrer ; ce fut Ulric Gaspard Seetzen, né en Oost-frise. Il venait de terminer ses études à l'université de Gœttingen, et occupait une place de conseiller-auditeur à Jever, petite principauté d'Allemagne, située à l'embouchure du Weser, et appartenant alors à l'empereur de Russie ; mais ses fonctions ne s'accommodaient guère avec son humeur, qui le portait à voyager ; l'Orient surtout attirait ses regards. Le baron de Zach, que la géographie perdit en 1832, intéressa en faveur de Seetzen les ducs Ernest et Auguste de Saxe-Gotha, protecteurs des entreprises utiles aux sciences; on pense que Seetzen reçut aussi des encouragemens du gouvernement russe. Il partit au mois d'août 1802. Étant en Syrie, il essaya, en 1805, de pénétrer dans le Hassa, contrée de l'Arabie baignée par le golfe Persique. Cette tentative manqua par les empêchemens que lui opposèrent les Bédouins. L'année suivante, ayant parcouru la Palestine à l'est de la mer Morte, il s'efforça vainement encore de traverser le pays désert qui est au sud, afin de se rendre dans l'intérieur de l'Arabie. Alors il alla d'Hébron au mont Sinaï, par une route inconnue aux Européens, et de Suez au Caire. Décidé à tous les sacrifices pour parvenir aux cités saintes de l'islamisme, il fit profession publique de cette religion, et, le 3 juillet 1809, partit pour Suez avec la caravane des pélerins. Le 10 octobre, il était à la Mecque. L'aspect du temple et de la foule nombreuse qui l'entourait dans l'attitude du plus profond respect produisit sur lui les mêmes impressions que sur tous ceux qui ont été témoins de cette scène imposante. « Tout » cet ensemble, dit-il, fit naître en moi une émotion que je » n'éprouvai nulle part ailleurs. » Il alla ensuite à Médine; comme dans ces contrées on ne marche généralement que la nuit, à cause de la grande chaleur, il n'est pas facile d'observer tous les objets que l'on voudrait connaître. Seetzen en fut contrarié. « Je présume, cependant, remarque-t-il, que mes lecteurs n'y auront rien perdu, car le Hedjaz, sur cette route, n'est pas riche en choses intéressantes. »

Les pélerins ne pouvaient, à cette époque, visiter qu'en secret la tombe de Mahomet, à cause de la défense que les Wahhabites avaient prononcée. Leur émir, qui prenait Seetzen pour un Turc, l'interrogea; celui-ci désarma son courroux, en avouant qu'il était Franc et néophyte; puis il revint à la Mecque, au temps du grand concours des pélerins, y passa plus de deux mois, et s'occupa d'en déterminer la position géographique. Le 28 mars 1810, il fit voile de Djidda pour Hadadé, dans l'Yemen. Il gagna de là Beith el Faki, visita le canton où l'on récolte le meilleur café, et vit plusieurs villes du pays. « Quoiqu'on n'y voyage que de nuit, dit-il, c'est » avec plus de sûreté et de tranquillité qu'on ne marche aux » mêmes heures dans les rues de Londres, ou de toute autre » grande ville d'Europe. » Son guide ne connaissait pas le chemin, mais le chameau conduisait les voyageurs sans jamais se tromper. Seetzen fut retenu près d'un mois à Doran par une maladie. Le 2 juin, il entra dans Sana'a, qu'il appelle la plus belle ville de l'Orient. Au mois de novembre suivant, il était à Mokha, d'où il écrivit en Europe les dernières lettres qu'on ait reçues de lui. Rentré dans l'Yemen, l'ignorance des Arabes lui occasiona les mêmes désagrémens qu'à Niebuhr et à ses compagnons; on le prit pour un magicien; on saisit ses collections d'animaux, sous prétexte qu'il les employait à des opérations pour tarir les sources. Il voulut aussitôt courir à Sana'a, pour adresser ses réclamations à l'imam, c'était en décembre 1811; quelques jours après, on apprit qu'il était mort à Taës, et on supposa qu'il avait été empoisonné par l'ordre de ce prince. On sut par des lettres de Constantinople, de la fin de 1815, que l'imam, croyant trouver des trésors dans ses bagages, l'avait retenu prisonnier; mais qu'il fut bien étonné de n'y voir que des instrumens d'astronomie, des herbes sèches, des livres, et une mince somme de 600 piastres.

Il n'existe pas de relation complète des voyages de Seetzen, on ne les connaît que par des fragmens épars dans divers recueils tels que les *mines de l'Orient*, ou dans des journaux, d'après les lettres qu'il écrivait à M. de Zach: elles furent insérées dans la *Correspondance géographique et astronomique* de ce dernier. On en donna une traduction dans les *Annales des Voyages* de 1809 à 1814. D'autres lettres adressées à Blumenbach, sont extraites dans le *Magasin encyclopédique*. Ce que l'on connaît des observations de Seetzen, fait éprouver un vif regret de n'en pas posséder la totalité. Il prenait, dans ses voyages en Orient, le nom de Mousa.

Giovanni Finati, Italien, né à Ferrare, a aussi vu le Hedjaz. Il avait, vers 1808, déserté d'un régiment italien. Réfugié en Albanie, il fut contraint de se faire musulman. Après une suite d'aventures, il vint en Egypte, où il entra dans l'armée de Mohammed Aly pacha. Il faisait partie de l'armée de Tousoun pacha contre les Wahhabites, en 1811, lorsqu'étant à Médine, il conçut un vif désir de revoir sa patrie. Les circonstances s'opposèrent à l'exécution de son dessein; mais décidé à tout risquer pour s'échapper, il se joignit à un parti de Bédouins, et parvint à la Mecque. Il y eut une entrevue avec Mohammed Aly, et fut enrôlé dans un autre régiment. Enfin il revint au Caire, et obtint son congé; il est interprète dans la capitale de l'Egypte, où on le connaît sous le nom de Mohammed Hadji. Appelé en Angleterre pour donner son témoignage dans un procès, il dicta, en italien, le récit de ses aventures à M. Bankes, voyageur célèbre en Orient, qui les traduisit en anglais, et les publia en 1830. On y trouve des détails succincts sur la Mecque et sur Médine (1).

Ce fut en prenant le nom musulman de Scheikh Ibrahim, et après avoir fait profession extérieure de l'islamisme, que Burckhardt effectua son voyage en Arabie. Né à Lausanne, en 1784, il acheva ses études à Leipzig, puis à Gœttingen. Étant en Angleterre, il offrit ses services à la Société d'Afrique, pour parcourir ce continent. Ses propositions acceptées, il étudia avec ardeur la langue arabe, l'astronomie, la minéralogie, la chimie, la médecine et la chirurgie; laissa croître sa barbe, prit le costume oriental, et dans les intervalles de ses travaux, il s'exerçait à faire de longues courses à pied, la tête nue à l'ardeur du soleil; dormant sur la dure, ne vivant que de plantes potagères, et ne buvant que de l'eau.

Le 2 mars 1809, il partit d'Angleterre. Il passa d'abord trois ans en Syrie, séjour qui lui fit acquérir une connaissance approfondie de la langue et des mœurs des Arabes; il fit différentes excursions qui le mirent dans des rapports fré-

---

(1) On trouve un extrait dans les *Nouvelles Annales de Voyages*, t. XIX, p. 72 (2ᵉ série).

quens avec les Bédouins, visita l'Arabie Pétrée, vint en Égypte, et, après avoir parcouru la Nubie, fit voile de Souakim, et aborda, le 18 juillet 1814, à Djidda. Il quitta l'Arabie l'année suivante et revint au Caire le 24 juin, après une absence de près de deux ans et demi.

La peste ayant éclaté dans cette capitale au mois de janvier 1816, il se réfugia dans la presqu'île du mont Sinaï, et resta chez les Bédouins parmi lesquels ce fléau n'exerce jamais ses ravages. De retour au Caire, il continua d'écrire la relation de ses voyages. Toujours occupé de son projet de pénétrer dans l'intérieur de l'Afrique, il attendait le départ d'une caravane de Mogrebins, lorsque, le 4 octobre 1817, il fut attaqué d'une dyssenterie, qui, malgré les soins d'un habile médecin anglais, termina ses jours le 15 du même mois. Il fut enterré dans le cimetière des musulmans.

Ses ouvrages restés manuscrits en anglais, ont été publiés après sa mort, par les soins de M. le colonel Leake, et de sir William Ouseley; c'est ce dernier qui a été l'éditeur du *Voyage en Arabie*, et des *Notes sur les Bédouins et les Wahhabites*.

Dans le voyage en Arabie, Burckhardt décrit les villes de la Mecque, Médine, Djidda et Yambo, avec tant d'exactitude, que certainement peu de grandes cités d'Europe nous sont aujourd'hui aussi bien connues. Il ne se contente pas de parler des édifices sacrés, qui, dans les deux villes saintes, sont l'objet de la vénération des musulmans; il présente aussi un tableau fidèle des mœurs et des usages des habitans, et l'on ne peut assez admirer l'art avec lequel, à propos d'un fait qui, au premier coup-d'œil, paraît insignifiant, il entre dans une foule de détails intéressans qui jettent une nouvelle lumière sur les coutumes des Arabes vivant dans des demeures fixes.

Ce sont surtout ses notes sur les Bédouins, qui méritent de fixer l'attention. Avec quelle vérité de couleurs il peint cette grande famille de la nation arabe, qui depuis les premiers âges du monde historique, conserve ses traits primitifs, qui de siècle en siècle, maintient les vertus et les vices, les mœurs et les coutumes de ses ancêtres, sans rien devoir aux autres peuples, sans se mêler avec un autre sang! Quoique Burckhardt n'ait pu pénétrer dans les plaines du Nedjd, où les principales tribus des Bédouins continuent, depuis le temps d'Ismaël, fils d'Abraham, à errer avec leurs troupeaux, il a, dans ses courses multipliées à travers les contrées voisines, fait partout des recherches actives et bien dirigées, genre de talent qu'il possédait à un haut degré. Dans les deux cités saintes, il se rencontra avec des Arabes de toutes les tribus et de tous les cantons, et se mit en communication avec les Bédouins du Nedjd; il a fait, par ce moyen, une récolte abondante de renseignemens précieux qui contribuent à nous donner une connaissance plus parfaite des mœurs de ces Arabes et de la condition réelle de ce peuple extraordinaire.

Peu de voyageurs ont, dans leurs relations, offert autant de faits remarquables par leur importance.

M. le baron Silvestre de Sacy, qui, dans le *Journal des Savans* de l'année 1830, a rendu compte des voyages de Burckhardt en Arabie, s'exprime ainsi : « Le volume que nous annonçons est suffisamment recommandé à l'attention du public par le nom du voyageur dont la mort prématurée a laissé de vifs regrets, et les soins scrupuleux qui ont été apportés à la publication de cette partie importante de sa relation sont parfaitement garantis par celui de M. William Quseley qui a consenti à s'en rendre l'éditeur. Nous nous dispenserons donc de faire valoir les considérations qui seraient propres à appeler sur ce nouveau volume des voyages de Burckhardt l'intérêt des lecteurs de ce journal. »

Ailleurs le savant auteur dit encore : « parmi les choses que Burckhardt raconte et les descriptions qu'il nous offre, quelques unes sont entièrement neuves pour nous, d'autres sont plus détaillées et plus complètes que celles que nous possédions, toutes ont un intérêt spécial pour les personnes qui se livrent à l'étude de l'histoire, de la langue et de la littérature des Arabes. »

Jules Planat, ancien officier d'artillerie de la garde impériale, entra, vers 1820, au service de Mohammed Aly; il devint chef d'état-major et l'un des instituteurs de l'école militaire fondée en Égypte. Il mourut à Paris en 1829 au moment où venait de paraitre son livre intitulé : *Histoire de la régénération de l'Egypte*, en un volume in-8°. On y trouve quelques faits sur le Hedjaz, une carte du théâtre de la guerre, et un plan de la Mecque levé par deux ingénieurs de l'armée égyptienne ; mais il ne parait pas que l'auteur soit allé en Arabie.

PRÉFACE

DE L'ÉDITEUR ANGLAIS.

Quelques années se sont écoulées depuis que deux portions distinctes des écrits de Burckhardt, ses *Voyages en Nubie et en Syrie*, ont été offertes au public qui les a accueillies très favorablement. Mais on ne doit pas inférer du délai apporté à faire paraître le présent volume que son contenu soit moins digne d'attention que ce qui a déjà été jugé si intéressant et si instructif par une multitude de lecteurs. On avait toujours eu l'intention de faire imprimer successivement le journal actuel et les autres productions de leur auteur, objet de tant de regrets. M. le colonel Leake, éditeur du *Voyage en Syrie*, annonce dans sa préface qu'il reste encore des manuscrits de Burckhardt suffisans pour remplir deux volumes in-4°, l'un comprenant ses voyages en Arabie qui se sont bornés au Hedjaz ou à la Terre sainte des musulmans, partie la moins accessible aux chrétiens, l'autre contenant de très nombreuses remarques sur les Arabes du désert et notamment sur les Wahhabites.

« Burckhardt, dit d'ailleurs M. Leake, a envoyé à la Société africaine la description la plus exacte et la plus complète du Hedjaz, y compris celles des villes de la Mecque et de Médine, qui ait jamais été reçue en Europe. Sa connaissance de la langue arabe et des mœurs musulmanes l'avait mis en état de prendre le caractère de musulman avec un tel succès qu'il séjourna à la Mecque pendant tout le temps du pèlerinage, et accomplit les diverses cérémonies usitées dans cette occasion, sans que le plus léger soupçon s'élevât jamais sur son compte.

Recommandé aussi fortement, l'ouvrage d'un voyageur moins distingué aurait des titres à notre attention; mais celui-ci se présente avec d'autres droits, puisque le manuscrit avait été en partie corrigé et revu par le savant éditeur des ouvrages précédens de Burckhardt. Quoique d'autres occupations littéraires aient empêché M. Leake de soigner l'impression de ce volume, son plan a été invariablement suivi par l'éditeur actuel, notamment en rendant, avec une fidélité scrupuleuse, les sentimens de l'auteur dans toutes les occasions, et en conservant sans aucun égard pour la seule élégance du style ou le choix des termes, son langage primitif toutes les fois qu'un changement n'a pas été absolument nécessaire pour faire accorder, avec notre système de phraséologie et de construction grammaticale, certaines locutions étrangères qui s'étaient glissées dans le texte anglais (1).

La carte qui accompagne ce livre est l'ouvrage de M. Sidney Hall; en la dressant et la dessinant il a suivi les conseils de l'éditeur et à sa recom-

---

(1) Dans le manuscrit original les caractères arabes suivent certains mots auxquels ils correspondent, ou bien sont écrits entre les lignes ou à la marge: on a jugé convenable, pour la commodité de l'impression, de les réunir ensemble et de les placer à la fin du volume avec un renvoi à la page à laquelle ils se rapportent.

mandation, il a écrit les mots d'après la prononciation de Burckhardt, quelque différente qu'elle puisse être de celle qui est en usage chez les Anglais.

C'est aussi d'après l'avis de l'éditeur que plusieurs lieux situés au delà des limites du Hedjaz sont placés sur cette carte, puisque Burckhardt, quoiqu'il ne les ait pas visités, a donné divers itinéraires originaux où il en est fait mention.

Il est évident que ces lieux n'appartiennent pas à la contrée nommée proprement Hedjaz; cependant il n'est pas facile de déterminer jusqu'où celle-ci s'étend vers l'Est, et la même difficulté se présente pour plusieurs autres directions. L'éditeur, afin de pouvoir constater quelles sont les limites par lesquelles nous pouvons être autorisés à supposer que le Hedjaz est séparé des autres provinces de l'Arabie, a consulté un grand nombre d'auteurs tant européens qu'orientaux. Cependant le résultat de ses recherches ne l'a pas satisfait, car certains écrivains ont attribué à chacun des pays voisins du Hedjaz des villes, des stations et des cantons que d'autres auteurs, dont l'autorité est d'un aussi grand poids, ont placés dans cette contrée.

Cette confusion peut en partie provenir de la différence des documens sur le nombre, l'étendue et les noms des divisions comprises dans le même espace. Suivant les écrivains européens, l'Arabie se divise en trois grandes régions : Pétrée, Déserte et Heureuse; tandis que les géographes orientaux la partagent en deux, cinq, six, sept provinces ou même plus, dont les noms ne correspondent nullement par leur signification aux épithètes que je viens de citer et que nous avons empruntées des Grecs et des Romains.

D'Anville, cet excellent géographe, avoue que ce serait une tâche très difficile, ou même presque impossible, que de fixer avec précision les limites de chaque province d'Arabie; cependant il semble disposé à confondre dans l'Arabie Heureuse (1) la région comprenant la Mecque, Djidda et Yambo, lieux qui, d'après ce que nous savons, sont incontestablement du Hedjaz. D'Herbelot, dans un passage, dit que le Hedjaz est de l'Arabie Pétrée (2), et dans un autre il l'identifie avec l'Arabie Déserte (3).

Parmi les écrivains orientaux quelques uns divisent l'Arabie en deux parties, l'Yemen et le Hedjaz; d'autres en cinq grandes provinces : Yemen, Hedjaz, Nedjd, Tehama, et Yemama. Le Bahreïn y a été aussi compris, et l'Aroudh est nommé parmi les provinces arabes, mais il parait que c'est la même que l'Yemama. Le Hadramaut, le Mahrah, le Schedjr, l'Oman et d'autres subdivisions ont également été adoptés par quelques uns comme des provinces indépendantes, tandis que beaucoup d'autres les

---

(1) *Géographie ancienne*, p. 216.
(2) *Bibliothèque orientale*... au mot *Hegiaz* ou *Higiaz*, « nom d'une province de l'Arabie que nous appelons pierreuse. »—Richardson, dans son *Arabic and persian Dictionary*, explique également *Hijaz* par « la Mecque et le pays voisin, l'Arabie Pétrée. » Démétrius Alexandrides, qui a traduit en grec des portions de la *géographie d'Aboulfeda* imprimée à Vienne en 1807, in-8°, rend même Hedjaz par Ἀραβία Πετραία.
(3) « Les provinces de Tahama et d'Iemamah sont comme au cœur du pays; celle de Hegiaz est devenue la plus célèbre à cause des villes de la Mecque et de Médine, et fait avec les deux dernières que nous avons nommées ce que nous appelons l'Arabie Déserte. » (*Bibliothèque orientale*, au mot Arab.)

confondent avec les grandes régions d'Yemen et du Hedjaz. Souvent même on assigne à la dernière les vastes contrées de Nedjd, Tehama, et Yemama.

Quant aux bornes de toutes ces provinces, il est survenu de nombreux embarras dus aux exposés contradictoires faits par plusieurs des géographes orientaux les plus éminens, tels que : Edrisi, Aboulfeda, Al Madaïeni, Ibn Haukal, Ibn el Ouardi, Bakoui et autres. M. Rommel, commentateur très ingénieux de *l'Arabie* d'Aboulfeda, est souvent obligé de reconnaître la difficulté de déterminer où une division commence et où une autre finit. Quant aux limites du Hedjaz, surtout, Aboulfeda garde le silence, mais il paraît que son opinion, d'après ce que M. Rommel a pu recueillir de notices occasionelles de lieux assignés à cette province et aux territoires adjacens, ne coïncide nullement avec les sentimens d'autres géographes célèbres (1).

---

(1) Christophori Rommel *Abufedæ Arabiæ descriptio, commentario perpetuo illustrata.* Gottingæ, 1802, in-4°. « Ambitum et fines hujus provinciæ Abulfeda designare supersedet. — Al Madaieni hæc profert : « Hhegiaz est provincia complectens illum tractum montium qui inde ab Yaman expansus usque ad Scham (Syriam) protenditur. In eo tractu sitæ sunt Madinah et Ammam. » — Cum hoc dissidere Abulfedam non dubium est. — Ibn al Arabi : « Quod est inter Tehama et Nagd, illud est Hhegiaz. » — Fusius Ibn Haukal : « Quod protenditur à limite Serrain urbis sitæ ad mare Kolsum ad usque vicinum Madian et inde reflectendo per limitem tendentem in ortum urbis Hhegr, ad montem Tai transcundo juxtà tergum Yamamah ad mare persicum, hoc totum, ad Hhegiaz pertinet.» Et alio loco: «Hhegiaz ea est provincia, quæ Maccah et Madinah et Yamamah cum earumdem territoriis comprehendit. » — Ibn Alvardi Hhegiaz appellat provinciam secus sinum arabicum et è regione Habissiniæ sitam. — Bakui eam inter Ysman et Syriam posuisse satis habet, simul longitudinem ejus mensis itinere emetiens. P. 57 - 58.

On demandera peut-être pourquoi notre voyageur, si porté à prendre des informations, n'a pas appris de quelque indigène intelligent quelles étaient l'étendue et les limites du Hedjaz? A cette question, le passage suivant, écrit par Burckhardt vers la fin de son journal, et probablement destiné pour son supplément, peut servir de réponse et montrer que même aujourd'hui les habitans ne sont pas d'accord sur le sens qu'ils donnent au nom de Hedjaz : « Ce » mot, dit-il, n'est pas employé par les Arabes » Bédouins dans son acception ordinaire. Ils nom- » ment exclusivement Hedjaz tout le pays mon- » tagneux comprenant plusieurs vallées fertiles au » sud de Taïf et jusqu'aux cantons, habités par les » Arabes Asir, où le cafier commence à être cultivé » abondamment. Telle est l'application générale de » ce mot, parmi les Bédouins de ces contrées; les » habitans de la Mecque et de Djidda s'en servent » aussi en ce sens entre eux; mais quand ils con- » versent avec les étrangers, dont ils ont la politesse » d'adopter les idées, le nom de Hedjaz est attribué » au pays situé entre Taïf, la Mecque, Médine, » Yambo et Djidda. Les Bédouins nomment El Ghor, » ou le pays bas, toute la province à l'ouest des » montagnes, depuis la Mecque jusqu'à Béder et » Yambo : tandis que ces mêmes montagnes au nord » de Taïf sont appelées par ces Bédouins Hedjaz » es'Scham ou Hedjaz septentrional (1). »

(1) Ceci confirmerait la dérivation du mot *Hedjaz* donné par Golius qui le fait venir d'*ahhtedjezet « quod (provincia Ilhegiaz) colligata et constricta montibus sit. »* D'autres trouvent son étymologie dans le mot arabe ي chedjez, parce qu'il *unit* l'Yemen à la Syrie, pays entre les-

En lisant ce que dit Burckhardt, vers la fin de son chapitre sur le gouvernement de Médine, on trouve une remarque concernant les différentes applications du nom de Hedjaz faites par les habitans de la côte maritime et par les Bédouins vivant dans l'intérieur du pays; on voit qu'il s'est même élevé des doutes sur la question de savoir si la sainte ville de Médine n'appartient pas plutôt au Nedjd qu'au Hedjaz.

D'après des documens aussi vagues que ceux que je viens de présenter, une tentative de tracer exactement les limites d'une contrée quelconque serait vaine et trompeuse; c'est pourquoi le pays qui est baigné par la mer Rouge, et que les indigènes, suivant ce que nous savons, qualifient sans équivoque *Hedjaz*, est désigné sur notre carte, ainsi qu'il l'a été sur presque toutes les autres publiées jusqu'à présent, sous ce seul nom dont la première lettre est placée à l'endroit où l'éditeur suppose que finit l'Arabie Pétrée, et la dernière là où il serait enclin à séparer le Hedjaz du Tehama (1).

---

quels il est placé. Comme la plus petite note écrite par Burckhardt est réellement précieuse, je vais donner d'après son journal quelques lignes qui suivent immédiatement le passage cité plus haut. « J'évalue la population de la province ordinairement appelée Hedjaz comprenant tout le territoire du schérif de la Mecque, ainsi que celui de Médine et les villes qui y sont situées et toutes les tribus bédouines, à environ 250,000 ames, nombre qui, j'en suis certain, est plutôt au dessus qu'au dessous de la vérité; la plus grande partie étant formée des Bédouins qui habitent les montagnes, et notamment de la puissante tribu des Harb. »

(1) Burckhardt, dans son *Voyage de Syrie*, cite Makrizi, l'historien de l'Égypte, qui dit dans son chapitre d'Aïlah : « C'est d'ici que commence le Hedjaz; dans les temps anciens, c'était la ville frontière des Grecs. »

Pour toutes les personnes qui cherchent des renseignemens exacts sur des lieux peu connus, ce livre est suffisamment recommandé par le nom de son auteur et par celui du pays qu'il décrit : « Les mœurs » des Arabes du Hedjaz, dit sir William Jones, n'ont » pas changé depuis le temps de Salomon jusqu'au » siècle présent (1). » —— Nos notions de la Mecque, » dit Gibbon, doivent être puisées chez les Arabes. » Aucun infidèle n'ayant la permission d'entrer dans » cette cité, nos voyageurs n'en disent rien : le peu » de mots qu'en dit Thévenot viennent de la bouche » suspecte d'un renégat africain (2). »

Mais le lecteur de cette préface ne doit pas être privé plus long-temps du plaisir de parcourir la description authentique et intéressante que Burckhardt a faite des lieux qu'il a visités, des cérémonies extraordinaires dont il a été témoin, et du peuple parmi lequel il a vécu sous l'habit et le caractère d'un musulman.

Une courte notice écrite sur une feuille détachée et évidemment destinée par Burckhardt à servir d'introduction à son journal, est en conséquence présentée dans la page suivante ; car faire paraître les *Voyages en Arabie* sous la forme que leur auteur avait probablement l'intention de leur donner a été constamment l'objet de la sollicitude de l'éditeur.

Londres   janvier 1829.

WILLIAM OUSELEY.

(1) *Discours sur les Arabes*, t. II des *Recherches asiatiques*.
(2) *Histoire de la chute et de la décadence de l'Empire romain*, chap. L, note 18.

INTRODUCTION DE L'AUTEUR.

J'ai souvent cité dans ce journal des historiens arabes dont je possède les ouvrages. C'est maintenant pour moi un sujet de regret de n'avoir pas eu ces manuscrits avec moi dans le Hedjaz : j'achetai les deux premiers au Caire, à mon retour d'Arabie.

Ces livres sont : 1° l'histoire de la Mecque intitulée *Akhbar Mekka*, gros volume in-4°, par *Abi el Walid el Azraki* qui florissait dans l'année 223 de l'hégire; il a écrit les annales de sa cité natale, jusqu'à cette période. Cet ouvrage est surtout intéressant à cause des notices topographiques qu'il contient, et de la connaissance intime que son auteur avait de l'état de l'Arabie avant l'islamisme. Ce manuscrit paraît, d'après l'écriture, avoir de cinq à six cents ans d'antiquité.

2°. L'histoire de la Mecque intitulée *Akd e' themin*, en trois volumes in-folio par *Takie ddin el Fasi* qui fut kadhi de la Mecque. Cette histoire s'étend jusqu'à l'an 829 de l'hégire; elle est comprise dans le premier volume; les deux autres contiennent des anecdotes biographiques sur des hommes distingués nés à la Mecque.

3°. L'histoire de la mosquée de la Mecque, à laquelle est mêlée l'histoire de la ville; elle a pour titre

El A'alam hy a'alam belad Allah el haram; elle est en un volume in-4°, son auteur est *Kottob ed'din el Mekki* qui occupa des emplois importans dans la cité sainte ; il a amené les événemens jusqu'à 990 A. H.

4°. L'histoire du Hedjaz et plus particulièrement celle de la Mecque par Asami. Je n'ai que le second volume de cette chronique; c'est un grand volume in-folio comprenant l'histoire des événemens qui eurent lieu depuis le temps des Ommiades jusqu'en 1097 A. H. Je n'ai pu vérifier le titre de ce livre qui abonde en renseignemens curieux et précieux. Asami, son auteur, était natif de la Mecque.

5°. L'histoire du temple et de la ville de la Mecque. Cet ouvrage est intitulé *Khelasset-el Ouafa* : il a pour auteur *Nour ed'din Aly ibn Ahmed el Samhoudi* et est contenu dans un volume in-folio, qui comprend les événemens jusqu'à l'an 911 de l'hégire.

VOYAGES

DANS

LE HEDJAZ D'ARABIE.

———————

CHAPITRE PREMIER.

SÉJOUR A DJIDDA.

Mon arrivée dans le Hedjaz fut accompagnée de quelques circonstances défavorables. En entrant dans la ville de Djidda, le 18 juillet 1814, au matin, j'allai à la maison de la personne sur laquelle j'avais une lettre de crédit qui m'avait été donnée à mon départ du Caire en janvier 1813; quand je n'avais pas encore projeté complétement d'étendre mes voyages jusqu'en Arabie. Cette personne me fit un accueil très froid; la lettre fut jugée comme d'une date trop vieille pour mériter attention : en effet mon extérieur déguenillé devait mettre un négociant sur ses gardes pour ne pas se compromettre avec ses correspondans en me payant pour leur compte une somme considérable; d'ailleurs ceux de l'Orient, dans leurs relations mutuelles, font souvent peu de cas des lettres de change et des lettres de crédit; j'éprouvai donc un refus tout net, qui toutefois fut accompagné d'une offre de logement dans la maison de mon homme. Je l'acceptai pour les deux premiers jours, pensant que par une connaissance plus intime je pourrais le convaincre que je n'étais ni un aventurier, ni un imposteur; mais l'ayant trouvé inflexible, j'allai dans un des nombreux khans publics de la ville : tout ce que je possédais en argent consistait en deux piastres et en quelques sequins cousus dans une amulette que je portais au bras. J'eus peu de temps pour faire de tristes réflexions sur ma situation ; car quatre jours après mon arrivée, je fus attaqué d'une fièvre violente occasionée probablement par un usage immodéré des beaux fruits qui étaient étalés au marché de Djidda; imprudence que l'austérité de mon régime, depuis un an, rendait peut-être moins inexcusable, mais certainement plus fâcheuse par sa conséquence. J'eus le délire pendant plusieurs jours, et probablement la nature eût succombé sans l'assistance d'un capitaine grec, mon compagnon de voyage pendant la traversée de Souakin à Djidda. Il vint me voir dans un de mes intervalles lucides, et à ma demande, me procura un barbier ou médecin du pays qui me saigna copieusement, quoique avec beaucoup de répugnance, parce qu'il insistait sur ce qu'une potion composée de gingembre, de muscade et cannelle convenait mieux à mon cas. Une quinzaine de jours après, j'étais assez rétabli pour pouvoir me promener; mais la faiblesse et la langueur causées par la fièvre ne cédèrent pas à la chaleur humide de l'atmosphère de la ville : je dus mon rétablissement complet au climat tempéré de Taïf, qui est situé dans les montagnes derrière la Mecque, et où j'allai ensuite.

Le marché de Djidda ressemble peu à ceux des nègres où avec une piastre on achète une provision de dhourra et de beurre pour trois semaines. Le prix de toutes choses était monté ici à un taux extraordinaire; les importations de l'intérieur de l'Arabie ayant cessé entièrement, tandis que la population du Hedjaz accrue d'une armée turque et de sa nombreuse suite, ainsi qu'une multitude de pèlerins qui arrivaient journellement, dépendaient pour leur subsistance des denrées venant d'Égypte. Mon petit pécule fut donc dépensé pendant ma maladie et avant que je fusse en état de sortir. Le capitaine grec, quoiqu'il se fût montré toujours prêt à me rendre les services ordinaires d'humanité, n'était pas disposé à se confier à l'honneur ou au crédit d'un homme qui, il le savait bien, était entièrement dépourvu d'argent. J'avais besoin immédiatement d'une somme suffisante pour mes dépenses journalières, et comme il ne me restait pas d'autre moyen de me la procurer, je fus obligé de vendre mon esclave; je regrettai beaucoup la nécessité de m'en séparer, parce que je n'ignorais pas qu'il avait de l'affection pour moi, et qu'il désirait beaucoup ne pas me quitter. Durant mon précédent voyage, il s'était montré serviteur fidèle et utile : depuis j'en ai possédé plusieurs autres, je n'en ai pas trouvé un qui l'égalât. Le capitaine grec le vendit pour moi, au marché des esclaves, pour quarante huit piastres (1).

L'état actuel du Hedjaz s'opposait absolument à ce qu'on y voyageât sous le déguisement d'un mendiant ou au moins d'une personne aussi mal vêtue que je l'étais, et la lenteur de ma convalescence me fit souhaiter de me donner quelque aisance; c'est pourquoi je m'habillai de neuf, prenant le costume d'un Égyptien bien né mais peu riche, et j'écrivis tout de suite au Caire pour demander de l'argent: mais je ne pouvais guère le recevoir avant trois ou quatre mois. Décidé toutefois à rester dans le Hedjaz jusqu'au temps du pélerinage, en novembre suivant, il redevenait nécessaire que je trouvasse le moyen de me procurer de quoi vivre jusqu'à l'arrivée de mes fonds. Si j'avais été déçu de toutes mes espérances, j'aurais suivi l'exemple d'un grand nombre de pauvres hadjis ou pèlerins même de familles respectables qui, durant leur séjour dans le Hedjaz, gagnent leur subsistance journalière par un travail manuel; cependant, avant de recourir à cet expédient, je songeai à en essayer un autre.

J'avais apporté une lettre de recommandation de Seïd Mohammed-el-Makrouki, le premier négociant du Caire, pour Arabi Djeïlani, le plus riche commerçant de Djidda; mais je savais qu'elle ne pourrait m'être d'aucun usage, puisque ce n'était pas une lettre de crédit, et je ne la présentai pas (2).

---

(1) Cet esclave m'avait coûté seize piastres à Chendy: ainsi le profit de la vente d'un esclave me paya presque la dépense d'un voyage de quatre mois en Nubie, que j'avais fait au printemps.

(2) Par la suite je fis la connaissance de Djeïlani à la Mecque, ce

Enfin je résolus de m'adresser au pacha Mohammed Aly. Il était arrivé dans le Hedjaz à la fin du printemps de 1813 et résidait alors à Taïf où il avait établi le quartier-général de l'armée, qu'il destinait à attaquer les places-fortes des Wahhabites. J'avais vu plusieurs fois le pacha au Caire, avant mon départ pour la Haute-Egypte, et je l'avais informé, en termes généraux, de ma manie de voyager, ainsi que lui-même à Taïf l'appela ensuite en plaisantant. Je dois faire observer ici que les négocians de la Haute-Egypte étant pauvres, pour la plupart, et aucun d'eux ne faisant strictement honneur à une traite ou à une obligation par un paiement immédiat, j'avais trouvé nécessaire, pendant mon séjour dans ce pays, afin de me procurer de l'argent, de prier mon correspondant au Caire de verser à la trésorerie du pacha la somme dont j'avais besoin, et de prendre un mandat de lui sur son fils Ibrahim pacha, alors gouverneur de la Haute-Egypte, qui m'en compterait le montant. Ayant ainsi eu quelques affaires d'argent avec le pacha, je pensai que sans me rendre coupable de trop d'effronterie, je pouvais maintenant essayer de les renouveler dans le Hedjaz, et d'autant plus que je savais qu'il avait auparavant exprimé une opinion favorable sur ma personne et mes desseins. En conséquence, aussitôt que la violence de la fièvre se fut apaisée, j'écrivis à un Arménien nommé Bosari, qui était son médecin, et que j'avais également connu au Caire,

que je vis de foi me convainquit que je ne m'étais pas trompé dans mes conjectures sur son empressement à assister un étranger.

où on m'avait parlé avantageusement de lui, et qui alors se trouvait avec son maître à Taïf. Je le priai de représenter ma situation malheureuse au pacha, de lui apprendre que ma traite sur Djidda n'avait pas été acquittée, et de lui demander s'il voudrait accepter une traite sur mon correspondant au Caire, et ordonner à son trésorier à Djidda qu'il m'en payât le montant.

Quoique Taïf ne soit qu'à cinq jours de marche de Djidda, l'état du pays était tel que les voyageurs s'aventuraient rarement à traverser les montagnes entre la Mecque et Taïf : et les caravanes qui portaient des lettres des gens du pays, ne partaient qu'à des intervalles de huit à dix jours. Je ne pouvais donc espérer une réponse à ma lettre, avant vingt jours. Pendant ce temps, j'employai mes heures de loisir à Djidda, à transcrire le journal de mes voyages en Nubie; mais la chaleur dans cette saison me parut si accablante, surtout pour mon état de faiblesse, qu'excepté durant quelques heures de la matinée, je ne me trouvais à mon aise qu'à la fraîcheur de l'ombre de la grande porte du khan où je logeais; j'y passais la plus grande partie du jour étendu sur un banc de pierre. Sur ces entrefaites, le correspondant de Bosari à Djidda avait fait mention de moi à Yahya Effendi, médecin de Tousoun pacha fils de Mohammed Aly, alors gouverneur à Djidda, et qui s'était trouvé dans la Haute-Egypte en même temps que moi, mais que je n'avais pas vu. Ce médecin avait entendu parler de moi au Caire, comme d'un voyageur, et apprenant maintenant que j'arrivais du pays des nègres, il voulut me voir, et pria l'ami de Bosari de m'amener chez lui.

Il me reçut poliment, m'invita plusieurs fois à venir chez lui, et dans le cours de nos conversations ultérieures, fut instruit de ma position gênée, et des moyens que j'avais pris pour en sortir. A cette époque il se préparait à faire un voyage à Médine avec Tousoun pacha, et renvoyait au Caire tout son bagage inutile; il désirait aussi faire passer à sa famille, ses économies de l'année précédente, se montant à trois mille piastres (à peu près 500 piastres fortes); il eut la bonté de m'offrir cet argent pour une traite sur le Caire, payable à vue; avantage que, il le savait bien, les négocians de Djidda ne font jamais à ceux qui prennent leurs lettres de change. Une offre semblable ne serait pas regardée, dans une ville commerçante de l'Europe comme imposant une obligation, mais en Orient, et dans la circonstance où je me trouvais, elle était extraordinaire. Yahya Effendi ajouta que quelques uns de ses amis au Caire lui avaient inspiré une opinion flatteuse de ma personne, et qu'en conséquence il n'avait pas le moindre doute de ma solvabilité et de mon honneur, et qu'il avait été confirmé en lisant ma lettre de crédit que j'avais apportée avec moi. Comme l'issue de ma démarche auprès du pacha à Taïf était incertaine, j'acceptai avec reconnaissance la proposition d'Yahya; l'argent me fut compté à l'instant; je tirai les lettres de change, et peu de jours après, mon obligeant ami partit avec Tousoun pacha pour Médine où j'eus le plaisir de le revoir au commencement de l'année suivante.

Maintenant je possédais une somme suffisante pour bannir toute inquiétude de souffrir de la pauvreté avant l'arrivée de nouvelles remises du Caire, quel que pût être le résultat de ma demande au pacha; mais Yahya Effendi ne fut pas plutôt parti que je reçus une réponse assez favorable à la lettre que j'avais écrite à Taïf. Il paraît que Bosari avait répugné à présenter ma requête au pacha, craignant peut-être que si je manquais à ma parole, il ne lui en arrivât mal. Cependant, le pacha, instruit de mon séjour à Djidda par une autre personne de sa suite que j'y avais vue, et qui était arrivée à Taïf, et apprenant que mes habits étaient en lambeaux, dépêcha aussitôt un messager avec deux dromadaires, à Seïd Aly Odjakli, receveur de la Douane à Djidda, et entre les mains duquel était l'administration de toutes les affaires de la ville; ce messager était porteur d'un ordre de me fournir un habillement complet, et une bourse de 500 piastres comme argent de voyage; et cet ordre était accompagné d'une invitation, de me rendre tout de suite à Taïf avec le même messager qui avait apporté la lettre. Dans un post-scriptum, il était enjoint à Seïd Aly de commander au messager de me faire passer par la route d'en haut qui laisse la Mecque au sud; celle d'en bas, qui est la plus suivie, traverse cette ville.

L'invitation d'un pacha turc est un ordre poli; ainsi quelle que pût être ma répugnance d'aller alors à Taïf, je ne pus éviter dans les circonstances actuelles de me rendre aux désirs de Mohammed Aly; et malgré mon aversion secrète de recevoir des présens de sa main, au lieu d'un prêt, je ne pus refuser d'accepter les habits et l'argent, sans blesser la fierté et sans exciter le ressentiment d'un chef dont il m'importait présentement de me concilier les bonnes graces (1). Je pénétrai également le sens du post-scriptum, quoique Seïd Aly ne le comprît pas; mais sur ce point je me flattai de pouvoir lutter avec le pacha et son monde.

L'invitation étant très pressante, le soir même du jour de l'arrivée du messager, je partis de Djidda après avoir soupé avec Seïd Aly en compagnie d'un grand nombre de pélerins de toutes les parties du monde; car le jeûne du Ramadhan était déjà commencé, et pendant ce mois, chacun déploie autant d'hospitalité et de splendeur qu'il peut, notamment à souper après le coucher du soleil. Me méfiant jusqu'à un certain point des intentions du pacha, je jugeai nécessaire de porter à Taïf une bourse bien pleine; j'échangeai donc contre de l'or les trois mille piastres que j'avais reçues d'Yahya Effendi, et je les mis dans ma ceinture. Quelqu'un qui a de l'argent

---

(1) Quelques personnes considéreront peut-être comme un honneur de recevoir des présens d'un pacha, mais je pense différemment. Je sais que le motif réel d'un Turc, en faisant des cadeaux, est ou de recevoir en retour le double de leur valeur, ce qui ne pouvait pas être le cas avec moi, ou de satisfaire son propre orgueil en montrant à ses courtisans qu'il a l'intention d'être libéral envers quelqu'un qu'il regarde comme infiniment au dessous de lui en condition ou en importance. J'ai souvent été témoin du sourire dédaigneux du donneur et de son monde en faisant de tels présens; et leurs sentimens sont quelquefois exprimés par le dicton: « Vois, il a jeté un morceau à son chien. » Peu d'Européens, peut-être, partageront mon sentiment sur ce point, mais mon expérience m'autorise à former cette opinion, et le seul avis que je puisse donner aux voyageurs qui ne voudraient pas se rabaisser dans l'estime des grands de la Turquie, est d'être toujours prêts dans des occasions semblables, à rendre deux fois la faveur prétendue. Quant à moi, je n'ai eu que rarement l'occasion de faire des présens dans le cours de mes voyages; et celui-ci est le seul que j'aie jamais été obligé d'accepter.

n'a à craindre parmi les Osmanlis, que de le perdre; mais je pensais que je pouvais avoir besoin de ce que je possédais, soit pour effectuer une séduction, soit pour faciliter mon départ de Taïf.

Je vais ajouter ici quelques remarques sur Djidda et ses habitans. Cette ville est bâtie sur un terrain qui s'élève un peu et dont le côté le plus bas est baigné par la mer. Sa plus grande longueur, en suivant le rivage, est à peu près de 1500 pas, tandis que sa largeur n'a nulle part plus de la moitié de cet espace. Du côté de la terre, Djidda est entourée d'un mur en assez bon état, mais qui n'a aucune force. Il a été construit depuis quelques années par les travaux réunis des habitans qui s'aperçurent que l'ancien mur à moitié ruiné, élevé en l'an 917 de l'hégire par Kansoué-el-Ghoury sultan d'Egypte (1), ne leur offrait aucune protection contre les Wahhabites. Le rempart actuel est une barrière suffisante contre des Arabes qui n'ont point d'artillerie. A chaque intervalle de quarante ou cinquante pas, le mur est fortifié par des tours munies de quelques canons rouillés; et un fossé étroit a aussi été creusé sur toute sa longueur, afin d'augmenter les moyens de défense; aussi Djidda jouit, en Arabie, de la réputation d'être une place imprenable. Du côté de la mer, l'ancien mur subsiste encore, mais dans un état de dépérissement. A l'extrémité septentrionale, à l'endroit où le nouveau mur est baigné par la mer, se trouve la maison du gouverneur, et à l'extrémité méridionale, il y a un petit château monté de huit à dix

---

(1) *Histoire de la Mecque*, par Kotobeddin.

canons. Une batterie garde l'entrée du côté de la mer, et commande tout le port. On y voit sur son affût une énorme pièce d'artillerie qui porte un boulet de 500 livres, et qui est si célèbre sur tout le golfe Arabique que sa seule réputation est une protection pour Djidda. L'approche de la ville par mer, a lieu par deux quais où de petits canots viennent décharger les cargaisons des grands navires, ceux-ci étant obligés de mouiller sur la rade à deux milles de la côte; aucun bâtiment excepté ceux qu'on nomme *say*, les plus petits qui naviguent sur le golfe Arabique, ne peut avancer plus près du rivage. Les quais sont fermés tous les soirs vers le coucher du soleil, ainsi toute communication cesse, pendant la nuit, entre la ville et les navires.

Du côté de terre, Djidda a deux portes : Bâb Mekka à l'est et Bâb-el-Medina au nord. Une petite porte dans le mur du sud a été récemment bouchée. La surface enceinte par le nouveau mur, dont le circuit est à peu près de 3,000 pas, n'est pas entièrement couverte d'édifices. Un large espace de terrain nu s'étend tout le long de l'intérieur du mur, et il y a aussi beaucoup de terrain vague près du Bâb el Medina, et à l'extrémité méridionale de la ville. Après avoir traversé cet espace vide en venant du côté de la porte, on entre dans les faubourgs qui ne renferment que quelques cabanes de joncs, de roseaux et de branchages, et entourent la ville où les maisons sont de pierres. Ces baraques sont principalement habitées par des Bédouins, ou par des paysans et des ouvriers pauvres qui vivent entièrement à la manière de ceux-là. On trouve dans toutes les villes d'Arabie des quartiers semblables pour ces sortes de gens.

L'intérieur de Djidda est divisé en plusieurs parties. Les habitans de Souakin demeurent près du Bàb-el-Medina; leur quartier est appelé *Haret-è-Souakini*. Ils y vivent dans quelques maisons chétives, mais principalement dans des cabanes, que la classe inférieure du peuple fréquente quelquefois parce que beaucoup de femmes publiques y logent ainsi que les marchands de *bousa* qui est une liqueur enivrante. Les habitans les plus considérables demeurent près de la mer où une longue rue parallèle au rivage est bordée de boutiques et offre plusieurs khans constamment et exclusivement visités par les commerçans.

Djidda est bien bâtie; et bien mieux qu'aucune ville turque de la même grandeur que j'eusse vue jusqu'alors. Les rues ne sont point pavées, mais elles sont vastes et aérées; les maisons hautes, construites entièrement en pierres apportées pour la plupart des bords de la mer, et consistant en madréporites et autres fossiles marins. Presque toutes les maisons ont deux étages avec beaucoup de petites fenêtres et des volets en bois. Quelques unes ont des fenêtres cintrées qui offrent un grand étalage d'ouvrages de charpente ou de menuiserie. Il y a généralement à l'entrée une salle spacieuse, où les étrangers sont reçus, et qui, pendant la chaleur du jour, est plus fraiche que le reste de l'habitation, parce que le sol en est tenu presque toujours humide. La distribution des appartemens est à peu près la même que dans les maisons d'Égypte et de Syrie, avec cette différence cependant, qu'à Djidda il n'y a pas autant d'appartemens grands et hauts que dans ces pays-là où peu de maisons, du moins des indigènes, ont deux étages, tandis que les appartemens du rez-de-chaussée ont quelquefois une hauteur considérable. Il s'ensuit que dans beaucoup de maisons du Hedjaz, le seul endroit frais est la salle d'entrée; c'est là qu'à midi le maître avec tous ses serviteurs mâles, ses domestiques de louage et ses esclaves fait la sieste (1). Comme la bâtisse est très chère dans ce pays, on donne peu à la montre extérieure, excepté pour les treillis des fenêtres cintrées, qui sont fréquemment peints en couleurs très vives, tant en dedans qu'en dehors. Dans plusieurs maisons, l'épouse légitime d'un homme en occupe une partie, et les esclaves abissines de ce maître sont logées chacune dans son appartement distinct. Ainsi dans les habitations on s'attache plus à la commodité qu'à la grandeur ou à la beauté; toutefois en Egypte, beaucoup de maisons ordinaires ont des appartemens spacieux et ornés.

L'uniformité dans l'architecture n'est pas observée à Djidda. Des maisons sont bâties avec de petites pierres de taille, d'autres avec de grandes, le côté uni en dehors; l'intérieur est rempli de terre. Quelquefois les murs sont entièrement en pierre : on place dans quelques uns à des intervalles d'environ

---

(1) Bien que la brise fraîche ne souffle que du nord, cependant les Arabes ne semblent pas en profiter, dans leurs maisons, autant que les Égyptiens dont les principaux appartemens sont généralement arrangés de manière à être ouverts au nord. Les grands ventilateurs construits sur les terrasses des maisons en Égypte et qui répandent un courant d'air dans toutes les pièces inférieures, sont inconnus dans le Hedjaz.

trois pieds des couches minces de planches : les Arabes s'imaginent que cela contribue à accroître leur force. Quand les murs ont été revêtus d'un enduit, on laisse au bois sa couleur naturelle, ce qui donne à l'ensemble une apparence gaie et agréable, comme si l'édifice était orné d'autant de bandes ; mais la blancheur éblouissante des murailles, pendant que le soleil brille, est extrêmement nuisible à la vue. La plupart des portes sont voûtées en ogive, un petit nombre est cintré ; les maisons particulières en Égypte, en ont comme ces dernières, mais cela n'est pas fréquent.

On ne remarque à Djidda, aucun édifice d'une date ancienne, la pierre madréporite s'altérant facilement quand elle est exposée à la pluie ou à une atmosphère humide comme l'est celle de cette ville (1). Indépendamment de plusieurs petites mosquées, il y en a deux d'une dimension considérable ; l'une a été bâtie par le schérif Serour prédécesseur de Ghaleb, le dernier qui ait régné. L'habitation du gouverneur, où le schérif résidait fréquemment, n'est qu'un chétif bâtiment ; il en est de même de celle où demeure le receveur de la Douane. Il y a dans la ville quelques khans publics bien bâtis, et bien tenus, où logent les marchands étrangers durant leur court séjour ici. Ces khans ont de grandes cours ouvertes avec des passages voûtés qui procurent de l'om-

---

(1) On peut dire qu'en général Djidda est une ville moderne ; car son importance comme marché pour les marchandises des Indes ne remonte qu'au commencement du quinzième siècle, quoiqu'elle ait été connue dès les temps les plus anciens de l'histoire d'Arabie comme le port de la Mecque.

bre et de la fraîcheur pendant la plus grande partie du jour. Excepté pendant la mousson, temps auquel Djidda est encombrée de monde, on peut se procurer aisément un logement particulier, dans les quartiers de la ville les plus éloignés. Les plus belles maisons particulières appartiennent au grand établissement commercial de Djeïlani qui avec sa famille occupe une petite place carrée derrière la rue principale. Cette place est entourée de trois grands bâtimens qui sont les maisons particulières les plus commodes et les plus magnifiques de tout le Hedjaz. Chaque maison de grandeur moyenne a sa citerne; mais les pluies n'étant ni assez régulières ni assez abondantes pour remplir ces réservoirs avec l'eau du toit des maisons, comme en Syrie, ils sont souvent approvisionnés avec l'eau des étangs qui se forment hors la ville, pendant la saison pluvieuse.

L'eau de ces citernes ne suffit pas à la consommation de Djidda et est regardée comme un objet de luxe, une grande partie de l'eau potable est tirée de puits à une distance d'un mille et demi au sud-est. A la vérité on trouve partout de l'eau à une profondeur de quinze pieds, mais elle a généralement un mauvais goût et en quelques endroits est à peine buvable. Deux puits seulement donnent de l'eau que l'on peut appeler douce, mais celle-ci même est considérée comme lourde (1), et si on la laisse re-

(1) Les expressions de *lourde* et *légère*, appliquées à l'eau, sont usitées dans la plupart des langues de l'orient, où les indigènes et les étrangers, d'après la quantité qu'ils en consomment, deviennent plus délicats sur sa qualité, que ne le sont les habitans de nos climats septentrionaux.

poser vingt-quatre heures dans un vase, elle fourmille d'insectes. La bonne eau de ces deux puits étant rare et chère, on ne peut pas toujours s'en procurer à moins d'être aidé par des amis puissans; il n'y a réellement que deux cents à trois cents personnes qui peuvent s'en approvisionner; le reste des habitans doit se contenter de l'eau des autres puits; c'est sans doute à cela qu'il faut principalement attribuer la mauvaise santé des habitans. Djidda étant qualifiée forteresse turque, nous pouvions supposer que les puits auraient été protégés par un fort; mais les Turcs ont négligé cette précaution, et quand en décembre 1814 les Djiddaouis craignirent que les Wahhabites ne s'avançassent du côté de Gonfodé, le gouverneur de Djidda se hâta de remplir avec l'eau des puits le petit nombre de citernes appartenant au gouvernement, et pendant plusieurs jours priva la population entière de cette chose de première nécessité, parce qu'il employait tous les chameaux destinés ordinairement au transport de l'eau. Quelques puits sont des propriétés particulières et produisent considérablement à leurs possesseurs.

La ville de Djidda est sans jardins et sans végétaux d'aucune espèce, sauf quelques dattiers qui s'élèvent près d'une mosquée; même hors des murs, la campagne n'est qu'un désert stérile couvert le long du rivage de la mer d'une terre saline, et plus haut, de sable; là on trouve quelques buissons et un petit nombre de chétifs acacias. La quantité des puits autour de la ville pourrait être augmentée considérablement, et l'on obtiendrait ainsi de l'eau pour l'irrigation; mais les Djiddaouis ne regardent leur séjour dans ce lieu que comme temporaire et de même que tous les habitans du Hedjaz tournent toute leur attention vers le commerce et l'acquisition des richesses; c'est pour cela que de tous les musulmans que j'ai vus ce sont ceux qui ont le moins de penchant pour les occupations rurales et les plaisirs champêtres.

Au delà du Bâb Mekka et tout près de la ville, il y a plusieurs cabanes entre lesquelles passe la route de la Mecque. Elles sont habitées par les conducteurs de chameaux qui trafiquent entre cette ville et Djidda; par de pauvres Bédouins qui gagnent leur vie à aller couper du bois à une distance considérable dans les montagnes; et par les nègres pèlerins qui adoptent la même manière de subsister pendant leur séjour à Djidda. C'est là que se tient le marché en gros pour le bétail, le bois et le charbon, les fruits et les plantes potagères. On y vend également du café dans beaucoup d'échoppes fréquentées pour peu de temps et de bonne heure par les marchands d'un ordre inférieur qui y viennent pour apprendre des nouvelles de la Mecque, d'où la poste arrive, chaque matin, peu après le lever du soleil. A peu près à un mille de ces cabanes, et à l'est de la ville, on voit le principal cimetière, renfermant les tombeaux de plusieurs scheikhs; il y a de petits cimetières en dedans des murs. Environ à un mille au nord de Djidda, on montre la sépulture de Hova (Ève), la mère du genre humain; c'est, suivant ce qu'on me dit, une construction grossière en pierre de deux à trois pieds de hauteur et d'autant en largeur. Elle ressemble ainsi à celle de Noé qui se voit dans la vallée de Bekaa en Syrie.

I.   Voy. dans l'Arabie.

Durant la prédominance des Wahhabites, Djidda fut dans un état de décadence ; beaucoup de ses édifices tombèrent en ruine, personne n'avait construit de maison neuve, le commerce avait beaucoup diminué par suite de la cessation du pélerinage des habitans de la Turquie, et de la répugnance des négocians à y apporter des marchandises à vendre. Depuis que les cités saintes ont été recouvrées, que le pélerinage a été rétabli, et que journellement il arrive des soldats et un grand nombre de commerçans et de gens suivant l'armée, la ville a promptement repris son ancienne activité, et est aussi florissante qu'à aucune époque antérieure. On peut estimer sa population à douze ou quinze mille ames, mais pendant le mois qui précède le pélerinage, et durant les mois d'été correspondant avec les moussons, il y a une grande affluence d'étrangers, ce qui augmente peut-être de moitié le nombre énoncé plus haut.

La population de Djidda, de même que celle de la Mecque et de Médine, est presque exclusivement étrangère. Les descendans des anciens Arabes qui jadis peuplèrent cette ville, ont péri par la main des gouverneurs ou se sont retirés dans d'autres pays. Les habitans que l'on peut vraiment nommer indigènes consistent en quelques familles de schérifs qui sont tous des hommes savans et attachés aux mosquées ou aux cours de justice : tous les autres Djiddaouis sont étrangers ou d'origine étrangère ; les plus nombreux parmi ces derniers sont originaires du Hadramaut et de l'Yemen ; des colonies de chaque ville et de chaque province de ces contrées se sont fixées à Djidda et entretiennent un commerce actif avec leur lieu natal. A peu près une centaine de familles indiennes, la plupart de Surate et quelques unes de Bombay, se sont aussi établies ici ; on peut ajouter à ceux-ci des Malais et des gens de Mascat. Les colons venant d'Egypte, de Syrie, de Barbarie, de la Turquie d'Europe et de l'Anatolie, peuvent se reconnaitre encore aux traits de leurs descendans qui sont tous confondus dans une masse générale, vivant et s'habillant également à la manière des Arabes. Les Indiens seuls continuent à former une classe distincte par ses mœurs, son costume et ses occupations. Il n'y a pas de chrétiens établis à Djidda ; mais des gens des iles de l'Archipel apportent de temps à autre d'Egypte, des marchandises à ce marché. Sous les schérifs, ils étaient très inquiétés, obligés de porter un habillement particulier, et il leur était défendu de s'approcher de la porte de la Mecque ; mais les Turcs devenus maitres du Hedjaz ont aboli ces restrictions, et maintenant un chrétien jouit ici d'une liberté complète : s'il meurt, il n'est pas enterré sur le rivage, parce que c'est un terrain sanctifié, appartenant à la cité sainte ; il est inhumé dans une des petites iles de la baie de Djidda. Les Juifs étaient autrefois les courtiers de cette ville ; mais il y a une quarantaine d'années qu'ils furent chassés par Serour, prédécesseur de Ghaleb ; quelques uns ayant donné de l'offense par leur mauvaise conduite, ils se retirèrent tous dans l'Yemen ou à Sana'a. Pendant les moussons quelques Banians visitent Djidda où ils viennent sur des navires indiens : mais ils s'en retournent avec ces bâtimens; aucun ne s'est établi ici.

Le mélange des races d'hommes à Djidda est un effet du pélerinage pendant lequel de riches négocians arrivent dans le Hedjaz avec des cargaisons considérables de marchandises : quelques uns ne pouvant régler immédiatement leurs comptes, attendent à une autre année; durant cet intervalle de temps, ils cohabitent, suivant l'usage du pays, avec de jeunes esclaves abissines, qu'ils épousent bientôt : finissant par se trouver avec une famille, ils sont induits à s'établir dans la ville. Ainsi chaque pélerinage procure une nouvelle addition à la population, non seulement de Djidda, mais aussi de la Mecque, ce qui est réellement très nécessaire, le nombre des décès, dans ces deux villes, l'emportant beaucoup sur celui des naissances.

Les Djiddaouis s'adonnent presque exclusivement au commerce, et n'exercent d'autres métiers ou genres d'industrie que ceux de première nécessité. Ils sont tous ou marins, commerçans par mer, ou occupés de trafic en Arabie. Djidda ne tire pas seulement son opulence de ce qu'elle est le port de la Mecque; mais elle peut aussi être considérée comme celui de l'Égypte, de l'Inde et de l'Arabie. Toutes les marchandises de ces deux derniers pays, destinées pour le premier, passent par les mains des négocians de Djidda. Ainsi cette ville est probablement plus riche qu'aucune autre de la même grandeur dans l'empire turc. Son nom arabe, qui signifie riche, lui convient donc parfaitement. Djeïlani et Sakkat, les deux plus gros négocians de cette place, sont Mogrebins d'origine; leurs grands-pères vinrent demeurer ici : on sait qu'ils possèdent une fortune de 150 à 200,000 livres sterling. Plusieurs Indiens en ont acquis une presque pareille, et il y a une douzaine de maisons dont les capitaux sont de 40 à 50,000 livres sterling. Le commerce en gros se fait ici avec beaucoup de facilité et de profit, et avec moins de finesse et de fraude que dans aucun lieu du Levant où je sois allé; la principale raison en est que tous les marchés sont conclus argent comptant, et qu'on ne donne que très peu ou pas de crédit. Il ne faut cependant pas en tirer une induction favorable pour le caractère des négocians qui sont aussi décriés pour leur mauvaise foi que renommés pour leur grande fortune : mais la nature du commerce et les usages établis le rendent moins difficile et moins embarrassant que dans les autres pays de l'Orient.

Le commerce de Djidda peut se diviser en deux branches principales : celui du café et celui de l'Inde; celui de l'Égypte est lié à l'un et à l'autre. Des navires chargés de café arrivent de l'Yemen pendant toute l'année sans être astreints à une saison particulière. Durant ce voyage, ils naviguent constamment près de la côte, et peuvent ainsi profiter des brises de terre pendant la durée des vents du nord qui rendent la traversée difficile à mi-canal. Ils vendent leurs cargaisons pour des piastres fortes, qui sont à peu près le seul objet que les négocians de l'Yemen prennent en retour. Le commerce du café est sujet à de grandes variations et peut passer pour une espèce de loterie; les gens disposant de gros capitaux et en état de supporter parfois de grandes pertes, sont les seuls qui s'y aventurent. Le prix du café à Djidda étant réglé par les avis reçus du Caire, varie presque avec l'arrivée de chaque navire de Suez. Le prix sur cette dernière place dépendant de la demande du café mokha pour la Turquie, est ainsi également flottant. A mon arrivée à Djidda, il était de trente cinq piastres fortes le quintal ; trois semaines après, il était tombé à vingt-quatre en conséquence de la paix entre l'Angleterre et les États-Unis de l'Amérique du nord qui faisait espérer que de grandes quantités de café des Antilles seraient importées de nouveau à Smyrne et à Constantinople. D'après la nature hasardeuse de ce commerce, beaucoup de négocians ne veulent s'y livrer que comme commissionnaires : d'autres expédient le café pour leur propre compte au Caire, où la plus grande partie de ce trafic est entre les mains de négocians du Hedjaz qui y demeurent. Depuis ces six dernières années, le commerce du café entre l'Arabie et la Méditerranée a beaucoup souffert par l'envoi du café des Antilles dans les ports de Turquie. Jadis ils étaient exclusivement approvisionnés de café mokha ; aujourd'hui l'usage de celui-ci a presque entièrement cessé en Turquie, en Asie-Mineure et en Syrie. Toutefois le pacha d'Egypte a jusqu'à présent prohibé strictement l'entrée du café des Antilles dans ses états.

Le commerce des marchandises de l'Inde est beaucoup plus sûr et également profitable. Les flottes venant principalement de Calcutta, de Surate et de Bombay arrivent à Djidda au commencement de mai ;

alors les négocians sont prêts à les recevoir, ayant ramassé autant de piastres fortes et de sequins que leurs facultés le leur ont permis, pour pouvoir conclure des marchés en gros à la première apparition des navires. De fortes sommes sont aussi envoyées ici par les négocians du Caire, afin qu'on achète des marchandises pour leur compte : mais les cargaisons sont, pour la plupart, acquises par ceux de Djidda qui ensuite les expédient au Caire où elles sont vendues pour leur profit. Les flottes de l'Inde repartent en juin ou juillet; le prix de tous les objets qu'elles ont apportés augmente aussitôt (1), et il arrive ordinairement que le jour même où le dernier navire fait voile, on peut obtenir un gain de dix pour cent sur le premier prix. Toutefois, les négocians, à moins qu'ils ne soient pressés d'argent, ne vendent pas à cette époque : ils gardent leurs marchandises en magasin, quatre à cinq mois, durant lesquels leur valeur continue à hausser; de sorte que s'ils jugent à propos d'attendre jusqu'en janvier ou février suivant, ils peuvent calculer avec certitude sur un bénéfice de trente à quarante pour cent, et s'ils transportent une partie de leurs marchandises à la Mecque pour les vendre aux pèlerins, il est encore plus considérable. C'est ce genre de commerce qui encombre Djidda d'un surcroît de population pendant le séjour de la flotte. De tous les ports du golfe Arabique, on vient ici pour y acheter les marchan-

---

(1) Les navires du Bengale quittent Djidda en juin, ceux de Surate et de Bombay en juillet ou au commencement d'août, ceux de Mascat et de Basra et ceux qui viennent de la côte de Mosambique chargés d'esclaves, arrivent à la même époque.

dises de la première main; et les commerçans de la Mecque, d'Yambo et de Djidda réunissent toutes les piastres qu'ils possèdent pour les employer à cet usage (1). Une autre cause de ce que le commerce de l'Inde à Djidda est si sûr et si avantageux est due à ce que les navires marchands venant de ce pays, n'arrivent qu'une fois l'an, à une époque fixe et tous durant une période de quelques semaines; rien par conséquent ne peut gâter les affaires : le prix des marchandises est réglé suivant la quantité importée et les demandes connues; et jamais on ne l'a vu diminuer avant le retour de la flotte suivante. Pour le commerce du café c'est le contraire.

En Syrie et en Egypte c'est un travail de plusieurs jours, et une occupation pour trois ou quatre courtiers que de conclure un marché entre deux négocians pour une valeur d'un millier de piastres. A Djidda les ventes et les achats de cargaisons entières se font en une demi-heure, et le lendemain l'argent est payé. La plus grande partie des marchandises dont on a ainsi traité, est embarquée pour Suez, et vendue au Caire, d'où ensuite elle est expédiée pour la Méditerranée. Les retours ont lieu, soit en marchandises qui sont ensuite principalement répandues dans le Hedjaz, ou en piastres fortes et en sequins, dont de grandes quantités sont emportées annuelle-

(1) Quelque temps après que la flotte de l'Inde eut fait voile de Djidda, je me trouvai présent quand un négociant riche et considéré vint chez quelqu'un de ma connaissance pour lui emprunter cent piastres fortes, disant qu'il avait employé tout son argent, jusqu'à la plus petite pièce à acheter des marchandises de l'Inde, et qu'il ne lui restait rien pour ses dépenses journalières. J'appris que cela arrivait très fréquemment parmi eux.

ment par la flotte de l'Inde; c'est ce qui occasione surtout la rareté de l'argent en Egypte. Les navires de l'Yemen qui ont apporté du café chargent en retour quelques produits des manufactures d'Egypte, tels que des mellayés ou toiles de coton bleues à raies, de la toile de lin pour chemises et de la verroterie: mais les principales ventes se font presque toutes pour de l'argent comptant.

Si Suez participait directement au commerce de l'Inde probablement l'état florissant de Djidda diminuerait beaucoup, et cette ville redeviendrait simplement ce que sa position l'a faite, le port du Hedjaz, au lieu d'être comme elle l'est présentement, celui de l'Egypte. Il était naturel que les schérifs de la Mecque, qui avaient la douane dans leurs mains, essayassent par toutes sortes de moyens en leur pouvoir, de faire de Djidda l'entrepôt du commerce de l'Inde, puisque les droits payés dans ce port composaient la plus grande partie de leur revenu. Toutefois Suez n'est pas une place où l'on trouve toujours de grands capitaux prêts pour faire des achats; le Caire même ne pourrait pas, au moins immédiatement, s'engager avec avantage dans ce commerce, s'il était transporté à Suez, parce que, conformément aux anciens usages dont les Orientaux aiment rarement à se départir, l'argent comptant est presque inconnu dans les affaires commerciales de cette ville; en conséquence les marchandises de l'Inde n'y sont jamais vendues qu'à un terme très long. Sans doute les espèces pourront avec le temps parvenir à Suez comme elles arrivent maintenant à Djidda; mais la route suivie par le commerce était telle qu'une flotte de navires venant directement de l'Inde à Suez aurait eu de la peine à disposer de ses cargaisons soit avec profit, soit en temps convenable.

Une autre cause aussi a contribué à favoriser le port de Djidda; les bâtimens de l'Inde quoique naviguant sous pavillon anglais, sont entièrement montés et commandés par des gens du pays, Arabes et Lascars (1), qui ont adopté la méthode suivie dans toutes les parties du golfe Arabique, et en conséquence serrent la côte. Ils ne se hasardent jamais au large et doivent ainsi passer nécessairement devant Djidda et Yambo, ports appartenant tous deux au schérif qui pourrait aisément les obliger à y mouiller et à payer des droits, ce que l'on fait à l'égard de plusieurs navires destinés directement de l'Yemen pour Suez.

Toutefois, ces causes n'existent plus : Mohammed Aly, pacha d'Egypte, ayant la possession des ports et des douanes du Hedjaz pourrait transférer celle de Djidda à Suez et de là ouvrir une communication directe avec l'Inde. Les principaux obstacles à ce chargement qui se soient jusqu'à ce moment présentés d'eux-mêmes, sont la jalousie et les faux rapports des négocians de Djidda, et l'ignorance où est le pacha sur ses intérêts réels, ajoutée peut-être à la

---

(1) Aucun capitaine anglais n'était venu depuis cinq ans à Djidda, lorsqu'en 1814, le *Resoul*, de Bombay, capitaine Boag, y arriva chargé de riz. Les navires n'ont pas des équipages anglais, et très peu de négocians anglais, demeurant dans l'Inde, ont jamais dirigé leurs spéculations vers le commerce du golfe Arabique, qui est fait exclusivement avec les capitaux des négocians de Djidda, Mascat, Bombay, Surate et Calcutta. Les Américains du nord visitent rarement d'autre port de cette mer que celui de Mokha.

crainte de déplaire à son souverain; néanmoins il a le projet de changer le système actuel, d'après l'exemple d'une très respectable maison anglaise d'Alexandrie qui, de concert avec ses correspondans à Bombay, avait en 1812, quand le Hedjaz n'était pas encore au pouvoir du pacha, conclu avec lui un traité pour permettre aux navires anglais de venir en droiture à Suez et pour garantir la sûreté des marchandises à travers le désert jusqu'au Caire. Les nouvelles de la guerre des Wahhabites et de la présence de croiseurs ennemis dans le golfe Arabique, empêchèrent ces négocians de se prévaloir du traité jusqu'en 1815 qu'un grand navire fut expédié de Bombay à Suez. Quand il toucha à Djidda, le pacha qui était à la Mecque, l'arrêta, lui défendit de continuer sa route jusqu'à Suez, contraignit le capitaine de vendre sa cargaison à perte, parce que la peste ravageait la ville, et en contravention aux traités existans entre la Grande Bretagne et la Porte exigea les mêmes droits qui sont levés sur les bâtimens du pays. Cette affaire qui excita un grand mécontentement parmi les Européens demeurant en Egypte, aurait pu donner lieu à de justes et faciles représailles sur des navires du pacha faisant le commerce à Malte, ce qui lui aurait appris à respecter le pavillon anglais partout où il le rencontrerait. Toutefois les officiers anglais, peut-être par une idée erronée de son pouvoir et de son importance et mus par le désir de rester sur un pied amical avec lui, au lieu de lui montrer le moindre déplaisir, préférèrent endurer silencieusement cet outrage, oubliant qu'un gouverneur turc ne peut jamais être gagné par des mesures de conciliation, et qu'on ne peut réussir auprès de lui que par une attitude de défiance.

En conséquence de tout ceci, les négocians furent obligés de conclure avec le pacha un second traité qui fut ratifié formellement. Sa première demande fut que les navires payassent à Suez les droits de ce port, joints à ceux de Djidda, ce qui aurait équivalu à peu près à douze pour cent; mais à la fin il se contenta de neuf pour cent sur toutes les marchandises de l'Inde importées à Suez, ce qui était six pour cent de plus que ne payaient ordinairement les négocians européens dans les ports du grand seigneur. On suppose que cet arrangement donnera naissance à un commerce actif. Le pacha est disposé à faire des spéculations mercantiles pour son propre compte; le premier bâtiment qu'il expédia à Bombay au printemps de 1816, devait lui rapporter en retour un éléphant richement caparaçonné et destiné pour être offert en présent à son souverain à Constantinople. Je crains pourtant qu'il ne respecte pas plus le second traité que le premier, car son avarice, si elle n'est pas effectivement arrêtée, ne connait pas de bornes, et il peut en tout temps exiger des impôts additionnels, autant que les profits de cette nouvelle route commerciale pourront les supporter, en menaçant la sûreté du chemin de Suez au Caire puisque les Bédouins du désert voisin sont entièrement à ses ordres.

Le schérif Ghaleb, ancien maître de Djidda, faisait le commerce de l'Inde avec beaucoup d'activité; il y employait deux navires de quatre cents tonneaux chacun; et de plus avait plusieurs bâtimens moindres pour le trafic du café de l'Yemen : il entendait parfaitement le négoce de toutes les parties du golfe Arabique. Il foulait les négocians de Djidda par des droits onéreux et par sa concurrence puissante; mais jamais il n'usa d'extorsions envers eux. S'il empruntait de l'argent, il le rendait au terme convenu, et ne se hasardait jamais à lever des contributions extraordinaires sur les individus, quoiqu'il ne s'en abstînt pas envers la communauté entière en augmentant les taxes et d'une manière arbitraire. Ce fut la sûreté bien connue dont les biens jouissaient sous son gouvernement qui engagea les négocians étrangers à visiter le port de Djidda, même lorsque Ghaleb fut réduit à une grande détresse par les Wahhabites; cependant sa conduite sous ce rapport n'était pas dictée par l'amour de la justice, car il gouvernait très despotiquement, mais il savait bien que si la crainte éloignait les commerçans, sa ville tomberait dans l'insignifiance. Vers la fin de son administration, les droits sur le café furent portés de deux piastres et demie à cinq piastres par quintal ou augmentés d'environ quinze pour cent. Le droit sur les marchandises de l'Inde fut élevé de six à dix pour cent, suivant leur qualité. Si Ghaleb ne pouvait pas vendre tout de suite le café ou les marchandises de l'Inde importées pour son compte, il distribuait les cargaisons de ses vaisseaux, au prix courant de la place, parmi les négocians indigènes du lieu, en quantités proportionnées à la fortune présumée de chacun, qui était ainsi forcé de devenir acheteur argent comptant. A cet égard, la conduite de Ghaleb n'avait rien de singulier, parce qu'en Egypte, le pacha actuel répartit souvent ses cafés entre les négocians : néanmoins il y a cette différence, c'est qu'il exige toujours un prix supérieur à celui du marché.

Les affaires se font à Djidda par l'intermédiaire de courtiers, ce sont pour la plupart des Indiens ayant un peu de fortune et une mauvaise réputation.

Le nombre des navires appartenant à Djidda est très grand. En faisant entrer dans le compte tous les petits bâtimens employés au commerce du golfe Arabique on peut calculer qu'il y a peut-être deux cent cinquante navires appartenant soit à des négocians, soit aux capitaines qui les commandent et qui regardent ce port comme leur domicile principal. Les divers noms donnés à ces vaisseaux, tels que Say, Seume, Markeb, Sambouk, Doà, dénotent leur dimension; les derniers seuls qui sont les plus grands, sont le voyage de l'Inde. Les équipages de ces navires sont composés surtout d'Yemenis, d'habitans de la côte des Somâlis, vis à vis Aden, entre l'Abissinie et le cap Guardafuy et d'esclaves; on trouve généralement trois ou quatre de ces derniers sur chaque navire. Les matelots reçoivent une certaine somme pour le voyage, et chacun d'eux fait en même temps un petit commerce pour son propre compte; ceci est encore une autre cause de l'affluence des étrangers à Djidda pendant la mousson; parce que quelqu'un avec un très petit capital peut y acheter des marchandises en détail, de la première main, à l'équipage de ces bâtimens.

Maintenant on ne construit plus à Djidda de navires d'aucune espèce, tant le bois y est devenu rare; en effet, c'est avec difficulté que l'on y trouve les moyens de faire un radoub. Yambo est sujet au même inconvénient. Suez, Hodeïda et Mokha sont les seuls ports du golfe Arabique où il y ait des chantiers de construction. Le bois que l'on emploie à Suez y est transporté du Caire par terre, et vient originairement de la côte de l'Asie-Mineure (1). Celui dont on se sert à Hodeïda et à Mokha y est amené en partie de l'Yemen, en partie de la côte d'Afrique. Beaucoup de bâtimens sont achetés à Bombay et à Mascat; mais ceux de Suez sont les plus communs dans le golfe au nord de l'Yemen.

Depuis trois ans, on a éprouvé à Djidda un grand besoin de navires, parce que le pacha en avait mis un nombre considérable en réquisition, et obligé leurs propriétaires à transporter des vivres, des munitions, et des bagages, d'Egypte au Hedjaz, il ne paie qu'un fret très modique. Durant mon séjour à Djidda, il se passait à peine un jour, sans qu'il en arrivât un, surtout d'Yambo et de Cosseïr; et il y avait constamment quarante à cinquante navires dans le port. Un officier portant le titre d'Emir-el-Bahr, remplit les fonctions de capitaine de port, et perçoit de chaque bâtiment une certaine somme pour l'ancrage. Cet emploi était considérable du temps du schérif, mais il est devenu insignifiant. Je fus un peu

(1) La toile à voile dont on fait usage dans tout le golfe Arabique est de fabrique égyptienne; les cordages sont de filasse de dattier. Les navires venant des Indes-Orientales ont leurs cordages faits avec de la filasse de cocotier, et ils en apportent aussi beaucoup pour les vendre.

surpris de ce que dans un lieu aussi fréquenté que Djidda, il n'y eût pas dans le port un seul canot de plaisir d'aucune espèce, ni même des bateliers publics ; j'appris que cela venait de la méfiance des officiers de la douane qui défendent toutes les embarcations de ce genre, et exigent même que les canots des navires s'en retournent à bord après le coucher du soleil.

Djidda ne commerce par terre qu'avec Médine et la Mecque. Tous les quarante ou cinquante jours, une caravane part pour la première de ces villes, emportant notamment des marchandises des Indes et des drogues ; il s'y joint toujours une foule de pélerins qui veulent visiter le tombeau de Mahomet, ces caravanes sont composées de soixante à cent chameaux et conduites par les Bédouins Harb. Cependant les relations ont plus communément lieu par l'intermédiaire du port d'Yambo où les marchandises sont envoyées par mer. Indépendamment des caravanes dont je viens de parler, il en part d'autres pour la Mecque presque tous les soirs et au moins deux fois par semaine, avec des marchandises et des denrées ; pendant les quatre mois précédant le temps du pélerinage, que chaque navire arrivant à Djidda, y débarque des hadjis, ces communications deviennent encore plus fréquentes, et des caravanes sortent régulièrement par la porte Bàb Mekka, chaque soir après le soleil couché. Les chameaux chargés emploient deux nuits à ce voyage, ils se reposent pendant le jour à Hadda qui est à mi-chemin ; enfin une petite caravane d'ânes légèrement chargés, se met aussi en route tous les soirs, et effectue le voyage de quinze ou seize heures en une nuit, car elle arrive régulièrement à la Mecque le matin de bonne heure. C'est par la caravane aux ânes que les lettres sont expédiées d'une ville à l'autre. En temps de paix des caravanes vont quelquefois le long de la mer dans l'Yemen, et dans l'intérieur du Téhama à Mokhoua d'où l'on apporte du blé (1).

L'énumération que je vais faire des différentes boutiques dans les principales rues marchandes de Djidda, pourra jeter quelque lumière sur le commerce de cette ville, ainsi que sur la manière de vivre des habitans.

Les boutiques, de même que dans toute la Turquie, sont élevées de plusieurs pieds au dessus de la terre, et ont par devant un banc de pierre, saillant sur la rue, les acheteurs s'y asseient; il est ordinairement abrité du soleil par un auvent fait de nattes attachées à de longues perches. Beaucoup de boutiques n'ont par devant que six à sept pieds de largeur; leur longueur est généralement de dix à douze pieds, avec un petit appartement particulier ou un magasin par derrière.

Il y a *vingt-cinq boutiques où l'on vend du café;* on en use avec excès dans le Hedjaz, il n'est pas

---

(1) Quand les chameaux sont communs, le voyage d'un de ces animaux, de Djidda à la Mecque, est de vingt à vingt-cinq piastres turques: quand ils sont rares, ou aux approches des pèlerinages, on paie de soixante à soixante-dix piastres. Pendant mon séjour, le louage d'un âne, de Djidda à la Mecque, était de vingt piastres. Ces prix passeraient pour énormes dans toute autre partie du Levant. On ne donne que quinze piastres pour un chameau du Caire à Suez, et la distance est double de celle de Djidda à la Mecque.

I. Voy. dans l'Arabie.

rare de voir des gens en boire vingt à trente tasses dans un jour, et l'ouvrier le plus pauvre n'en prend jamais moins de trois ou quatre. Dans un petit nombre de boutiques on peut se procurer du *keschré*, c'est l'infusion faite avec l'enveloppe de la graine et qui pour la saveur le cède à peine à celle de cette dernière. Une des boutiques est fréquentée par les fumeurs de *haschich* ou d'une préparation composée de fleurs de chanvre mêlées avec du tabac, ce qui procure une sorte d'ivresse. L'usage du haschich est plus commun en Égypte surtout parmi les paysans (1).

Dans toutes ces boutiques, on se sert de la pipe persane dont il y a trois sortes : 1° le *kédra* qui est la plus grande et se pose sur un trépied; elle est toujours élégamment façonnée, et ne se trouve que dans les maisons particulières; 2° le *schiché* appelé en Syrie *l'arghilé*, plus petite mais de même que la précé-

---

(1) On prend pour cet usage les petites feuilles de la fleur du chanvre qui entourent la graine nommée *schéranek*. Les gens du commerce en mettent un peu sur le sommet du tabac dont leur pipe est remplie; ceux de la haute classe les mangent en une gelée ou pâte (maadjoun) faite de la manière suivante : après qu'une quantité de feuilles a bouilli avec du beurre pendant plusieurs heures, on les met en presse; le suc qu'on en exprime est mêlé avec du miel et d'autres drogues sucrées; il se vend publiquement en Égypte dans des boutiques particulières. La pâte de haschich est appelée en termes polis *bast*, et ceux qui la vendent sont nommés *basti* (gaité). A l'occasion d'une fête pour célébrer le mariage du fils d'un des plus grands personnages du Caire, il y eut une procession brillante dans laquelle les différentes professions de la ville étaient représentées : le basti, bien qu'exerçant une industrie prohibée et condamnée par les lois, figurait parmi les plus fastueuses. Beaucoup de personnes du premier rang usent du bast sous une forme ou sous une autre; il réjouit les esprits et excite l'imagination aussi violemment que l'opium. Quelques uns mettent aussi la pâte avec le bendj qui vient de Syrie.

dente ajustée à l'extrémité d'un long tuyau flexible nommé *laich* par lequel on aspire la fumée; 5° le *beury*; celle-ci consiste en une écale de coco brute qui contient de l'eau; un roseau épais tient lieu de tuyau flexible. La pipe est la compagne constante des gens de la classe inférieure et de tous les matelots du golfe Arabique qui ne la quittent jamais. Le tabac fumé dans les deux premières pipes vient du golfe Persique; le meilleur est celui de Chiraz. Une qualité inférieure, nommé *tombak*, vient de Basra et de Bagdhad; la feuille est de couleur jaune léger, et a plus de force que le tabac ordinaire, c'est pourquoi on la lave pour la rendre plus douce. Le tabac dont on remplit le beury vient de l'Yemen; il est de même espèce que l'autre mais d'une qualité inférieure. Le commerce de cet objet est très considérable, la consommation qu'on en fait dans le Hedjaz étant prodigieuse; on en embarque aussi une grande quantité pour l'Égypte. La pipe ordinaire est peu usitée dans le Hedjaz, excepté par les soldats turcs et par les Bédouins. Le tabac provient soit d'Égypte, soit du Sennar d'où il est apporté à Souakin. Très peu de bon tabac de Syrie arrive par le golfe d'Arabie.

Les cafés sont remplis de monde, tout le long du jour; pardevant il y a généralement un appentis sous lequel on s'assied également. Les appartemens, les bancs et les petites chaises, tout est très sale et forme un contraste frappant avec la propreté et l'élégance des cafés de Damas. On ne voit jamais un négociant respectable, dans ces cafés; mais ceux de la troisième classe et les marins en font leur refuge constant. Chacun en choisit un où il rencontre les personnes qui ont affaire à lui. Un Arabe qui n'a pas le moyen d'inviter son ami à dîner, s'il se trouve au café, l'approche quand il le voit passer, l'engage à entrer et à prendre une tasse et est extrêmement offensé si sa demande est rejetée. Lorsque son ami arrive, il dit au garçon de lui apporter une tasse, et celui-ci en la lui présentant s'écrie tout haut afin que tout le monde qui est là puisse l'entendre : *djeba!* (gratis). Un Arabe qui trompe ses créanciers, en se rendant coupable de mauvaise foi, peut échapper à la censure publique; mais il serait couvert d'infamie, si l'on savait qu'il a essayé de frustrer le garçon du café de ce qui lui est dû. Les Turcs ont fait à cet égard tout ce qu'il leur a été possible pour augmenter le mépris que les Arabes ont pour eux. Je n'ai jamais vu dans les cafés du Hedjaz de ces conteurs d'histoires qui sont si communs en Égypte, et encore plus en Syrie. On y joue généralement au mangal (1) et au dama, espèce de jeu de dames un peu différent de celui des Européens, mais je n'ai jamais vu jouer aux échecs dans le Hedjaz, quoique j'aie entendu dire que c'est une chose assez commune et que surtout les schérifs les aiment beaucoup.

Près de la plupart des cafés, se tient un homme qui vend de l'eau dans de petites cruches parfumées (2).

---

(1) Voyez le voyage de Niebuhr.
(2) Souvent les Orientaux boivent de l'eau avant le café, mais jamais aussitôt après en avoir pris. Une fois en Syrie je fus reconnu pour un étranger ou un Européen, parce que j'avais demandé de l'eau au moment où je venais de boire du café. « Si tu étais de ce pays» ci, me dit le garçon, tu ne gâterais pas le goût du café dans ta bou» che en l'enlevant avec de l'eau. »

Vingt et un marchands de beurre ; ils vendent aussi en détail du miel, de l'huile et du vinaigre. Le beurre fait le principal ingrédient de la cuisine arabe qui est plus grasse même que celle d'Italie. On voit très rarement dans le Hedjaz, du beurre frais appelé par les Arabes *zebdé*. Presque tout le monde a l'habitude d'avaler chaque matin une tasse à café pleine de *ghi* ou beurre fondu : ensuite on boit le café, ce qui est regardé comme un tonique puissant, et ces gens y sont tellement accoutumés depuis leur plus tendre jeunesse, qu'ils se sentiraient très incommodés s'ils en discontinuaient l'usage. Ceux des hautes classes se contentent de boire la tasse de beurre, mais ceux des classes inférieures y ajoutent une demi-tasse de plus, qu'ils aspirent par les narines, supposant qu'ils empêcheront par là le mauvais air d'entrer dans leur corps par ces ouvertures. Cette pratique est universelle, tant chez les habitans des villes que chez les Bédouins. Les classes inférieures ont également l'habitude de se frotter la poitrine, les épaules, les bras et les jambes avec du beurre, comme font les nègres pour rafraichir leur peau. Pendant la guerre, l'importation de cette denrée de l'intérieur avait presque entièrement cessé; mais même en temps de paix, elle ne suffit pas pour la consommation de Djidda; c'est pourquoi on en apporte un peu de Souakin ; mais la meilleure sorte, et la plus abondante, vient de Massouah, ici on l'appelle *beurre de Dahlak* : il en arrive des cargaisons entières, et la plus grande partie est ensuite expédiée à la Mecque. Cosseïr envoie aussi du beurre fait dans la Haute-Égypte avec le lait des buffles femelles. Le ghi de Souakin et de Dahlak est de lait de brebis.

Toutes les parties des montagnes du Hedjaz fournissent beaucoup de miel. Le meilleur vient de celles qui ont été habitées par les Bédouins Nouszèra, au sud de Taïf. Le déjeûner de la basse classe est un mélange de ghi et de miel versé sur des croûtes de pain sortant toutes chaudes du four. Les Arabes qui aiment beaucoup la pâte, ne la mangent jamais sans miel.

L'huile dont on se sert pour les lampes est celle de Sesame (*siredj*) apportée d'Egypte. Les Arabes ne font pas usage d'huile dans leur cuisine, excepté pour frire le poisson, ou avec de la pâte rompue qu'on donne aux pauvres. La salade dont les Turcs du nord sont si friands, ne se voit jamais sur une table arabe.

Dix-huit échoppes pour les plantes potagères ou les fruits. Leur nombre s'est beaucoup accru à cause des soldats turcs grands mangeurs de productions végétales. Tout le fruit vient de Taïf, derrière la Mecque, et où les jardins sont nombreux. Je trouvai ici, en juillet, des raisins mûrs de la meilleure qualité qui abondent dans les montagnes au delà de la Mecque, des grenades de qualité médiocre; des coings qui n'ont pas le goût acerbe de ceux d'Europe et peuvent être mangés crus; des citrons de la petite espèce seulement, semblables à ceux du Caire; des oranges amères, des bananes qui ne croissent pas à Taïf; elles sont apportées par la route de Médine, principalement de Safra, de Djedeïda, et de Kholeïs. Ces fruits durent jusqu'en novembre. En mars, l'Ouadi Fatmé envoie des melons d'eau, on dit qu'ils sont petits mais de bon goût. Les Arabes mangent peu de fruits, à l'exception des raisins; ils disent qu'il engendrent de la bile et occasionent des flatuosités : ce qui n'est pas probablement une opinion erronée. Le fruit qui se vend à Djidda est singulièrement insalubre; parce qu'ayant été empaqueté à Taïf quand il n'est pas encore mûr, il acquiert, durant le voyage, une maturité factice par la fermentation. Les Turcs se querellent et se battent tous les matins devant les échoppes, en se démenant pour avoir des fruits qui sont en petite quantité et très chers. Les plantes potagères sont apportées de l'Ouadi Fatmé à six ou huit milles de distance au nord; ce lieu approvisionne aussi la Mecque. Les plus ordinaires sont le meloukhié (*corchorus olitorius*, corite), le bamié (*hibiscus esculentus*, gombo), le pourpier, la melongène ou badingan, le concombre et de très petits navets dont on mange les feuilles et jette la racine comme inutile. Les raves et les oignons sont les seules plantes potagères employées régulièrement et journellement dans la cuisine arabe : ils sont très petits et les gens du commun les mangent crus avec du pain. En général les Arabes consomment très peu de végétaux; leurs mets étant composés de riz, de farine et de beurre : on vend aussi dans ces boutiques à fruit du tamarin nommé ici *homard*. Il vient des Indes-Orientales, non pas en gâteau comme celui du pays des nègres, mais dans sa forme naturelle, quoique très décomposé. Bouilli dans l'eau il forme un breuvage rafraichissant, on le donne aux malades, cuit à l'étuvée avec de la viande.

Huit marchands de dattes. De tout ce que mangent les Arabes, les dattes sont ce qu'ils aiment le mieux, et ils ont plusieurs traditions de leur prophète, montrant la prééminence de ce fruit sur toute autre espèce de nourriture. L'importation des dattes à Djidda a lieu toute l'année sans interruption. A la fin de juin, le fruit nouveau appelé *routeb* arrive; il dure deux mois; ensuite pendant le reste de l'année on vend la pâte de dattes ou *adjoué*. Pour la faire, on presse avec force les dattes complétement mûres, dans de larges paniers, jusqu'à ce qu'on les réduise en une sorte de masse solide et ferme, ou de gâteau; chaque panier est ordinairement du poids de 200 livres. L'adjoué est apporté en cet état au marché par les Bédouins, on le tire du panier, on le coupe et on le vend à la livre. Cet adjoué fait une partie de la nourriture quotidienne de toutes les classes d'habitans : en voyage, on le fait dissoudre dans l'eau, ce qui donne une boisson saine et rafraichissante. On compte plus de douze variétés d'adjoué. Le meilleur vient de Taraba au delà de Taïf; ce lieu est maintenant occupé par les Wahhabites. Présentement la sorte la plus commune au marché, est l'adoué de l'Ouadi Fatmé; la meilleure, celui de Kholeïs et de Djedeïdé, sur la route de Médine. Pendant la mousson, les navires du golfe Persique apportent de l'adjoué de Basra, dans de petits paniers qui ne pèsent guère plus de dix livres; cette espèce est préférée à toutes les autres. Les bâtimens de l'Inde, en retournant chez eux, prennent une grande quantité de cette pâte qui se débite avec un gros profit parmi les musulmans de l'Indoustan.

Quatre faiseurs de crêpes qui tous les matins de bonne heure en vendent de frites au beurre; c'est un déjeûner qu'on aime beaucoup.

Cinq marchands de fèves. Ceux-ci vendent également, de bonne heure pour le déjeûner, des fèves cuites à l'eau qui se mangent avec du ghi et du poivre. Les fèves bouillies sont nommées *moudammés*: c'est un mets favori des Égyptiens, les Arabes l'ont adopté.

Cinq marchands de sucreries, de dragées et de différentes sortes de confitures: les habitans du Hedjaz en sont bien plus friands qu'aucun des Orientaux que j'ai vus: ils les mangent après souper; et le soir les boutiques des confiseurs sont entourées d'une multitude d'acheteurs. Les Indiens sont les meilleurs confiseurs. Je n'ai trouvé ici aucune sucrerie que je n'eusse pas déjà rencontrée en Égypte: le *baklava*, le *knafè* et le *ghereibè* sont aussi communs ici qu'à Alep et au Caire.

Deux boutiques de kébad, où l'on vend de la viande rôtie; elles sont tenues par des Turcs, le kébad n'étant pas un mets arabe.

Deux marchands de soupe: ils vendent aussi des têtes et des pieds de moutons bouillis; ils sont très fréquentés à midi.

Un marchand de poisson frit: il est visité par tous les matelots turcs et grecs.

Dix à douze échoppes où l'on vend du pain: elles sont généralement tenues par des femmes; le pain a un goût désagréable, parce que la farine n'est pas nettoyée convenablement et que le levain est mauvais. Une miche de la même grosseur que celle qui, au Caire, vaut deux paras, en coûte huit ici, quoique de qualité beaucoup plus mauvaise.

Deux marchands de leben ou lait aigre : il est extrêmement rare et cher dans tout le Hedjaz. Il peut paraître étranger que parmi les pasteurs d'Arabie il y ait disette de lait ; c'était cependant le cas à Djidda et à la Mecque : mais dans le fait les environs immédiats de ces villes, sont excessivement stériles et peu convenables au pâturage du bétail ; bien peu de gens font la dépense d'en entretenir seulement pour le lait. Quand j'étais à Djidda, le rotolo ou la livre de lait, car on le vend au poids, coûtait une piastre et demie et on ne pouvait l'obtenir que par faveur. Ce que les Turcs du nord nomment *youghourt*, et les Syriens ainsi que les Égyptiens *leben hamed*, ne paraît pas être un mets arabe indigène. Du moins les Bédouins d'Arabie ne le préparent jamais. C'est du lait très épais, qu'on fait aigrir par l'ébullition et par l'addition d'un fort acide.

Deux boutiques tenues par des Turcs où du fromage de Grèce, de la viande sèche, des pommes, des figues, des raisins et des abricots secs sont vendus à des prix trois fois plus élevés qu'au Caire. Le fromage vient de Candie et les soldats turcs le recherchent beaucoup. On en fait dans le Hedjaz une espèce de qualité médiocre ; il est très blanc et quoique salé ne se conserve pas long-temps, enfin il n'est pas très nourrissant. Les Bédouins ne se soucient pas beaucoup de fromage : ou ils boivent le lait de leurs troupeaux, ou ils en font du beurre. La viande sèche que l'on trouve dans ces boutiques est le bœuf salé et fumé de l'Asie-Mineure connu dans toute la

Turquie sous le nom de *basturma* et que les voyageurs aiment beaucoup. Les militaires et les pélerins turcs en sont surtout friands, mais on ne peut jamais engager les Arabes à en goûter : plusieurs d'entre eux remarquant que par son apparence elle diffère de toutes les autres viandes auxquelles leurs yeux sont accoutumés persistent à la regarder comme du pourceau, et le cas qu'ils font de la soldatesque turque et de ses principes religieux, n'est pas propre à écarter leurs préventions sur ce point. Tous les fruits secs que j'ai nommés plus hauts, excepté les abricots, viennent de l'Archipel; ces derniers sont expédiés de Damas dans toute l'Arabie, où ils sont considérés comme une chose de luxe, notamment parmi les Bédouins. Le noyau est enlevé, et le fruit réduit en une pâte qu'on étale au soleil pour qu'elle y sèche. Dissoute dans l'eau, elle fournit une boisson très agréable. Dans toutes leurs marches à travers le Hedjaz, les troupes turques vivent presque entièrement de ce fruit et de biscuit.

Huit grandes boutiques de marchands de grains où l'on trouve du froment, de l'orge, des fèves, des lentilles, du dhourra (1) d'Égypte, du riz d'Inde et d'Égypte, du biscuit et autres denrées. Présentement le froment d'Égypte est le seul qui se vende dans le Hedjaz. En temps de paix, il en vient beaucoup de l'Yemen à la Mecque et à Djidda, et du Nedjd à Médine. Cependant c'est l'Égypte qui en importe la quantité la plus considérable et on peut dire avec

---

(1) Ou dourrai, celui de Souakin, qui vient de Taka, dans l'intérieur de la Nubie, et une espèce à petit grain de l'Yemen, se vendent également ici.

vérité que le Hedjaz dépend de ce pays pour le blé. Autrefois le commerce des grains était entre les mains des particuliers et le schérif Ghaleb spéculait aussi sur cette denrée : mais actuellement, Mohammed Aly s'en est réservé le monopole; et à Suez ou à Cosseïr il n'en est pas du tout vendu aux particuliers, tout étant embarqué pour le compte du pacha. Il en est de même de toutes les autres denrées telles que riz, beurre, biscuits, oignons; de grandes provisions de ces derniers sont importées. Du temps de mon séjour dans le Hedjaz, ce pays ne produisant pas suffisamment pour sa subsistance, le pacha vendait le grain à Djidda au prix de 130 à 160 piastres *l'erdeb*, et toutes les autres denrées en proportion : le grain lui coûtait 12 piastres l'erdeb dans la Haute-Egypte, et en y comprenant les frais de transport de Kené à Cosseïr et le fret de ce port à Djidda, il lui revenait à 25 ou 30 piastres. Ce gain énorme suffisait seul pour payer la dépense de la guerre contre les Wahhabites; mais il était mal calculé pour lui concilier l'affection du peuple. Toutefois ses partisans l'excusaient en disant qu'en tenant le blé à un prix élevé, il attachait les Bédouins à ses intérêts puisqu'ils dépendent de la Mecque et de Djidda pour leurs approvisionnemens, et qu'ils étaient ainsi obligés d'entrer à son service et de recevoir de lui une paie pour ne pas mourir de faim. Les gens du commun dans le Hedjaz ne font pas beaucoup d'usage du froment; ils pétrissent leur pain avec de la farine soit de dhourra, soit d'orge, qui sont un tiers meilleur marché que le froment; ou bien ils vivent uniquement de riz et de beurre : c'est ce que font aussi la plupart des Bédouins du Tehama sur la côte. Les Yemenis à Djidda, ne mangent que du dhourra. La plus grande partie du riz consommé à Djidda est apportée en lest par les navires de l'Inde. La meilleure qualité vient du Guzerat et du Cotch; il compose la base de la nourriture parmi les habitans du Hedjaz, ils le préfèrent au riz d'Égypte parce qu'ils le regardent comme plus sain que celui-ci qui est employé exclusivement par les Turcs et autres étrangers du nord. Le grain du riz de l'Inde est plus gros et plus long que celui de l'espèce ordinaire du riz d'Égypte et a une couleur jaunâtre, tandis que ce dernier a une teinte rougeâtre; mais les meilleures sortes des deux sont d'un blanc de neige : le riz de l'Inde renfle plus à la cuisson que celui d'Égypte; les Arabes le préfèrent par cette raison, puisqu'une quantité moindre remplit un plat; mais le riz d'Égypte est plus nourrissant. Le riz de l'Inde est à meilleur marché; on le transporte de Djidda à la Mecque, à Taïf, à Médine et de là jusque dans le Nedjd. Un mélange par parties égales de riz et de lentilles, sur lequel on verse du beurre, est le mets de prédilection de la classe moyenne, et fait généralement son plat unique à souper (1). J'ai observé partout dans le Hedjaz que les Bédouins en voyage ne portaient d'autres provisions que du riz, des lentilles, du beurre et des dattes. L'importation du biscuit d'Égypte a été récemment très considérable, pour l'usage de l'armée turque. Les Arabes ne l'aiment pas et en

(1) Ce mets est connu en Syrie où il porte le nom de Medjed-Déréh, parce que les lentilles au milieu du riz ressemblent aux taches de la variole ou djedreh sur le visage de quelqu'un qui en est marqué.

mangent rarement, même à bord de leurs navires
où tous les matins ils font cuire leurs galettes sans
levain dans ces petits fours qu'on voit sur tous les
bâtimens, n'importe leur grandeur, qui naviguent
dans le golfe d'Arabie.

Les marchands de grain vendent aussi du sel; on
en recueille sur le bord de la mer près de Djidda;
c'est un monopole dans les mains du schérif. Les
habitans de la Mecque préfèrent le sel gemme que
les Bédouins leur apportent de quelques unes des
montagnes dans le voisinage de Taïf.

Trente et une boutiques de tabac : on vend du tabac de Syrie et d'Égypte, du tombac ou tabac pour les
pipes persanes, des têtes de pipes et des tuyaux flexibles, des cocos, du café, du keschré, du savon, des
amandes, des raisins du Hedjaz et d'autres marchandises du commerce d'épicerie en détail. Le tabac
d'Égypte mêlé avec celui du Sennar est le moins cher,
et le plus demandé dans tout le Hedjaz. Il y en a de
deux sortes; la feuille de l'un même sèche est verte,
on le nomme *rihbé;* il vient de la Haute-Égypte :
l'autre a la feuille brune; le meilleur est celui qui
croit autour de Tahta, au sud de Siout. Durant la
domination des Wahhabites, le tabac ne pouvait pas
être vendu publiquement; mais comme tous les Bédouins du Hedjaz l'aiment passionnément, quelques
marchands en débitaient clandestinement dans leurs
boutiques non pas sous le nom de tabac ou *dokhan*,
mais sous celui de « besoins de l'homme. » De longs
tuyaux flexibles pour les pipes persanes et très joliment façonnés, sont apportés de l'Yemen. Les cocos
viennent des Indes-Orientales, ainsi que de la côte

sud-est d'Afrique et du pays des Somâlis. On peut en avoir de frais, à bas prix, durant la mousson. Il m'a semblé que les habitans de Djidda et de la Mecque les aiment beaucoup. Les écales des plus grands sont, comme je l'ai dit précédemment, employées pour le *beury* ou pipe persane ordinaire, et les plus petits pour faire des tabatières.

Le savon vient de Suez, où il est apporté de Syrie; ce pays en approvisionne toute la côte du golfe Arabique. Le commerce du savon est considérable et presqu'en totalité entre les mains des négocians de Hébron, nommés en arabe *el khalil* ou les *khalilis*; ils l'amènent à Djidda où l'on en trouve toujours quelques uns. Les amandes et les raisins arrivent de Taïf et des montagnes du Hedjaz; il s'exporte une grande quantité de ces deux fruits, même aux Indes-Orientales. Les amandes sont de très excellente qualité, les raisins petits mais très sucrés; on en prépare une liqueur enivrante.

Dix-huit droguistes. Tous sont nés dans l'Inde et pour la plupart à Surate. Indépendamment de toutes sortes de drogues, ils vendent de la bougie, du papier, du sucre, des parfums et de l'encens; ce dernier est beaucoup employé par les habitans des villes où toutes les familles aisées parfument chaque matin leurs plus beaux appartemens. Le mastic et le bois de sandal brûlés sur des charbons, sont ce dont on se sert le plus pour cette opération. Toutes les espèces d'épices et les drogues échauffantes sont d'un usage général dans le Hedjaz. Dans les maisons particulières on boit rarement du café sans y mêler du cardamome ou du girofle; le poivre rouge de l'Inde ou de l'Égypte entre dans chaque mets. Un objet important de commerce pour les droguistes de Djidda et de la Mecque consiste dans les boutons de roses apportés des jardins de Taïf. Les habitans du Hedjaz, notamment les femmes les font tremper dans l'eau dont ils usent ensuite pour leurs ablutions; ils les font aussi bouillir avec du sucre, et en préparent une conserve. Le sucre qui se débite dans les boutiques des droguistes vient de l'Inde, il est de couleur blanche-jaunâtre et bien raffiné, mais pulvérisé. Une petite quantité de sucre est apportée d'Égypte; ici on ne l'aime pas, on préfère généralement toutes les choses qui arrivent de l'Inde et on suppose qu'elles sont de qualité supérieure : de même que sur le continent européen on donne la préférence aux marchandises produites par l'industrie anglaise. Les droguistes indiens sont tous des gens riches; leur commerce est très lucratif; aucun Arabe ne peut rivaliser avec eux dans ce négoce. A la Mecque également, à Taïf, à Médine et à Yambo, tous les droguistes sont d'origine indienne; et bien qu'établis dans le pays depuis plusieurs générations et complétement naturalisés, ils continuent à parler la langue hindoue et à se distinguer des Arabes par beaucoup d'usages insignifians; ceux-ci ont en général une forte aversion pour eux et les accusent d'avarice et de mauvaise foi.

Onze boutiques de toutes sortes de menus objets de manufacture indienne, tels que porcelaine, têtes de pipes, cuillers de bois, verroterie, couteaux, chapelets, miroirs, cartes, etc. Ces boutiques sont tenues par des Indiens de Bombay pour la plupart.

Très peu de clincaillerie européenne parvient jusqu'ici, excepté les aiguilles, les ciseaux, les dés à coudre, et les limes; presque toutes les autres choses de ce genre viennent de l'Inde. La porcelaine de la Chine est extrêmement estimée dans le Hedjaz. Les gens riches en étalent des collections très précieuses disposées sur des tablettes dans les appartemens où ils restent; c'est aussi ce que l'on remarque en Syrie. J'ai vu à la Mecque et à Médine poser sur la table des plats de porcelaine de deux pieds et demi de diamètre au moins; ils étaient portés par deux hommes et contenaient un mouton entier rôti. Les grains de verroterie s'expédient de Djidda principalement à Souakin et en Abissinie; ils sont fabriqués soit à Venise, soit à Hébron. Les femmes bédouines du Hedjaz s'en parent également, cependant les bracelets en grains de corne noire ou en succin, semblent être plus à la mode parmi elles. C'est dans ces boutiques qu'on vend les grains d'agate nommés *reisch;* ils viennent de Bombay et sont usités jusque dans le cœur de l'Afrique. On voit ici une grande quantité de grains rouges faits de cire; ils sont apportés de l'Inde et destinés presque tous pour l'Abissinie. On vend une grande diversité de chapelets: ceux en *iosser* (1), espèce de corail du golfe Arabique, sont les plus précieux. Le meilleur se pêche entre Djidda et Gonfodé, est de couleur noire foncée, et prend un beau poli. Des filières de cent cinquante grains chacune se paient d'une à quatre piastres

---

(1) C'est de cet objet que la principale ruelle de Djidda tire son nom de Hosch Iosser.

fortes, suivant leur grosseur. Ils sont façonnés par les tourneurs de Djidda, et très demandés par les Malais. D'autres chapelets également apportés de l'Inde, faits de grains de calambac odoriférant et de bois de sandal, sont très recherchés en Egypte et en Syrie. Peu de pèlerins partent du Hedjaz sans emporter des cités saintes quelques uns de ces rosaires, pour en faire présent à leurs amis à leur retour chez eux.

Onze boutiques d'habits. Tous les matins on y vend à l'encan divers objets de vêtemens. La plupart sont faits à la mode turque qu'ont adoptée les négocians de la première et de la seconde classe, sauf quelques variations peu importantes dans la coupe et conformés au goût national. Pendant le temps du pélerinage, ces boutiques sont principalement fréquentées pour l'achat du *hiram* ou *ihram*, manteau avec lequel on s'acquitte de cette pratique religieuse ; il consiste généralement en deux longs morceaux de toile blanche de l'Inde. C'est ici aussi que les Bédouins du Hedjaz viennent faire emplette de l'*abbas* de laine ou manteau qui est apporté d'Egypte ; ils dépendent absolument de ce pays pour cet objet : ainsi ils paraissent avoir un caractère aussi indolent que celui de la plupart de leurs compatriotes ; car les femmes des autres Bédouins fabriquent leurs abbas. On apporte également à Djidda des tapis de Turquie de qualité inférieure ; c'est un meuble indispensable dans la tente d'un scheikh. On vend de même en détail, dans ces boutiques, tous les objets venus d'Egypte et nécessaires à l'habillement, tels que mellayés, couvertures de coton, toile de lin pour chemises, chemises teintes en bleu, que portent les paysans; pantoufles rouges et jaunes, dont se servent les négocians les plus opulens et toutes les dames; bonnets rouges, toutes sortes de vêtemens en drap, châles de cachemire de seconde main, châles de mousseline.

Six grandes boutiques de toiles des Indes. Des draps de France, des châles de cachemire et d'autres marchandises appartenant à de gros négocians, sont vendus ici en détail par leurs commis. Presque tous les principaux commerçans font aussi dans leurs maisons des affaires de détail, excepté les grands négocians indiens établis ici qui ne vendent que des tissus de leur pays. Les autres négocians de Djidda, se livrent à toute espèce de trafic. Une fois je vis le frère de Djeïlani se querellant avec un colporteur d'Yambo, pour le prix d'un *mellayé* qui valait à peu près quinze shillings; mais c'est ce qui arrive en Égypte et en Syrie où les négocians indigènes les plus riches vendent par petites parties et entrent dans les plus minces détails de ce trafic, et cependant ils n'ont pas un grand nombre de commis ni d'agens, leur manière de conduire les affaires leur rendant tant de monde peu nécessaire. Un marchand turc n'a jamais plus d'un livre de compte; il y inscrit ses ventes et ses achats de la semaine qu'il a notés sur son carnet. Les commerçans de l'Orient n'ont pas cette correspondance étendue que ceux d'Europe sont obligés d'entretenir, et ils écrivent beaucoup moins, quoique peut-être plus à propos que ceux-ci. Dans chaque ville avec laquelle ils trafiquent, ils ont un correspondant, et tous les ans, les comptes respectifs sont balancés. Les négocians turcs, à l'exception de ceux qui demeurent dans un port de mer, ne se livrent en général qu'à une seule espèce de commerce, et ne correspondent qu'avec la ville d'où ils tirent leurs marchandises, et avec celle où ils l'expédient. Ainsi, par exemple, les gros négocians d'Alep qui commercent avec Bagdhad et qui ont chacun un capital de trente à quarante mille livres sterling reçoivent des marchandises de leurs correspondans à Bagdhad et ensuite les envoient d'Alep à Constantinople. J'en ai connu plusieurs qui n'avaient pas de commis et faisaient eux-mêmes toutes leurs affaires. Au Caire, les négocians qui font des affaires avec la Syrie, n'achètent que des objets venant de Damas et d'Alep, et n'ont aucune espèce de relation avec les commerçans dont le négoce se fait avec le pays des Mogrebins, l'Abissinie, et Djidda.

Les opérations mercantiles sont également plus simples, parce que les commerçans emploient principalement leurs capitaux, les affaires de commission ayant beaucoup moins d'extension qu'en Europe. Lorsqu'un négociant expédie dans un lieu une quantité considérable de marchandises, il les fait accompagner d'un associé, ou peut-être d'un parent, s'il n'a pas d'associé demeurant dans cet endroit. Les affaires de banque et les lettres de change sont totalement inconnues parmi les indigènes, ce qui leur épargne une infinité d'embarras. Dans les villes où il y a des comptoirs européens établis, on peut trouver des lettres de change; mais elles ont à peine cours chez les indigènes parmi lesquels les mandats seulement sont usités.

L'usage suivi également par les négocians musulmans, chrétiens et juifs de l'Orient, de ne jamais dresser un bilan exact de l'état actuel de leur capital est une autre cause qui rend les détails de la tenue des livres moins nécessaires ici qu'en Europe. Par la même raison qu'un Bédouin ne compte jamais les tentes de sa tribu, ni le nombre de ses brebis, ni un chef militaire celui de ses soldats, ni un gouverneur celui des habitans de sa ville, un négociant n'essaie jamais de constater le montant précis de ce qu'il possède : une approximation est tout ce qu'il désire. Cela provient d'une opinion suivant laquelle dresser un état de sa situation, est un étalage fastueux de richesse que le ciel punira en la diminuant bientôt.

Le négociant de l'Orient se livre rarement à des spéculations hasardeuses, il limite ses opérations à l'étendue de son capital. Un crédit considérable n'est obtenu qu'avec difficulté, les affaires des particuliers étant en général connues beaucoup plus publiquement qu'en Europe ; les faillites par conséquent sont rares, et quand un homme éprouve de l'embarras, soit par une spéculation malheureuse, soit par des pertes inévitables, ses créanciers s'abstiennent d'insister sur leurs demandes et sont ordinairement payés après quelques années de patience ; ils ménagent par là le crédit du négociant et préviennent les conséquences d'une banqueroute.

D'un autre côté, cependant, les négocians de l'Orient peuvent encourir l'imputation de n'être pas exacts dans leurs paiemens qu'ils diffèrent souvent au delà du terme fixé. Même les mieux famés d'entre eux n'hésitent pas à reculer pendant des mois entiers à acquitter une dette, et on peut établir comme une règle générale qu'en Egypte et en Syrie les engagemens ne sont jamais soldés entièrement qu'après un laps de temps presque double de celui qui est désigné. Mais les gens les mieux informés m'ont souvent assuré que cet usage n'est devenu commun que depuis vingt à trente ans, et que c'est une conséquence de la décadence universelle du commerce et de la diminution des capitaux dans le Levant. A Djidda, ainsi que je l'ai déjà observé, presque tous les marchés sont conclus argent comptant.

Trois marchands de vaisseaux de cuivre. On peut trouver dans chaque cuisine arabe, une diversité de vases de cuivre bien étamés. Les Bédouins même ont au moins une grande bouilloire, dans chaque tente. Tout cela vient d'Egypte. L'objet le plus remarquable en ce genre est l'*abrik* ou pot à l'eau avec lequel le musulman fait ses ablutions. Pas un pèlerin n'arrive dans le Hedjaz sans en avoir un, ou du moins il l'achète à Djidda. On trouve aussi au marché de cette ville quelques vases de cuivre de Chine qui sont apportés par des Malais; mais ils ne sont pas étamés, et quoique le cuivre paraisse être de bien meilleure qualité que celui d'Anatolie qui vient du Caire, les Arabes répugnent à s'en servir.

Quatre boutiques de barbiers. Ceux-ci sont à la fois les chirurgiens et les médecins de ce pays. Ils savent saigner et composer différentes sortes de médicamens apéritifs. Le petit nombre d'Arabes qui ont la barbe plus longue et plus touffue que ne l'est communément celle de leurs compatriotes, prennent beaucoup de peine pour qu'elle soit si nettement taillée qu'un poil ne passe pas l'autre. Les moustaches sont toujours coupées de près et on ne les laisse jamais pendre sur les lèvres. Les Arabes diffèrent en cela des Turcs du nord qui touchent rarement avec des ciseaux à leurs moustaches épaisses et longues.

Les boutiques des barbiers sont fréquentées par les oisifs de la classe inférieure qui y viennent pour apprendre les nouvelles, et s'amuser à faire la conversation, je trouvai établi, dans l'une d'elles, un graveur de cachets d'origine persane; il était très occupé, parce qu'un pèlerin après avoir visité les lieux saints, ajoute ordinairement à son nom sur son cachet, les mots : el hadji (le pèlerin).

Quatre tailleurs. Il y en a beaucoup dans les différentes parties de la ville; ce sont, pour la plupart, des étrangers. Le tailleur de la cour de Tousoun pacha, était un chrétien de Bosnie qui exerçait une autorité sur tous ceux de Djidda; ceux-ci se plaignaient amèrement d'être assujettis non seulement aux ordres et aux insultes, mais souvent au bâton de ce chrétien.

Quatre faiseurs de nâl ou sandales. Il n'y a pas de cordonniers dans le Hedjaz, quiconque porte des souliers ou des pantoufles, les achète aux marchands qui les font venir d'Egypte.

La forme des sandales que l'on porte en Arabie, varie dans chaque province, on pourrait ajouter une douzaine d'autres formes à celles que Niebuhr a dessinées. Quelques unes sont particulières à certaines classes, un marchand, par exemple, ne voudrait pas porter les mêmes sandales qu'un marin. C'est ce qui arrive en Turquie pour les souliers ; chaque province et chaque classe en ont une forme qui leur est particulière, l'Egypte et l'Abissinie fournissent le cuir épais employé à faire les sandales.

Trois boutiques où l'on vend et raccommode les outres à eau. Celles-ci sont apportées d'Egypte et de Souakin. Cette ville approvisionne de ces outres la plus grande partie de l'Arabie ; elles sont très recherchées à cause de leur légèreté extrême et du soin avec lequel elles sont cousues. Une de ces outres, dont on se sert journellement, dure trois à quatre mois.

Deux tourneurs ; ils percent des tuyaux de pipes et font des grains de chapelets et de colliers ainsi que d'autres objets.

Trois marchands d'huiles ou essences parfumées. Ils vendent civette, bois d'aloès, baume de la Mecque et eau de rose du Fayoum en Egypte. La civette et le baume de la Mecque peuvent rarement s'acheter purs, excepté de la première main. Les marchands du Habesch ou d'Abissinie apportent la civette dans de grandes cornes de vaches ; elle coûtait, en 1814, quatre piastres le drachme. On trouve aussi du musc dans ces boutiques, le meilleur à deux piastres fortes le metkal. Il est apporté par les pélerins de l'Inde et de la Perse.

Un horloger, c'est un Turc. Tous les négocians de la Mecque et de Djidda portent des montres dont plusieurs sont de bonne fabrique anglaise ; elles viennent soit de l'Inde, soit par les pélerins de Constantinople. Comme il arrive souvent que les hadjis turcs ont besoin d'argent en Arabie, ils sont quelquefois obligés de se défaire de leurs objets les plus précieux; ils commencent toujours par la montre, puis viennent les pistolets et le sabre, ensuite la belle pipe, enfin le plus bel exemplaire du Koran. Toutes ces choses sont par conséquent très communes aux ventes à l'encan de Djidda et de la Mecque.

Un marchand de pipes turques et persanes. Celles-ci viennent principalement de Bagdhad. Les gens riches étalent souvent dans l'appartement où ils se tiennent, une rangée entière de très beaux *narghils,* on paie ceux-ci jusqu'à cent piastres fortes la pièce.

Sept banquiers ou sarrafs. Ils se tiennent assis sur des bancs au milieu de la rue, avec un grand coffre devant eux contenant leur argent. Autrefois, tous étaient juifs, comme cela est encore, sauf un petit nombre d'exceptions au Caire, à Damas et à Alep; mais depuis que le schérif Serour a expulsé les juifs du Hedjaz, les Djiddaouis ont embrassé cette profession, pour laquelle leurs dispositions naturelles et leurs habitudes leur donnent du penchant. Il y en a ordinairement sur chaque banc une association composée de six individus. Ce genre d'affaires exige un capital considérable en argent comptant, mais il est très profitable. La valeur de l'argent change ici plus rapidement que dans toute autre partie de l'Orient que je connaisse. Le prix des piastres fortes et des sequins varie presque journellement et les sarrafs sont sûrs d'y gagner toujours. Durant le séjour de la flotte de l'Inde, le taux de la piastre forte monte très haut. Pendant que j'étais à Djidda, il s'éleva jusqu'à onze et douze piastres. Après le départ de la flotte, quand il n'y a pas de demande immédiate de piastres fortes le prix en diminue; en janvier 1815, il était de neuf piastres, la monnaie d'or varie à proportion.

Autrefois l'ancienne monnaie d'or courante du Hedjaz consistait en sequins de Venise et de Hongrie, piastres espagnoles et pièces frappées à Constantinople. Celles d'Egypte étaient complétement exclues (1), mais depuis l'arrivée des troupes de Mohammed Aly pacha, la monnaie du Caire a eu un cours forcé et l'argent monnayé de cette ville est après la piastre d'Espagne le plus estimé. Le pacha d'Egypte qui jouit du droit de battre monnaie au nom du sultan, a récemment beaucoup abusé de ce privilége. En 1814 il affirma ce droit pour une somme annuelle de sept millions de piastres, ce qui au taux actuel du change fait à peu près deux cent mille livres sterling; et obligea les habitans de prendre la piastre forte pour huit de ses piastres, tandis que l'on sait bien qu'elle en vaut actuellement vingt-deux à vingt-trois. Dans le Hedjaz, il n'a pas les mêmes moyens de faire adopter de force ces mesures despotiques dans toute leur extension; de sorte que, dans l'intérieur du pays, où les troupes turques sont cantonnées, la valeur de la piastre forte est de dix-huit à dix-neuf piastres. Toutefois les Bédouins refusent de prendre les piastres égyptiennes, même à un taux réduit et n'acceptent que des piastres fortes; déter-

---

(1) Suivant les historiens de la Mecque, il paraît que les schérifs s'y étaient arrogé le privilége d'y battre monnaie au nom du sultan de Constantinople, jusque dans le dix-septième siècle; mais maintenant ils l'ont abandonné.

mination à laquelle le pacha a souvent été obligé de céder.

Le para ou la plus petite pièce de monnaie turque, nommé ici *diwani*, a cours dans tout le Hedjaz et est très recherché, ayant plus de valeur intrinsèque que la piastre, quoique frappé également au Caire. Quarante paras font une piastre; mais au temps du pèlerinage, quand la petite monnaie est nécessaire pour l'immense trafic journalier des hadjis, les sarrafs ne donnaient que vingt-cinq paras en échange d'une piastre. On voit au marché de Djidda quelques roupies de l'Inde, mais elles n'ont pas de cours, je n'ai jamais vu de pièces frappées par l'imam de l'Yemen.

Dans la même grande rue des boutiques, il y a dix vastes *okalès* toujours remplis d'étrangers et de marchandises. La plupart appartenaient autrefois au schérif, ils sont maintenant la propriété du pacha qui perçoit une rente annuelle des marchands. En Syrie ces édifices sont nommés *khans*; dans le Hedjaz *hosch*, ce qui dans le dialecte d'Egypte signifie une cour fermée.

Dans une rue contiguë au grand marché, demeurent quelques artisans tels que forgerons, orfèvres, charpentiers, des bouchers et autres, presque tous natifs d'Egypte.

Le lecteur reconnaîtra, par les détails précédens, que Djidda dépend entièrement, pour sa consommation et son approvisionnement soit de l'Egypte, soit des Indes Orientales; cela s'étend même aux moindres choses, le défaut de bras et le haut prix de la main-d'œuvre, mais plus encore l'indolence et le manque d'industrie, qualités inhérentes aux indigènes du Hedjaz, les ont empêchés jusqu'à présent d'établir aucune manufacture excepté celles des objets les plus indispensables. A cet égard ils contrastent singulièrement avec les Arabes de la Syrie et de l'Egypte, qui sont en général industrieux, et qui malgré les obstacles que le gouvernement oppose souvent à leurs efforts, ont cependant créé diverses manufactures au moyen desquelles, dans quelques parties du pays, ils peuvent se passer des étrangers.

Les habitans du Hedjaz paraissent ne connaître que deux occupations : le commerce et l'éducation du bétail. La première est celle de presque toute la population des villes, sans en excepter même les olémas ou hommes instruits, chacun cherche à employer le capital qu'il possède dans un trafic avantageux, afin de pouvoir vivre sans avoir recours à aucun travail corporel, car tous semblent avoir autant d'aversion pour ce dernier, que d'empressement à supporter toutes les inquiétudes et tous les risques inséparables du premier. Il est même difficile de trouver des gens qui veuillent faire les métiers de porte-faix ou autres de ce genre : la plupart de ceux qui exercent ces professions sont des étrangers venus d'Egypte ou de Syrie et des pélerins nègres qui gagnent bien leur vie par ce moyen, et ne font qu'un séjour passager à Djidda. Les seuls Arabes que j'aie trouvés plus actifs que les autres, sont ceux du Hadramaut ou comme on les nomme : *el Hadharemé*. Beaucoup sont employés dans les maisons des marchands comme domestiques, portiers, messagers, et porte-faix : on les préfère surtout pour ce dernier service à tous autres, à cause de leur honnêteté et de leur adresse.

Presque toutes les villes considérables de l'Orient ont chacune leur race particulière de porte-faix : à Alep ce sont les Arméniens de l'Asie-Mineure, à Damas les gens du Mont-Liban ; au Caire les Nubiens Berabéra ; à la Mecque et à Djidda, les Hadharémé, qui de même que les porte-faix de Syrie sont des montagnards. On sait que des qualités analogues recommandent mes compatriotes les montagnards des Alpes aux habitans de Paris, pour le même emploi. Un autre trait frappant de ressemblance existe entre les indigènes de ces pays différens : ils retournent généralement chez eux avec leur gain, et passent le reste de leurs jours dans leurs familles.

Malgré la ressource des Hadharémé, il y a un manque considérable et presque absolu de domestiques libres dans le Hedjaz. Aucun homme né dans l'une des deux cités saintes ne consent à faire le service de domestique à moins qu'il n'y soit contraint par la crainte de mourir de faim ; et il n'a pas plutôt amélioré sa situation qu'il cesse de travailler, pour se faire colporteur ou mendiant. Ce nombre de gens qui demandent l'aumône est très grand à la Mecque et à Djidda, et c'est une observation généralement admise parmi les commerçans de cette dernière ville, qu'un Djiddaoui ne travaillera pas tant qu'il pourra subvenir à ses besoins en mendiant. La mendicité reçoit de grands encouragemens des pèlerins qui sont bien aises d'exercer leur charité au moment où en débarquant à Djidda, ils mettent pour la première fois le pied sur la terre sainte.

Quant aux habitans de Djidda et à leur caractère j'aurai occasion d'en traiter plus tard en parlant des Mekkaouis auxquels ils ressemblent généralement. En effet les familles les plus considérables ont des maisons dans ces deux villes et vont fréquemment de l'une à l'autre.

Djidda est gouvernée par un pacha à trois queues qui prend le pas sur la plupart des autres à cause des relations de cette ville avec les cités saintes; mais cette place est peu estimée par les grands personnages de la Turquie qui ont regardé constamment Djidda comme un lieu d'exil plutôt que comme un poste d'avancement, et elle a souvent été donnée à des hommes d'état disgraciés. Le pacha s'intitule non seulement wali ou gouverneur de Djidda, mais aussi de Souakin et du Habesch; au soutien de ce titre il entretient à Souakin et à Massouah des officiers de douane qui, avant le gouvernement de Mohammed Aly, dépendaient entièrement du schérif de la Mecque.

Le pachalik de Djidda avait été réduit à une insignifiance complète par le pouvoir de ce schérif; le titre était devenu une distinction purement honorifique dont jouissait le titulaire; car il résidait dans une ville de province de Turquie ou à Constantinople, sans jamais essayer de prendre possession de son gouvernement. Toutefois il y eut une exception en 1803 quand après l'évacuation totale de l'Egypte par les Français, Schérif-Pacha alla à Djidda avec un corps de quatre à cinq cents soldats; mais de même que tous ses prédécesseurs, il devint le simple agent de schérif Ghaleb et en 1804 sa carrière fut terminée par une mort subite; destin de beaucoup d'anciens pachas de Djidda et de la Mecque.

Conformément aux ordres du sultan dont la suprématie nominale sur le Hedjaz fut reconnue jusqu'à la dernière conquête des Wahhabites, les revenus provenant de la douane de Djidda devaient être partagés entre le schérif de la Mecque et le pacha, et celui-ci devait avoir exclusivement le commandement de la ville. Quand les Turcs commencèrent à soumettre l'Asie, le schérif ne recevait qu'un tiers de ce produit, ce ne fut qu'en l'an 1042 A. H. qu'il en obtint la moitié (1). Par la suite non seulement il envahit le gouvernement de Djidda, mais il appliqua aussi entièrement le revenu de la douane à son usage, et le pacha dépendit complétement de sa bienveillance.

Bientôt après la mort de Schérif-Pacha, le schérif Ghaleb qui avait été assiégé l'année précédente dans Djidda par Saoud, fut obligé de rendre la Mecque aux Wahhabites. Alors il se déclara ouvertement prosélyte de leur croyance, et sujet de leur chef quoiqu'il conservât la possession entière de Djidda et du produit de sa douane qui formait la principale partie de son revenu. Les Wahhabites n'entrèrent pas dans cette ville qui s'était ostensiblement prononcée en faveur de leur doctrine. Les soldats turcs furent alors obligés de se retirer en Égypte ou ailleurs, et depuis cette époque jusqu'en 1811, toute autorité turque fut complétement exclue du Hedjaz.

En 1811, Mohammed Aly pacha, commença ses opérations contre les Wahhabites, en envoyant un

---

(1) Voyez *Histoire du Hedjaz* par Asâmi.

corps de troupes sous les ordres de son fils Tousoun bey qui fut défait dans les défilés entre Yambo et Médine. Une seconde tentative en 1812 fut plus heureuse : pendant que Tousoun, au mois de septembre de cette année, prenait Médine, Moustafa Bey beau-frère du pacha, marcha directement avec la cavalerie qu'il commandait, sur Djidda, la Mecque et Taïf; ces places se rendirent presque sans effusion de sang. Le schérif Ghaleb qui depuis le moment qu'il avait commencé à prévoir le succès probable de l'expédition d'Aly était entré secrètement en correspondance avec l'Égypte, se déclara alors ouvertement ami des Turcs qui entrèrent à Djidda en amis. Le titre de pacha de cette ville fut bientôt après conféré par la Porte à Tousoun comme une récompense de ses services. Dès que les Osmanlis ou Turcs furent dans Djidda, une querelle s'éleva entre le pacha et le schérif au sujet des droits de douane qui devaient être partagés entre eux; mais le pacha, devenu alors le plus puissant, en garda la totalité pour lui. Il envoya le schérif prisonnier en Turquie et depuis cet événement la ville a continué d'être entièrement à sa disposition, Yahya le nouveau schérif étant un serviteur aux gages de Tousoun.

Du temps du schérif Ghaleb, Djidda était gouvernée soit par lui quand il y résidait, soit pendant son absence par un officier nommé visir, qui avait sous ses ordres la police de la ville; la perception des droits de douane (*gumruk*) était conférée à un autre officier nommé le *gumrukdji;* et la police du port à l'*emir el bahr* ou chef de la mer, titre équivalent à celui de capitaine de port. Dans les derniers temps, le visir était un esclave noir de Ghaleb, que l'on détestait beaucoup à cause de sa fierté et de sa conduite despotique. Ghaleb demeurait rarement à Djidda, ses intrigues continuelles avec les Bédouins et ses projets contre les tribus wahhabites exigeant sa présence à la Mecque dont la position est plus centrale.

La forme de gouvernement qui existait sous Ghaleb n'avait pas été changée par les Osmanlis. Tousoun pacha put rarement résider dans sa capitale, étant placé sous les ordres de son père à qui la Porte avait confié la direction complète de la guerre du Hedjaz et la disposition de toutes les ressources du pays. Tousoun fut donc plus utilement employé à des mouvemens avec les troupes sous ses ordres jusqu'à son retour au Caire dans l'automne de 1815. Depuis 1812 un commandant militaire a toujours demeuré à Djidda avec une garnison de deux à trois cents hommes que le pacha a soin de changer tous les trois ou quatre mois. La recette de la douane, l'administration de toutes les affaires civiles, la correspondance avec le Caire et la Mecque, les envois de troupes, de munitions et des marchandises du gouvernement entre l'Égypte et Djidda, et la caisse du pacha, sont dans les mains de ce commandant dont le nom est Seïd Ali Odjakli. Son père était de l'Asie-Mineure et appartenait au corps des janissaires (*odjak*) d'où son fils a pris son surnom d'*Odjakli*. Les marchands de Djidda ne l'aiment point parce qu'ils se souviennent, qu'il y a une vingtaine d'années, il vendait des noix dans les rues. Ghaleb l'employait à ses affaires particulières de commerce ; comme Seïd Ali est doué de grands talens et d'acti-

1. Voy. dans l'Arabie.

vité et joint à ces avantages une connaissance parfaite de la langue turque, Mohammed Aly aurait pu difficilement rencontrer quelqu'un plus propre à remplir le poste qu'il occupe maintenant.

Le revenu public de Djidda provient presque exclusivement des douanes, nommées ici *aschour* ou dîmes. Les droits devraient être légalement, ainsi que j'en ai été informé, de dix pour cent sur toutes les marchandises importées, mais en conséquence d'abus qui ont long-temps été en usage quelques objets sont taxés beaucoup plus haut, tandis que d'autres paient moins. Durant la dernière période de la puissance du schérif, le café était imposé à cinq piastres fortes le quintal, ce qui peut être évalué de quinze à vingt pour cent. Les épiceries paient un peu moins de dix pour cent; les toiles de l'Inde un peu plus. Il existe donc une grande irrégularité dans l'assise des droits de douane, et le chef a le pouvoir de favoriser ses amis sans encourir aucune responsabilité.

Après que le schérif eut embrassé la doctrine des Wahhabites, son revenu diminua beaucoup, parce que Saoud chef de ces sectaires insista pour que toutes les marchandises de ses partisans passassent en exemption de droits; ainsi la plus grande partie du commerce du café ne paya rien. J'ai appris d'une personne qui avait le moyen de connaître la vérité et qui n'avait aucun motif pour me la cacher, que le montant des droits de douane perçus à Djidda en 1814 était de 400,000 piastres fortes, équivalant à 8,000 bour... ou 8,000,000 de piastres, ce qui donnerait une importation annuelle d'environ 4,000,000 de piastres fortes, somme qui est certainement au dessous plutôt qu'au dessus de la réalité. Des droits sont perçus d'après le même tarif aux deux portes Bab Mekka et Bab el Medina, sur toutes les denrées venant de l'intérieur du pays, principalement le bétail, le beurre et les dattes ce qui en temps de paix, quand les communications de ce côté ne sont pas interrompues, produit une somme importante. A l'exception de ces taxes, les habitans de la ville ne paient aucune espèce d'impôt.

Durant mon séjour à Djidda, les Turcs en avaient fait le principal dépôt de leur armée. Un grand magasin de grains recevait presque journellement des approvisionnemens d'Égypte; et des caravanes étaient expédiées chaque jour à la Mecque et à Taïf; le commerce de la ville était aussi beaucoup augmenté par les besoins de l'armée et des gens attachés à sa suite. La police était bien réglée et le pacha avait fait les injonctions les plus strictes à ses troupes de ne pas commettre d'excès sachant bien que les fiers Arabes n'endureraient pas aussi tranquillement des mauvais traitemens que les Égyptiens façonnés à l'esclavage : quand il survenait des querelles entre les Arabes et les Turcs, on donnait généralement raison aux premiers. Nulle avanie, ou acte d'oppression et d'injustice n'avait été, sous aucun prétexte, exercé sur personne, si ce n'est que quelques unes des plus belles maisons avaient été occupées par le pacha pour ses femmes. Toutefois les négocians souffraient, comme du temps du schérif, du taux arbitraire des douanes et de la nécessité d'acheter toute espèce de marchandise du pacha qui, durant son séjour dans le Hedjaz, semblait suivre avec une ardeur égale ses affaires commerciales et ses opérations militaires. Mais après un examen impartial des avantages et des défauts des deux gouvernemens, on peut dire que les Djiddaouis avaient certainement gagné en passant sous la puissance des Osmanlis, et cependant ce qui est étrange à dire, il n'y avait pas un seul Arabe, soit riche, soit pauvre qui fût sincèrement attaché à ses nouveaux maîtres ; et le gouvernement du schérif était universellement regretté. Ceci ne doit pas être attribué entièrement à la légèreté habituelle d'une populace qui est bien plus nombreuse parmi les sujets de la Porte que parmi ceux d'un prince européen. Les gouverneurs ou pachas ottomans sont changés continuellement ; chaque nouveau chef suprême, donne de nombreux motifs aux plaintes, aux haines particulières et au mécontentement : tandis que la succession rapide de ces officiers fait naître chez le peuple l'espérance d'être bientôt délivré de son despote actuel, événement qu'il prévoit avec plaisir, les premiers mois d'un nouveau gouverneur étant marqués généralement par la clémence et la justice.

Les Arabes sont une nation fière et hautaine, traits qui se retrouvent chez ceux qui habitent les villes, quelque altération que le vrai caractère bédouin ait subie chez cette race dégénérée. Ils n'ont que du mépris pour tout peuple qui ne parle pas leur langue et qui ont des manières différentes des leurs; ils ont, d'ailleurs, été accoutumés depuis plusieurs années à regarder les Turcs comme des gens très inférieurs à eux, et qui lorsqu'ils entraient dans le Hedjaz tremblaient devant le pouvoir du schérif.

L'étiquette et le faste qui accompagnent un pacha turc n'étaient pas adaptés au caractère et aux idées des nouveaux sujets de Mohammed Aly. « Quand le schérif, me disait un des plus riches négocians de Djidda, avait besoin d'emprunter une somme d'argent, il faisait venir deux ou trois de nous. Nous passions une couple d'heures en conversation avec lui, sans aucune gêne; souvent même nous disputions à très haute voix, et toujours nous finissions par rabattre quelque chose de la somme qu'il nous avait d'abord demandée; quand nous allions chez lui pour des affaires ordinaires, nous lui parlions comme je vous parle : avec le pacha, il faut que nous nous tenions debout dans une humble attitude comme si nous étions autant d'esclaves abissins; et à la manière dont il nous regarde, on dirait que nous sommes d'une nature inférieure à la sienne : j'aimerais mieux, ajoutait-il, payer une amende au schérif, que de recevoir une faveur du pacha. »

Le peu de connaissance qu'ont les Turcs de la langue arabe, la manière imparfaite dont ils la prononcent même en récitant les prières du Koran, l'ignorance des usages particuliers à l'Arabie qu'ils manifestent dans toutes leurs actions sont autant de causes qui concourent à augmenter la haine et le mépris que les Arabes ont pour eux. Les Turcs de leur côté n'ont pas un mépris et un dégoût moindres pour quiconque ne parle pas leur langue et ne porte pas leur costume, ils le traitent de *fellah* ou manant, terme qu'ils ont été accoutumés à appliquer aux paysans d'Égypte, qui sont réduits au dernier degré de servitude et d'oppression. Ils détestent surtout les

Arabes parce que ceux-ci ne sont pas d'humeur à souffrir patiemment leur insolente tyrannie, comme font les habitans de l'Égypte, et qu'on ne les frappe pas impunément, car ils rendent coup pour coup. Les Arabes accusent notamment les Turcs de trahison pour la manière dont ils se sont emparés du schérif et l'ont envoyé en Turquie, après qu'il s'était déclaré en faveur du pacha, et qu'il avait consenti à laisser occuper Djidda et la Mecque par des troupes turques, lesquelles, à ce qu'ils prétendent, loin de pouvoir gagner un pied ferme en Arabie n'auraient jamais pénétré dans cette contrée sans l'assistance du schérif.

L'épithète de *khaïn* (traître) est universellement donné à tous les Turcs en Arabie avec cette confiance orgueilleuse de supériorité, pour laquelle les Arabes sont justement renommés. Les classes inférieures parmi eux ont trouvé une confirmation fantasque de leur accusation contre les Turcs, dans un des titres du grand seigneur, *khan* ancien mot tartare qui en arabe signifie *il a trahi*, c'est le prétérit du verbe *ykhoun* (trahir). Ils prétendent qu'un des ancêtres du sultan, ayant trahi un fugitif, reçut le sobriquet injurieux de : *el sultan khan* (le sultan a été traître) et que ce titre n'est conservé par ses successeurs qu'à cause de leur ignorance de la langue arabe.

Quand la puissance des Turcs dans le Hedjaz déclinera, ce qui arrivera quand les ressources de l'Égypte ne seront plus dirigées vers ce point par un homme aussi habile et possédant aussi tranquillement ce dernier pays que Mohammed Aly, les Arabes se vengeront de la soumission quelque légère qu'elle soit que maintenant ils montrent avec répugnance à leurs conquérans; et le règne des Osmanlis dans le Hedjaz se terminera probablement par plus d'une scène de carnage.

CHAPITRE II.

ROUTE DE DJIDDA A TAÏF (1).

Le 24 d'août 1814, 11 de ramadhan 1230 A. H. au soir, je partis de Djidda, avec mon guide et vingt chameliers de la tribu de Harb qui transportaient de l'argent à la Mecque pour le trésor du pacha. Après être sortis de l'enceinte de la ville où le chemin passe le long de monticules de sable, nous traversâmes une plaine très stérile et sablonneuse qui monte légèrement vers l'est; on n'y aperçoit point d'arbres, elle est fortement imprégnée de sel jusqu'à environ deux milles de la ville. Après trois heures de marche, on entra dans un pays montueux où un café est situé près d'un puits nommé *Raghamé*. Nous continuâmes à avancer dans une vallée large et sinueuse entre des coteaux les uns sablonneux, les autres rocailleux, et au bout de cinq heures et demie, nous nous arrê-

---

(1) Je ne pus prendre de relèvemens pendant cette excursion, parce que la seule boussole que je possédais et qui m'avait servi dans un voyage en Nubie n'était plus bonne à rien, et que je ne trouvai une occasion de la remplacer qu'au mois de décembre suivant que j'en obtins une d'un navire de Bombay arrivé à Djidda.

tâmes à un autre café où il y a également un puits appelé *El Beiàdhié*. L'eau de ces puits n'est pas bonne, de là en une heure et demie (en tout sept heures), nous parvînmes à *El Feraïné* station semblable où nous rattrapâmes une caravane de pélerins qui accompagnaient des marchandises et des provisions destinées pour l'armée, ils étaient partis dans la soirée avant nous. Ces cafés sont des constructions chétives avec des murs à demi ruinés et couverts en branchages; on n'y trouve que de l'eau et du café. On dit qu'autrefois il y avait sur cette route douze cafés qui fournissaient des rafraichissemens de toutes les sortes aux voyageurs allant de Djidda à la cité sainte : mais comme le trajet se fait maintenant de nuit, et que les soldats turcs ne paient rien à moins d'y être contraints, la plupart de ces maisons a été abandonnée. Le petit nombre de celles qui restent est tenu par des Arabes de la tribu des Lahian qui est une branche des Hodheïl et des Metaréfé ; ce sont des Bédouins dont les familles vivent avec leurs troupeaux parmi les collines. Au delà de Feraïné, la vallée s'ouvre et les coteaux s'écartant de chaque côté, augmentent considérablement en élévation. Au bout de huit heures, vers le lever du soleil, nous arrivâmes à Bahhra, groupe d'une vingtaine de cabanes situé dans une plaine dont la longueur est de près de quatre lieues et la largeur de deux et s'étendant à l'est. A Bahhra, il y a abondance d'eau dans les puits; douce dans les uns, saumâtre dans les autres. Il y a huit à dix échoppes, on trouve à acheter du riz, des oignons, du beurre, des dattes, du café en grain, à trente pour cent plus cher qu'à Djidda.

Ce lieu est ce que les Arabes appellent un *souk* ou marché, et on en rencontre de semblables à chaque station, dans cette chaine de montagnes, jusque dans l'Yemen. Quelques cavaliers turcs étaient postés à Bahhra pour garder la route. Après avoir encore marché pendant deux heures, et pendant dix depuis Djidda, nous fîmes halte à Hadda, souk pareil au précédent. Entre Bahhra et Hadda sur un monticule isolé dans la plaine, on voit les ruines d'une ancienne fortification.

25 août. La caravane de Djidda à la Mecque s'arrête pendant le jour à Bahhra ou à Hadda, se conformant ainsi à l'usage des Arabes du Hedjaz qui ne voyagent que de nuit, en hiver comme en été, ce qui est moins pour éviter la chaleur que pour donner aux chameaux le temps de pâturer, ces animaux ne mangeant jamais pendant l'obscurité. Ces marches nocturnes sont très contraires aux recherches d'un voyageur qui traverse ainsi un pays dans un temps où il ne peut observer les objets, et pendant le jour la fatigue et l'envie de dormir rendent tout mouvement pénible.

Nous nous arrêtâmes à Hadda sous le hangar d'un grand café où je trouvai une troupe mêlée de Turcs et d'Arabes allant à la Mecque ou en sortant, chacun étendu sur son petit tapis; des marchands de Taïf venaient d'arriver avec une charge de raisins, quoique je me sentisse encore faible de la fièvre, je ne pus résister à la tentation et je pris quelques grappes; car les paniers n'avaient pas plutôt été ouverts, que chacun tomba sur les fruits, et tout fut bientôt mangé; mais ensuite on paya le propriétaire. C'est à

Hadda, que les habitans de Djidda, quand ils font le pélerinage de la Mecque, prennent l'*ihram*. Suivant la loi musulmane, quiconque entre sur le territoire sacré de la Mecque, quel que soit son rang, soit qu'il y vienne comme pélerin ou pour d'autres motifs, est obligé de se vêtir de l'ihram, et il lui est enjoint de ne s'en dépouiller qu'après avoir visité le temple. Cependant plusieurs personnes transgressent ce précepte, mais un Mekkaoui orthodoxe ne va jamais à Djidda sans emporter avec lui son ihram et quand il retourne chez lui c'est ici qu'il s'en affuble. Dans l'après-midi quelques uns des soldats turcs qui étaient ici le mirent, avec les cérémonies accoutumées qui consistent à faire une ablution, ou si le pélerin le préfère une purification complète, à déclarer à haute voix que l'on prend l'ihram, à réciter une prière de deux rikats, et à répéter des exclamations pieuses appelées *telhié;* comme on était en temps de guerre, les soldats continuèrent à porter leurs armes par dessus l'ihram.

Dans l'après-midi le maitre du café accommoda les provisions que j'avais apportées et celles de plusieurs de mes compagnons. Il y eut beaucoup de confusion, et personne ne put dormir. Peu de momens après notre arrivée, une troupe de soldats passa; ils dressèrent leurs tentes un peu plus loin dans la plaine, puis entrèrent dans les cafés, et prirent toute l'eau douce qu'on avait tirée d'un puits éloigné d'environ une demi-heure, et que l'on conservait à Hadda dans de grandes jarres. Les cabanes de ces gens misérables, ainsi exposé, à tous les hasards inséparables du passage continuel des troupes, sont faites de branchages et en forme de cône applati. Toute la famille y vit pêle-mêle dans une seule chambre. Les nombreux cafés sont de vastes hangars soutenus par des perches; le foyer du cafetier est placé dans un coin; ils sont infestés par des multitudes de rats les plus hardis que j'aie jamais vus.

Nous partîmes de Hadda vers cinq heures du soir. La route continuait à passer dans la plaine; le terrain est sablonneux, mêlé d'argile en quelques endroits; je pense qu'en creusant des puits il pourrait aisément être cultivé. A une heure de Hadda, nous vîmes à notre gauche, dans la plaine, des dattiers; j'appris que dans ce lieu coule un ruisseau qui autrefois arrosait quelques champs; maintenant les arbres sont négligés. Alors nous sortîmes de la plaine et déviant un peu au sud de notre direction à l'est, nous entrâmes de nouveau dans un pays montueux et à deux heures de Hadda nous atteignîmes Schemeïsa autre café. Par derrière s'élève le Djebel Schemeïsa ou la montagne de Schemeïsa; suivant les historiens de la Mecque elle a fourni le marbre de beaucoup de colonnes de la mosquée de cette cité sainte. Il y a un puits dans la montagne près du café. Nous suivîmes ensuite une large vallée couverte de sable profond et offrant quelques arbres épineux. A quatre heures de Hadda, nous passâmes à Kahouet Salem (le café de Salem) où il y a un puits: et où nous rencontrâmes une caravane venant de la Mecque. Les montagnes voisines ne laissent entre elles qu'une vallée resserrée et droite coupée à intervalles par plusieurs autres. Nous allâmes ensuite jusqu'à Hadjalié café à sept heures de distance de

Hadda avec un grand puits qui fournit de l'eau aux chameliers des caravanes des pèlerins de Syrie, lorsqu'ils vont à la Mecque ou en reviennent.

N'ayant pas goûté un moment de sommeil depuis mon départ de Djidda, je me couchai sur le sable, et je dormis jusqu'au point du jour, pendant que mes compagnons continuèrent leur marche. Mon guide seul resta avec moi, mais ses craintes pour la sûreté de ses chameaux ne lui permirent pas de fermer l'œil. La route de Djidda à la Mecque est toujours fréquentée par des gens suspects, et comme tout le monde ne voyage que la nuit, les personnes allant seules sont aisément pillées. On voit près de Hadjalié les ruines d'un ancien village bâti en pierres, et dans la vallée des traces de culture passée.

26 août. A une demi-heure de Hadjalié nous atteignîmes une petite plantation de dattiers entourée d'un mur. Ensuite la route de la Mecque prend à droite et entre dans la ville par le quartier appelé Djérouel. Mon guide avait l'ordre de me conduire à Taïf par un chemin de traverse qui passe au nord de la ville sainte; il se partage à Hadda, traverse celui de la Mecque à l'Ouadi Fatmé, et rejoint la grande route de la Mecque à Taïf, au delà de l'Ouadi-Muna. Au moment où nous allions partir de Hadda, mon guide qui ne me connaissait que comme ayant affaire au pacha à Taïf, comme pratiquant toutes les observations extérieures d'un pèlerin musulman, et comme ayant été généreux envers lui avant notre départ, me demanda pourquoi il lui avait été enjoint de me faire prendre la route du Nord, je lui répondis que probablement elle était plus courte que l'au-

tre; « c'est une erreur, répliqua-t-il : celle de la Mecque est tout aussi courte et beaucoup plus sûre, et si cela ne vous contrarie pas nous la suivrons. » C'était justement ce que je souhaitais, quoique j'eusse pris soin de ne pas trahir mon envie : en conséquence nous prîmes la grande route, en compagnie d'autres voyageurs. Toutefois au lieu de me conduire par le chemin ordinaire qui m'aurait fait traverser la ville dans toute sa longueur, mon guide qui n'avait pas de curiosité à satisfaire, me mena, sans que je le susse, par un sentier qui abrégeait et me priva de l'occasion de voir complétement la Mecque cette fois.

Du bocage de Dattiers au delà de Hadjalié, nous arrivâmes en une demi-heure à la plaine où la caravane des pélerins de Syrie campe ordinairement et qui a pris le nom de Scheikh Mahmoud, du tombeau d'un santon qui est enterré au milieu. Elle est entourée de montagnes basses, a deux à trois milles de long, et un de large; et est séparée de la vallée de la Mecque par une chaîne étroite de coteaux sur lesquels on a ouvert, avec beaucoup de travail, une route à travers les rochers. Nous la montâmes et au sommet nous poussâmes devant deux tours bâties de chaque côté par schérif Ghaleb. En descendant par l'autre pente où le chemin est pavé, la vue de la Mecque se déploya devant nous, et à une heure et demie de Hadjalié, nous entrâmes dans le quartier oriental de la ville près du palais du schérif. La plus grande partie de cette cité nous restait à droite, cachée en partie par les sinuosités de la vallée. Sachant que je devais revenir à la Mecque, je ne pressai pas mon guide pour qu'il me permit de la voir entièrement, puisque pour cela il aurait fallu retourner sur nos pas, et parcourir deux milles dans une direction contraire. Je réprimai donc ma curiosité et je le suivis, en récitant les prières prescrites quand on entre dans la cité sainte.

Plus tard je fis plusieurs fois le voyage entre la Mecque et Djidda par les deux routes. La marche de la caravane y est très lente, et rarement de plus de deux milles à l'heure. Monté sur un âne, je suis allé de la Mecque à Djidda en treize heures. La distance peut être estimée à seize ou dix-sept heures de marche, à pied, ou à peu près à 55 milles : la direction est au nord-nord-est.

Ayant tourné à gauche, nous passâmes, un peu plus loin, devant les grandes casernes du schérif et dans les faubourgs El Mo'abedé. Nous descendîmes à la maison d'un Arabe de la connaissance de mon guide. C'était le jeûne du ramadhan ; mais la loi dispense les voyageurs de s'y conformer. Le mari étant absent, sa femme nous prépara un déjeûner, que nous lui payâmes. Après être restés dans la maison jusqu'après le milieu du jour, nous remontâmes sur nos chameaux, et tournant par la maison de campagne du schérif située à l'extrémité orientale des faubourgs, nous prîmes la grande route de l'Ouadi Muna : jusque-là, ce furent des vallées immenses, plus ou moins larges, couvertes de sables, presque entièrement dénuées de végétation, et de chaque côté des collines également sablonneuses. A une demi-heure du jardin du schérif, le pays s'ouvre un peu à gauche ; c'est là que passe le canal qui approvisionne la Mecque d'eau douce; et nous vîmes à peu près à deux milles de distance le Djébel el Nour, montagne conique, regardée comme sainte par les pèlerins. Une heure et demie après nous laissâmes à notre droite un vaste réservoir revêtu de pierres. Dans le temps du pèlerinage on le remplit de l'eau du canal qui passe à côté. Je crois que c'est le lieu appelé Sebil-es-Sitt. Une des vallées latérales entre la Mecque et Muna porte le nom d'Ouadi Mohhsab. El Fasi, l'historien de la Mecque dit qu'autrefois il y avait seize puits entre cette ville et Muna. Au bout de deux heures, ayant monté par une petite chaussée pavée et dirigée à travers la vallée qui a à peu près cent vingt pieds de longueur, nous entrâmes dans l'Ouadi Muna. Nous vîmes près de la chaussée un petit champ arrosé par le moyen d'un puits d'eau saumâtre, et où de misérables Bédouins cultivent des oignons et des poireaux pour le marché de la Mecque.

Continuant notre route au milieu des maisons ruinées de Muna, nous passâmes devant deux piliers bas auxquels les pèlerins jettent des pierres, puis devant le palais du schérif et nous arrivâmes dans un pays ouvert qui s'étend jusqu'à Mezdélifé éloigné de trois heures trois quarts de la Mecque. Ce nom est donné à une petite mosquée presqu'en ruine, et tout près de laquelle il y a un réservoir. El Fasi l'historien dit qu'elle fut construite en 759 A. H. Elle est souvent nommée Moschar el Haram, mais selon ce même auteur cette dénomination appartient à une petite colline à l'extrémité de la vallée de Mezdélifé, qui est aussi appelée El Kazehh. De Mezdélifé, deux chemins mènent à l'A'rafat; l'une à gauche le long de la plaine ou vallée de Dhob; l'autre passe en droiture à travers les montagnes, et rejoint la première près d'Aalameïn. Nous suivimes la grande route dans la vallée. A quatre heures un quart de marche, les montagnes se referment de nouveau et le défilé étroit d'El Mazoumeïn ou El Medik les traverse pendant une demi-heure, ensuite la vue s'étend sur la plaine d'A'rafat. Au bout de quatre heures trois quarts nous passâmes dans cette plaine devant le Bir Basan réservoir construit en pierre, et une petite chapelle tout auprès. Ici le pays s'ouvre beaucoup au nord et au sud. A l'est, les montagnes de Taïf se montrent pour la première fois dans toute leur élévation (1). A cinq heures nous arrivâmes à El Aalameïn : ce lieu consiste en deux constructions en pierre de chaque côté de la route éloignées l'une de l'autre de quatre vingts à cent pas et entre lesquelles les pélerins doivent passer en allant au mont A'rafat, et plus particulièrement quand ils en reviennent; elles sont en maçonnerie grossière, revêtue d'un enduit blanc (2).

Fasi dit qu'autrefois il y en avait trois, qu'elles furent élevées en 605 A. H., et que l'une d'elles s'est écroulée. Des deux qui restent, l'une est entière et l'autre à moitié en ruine. A cinq heures un quart

(1) On en voit la figure sur le plan de l'A'rafat.
(2) A mon retour de Taïf à la Mecque quand j'étais complétement mon maître, je fis une description bien plus détaillée et plus soignée de cette route, que celle que je donne ici; mais je perdis par accident les papiers qui la contenaient. Ce qu'on lit ici, n'est écrit que de mémoire, et d'après les notes succinctes que j'avais prises à la hâte en allant à Taïf.

nous laissâmes à notre droite une grande mosquée isolée, dans un état de délabrement et nommée *Djama Nimré* ou *Djama Ibrahim,* construite par le sultan Kaït bey d'Egypte. Le mont A'rafat, de hauteur médiocre, était alors à notre gauche à l'extrémité de la plaine à peu près à deux milles de distance. Nous traversâmes la plaine sans nous arrêter, elle est couverte d'acacias, les uns sont des buissons très hauts, et les autres des arbres bas ; il est défendu d'en prendre la plus ,.ite branche parce qu'ils croissent sur un terrain sacré. A l'extrémité orientale de cette plaine, nous atteignîmes à cinq heures trois quarts le canal de la Mecque à sa sortie des montagnes. Tout auprès il y a un petit réservoir et dans son voisinage un petit groupe de cabanes d'Arabes, semblables à celles de Hadda et portant le nom de *kahouet A'rafat* ou café d'A'rafat. Elles sont principalement habitées par les Beni Koreïsch ; ils cultivent des plantes potagères dans une vallée qui se prolonge au Sud. Nous nous nous reposâmes là quelques heures ; une caravane d'ânes et de mulets venant de Taïf y arriva en même temps que nous.

Au delà du kahouet A'rafat, la route devient rocailleuse ; et les montagnes presque fermées, sont coupées par des vallées traversant la route dans toutes les directions. Les acacias y croissent abondamment. A sept heures et demie nous retrouvâmes un terrain sablonneux dans l'Ouadi Noman, vallée où dans le Sud il y a des puits et quelques champs cultivés par des Arabes des tribus de Kebâreb et de Rischié. A huit heures et demie nous passâmes devant un camp de Bédouins de la tribu de Hodheïl ; leurs chiens at-

I. Voy. dans l'Arabie. 6

taquèrent nos chameaux avec tant de fureur que j'eus beaucoup de peine, quoique monté sur le mien, de me défendre de leurs dents. A huit heures trois quarts nous passâmes devant un groupe de cabanes et de cafés nommés *schedad*, il y a là des puits d'eau excellente. A neuf heures et demie, la nuit étant nuageuse et très noire nous nous égarâmes dans les sinuosités d'une vallée latérale, et comme nous étions dans l'impossibilité de retrouver le bon chemin, nous nous couchâmes sur le sable et nous dormîmes jusqu'au point du jour.

27 août. Nous nous trouvâmes tout près de la route, et une demi-heure après nous être remis en marche, nous commençâmes à grimper sur la grande chaine des montagnes. De Djidda jusque-là, quoique nous eussions généralement voyagé entre des coteaux et des montagnes, nous avions toujours eu un terrain uni dans les vallées avec une montée presque imperceptible; l'existence n'en devint visible que lorsque nous regardâmes le pays du sommet des monts qui étaient maintenant devant nous. Les collines inférieures ont rarement plus de 400 à 500 pieds de hauteur. La rangée la plus basse, au dessus de Djidda, est calcaire, mais les roches se changent bientôt en gneiss et en une espèce de granit avec du schorl au lieu de feldspath, accompagnée de masses prédominantes de quartz et d'un peu de mica. Cette roche continue avec peu de variation, le long de la route jusque dans le voisinage du Djebel-Nour, à l'est de la Mecque; là commence le granit. J'appris à la Mecque qu'à quelques heures de distance, au sud de Hadda, une montagne donne de beau mar-

bre, qui a servi à paver la grande mosquée. Les montagnes qui forment la vallée de Muna sont composées de ce granit rouge et d'un autre qui est gris ; elles se prolongent jusqu'à cette chaine plus élevée, en offrant dans quelques endroits un mélange de couches de grünstein ; la chaine inférieure du faîte élevé sur lequel nous gravissions en ce moment, consiste de nouveau en granit gris ; vers le milieu, j'en trouvai de toutes les couleurs mêlé de couches de grünstein, de trapp et de schiste porphyritique, ce dernier très désagrégé ; au sommet de la crête, le granit rouge reparut, sa surface avait été complétement noircie par les rayons du soleil.

Nous montâmes un chemin assez mauvais, quoique réparé depuis peu par les ordres de Mohammed Aly. Le pays aux environs était sauvage, couvert de larges blocs de pierres qui avaient été semés çà et là par les torrens d'hiver, et qui étaient entremêlés d'acacias et de nebeks. A une heure, nous arrivâmes à un bâtiment formé de pierres sèches posées l'une sur l'autre, et que l'on appelle Kaber-er'-Réfik (la tombe du compagnon). Voici la tradition qui me fut contée par mon guide. Le siècle dernier, un Bédouin, revenant du pélerinage, fut joint hors les portes de la Mecque par un voyageur qui suivait la même route que lui. Ils arrivèrent ensemble à cet endroit, où l'un d'eux se sentit si mal, qu'il lui fut impossible d'aller plus loin, et le lendemain la petite-vérole se déclara et le couvrit de boutons. Son compagnon de route ne voulut pas l'abandonner, il bâtit deux cabanes de branches d'acacia, l'une pour son ami, l'autre pour lui-même, et resta à le soigner, demandant l'aumône pour son malade aux voyageurs qui passaient. A son tour il prit la même maladie, fut soigné avec le même amour par son compagnon convalescent et mourut. Enterré à cette même place, sa tombe y sert de monument de la générosité du Bédouin, et invite à une bienveillance mutuelle les passans compagnons de route d'un jour.

A une heure et demie, toujours montant, nous arrivâmes à des huttes construites au milieu des rochers près d'une source abondante; on les nomme *Kahouet Kora* d'après la montagne dont l'ensemble est appelé *Djebel Kora*. Je trouvai là un soldat turc chargé du transport des vivres de l'armée du pacha, au delà de cette montagne. Comme c'est la route la plus courte de la Mecque à Taïf, les caravanes y passent continuellement. Les charges des chameaux sont déposées en ce lieu, puis expédiées au sommet des hauteurs sur des mulets et des ânes, on en tient ici à peu près deux cents. Les chameaux sont ensuite préparés pour porter les fardeaux à Taïf. La route de cette ville qui est plus au Nord et dont je parlerai plus tard est praticable pour les chameaux dans toute son étendue, mais elle est plus longue d'une journée que celle-ci.

Les cabanes de Kora sont construites entre les rochers sur la pente de la montagne, où il y a à peine une surface unie. Les habitans sont des Bédouins Hodheïl. On ne pouvait se procurer là que du café et de l'eau. Le soldat turc avait récemment encouru le déplaisir du pacha pour avoir volé et vendu le chameau d'une femme hodheïl, elle était allée porter sa plainte à Mohammed Aly à Taïf. Le soldat me traita avec beaucoup de politesse quand il apprit que je verrais le pacha et me pria d'intercéder en sa faveur; mais je déclinai cette demande en lui disant que j'étais moi-même un solliciteur pour mes propres affaires. Nous restâmes jusqu'à midi dans ce lieu agréable d'où l'on jouit d'une belle vue du pays inférieur. Un grand nebek (*zizyphus lotus*) voisin de la source qui murmure le long des rochers me procura de l'ombre, et un vent d'une fraîcheur délicieuse diminua la chaleur étouffante que nous avions éprouvée depuis notre départ de Djidda. Au delà de Kora le chemin était très escarpé et si mauvais quoiqu'il eût été récemment réparé, qu'un voyageur monté sur un animal ne pouvait guère espérer de parvenir au sommet sans mettre pied à terre. Des marches avaient été taillées dans divers endroits et l'on avait rendu la montée moins raide en la conduisant au sommet par des sinuosités; on avait aussi pratiqué sur le flanc de la montagne une douzaine de lieux de repos, parce que nulle part il n'y avait huit pieds carrés de terrain uni. On passe plusieurs fois le ruisseau qui descend de la cime. Je rencontrai près de la route une bande de Bédouins Hodheïl avec leurs familles et leurs troupeaux. L'un d'eux me donna du lait, et ne voulut pas accepter mon argent en retour; vendre du lait étant regardé par les Bédouins comme un scandale, quoiqu'ils puissent en tirer un grand profit à la Mecque où une livre de cette denrée vaut deux piastres. Je conversai librement avec les hommes et avec la femme de l'un d'eux. Ils me parurent être des montagnards robustes, et quoique évidemment pauvres, ils paraissaient vigoureux et plus charnus que les Bédouins du Nord, ce que j'attribue principalement à la salubrité du climat, et à l'excellente qualité de l'eau. Les Beni-Hodheïl fameux dans l'ancienne histoire d'Arabie, n'étaient sujets que de nom du schérif de la Mecque dans le territoire duquel ils vivent ; car ils jouissaient réellement d'une indépendance complète et lui faisaient souvent la guerre.

Nous mîmes deux heures à monter depuis les huttes à café jusqu'au sommet de la montagne, d'où l'on avait une superbe vue sur le pays plat. Nous discernions Ouadi-Muna, mais non la Mecque, et aussi loin que l'œil pouvait atteindre, apparaissait une chaîne de collines serpentant, sur une surface plane, du nord au sud, et séparées par d'étroites bandes de sables blanchâtres et sans la moindre verdure. A droite s'élevait le Nakeb el Ahmar, pic du mont Kora, de quatre à cinq cents pieds plus haut que l'endroit où nous nous trouvions et qui dominait toute la chaîne. Vers le nord, la montagne, à trente mille de distance, s'abaissait considérablement; au sud, elle se prolongeait en plateau. Après avoir galopé une demi-heure, nous arrivâmes au petit village de Ras-el-Kora.

Me trouvant très fatigué, j'insistai pour y dormir; mon guide n'y consentit qu'avec répugnance, parce qu'il lui avait été enjoint de voyager avec célérité.

28 août. Le village et les environs de Ras-el-Kora, sont l'endroit le plus délicieux du Hedjaz et la situation la plus pittoresque, la plus ravissante que j'eusse rencontrée depuis mon départ du Liban en Syrie. Le sommet du Djebel-Kora est plat, mais couvert de

masses éparses de granit, noircies du soleil, comme celles qui dominent la seconde cataracte du Nil : plusieurs petits ruisseaux se précipitent de cette hauteur et courent arroser une plaine couverte d'une verdure épaisse et d'arbres à larges ombres, qui appuient leurs troncs contre les rochers. Pour ceux qui ont seulement entrevu les sables désolés et respiré l'air suffoquant des parties inférieures du Hedjaz, ce site est aussi surprenant que l'air balsamique qui y souffle sans cesse est frais et délicieux. Nombre d'arbres fruitiers d'Europe croissent en cet endroit : les figuiers, les abricotiers, les pêchers, les pommiers y abondent ainsi que le sycomore égyptien, l'amandier, le grenadier, mais notamment la vigne, qui y produit d'excellent vin. Cependant on ne trouve pas le palmier ici, et seulement quelques nebeks. Les champs produisent du froment, de l'orge et des oignons ; mais le sol étant pierreux, ces plantes réussissent moins bien que les arbres à fruit, chaque belad, comme on appelle ici les champs, enclos d'une muraille basse, est la propriété d'un Bédouin Hodheïl. Quand Othman-el-Medhaïfé enleva Taïf au schérif de la Mecque, cet endroit fut ruiné, les champs furent ravagés, et plusieurs murailles n'ont pas encore été rebâties.

Je traversais ce magnifique pays depuis environ une demi-heure ; le soleil se levait ; chaque feuille, chaque brin d'herbe se couvraient d'une rosée balsamique ; chaque arbre, chaque buisson exhalaient un parfum aussi délicieux à l'odorat que le paysage était ravissant à la vue, lorsque je fis halte auprès du ruisseau le plus large ; on peut le traverser en deux enjambées et cependant il nourrit sur ses bords, un gazon touffu, comme l'herbe des Alpes que le Nil avec tout le luxe de ses grandes eaux ne peut jamais faire croître en Égypte. Quelques Arabes nous apportèrent des raisins secs et des amandes; en échange nous leur donnâmes des biscuits. Un soldat turc, qui prenait le titre d'aga, campait en cet endroit, pour presser le transport des provisions envoyées du bas pays à Taïf. A mon grand étonnement, pas une maison de campagne n'est bâtie sur cette belle plateforme : autrefois les marchands de la Mecque en avaient quelques unes à Taïf, dont la situation est aussi triste et aussi aride que celle-ci est riante et fertile; mais pas un qui ait pensé à bâtir ici une chaumière. Je crois que les Orientaux et particulièrement les Arabes sont moins sensibles aux beautés de la nature que les Européens. La bonté de l'eau de Ras-el-Kora est célèbre dans la province. Lorsque Mohammed Aly demeurait à la Mecque et à Djidda, on lui envoyait d'Égypte, par chaque flotte, sa provision d'eau du Nil dans de larges vases d'étain; mais en passant ici il trouva les eaux si excellentes, qu'un chameau est tous les jours expédié de Taïf pour lui en rapporter.

Les maisons des Hodheil, auxquelles ces plantations appartiennent, sont éparses dans les champs par groupes de quatre ou cinq; elles sont petites, bâties de pierres et de boue, mais avec plus de soin qu'on n'en aurait attendu de leurs grossiers habitans. Chaque maison a trois ou quatre chambres, chacune desquelles est isolée et séparée des autres par un petit espace ouvert, de manière à former une petite cabane à part. Ces appartemens ne reçoivent de jour que de l'entrée, ils sont propres et bien tenus et contiennent le mobilier du Bédouin, quelques bons tapis, des sacs de laine et de cuir, quelques vases de bois, des cafetières de terre et un mousquet dont on prend grand soin, et qui est ordinairement dans un fourreau de cuir. Je dormis la nuit sur une large peau de vache bien tannée; ma couverture était faite de petites peaux de moutons proprement cousues et semblables à celles dont on se sert en Nubie. Mon hôte hodheïl, me dit, qu'avant la venue des Wahhabites, il ne payait aucun impôt non plus que la tribu, et qu'ils recevaient au contraire des présens des schérifs et de tous les Mekkaouis qui passaient sur leurs terres pour se rendre à Taïf.

Ras-el-Kora a de l'est à l'ouest deux milles et demi à trois milles d'étendue, et à peu près un mille de largeur. Suivant le récit des Arabes, plusieurs cantons dans le Sud où des tribus bédouines, de même que les Hodheïl, cultivent des morceaux de terre épars au milieu des montagnes, sont aussi fertiles et aussi agréables que celui que nous avions vu dans la chaîne où nous étions.

Nous quittâmes le Ras dont je me souviendrai aussi long-temps que je serai sensible aux charmes d'un paysage romantique, et pendant près d'une heure nous traversâmes un terrain inégal et stérile avec des montées et des descentes aisées; enfin nous parvînmes à une pente raide; nous mîmes une heure et demie à la descendre, il faudrait le double de ce temps pour la monter. La roche est entièrement composée de grès. Du haut de cette déclivité, on aperçoit Taïf dans le lointain. A une demi-heure du pied de la montagne nous entrâmes dans l'Ouadi-Mohram, fertile vallée qui s'étend du nord-ouest au sud-est : de même que le canton supérieur, elle est remplie d'arbres fruitiers ; mais le petit nombre de champs cultivés est arrosé par le moyen de puits et non par des ruisseaux. Un village que les Wahhabites avaient presque entièrement détruit est sur la pente, avec une petite tour construite par les habitans, afin d'y mettre le produit de leurs champs à l'abri de l'invasion des ennemis.

Là commencent le territoire de Taïf et les possessions des Arabes de la tribu de Thékif qui dans les anciens temps étaient fréquemment en guerre avec leurs voisins les Hodheïl. L'Ouadi est appelé Mohram parce que c'est là que les pélerins et les voyageurs allant de l'est à la Mecque, se revêtent de l'ihram. Tout près du chemin il y a un petit réservoir ruiné. La caravane des pélerins de l'Yemen nommée *hadj el kebsi*, et dont la route passe le long de ces montagnes, avait l'habitude de toujours observer la cérémonie dans ce lieu, et alors le réservoir était rempli d'eau pour les ablutions. Les cultivateurs de Mohram tirent l'eau de leurs puits avec des seaux de cuir suspendus à l'extrémité d'une chaine de fer passée dans une poulie, et à l'autre bout ils attellent une vache qui, faute de roue, s'éloigne à une distance suffisante pour faire sortir le seau ; ensuite elle est ramenée auprès du puits pour recommencer la même opération. Les vaches que j'ai vues ici, de même que toutes celles du Hedjaz, sont petites mais fortes et robustes; leurs cornes sont en général courtes et obtuses; elles ont sur le dos, justement au dessus de l'épaule, une bosse haute d'environ cinq pouces et longue de six, et ressemblent beaucoup, à cet égard, aux vaches que j'avais aperçues sur les bords du Nil en Nubie. Suivant le rapport des Arabes, la chaîne de montagnes qui d'ici se prolonge au sud jusqu'à la contrée où commencent les plantations de cafiers, est coupée de distance en distance par de semblables vallées en état de culture, et séparées les unes des autres par des rochers nus et stériles.

Au delà de l'Ouadi-Mohram nous traversâmes de nouveau un terrain inégal et montagneux où je trouvai du grés et du silex. On voit des acacias dans plusieurs vallées sablonneuses qui aboutissent au chemin. A deux heures et demie de l'Ouadi-Mohram, nous montâmes et du sommet du coteau nous aperçûmes Taïf devant nous; nous y arrivâmes en trois heures et demie depuis notre départ de l'Ouadi-Mohram, après avoir traversé la plaine sablonneuse et stérile qui le sépare des montagnes dont il est entouré. Le terme moyen de notre marche depuis la Mecque, quand voyageant seuls nous pûmes hâter à volonté le pas de nos dromadaires, fut de trois milles un quart par heure. Je calcule donc que de la Mecque au pied du Djebel-Kora il y a à peu près 32 milles, à son sommet 10 milles, et delà à Taïf 30 milles; ce qui fait en tout 72 milles. La direction de la route de l'A'rafat à Taïf, est à peu près de 12 à 15 degrés de la boussole au sud de celle de la Mecque à l'A'rafat; mais comme je n'avais pas cet instrument avec moi, je ne puis donner cette direction avec une exactitude rigoureuse.

CHAPITRE III.

SÉJOUR A TAÏF.

J'arrivai à Taïf vers le milieu du jour et je descendis à la maison de Bosari médecin du pacha que j'avais connu au Caire. Comme c'était le jeûne du ramadhan, temps auquel les grands personnages turcs dorment toujours pendant le jour, le pacha ne put être informé de ma venue qu'après le coucher du soleil. En attendant, Bosari, après m'avoir assuré, suivant l'usage du Levant, de son entier dévouement à mes intérêts et de la sincérité de son amitié, me demanda quelles étaient mes vues en venant dans le Hedjaz; je lui répondis que c'était de visiter la Mecque et Médine, et ensuite de m'en retourner au Caire. Il eut l'air de douter de mes intentions sur ce dernier point, me pria d'être franc avec lui comme avec un ami et de lui déclarer la vérité, car il avoua qu'il me supposait le projet d'aller aux Indes-Orientales. C'est ce que je niai positivement, et dans le cours de la conversation il me laissa entendre que si je projetais réellement de retourner en Égypte, je ferais mieux de rester au quartier général avec eux, jusqu'à ce que le pacha se mit en route pour le Caire. Il ne fut pas dit un mot d'argent, quoique Bosari ignorât qu'à Djidda quelqu'un eût subvenu à mes nécessités.

Dans la soirée il alla à la dérobée trouver le pacha à la demeure de ses femmes, où celui-ci ne recevait que les visites de ses amis ou de ses connaissances très intimes. Il revint une demi-heure après et me dit que le pacha désirait me voir plus tard à son appartement public; il ajouta qu'il avait rencontré chez Mohammed Aly le kadhi de la Mecque venu à Taïf pour sa santé, et que le premier, en apprenant mon intention de visiter les cités saintes, observa en plaisantant : « que ce n'était pas la barbe seule (1) » qui faisait le véritable musulman. » Puis se tournant vers le kadhi : « Tu es, dit-il, un meilleur juge » que moi sur cette matière. » Alors le kadhi répondit que comme il n'était permis qu'aux seuls musulmans de voir les cités saintes, circonstance qu'il ne supposait pas que je pusse ignorer, il ne croyait pas que je me donnasse pour l'être, si je ne l'étais pas réellement. Quand Bosari m'eut instruit de ces particularités, je lui dis qu'il pouvait retourner seul chez le pacha, que mes sentimens avaient déjà été très blessés de l'ordre donné à mon guide de ne pas me faire passer par la Mecque, et que certainement je n'irais pas à l'audience publique de Mohammed Aly s'il ne voulait pas me recevoir comme un Turc.

Bosari alarmé de cette déclaration essaya de me dissuader de mon dessein, ajoutant que le pacha lui avait enjoint de me conduire chez lui et qu'il ne pouvait lui désobéir. Mais je m'en tins fermement à ma

---

(1) Je portais alors la barbe longue de même qu'au Caire, quand le pacha m'y avait vu.

détermination et il retourna malgré lui chez Mohammed Aly qui était seul, le kadhi l'ayant quitté quand Bosari se fut acquitté de son message; le pacha lui répondit en souriant que j'étais le bien-venu, n'importe que je fusse ou ne fusse pas musulman. Vers huit heures du soir j'allai au château, misérable demeure du schérif Ghaleb, à demi ruinée; j'étais vêtu des habits neufs que j'avais reçus à Djidda par ordre du pacha. Son altesse était assise dans un grand salon, ayant d'un côté le kadhi, et de l'autre Hassan pacha chef des soldats arnautes; une quarantaine de ses principaux officiers formait un demi-cercle après du sofa où ils étaient assis et plusieurs scheikhs bédouins se tenaient accroupis au milieu de ce demi-cercle. J'allai au pacha, je lui donnai le *salam aleïkom* et je lui baisai la main. Il me fit signe de la main de m'asseoir à côté du kadhi; puis m'adressant très poliment la parole, il s'informa de ma santé, me demanda si dans le pays des nègres que j'avais parcouru, on avait quelques nouvelles des mamelucks, mais ne dit pas un mot sur le sujet le plus important pour moi. Amin Effendi, son interprète arabe, remplit ses fonctions dans cette conversation, car je ne parle pas le turc et Mohammed Aly ne s'exprime que très imparfaitement en arabe. Au bout de cinq minutes, il reprit avec les Bédouins les affaires que j'avais interrompues. Quand elles furent finies et que Hassan pacha se fut retiré, il fut enjoint à chacun de sortir, excepté le kadhi, Bosari et moi. Je m'attendis alors à être mis à l'épreuve, je m'y étais complétement préparé; mais il ne fut pas dit un mot de mes affaires personnelles, et Mohammed Aly dans toutes nos conversations subséquentes n'en parla pas non plus, sinon qu'une fois il me fit entendre qu'il était persuadé que je devais aller aux Indes-Orientales. Dès que nous fûmes seuls il mit la politique sur le tapis. Il venait de recevoir la nouvelle de l'entrée des alliés à Paris, et du départ de Buonaparte pour l'île d'Elbe; plusieurs gazettes de Malte contenant les détails de ces événemens importans lui avaient été envoyées du Caire. Il semblait y prendre un très vif intérêt, parce qu'il s'était persuadé qu'après la chute de Buonaparte, l'Angleterre chercherait probablement à augmenter sa puissance dans la Méditerranée, et par conséquent à envahir l'Égypte.

Après être resté près de trois heures en conversation particulière avec le pacha, lui parlant en arabe par l'intermédiaire du kadhi qui, bien que natif de Constantinople, connaissait parfaitement cette langue, ou en italien par le canal de Bosari qui était Arménien, mais avait acquis l'usage de cet idiome au Caire, je pris congé, et son altesse me dit qu'elle m'attendait le lendemain à la même heure.

29 août. Avant le coucher du soleil je rendis visite au kadhi, je le trouvai avec son secrétaire qui était un savant de Constantinople et son ami. Le kadhi Sadik-Effendi était un véritable courtisan du Levant, ayant un air et un ton très engageans et ce charme d'expression qui distingue si avantageusement les indigènes de Stamboul bien élevés. Après que nous eûmes échangé quelques phrases de complimens, je lui témoignai mon étonnement de ce que le pacha avait montré des doutes sur la sincérité de ma conversion à l'islamisme, que j'avais embrassé

depuis si long-temps. « Mohammed Aly, répondit-
» il, a avoué que j'étais le meilleur juge en ces sortes
» de matières; et j'espère que nous ferons plus ample
» connaissance. » Ensuite il me questionna sur
mes voyages en Nubie. Dans le cours de la conversation, il fut question de sujets littéraires, il me demanda quels livres arabes et quels commentaires du Koran et de la loi j'avais lus, probablement il trouva que je connaissais ces sortes d'ouvrages, ou du moins leurs titres, mieux qu'il ne s'y serait attendu, car nous ne traitâmes pas l'objet à fond. Pendant notre entretien, l'appel à la prière du soir annonça la fin du jeûne de la journée. Je soupai avec le kadhi, et ensuite je récitai, dans sa compagnie, la prière du soir, et j'eus soin de répéter un chapitre du Koran aussi long que ma mémoire put me le rappeler en ce moment, ensuite nous allâmes ensemble chez le pacha qui passa de nouveau une partie de la nuit en conversation particulière avec moi, principalement sur les affaires politiques sans jamais amener le sujet qui me touchait spécialement.

Après une autre entrevue, je me rendis tous les soirs, d'abord chez le kadhi, ensuite chez le pacha, mais malgré la réception polie qui m'était faite au château je pus m'apercevoir que mes actions étaient surveillées de près. Bosari m'avait demandé si je tenais un journal; je lui répondis que le Hedjaz n'était pas comme l'Égypte un pays rempli d'antiquités et que dans ces montagnes stériles je ne voyais rien qui méritât l'attention. Je n'étais jamais laissé seul un moment, et j'eus des motifs de croire que Bosari avec toutes ses assurances d'amitié n'était qu'un espion. Rester à Taïf pour un temps non déterminé, dans la situation où je me trouvais maintenant, n'était nullement désirable; toutefois je ne pouvais deviner les intentions du pacha envers moi. Il était évident que l'on me regardait comme un espion envoyé en Arabie par le gouvernement britannique pour étudier l'état de ce pays, et aller ensuite faire mon rapport dans les Indes-Orientales. Je présume que c'était l'opinion du pacha; il me connaissait comme étant Anglais, c'est le nom que, sans aucun discrédit je l'espère pour ce pays, je prenais dans mes voyages, partout où il me semblait nécessaire de paraître comme Européen; parce qu'à cette époque, il n'y avait que les sujets de l'Angleterre et de la France qui jouissent en Orient d'une sécurité réelle; ils étaient considérés comme trop bien protégés par leur gouvernement dans leur patrie et par leurs ambassadeurs à Constantinople, pour que les gouverneurs des provinces fissent peu de cas d'eux. De plus le pacha supposait que j'étais un homme d'un certain rang, parce que tout Anglais voyageant dans le Levant est qualifié *mylord* et il en était persuadé par un certain air de dignité que je jugeai indispensable de prendre dans une cour turque où la modestie dans les manières et l'affabilité ne sont nullement à leur place. Craignant la Grande-Bretagne, il jugea vraisemblablement qu'il serait imprudent de me maltraiter, quoiqu'il ne fit rien du tout pour seconder mes projets. D'après ce qu'il savait, je ne pouvais avoir que les cinq cents piastres qu'il avait donné ordre qu'on me comptât à Djidda, et qui ne pouvaient suffire long-temps à ma dépense dans le Hedjaz. Ni lui ni Bosari ne me parlèrent de prendre ma lettre de change sur le Caire, comme je l'en avais prié; mais je ne sollicitai pas de nouveau cette grâce, ayant pour le moment assez d'argent, et attendant d'Égypte une nouvelle remise de fonds.

Rester long-temps à Taïf dans une sorte d'emprisonnement poli, était peu de mon goût; cependant je ne pouvais montrer aucun empressement d'en sortir sans augmenter les soupçons du pacha. Ceci était devenu évident depuis ma première entrevue avec lui et le kadhi. Sachant que les rapports de Bosari pouvaient exercer une grande influence sur l'esprit de Mohammed Aly; je pensai que ce que j'avais de mieux à faire était de me comporter de manière à ce que ce médecin se fatiguât de m'avoir chez lui, et favorisât involontairement mes intentions. En conséquence je commençai à me conduire dans sa maison avec toute la pétulance d'un Osmanli. Comme on était en ramadhan, je jeûnais pendant le jour, mais le soir, je me faisais servir un souper à part; le lendemain matin avant le lever du soleil et le commencement du jeûne, je demandais un déjeûner copieux. Je m'emparai du meilleur appartement de sa maison assez petite; ses domestiques étaient continuellement occupés à me servir. L'hospitalité orientale défend que l'on s'offense de semblables façons; d'ailleurs j'étais un grand personnage, venu pour rendre visite au pacha. Dans mes conversations avec Bosari, je lui assurais que je me trouvais parfaitement à mon aise à Taïf, et que le climat de cette ville, convenait très bien à ma santé; je ne montrai nulle envie de partir pour le moment. Entretenir une personne de mon rang pendant un certain temps à Taïf où toutes les denrées étaient beaucoup plus chères qu'à Londres, n'était pas une bagatelle; et un hôte turbulent est désagréable partout. Je pense que mon artifice obtint un succès complet, et Bosari s'efforça de persuader au pacha que j'étais un homme inoffensif, afin que je fusse congédié le plus tôt possible.

Je demeurais à Taïf depuis six jours; et j'étais rarement sorti, excepté le soir pour aller au château; Bosari me demanda si mes affaires avec le pacha devaient m'empêcher de continuer mes voyages et de visiter la Mecque. Je lui répondis que je n'avais pas d'affaires avec Mohammed Aly quoique je fusse venu à Taïf à sa demande, mais que ma position me plaisait beaucoup, puisque j'avais un ami aussi chaud et aussi généreux que lui mon hôte. Le lendemain il revint sur ce sujet, et observa que je devais être ennuyé de vivre uniquement au milieu de soldats, sans nul agrément ni divertissement, et ignorant la langue turque. Je convins de la vérité de ce qu'il disait; mais j'ajoutai que ne connaissant pas les volontés du pacha, je ne pouvais rien décider. Ces mots l'amenèrent au point que je désirais. « Puis- » qu'il en est ainsi, dit-il, je parlerai de ce sujet à » son altesse. » Le soir même il tint sa parole, avant que j'allasse au château; et dans le cours de la conversation le pacha me dit qu'ayant appris que je désirais passer les derniers jours du ramadhan à la Mecque (suggestion venant de Bosari) je ferais bien de me joindre à la troupe du kadhi qui y allait pour la fête et qui serait très content de ma compagnie.

C'était précisément l'occasion que je souhaitais, le départ du kadhi était fixé au 7 septembre : afin de le suivre je louai deux ânes qui sont la monture usitée dans ce pays.

Ayant l'intention d'aller ensuite à Médine dont Tousoun pacha était gouverneur, je priai Bosari de demander au pacha un firman ou passe-port qui m'autorisât à parcourir tout le Hedjaz ainsi qu'une lettre de recommandation pour son fils. Bosari me dit en réponse que le pacha n'aimait pas à se mêler personnellement de mes voyages; que je pouvais agir comme il me plairait, sous ma propre responsabilité, et que ma connaissance de la langue arabe rendait un passe-port inutile. Cela équivalait à ces mots : « Faites à votre fantaisie; je ne faciliterai, ni ne » contrarierai vos projets; » ce qui était pour le moment tout ce que pouvais espérer ou souhaiter.

Le 6 septembre, je pris congé du pacha : quand nous nous séparâmes il me dit que si jamais mes voyages me conduisaient dans l'Inde, je pourrais assurer aux Anglais qu'il avait grandement à cœur les intérêts du commerce de ce pays.

Le 7, le kadhi me fit dire de bonne heure qu'il ne partirait que le soir, voulant marcher la nuit, et qu'il espérait me rencontrer au Djebel Kora à mi-chemin de la Mecque. En conséquence je sortis seul de Taïf où j'étais resté dix jours. Quand je dis adieu à Bosari, il protesta de son inviolable attachement à mes intérêts; et je bénis mon heureuse étoile en quittant l'enceinte de la ville et la résidence d'une cour turque, je trouvai qu'il était plus difficile d'y éviter le danger que parmi les farouches Bédouins de la Nubie.

Durant mon séjour à Taïf, j'eus une demi-douzaine d'entrevues avec le pacha; l'extrait suivant de mon journal montrera le résultat général de ce qui se passa entre nous dans ces différentes occasions.

Question du pacha. Scheikh Ibrahim, j'espère que tu te portes bien.

Réponse. Très bien, et je suis très heureux d'avoir l'honneur de te revoir.

Q. Tu as beaucoup voyagé depuis que je ne t'ai vu au Caire. Jusqu'où t'es-tu avancé dans le pays des Nègres?

Je répondis à cette question en lui faisant un récit abrégé de mon voyage en Nubie.

Q. Dis-moi, comment sont les mamelouks à Dongola?

Je rapportai ce que le lecteur trouvera dans la relation de mes voyages en Nubie.

Q. J'ai entendu dire que tu avais traité avec deux beys des mamelouks à Ibrim : est-ce vrai?

Le mot *traité*, si l'interprète rendit fidèlement l'expression turque, me causa une très vive émotion; le pacha, pendant qu'il était en Egypte, avait appris qu'en allant à Dongola, j'avais rencontré deux beys de mamelouks à Derr; et, comme il soupçonnait encore que les Anglais favorisaient en secret les mamelouks, il pensait probablement que j'avais été porteur de quelque message que leur adressait le gouvernement britannique. Je lui protestai donc que ma rencontre avec les deux beys avait été purement fortuite, que je leur devais la réception désagréable que j'avais éprouvée à Mahass, et que j'avais redouté

7.

leurs desseins contre ma vie. Le pacha parut satisfait de cette explication.

Q. Finissons-en ici d'abord avec les Wahhabites, et je serai bientôt en état de me débarrasser des mamelouks. Combien crois-tu qu'il faut de soldats pour soumettre le pays jusqu'au Sennar?

R. Cinq cents hommes de bonne troupe pourraient en venir à bout, mais ne suffiraient pas pour garder possession du pays; et la dépense serait à peine payée par le butin.

Q. Que fournissent ces pays?

R. Des chameaux et des esclaves, et vers le Sennar, de l'or apporté d'Abissinie; mais tout cela appartient aux particuliers. Les chefs ou rois, dans ces pays ne possèdent aucune richesse.

Q. En quel état sont les routes d'Egypte au Sennar?

Je décrivis celle d'Assouan à Chendi et celle de Souakin au même lieu.

Q. Comment passais-tu ton temps chez les Nègres?

Je racontai quelques histoires plaisantes qui parurent le divertir beaucoup.

Q. Maintenant, Scheikh Ibrahim, où comptes-tu aller?

R. Je désire m'acquitter du pélerinage, retourner au Caire, puis aller visiter la Perse (je ne jugeai pas convenable de parler de mon dessein de retourner dans l'intérieur de l'Afrique).

Q. Que Dieu aplanisse la voie devant toi! mais je regarde comme une folie et une extravagance de tant voyager. Quel a été, dis-moi, le résultat de ta dernière excursion?

R. La vie de l'homme est prédestinée ; nous obéissons tous à notre destin. Quant à moi, je jouis d'un grand plaisir à parcourir des pays nouveaux et inconnus et à acquérir la connaissance de différentes races de peuples. Je suis porté à entreprendre ces courses par la satisfaction particulière que procurent les voyages et je m'embarrasse guère de la fatigue.

Q. As-tu appris les nouvelles d'Europe ?

R. Seulement des rapports vagues à Djidda.

Alors le pacha me fit le récit des événemens qui s'étaient terminés par le bannissement de Buonaparte à l'île d'Elbe et l'entrée des alliés à Paris. « Buona-
» parte, dit-il, s'est comporté comme un homme
» timide, il aurait dû chercher la mort, plutôt que
» de s'exposer dans une cage à la dérision de l'uni-
» vers. Les Européens, ajouta-t-il, sont aussi traîtres
» que les Osmanlis ; tous les confidens de Buonaparte
» l'ont abandonné… tous les généraux qui lui de-
» vaient leur fortune. »

Il mit beaucoup de chaleur dans ses questions sur les relations politiques entre la Grande-Bretagne et la Russie, et me demanda s'il n'était pas vraisemblable que la guerre éclaterait entre ces deux puissances, à cause des intentions hostiles de la dernière envers la Porte. Il avait reçu sur ce point des avis erronés. Sa seule crainte semblait être que l'armée anglaise qui avait été employée dans le midi de la France et en Espagne, ne fût maintenant en mesure d'envahir l'Égypte. « Le grand poisson avale
» le petit, dit-il, et l'Égypte est nécessaire à l'An-
» gleterre pour approvisionner de blé Malte et Gi-

» braltar. » Ce fut en vain que je raisonnai avec lui sur ce sujet, et je m'aperçus que le drogman ne rendait pas toujours mes réponses exactement, de crainte de contredire l'opinion de son maitre qui lui était bien connue. Ces idées étaient profondément enracinées chez lui et y avaient été entretenues par la légation française en Egypte. « Je suis l'ami des An-
» glais, continua-t-il (ceci adressé par un Turc à
» un chrétien, signifie seulement qu'il le craint ou
» a besoin de son argent), mais pour te dire la vé-
» rité, chez les grands personnages nous trouvons
» beaucoup de complimens, et très peu de sincé-
» rité; j'espère que les Anglais ne tomberont pas
» sur l'Egypte pendant que je suis dans le Hedjaz;
» que j'aie du moins la satisfaction de combattre
» moi-même pour mes états. Quant au sultan je
» n'en ai pas peur (il répéta plusieurs fois cette as-
» sertion, mais je doute beaucoup qu'elle soit sin-
» cère), et je sais comment déjouer toutes ses me-
» sures. Une armée venant de Syrie ne peut jamais
» attaquer l'Egypte par terre, en masse, faute de cha-
» meaux; et des corps séparés sont aisément détruits
» après qu'ils ont passé le désert. »

Je pris la liberté de lui dire qu'il ressemblait à un jeune homme possédant une belle fille; quoique sûr de son affection, il est toujours jaloux de tous les étrangers. « C'est bien dit, répliqua-t-il, j'aime
» certainement l'Egypte avec toute l'ardeur d'un
» amoureux, et si j'avais dix mille ames, je les sa-
» crifierais volontiers pour la posséder. »

Il me demanda dans quel état j'avais trouvé la Haute-Egypte; et si son fils Ibrahim pacha, qui la gouvernait y était aimé, je répondis par le langage de la vérité que tous les chefs des villages le haïssaient parce qu'il les avait contraints à cesser de traiter despotiquement leurs compagnons les paysans, mais que ceux-ci lui étaient très attachés. En effet, au lieu d'être opprimés comme autrefois par les beys mameloucks et les kachefs, ainsi que par leurs propres scheikhs, ils n'ont maintenant qu'un tyran, le pacha qui tient dans un ordre parfait les gouverneurs des cantons.

Mohammed Aly voulut connaître mon opinion sur la quantité de troupes nécessaires pour défendre l'Egypte contre une armée étrangère. Je répondis que je ne savais de la guerre que ce que j'avais lu dans les livres. « Non, non, s'écria-t-il, vous au» tres voyageurs vous avez toujours les yeux ou» verts et vous vous informez de tout. » Il persista dans sa question ; alors forcé de répondre, je lui dis que vingt-cinq mille soldats choisis seraient probablement en état de résister à toute espèce d'attaque. « J'en ai présentement trente-trois mille, reprit-il. » C'était faux, car je suis certain qu'alors il n'avait pas plus de seize mille hommes dispersés en Egypte et dans le Hedjaz.

Il m'expliqua ensuite ce que c'était que le *nizam djedid* ou nouveau système de discipline et d'organisation militaires. Il dit que c'était seulement l'avidité des officiers et non la répugnance des soldats qui traversait l'institution d'une armée bien organisée en Turquie, et s'opposait aux revues nécessaires pour empêcher les chefs de tromper le trésor public, « mais je formerai un corps régulier de soldats nè-

» gres, ajouta-t-il. » Son prédécesseur Kourchid pacha l'avait essayé, avec peu de succès. Le sujet du nizam djedid fut repris aussitôt que Mohammed Aly revint en Egypte après l'expédition actuelle; mais la révolte de ses soldats qui pillèrent le Caire l'obligea de renoncer à l'entreprise qui avait été mal conçue. Il dit que pour la défense de l'Egypte, il emploierait principalement sa cavalerie et son artillerie à cheval; la première détruirait tous les vivres qui se trouveraient sur la route de l'ennemi, comme les Russes avaient fait en 1812, et l'artillerie le harasserait de tous côtés, sans jamais essayer de faire résistance.

Durant mon séjour à Taïf des lettres de Constantinople venues par la route de Damas à travers le désert, apportèrent au pacha la traduction turque du traité de paix conclu à Paris. Après l'avoir lue plusieurs fois, il ordonna à son secrétaire turc de me l'expliquer en arabe mot à mot. Cela nous occupa dans une pièce séparée pendant plusieurs heures. Je retournai après cela à l'audience, où le pacha me demanda mon opinion sur ce traité. Il me pria de lui indiquer sur un atlas turc copié d'après des cartes européennes et imprimé à Constantinople, les nouvelles limites de la Belgique, l'île Maurice et l'île de Tabago, la position de Gênes, etc., etc. Il y eut une singulière méprise à propos de cette dernière ville, Gênes, m'avait-on dit, était cédée à la Suède, ce que je ne pouvais croire. A force de m'enquérir et d'informations en informations je finis par découvrir qu'il était question de Genève et de la Suisse. Ces deux pays, je suis affligé de le dire, n'étant pas compris dans les notions géographiques d'un vice-roi turc.

Le pacha observa qu'il restait encore beaucoup à faire, avant que tous les différens entre les parties intéressées pussent être ajustés; et je vis clairement avec quelle impatience il attendait une guerre entre les puissances de l'Europe, guerre qui le délivrerait de ses craintes pour sa propre sûreté, et en même temps occasionerait une forte demande de blé à Alexandrie.

Quant à Buonaparte il lui paraissait certain qu'un jour les Anglais s'empareraient de lui à l'île d'Elbe. « Les Anglais, s'écria-t-il, se sont-ils donc battus » pour rien depuis vingt ans? Ils n'ont acquis que » Malte et un petit nombre d'autres îles! » Il était dominé par la crainte que le traité ne contînt des articles secrets assignant aux Anglais la possession de l'Egypte. L'idée qu'ils avaient eu pour but de rétablir la balance politique en Europe et d'assurer leur propre sûreté et leur indépendance ne pouvait lui entrer dans l'esprit. « Ils ne quitteront pas l'Espa- » gne, continua-t-il, sans être bien payés pas les Es- » pagnols; et pourquoi, maintenant, abandonne- » raient-ils la Sicile? » Il ne pouvait comprendre qu'ils fussent guidés dans leur conduite par les lois de l'honneur, et le sentiment du bien général de l'Europe. « Un grand roi, s'écria-t-il avec beaucoup » de chaleur, ne connaît que son épée et sa bourse; » il tire l'une pour remplir l'autre; il n'y a point » d'honneur parmi les conquérans! » Aveu sincère des sentimens qui dirigent la plupart des chefs turcs.

Mohammed avait quelques notions du parlement d'Angleterre; le nom de Wellington lui était familier. « C'est un grand général, dit-il, mais je doute fort » que s'il avait eu à commander à d'aussi mauvais » soldats que les troupes turques, il en eût tiré au- » tant de parti que je l'ai fait en conquérant l'E- » gypte et le Hedjaz. » Il montra une vive inquiétude relativement au possesseur futur de Corfou et des Sept-Iles. D'un côté il souhaitait que la Russie fît la guerre à la Porte, et chassât le sultan hors de l'Europe; de l'autre il craignait que, si les Russes s'emparaient de la Turquie européenne, les Anglais ne restassent pas spectateurs tranquilles, et ne prissent leur part de l'empire ottoman : et il était fermement persuadé que cette part ne pourrait être que l'Egypte.

J'ignore encore quelle était l'opinion réelle du pacha relativement à la sincérité de ma profession de l'islamisme. Il me traitait certainement comme un musulman, et je me flattai que ma conduite résolue à Taïf l'avait convaincu que j'étais véritable prosélyte. Quant au kadhi, qui était un rusé constantinopolitain, on supposait généralement que la Porte l'avait envoyé pour observer les actions de Mohammed Aly et en instruire le sultan; je pensai que sa conduite envers moi était liée à l'intention, à son retour à Constantinople, d'accuser le pacha d'avoir protégé un chrétien dans son projet de visiter les cités saintes, crime qui serait regardé comme impardonnable chez un dépositaire principal de l'autorité. Après son retour au Caire, Mohammed Aly qui fut surpris de m'y retrouver, et où je ne le vis qu'une fois, saisit souvent l'occasion de répéter, et semblait réellement avoir à cœur, de convaincre M. Salt et MM. les consuls du roi et de la compagnie du Levant, ainsi que plusieurs voyageurs anglais de distinction qui passèrent par le Caire, qu'il savait parfaitement bien, dans le Hedjaz, que je n'étais pas musulman, mais que son amitié pour leur nation le porta à ne pas tenir compte de cette circonstance et à me permettre d'en imposer au kadhi. Il conjecturait, et cette idée lui avait été suggérée par quelques uns des Francs ses conseillers au Caire, qu'en publiant un jour la relation de mes voyages, je me vanterais peut-être à l'exemple d'Aly bey el Abassi dont l'ouvrage venait d'arriver au Caire, d'avoir joué non seulement le pacha mais aussi tous les olémas ou savans de cette capitale. Il aimait mieux passer pour un mauvais musulman que pour une dupe.

Malgré ces déclarations du pacha aux Anglais qui furent faites en particulier et qui certainement ne furent occasionées par aucun discours imprudent de ma part, je continuai après mon retour au Caire à vivre comme musulman, dans le quartier des Turcs, sans qu'on m'y inquiétât. Je dois à Mohammed Aly des remercîmens pour m'avoir reçu poliment à Taïf et pour n'avoir apporté aucun obstacle à mes projets de voyage dans le Hedjaz.

Je me trouvai à la Mecque en décembre, et à Médine au mois d'avril suivant, en même temps que le pacha, mais je ne jugeai ni nécessaire, ni convenable d'aller le voir dans aucune de ces deux villes, où du reste j'étais entièrement inconnu. Mon habitude, dans mes voyages, était de vivre aussi retiré que je le pouvais, et excepté durant mon court séjour à Taïf où les circonstances me forcèrent de me mettre un peu en évidence, je n'étais connu dans le Hedjaz que comme un hadji ou pélerin, ou un particulier venu d'Égypte, ou quelqu'un qui n'était connu que de personne que du petit nombre des officiers du pacha que j'avais vus à Taïf.

Mes recherches concernant cette ville sont très bornées et ce ne fut qu'après en être parti que je les confiai au papier. Durant mon séjour on ne me laissa jamais seul. Je n'y connaissais personne qui pût me fournir beaucoup de renseignemens, et pendant le jeûne du ramadhan, peu de celles de la classe supérieure parmi laquelle je vivais sortent de chez elles dans le jour.

La ville de Taïf ou Taïef est située au milieu d'une plaine de sable qui peut avoir en circonférence quatre heures de marche et qui est renfermée entre des montagnes peu élevées qu'on nomme Djebel Ghazouan. Ce sont des faites subordonnés de la grande chaîne, qui se prolongeant à quatre ou cinq heures de marche plus à l'est, finissent par s'abaisser au niveau de la plaine. Taïf forme un carré irrégulier dont on peut faire le tour en 35 minutes, en marchant vite; elle est entourée d'un mur et d'un fossé, récemment construits par Othman el Medhaïfé. Ce mur a trois portes et est défendu par plusieurs tours, mais il est moins solide que ceux de Djidda, de Médine et d'Yambo, n'ayant dans quelques endroits que dix-huit pouces d'épaisseur. A l'ouest, en dedans des murs dont il fait une partie on voit le château sur un rocher élevé. Il a été bâti par schérif Ghaleb et n'a d'autre titre au nom de château que d'être plus grand que le reste des bâtimens de la ville et d'avoir des murs en pierre plus forts que les autres, quoiqu'il soit à moitié en ruines, Mohammed Aly y a établi son quartier général. Les maisons de Taïf sont généralement petites, mais bien bâties en pierres; les appartemens que l'on habite sont au premier étage; du moins je n'ai pas vu de salon au rez-de-chaussée, comme c'est l'usage en Turquie; les rues sont plus larges que dans la plupart des villes de l'Orient. Il n'y a qu'une place publique où se tient le marché; elle est devant le château.

On peut dire que présentement Taïf est dans un état de ruine, puisqu'il y a bien peu de maisons qui n'aient pas besoin d'être réparées. Plusieurs bâtimens furent détruits par les Wahhabites quand ils s'emparèrent de cette ville en 1802; et comme depuis cette époque elle a été presque abandonnée, tout y tend vers une décadence rapide. J'y vis deux petites mosquées, la plus belle est celle des Henoud ou Indiens. Le tombeau d'El Abbas qui était surmonté d'un joli dôme et souvent visité par les pélerins a été saccagé par les Wahhabites. A l'exception de quatre ou cinq bâtimens habités par les principaux officiers du pacha, je n'en aperçus aucun au dessus des dimensions ordinaires.

Taïf est approvisionnée d'eau par deux puits abondans, l'un en dedans de la ville, l'autre en dehors des murs, mais vis à vis l'une des portes. L'eau a bon goût, cependant elle est lourde. Taïf est renommée dans toute l'Arabie pour la beauté de ses jardins; ils sont situés au pied des montagnes qui environnent la plaine sablonneuse. Je n'en vis aucun et je n'aperçus même pas un seul arbre dans l'intérieur de Taïf, ses environs sont entièrement dénués de verdure, ce qui rend son séjour aussi triste que celui des autres villes d'Arabie. Les jardins les plus proches me parurent être dans le sud-ouest à une distance d'une demi-heure ou trois quarts d'heure de marche. Il y a de ce côté un faubourg séparé de la ville et abandonné. Quelques dattiers s'élèvent au milieu de ses ruines; il avait été déserté long-temps avant l'invasion des Wahhabites.

Je n'ai visité aucun des jardins. Quelques uns ont de petits pavillons où les habitans de Taïf vont passer leurs momens de fête: les plus célébrés sont ceux d'Ouadi Methna, Ouadi Selamé et Ouadi Schémal. Ils sont arrosés par des puits et des ruisseaux qui descendent des montagnes. On y trouve un grand nombre d'arbres fruitiers ainsi que des champs de froment et d'orge. Les fruits que je mangeai à Taïf furent des raisins très gros, et d'une saveur délicieuse, des figues, des coins et des grenades; on y récolte aussi tous ceux que j'ai nommés en parlant de Djebel Kora. Les jardins de Taïf ne sont pas moins renommés pour la profusion de leurs roses qui, de même que les raisins, sont transportées dans tous les cantons du Hedjaz. Autrefois tous les riches marchands de la Mecque venaient passer l'été dans ces jardins, et souvent le schérif s'y retirait aussi pendant une partie de la saison chaude, tous y avaient leurs maisons complétement meublées; ce qui leur a causé des pertes très considérables quand Taïf fut pillée par les Wahhabites.

La population de Taïf est formée principalement d'Arabes de la tribu de Thékif (1) qui ont quitté la vie nomade pour s'y établir; ils possèdent tous les jardins contigus à la ville, et la plupart des boutiques de denrées en dedans des murs. Quelques Mekkaouis y ont aussi fixé leur domicile, mais la plupart des étrangers qui l'ont choisie pour séjour sont des Indiens d'origine. De même qu'à Djidda, quoique nés en Arabie, où ils vivent depuis plusieurs générations, ils conservent encore le costume et les mœurs des musulmans de l'Inde; presque tous sont des droguistes parce que l'usage des drogues, des parfums et autres objets de ce genre étant plus général dans le Hedjaz que dans d'autres pays, en rend le commerce plus avantageux. Je crois qu'il n'y a pas de marchands en gros à Taïf, j'y comptai une cinquantaine de boutiques. Avant l'invasion des Wahhabites il s'y faisait un commerce considérable qui y attirait les Arabes des contrées voisines à plusieurs journées à la ronde; ils venaient y acheter des vêtemens et ceux des montagnes amenaient des caravanes de froment et d'orge; c'était aussi un entrepôt important de café que les Bédouins y transportaient des montagnes de l'Yemen à dos de chameaux, évitant ainsi les gros droits auxquels cette denrée est sujette dans les ports de la côte d'Arabie. Tout dans cette ville annonce une grande misère.

_____

(1) El Hamdé, Béni Mohammed, et Thémalé sont les tribus appartenent aux Thékif (voyez Asami).

I. Voy. dans l'Arabie. 8

Présentement la seule importation consiste en dattes apportées par les Arabes Atcïbé des nombreuses et fertiles plantations de leur territoire. Les principales rues fourmillent de mendians, la plupart indiens ; ils doivent souvent être exposés à mourir de faim, car pendant mon séjour un homme ne pouvait se procurer le pain nécessaire à la subsistance journalière qu'au prix de deux piastres au moins, ce qui au taux du change à cette époque équivalait au sixième d'une piastre forte ou à dix pences. Toutes les semaines il arrivait des caravanes de vivres, mais le manque de chameaux empêchait qu'il en vînt assez de la côte pour faire baisser le prix des denrées, et quoique les gens de la classe inférieure vécussent principalement de dattes et ainsi ne consommassent rien de ce qui venait de la Mecque, cependant j'appris de bonne part, qu'il n'y avait à Taïf des provisions pour l'armée turque que pour huit jours.

Du temps du schérif cette ville était gouvernée par un officier qu'il nommait ; c'était Hakem schérif qui n'échappa qu'avec peine à l'épée des Wahhabites. Il a été rétabli dans son poste par Mohammed Aly, mais ses fonctions sont purement honorifiques. Plusieurs familles de schérifs de la Mecque se sont établies à Taïf, la manière de vivre, le costume et les usages me paraissent être les mêmes que dans la première de ces villes; mais je n'eus que peu d'occasions de faire des observations sur ce sujet.

CHAPITRE IV.

VOYAGE DE TAÏF A LA MECQUE.

7 septembre. Je partis le matin de bonne heure par la même route que j'avais suivie en venant. Il y en a, comme je l'ai dit, une autre qui passe plus au nord et qui fait éviter aux caravanes le trajet difficile du Djebel Kora. La première station, sur ce chemin en sortant de la Mecque, est Zeïmé; à peu près à dix milles de ce lieu, il y a plusieurs montées fort raides. Zeïmé est un château à moitié ruiné où plusieurs sources coulent, à l'extrémité orientale de l'Ouadi Limoun, qui est une vallée fertile de plusieurs heures d'étendue dans la direction de l'Ouadi Fatmé, on y voit beaucoup de plantations de dattiers, et autrefois la terre y était cultivée, mais je crois qu'il n'en est plus ainsi depuis l'invasion des Wahhabites; ses jardins ont également été ruinés. C'est la dernière pause des pèlerins de la Syrie orientale, ou celle qui est à l'est de la grande chaine du Hedjaz allant de Médine à la Mecque. Au sud-est ou à l'est-sud-est de l'Ouadi Limoun, on trouve l'Ouadi Medik, autre vallée fertile où quelques schérifs se sont établis et où schérif Ghaleb possédait des terres.

Le second jour on va de Zeïmi au Saïl, ruisseau coulant dans une plaine qui est sans arbres, mais qui abonde en gras pâturages, le chemin entre là dans les montagnes, où il y a un passage étroit et difficile qui dure six heures. On fait halte à Akrab dans la plaine supérieure à trois heures de distance au nord de Taïf, ainsi le voyageur y arrive le quatrième jour de son départ de la Mecque. Cette route est maintenant impraticable excepté pour les caravanes nombreuses et bien armées, les Arabes de la tribu d'Ateïbé y faisant des incursions fréquentes et pillant les troupes faibles.

A peu de distance de Taïf je rejoignis trois soldats arnautes montés comme moi sur des ânes. A Taïf ils avaient échangé leur argent et reçu treize piastres, monnaie du Caire, pour une piastre forte ou d'Espagne qui à Djidda n'en valait que onze; ils avaient donc fait une bourse commune de mille piastres fortes et allaient de Djidda à Taïf, lorsque la route était sûre, et payaient leur dépense avec leur profit sur chaque piastre. Leur argent était cousu dans des sacs que portaient leurs ânes; et ayant peut-être oublié de prendre de la monnaie pour leurs menues dépenses, ils s'attachèrent à moi, parce qu'ils trouvèrent que mon sac de voyage était bien garni de provisions; ils me laissaient payer notre dépense commune à tous les cafés où nous nous arrêtions. Mais c'étaient des garçons de bonne humeur et je ne regrettai pas mon argent.

En passant à l'Ouadi Mohram, je pris *l'ihram* parce que c'était la première fois que j'allais visiter la Mecque et son temple. L'ihram consiste en deux morceaux de toile de lin, ou de coton, ou de drap, l'un enveloppe les reins, et l'autre est jeté sur le cou et les épaules de manière à laisser une partie du bras droit à découvert. Il faut se dépouiller de tous ses vêtemens avant de prendre celui-là. On peut employer toute espèce de tissu; mais la loi prescrit qu'il soit sans couture, et sans nulle sorte d'ornement en soie, et la couleur blanche est préférable aux autres. On se sert ordinairement de calicot blanc des Indes, mais les pélerins riches emploient des châles de cachemire blanc sans bordures à fleurs. La tête est complétement nue, et il n'est plus permis de la raser, conformément à l'usage des Orientaux, avant d'avoir déposé l'ihram.

Le cou-de-pied doit aussi rester à découvert; en conséquence, ceux qui portent des souliers coupent un morceau de l'empeigne, ou bien ont des chaussures faites exprès, et telles que les hadjis turcs en apportent ordinairement de Constantinople. De même que la plupart des Arabes, je pris des sandales pendant tout le temps que je fus vêtu de l'ihram.

Les vieillards et les malades sont seuls exempts de rester la tête découverte, mais ils doivent acheter cette dispense par des aumônes aux pauvres. Les rayons du soleil sont extrêmement incommodes pour les personnes qui sont la tête nue; cependant quoique la loi interdise de l'abriter avec aucune chose qui la touche immédiatement, l'usage des parasols n'est pas prohibé, et la plupart des pélerins du Nord en sont pourvus, tandis que les Arabes bravent les rayons du soleil ou attachent simplement un chiffon à un bâton, et s'en font un petit ombrage en le tournant du côté du soleil.

Hiver comme été, l'ihram est également incommode surtout pour ceux des musulmans qui viennent du Nord, et qui accoutumés à d'épais vêtemens de laine les quittent pour plusieurs jours. Il y a cependant des pèlerins qui, arrivant quelques mois d'avance, poussent le zèle jusqu'à prendre l'ihram et faire vœu de ne le quitter qu'après le pélerinage du mont A'rafat, restant ainsi couverts seulement d'une mince toile nuit et jour, car la loi défend de ne rien ajouter même la nuit; peu cependant se conforment strictement à ce dernier article.

Quand les anciens Arabes se rendaient annuellement à la Mecque pour y adorer les idoles, ils prenaient aussi l'ihram; mais ce pélerinage avait lieu probablement en automne et à une époque fixe; non pas qu'ils ne comptassent comme à présent par mois lunaires, mais tous les trois ans ils intercalaient un mois de plus dans l'année; ainsi le mois de pélerinage ne se promenait pas comme aujourd'hui, de saison en saison. Cette intercalation d'un mois, établie deux cents ans avant l'islamisme, fut prohibée par le Koran, qui ordonna que le pélerinage, fait jusque-là en l'honneur des faux dieux, continuerait à la gloire du dieu vivant.

Mais il fut réglé aussi qu'il aurait lieu dans un mois lunaire, ainsi son époque devint irrégulière, et dans une période de trente-trois ans, il passe graduellement des mois les plus froids de l'hiver, aux plus chauds de l'été.

Le fidèle vêtu de l'ihram et appelé alors *el mohrem*, n'est pas obligé de s'abstenir d'aucune espèce particulière de nourriture comme faisaient les anciens Arabes qui, pendant tout le temps qu'ils en étaient affublés, se privaient, entre autres choses, de beurre, mais il doit se comporter décemment, ne pas jurer, ni se quereller, ni tuer aucun animal pas même une puce qui serait sur son corps, ni avoir aucun commerce avec l'autre sexe. L'ihram des femmes consiste en un manteau qui les enveloppe entièrement, et un voile qui ne laisse pas même apercevoir leurs yeux; suivant la loi leurs mains et la cheville des pieds doivent être couvertes; mais elles négligent généralement cette injonction.

Quoique mes compagnons allassent comme moi à la Mecque, ils ne jugèrent pas à propos de prendre l'ihram qui, ainsi que je l'ai déjà dit, doit, d'après la loi, être porté, n'importe dans quelle saison, par quiconque va à la ville sainte.

Nous restâmes une heure sur le délicieux plateau du Djebel Kora, et vers le soir nous descendîmes la montagne. Une pluie abondante nous força de chercher un abri dans une caverne spacieuse, voisine de la route, et où se réfugient, en cas semblables, les bergers de la tribu de Hodheïl; au coucher du soleil, nous parvînmes aux cafés du bas de la montagne où s'arrêtent les caravanes venant de la Mecque, ainsi que je l'ai dit précédemment. Nous y allumâmes un grand feu, et nous fîmes cuire notre riz dans un pot de terre que nous prêtèrent les Arabes. La longueur de la marche, la pluie et la légèreté de mon vêtement m'occasionèrent une faible attaque de fièvre; mais je me couvris bien pendant la nuit, et le lendemain matin, j'étais en bonne santé. Le changement d'air en allant à Taïf et la température de cette ville, plus fraîche que celle de Djidda, me délivrèrent des mauvais effets de la maladie grave dont j'avais tant souffert.

Pendant la nuit, le kadhi de la Mecque arriva de Taïf.

8 septembre. Au point du jour, j'allai lui rendre visite ; je le trouvai qui fumait sa pipe et prenait son café ; usant ainsi du privilége des voyageurs qui sont dispensés du jeûne du ramadhan. Suivant nos conventions à Taïf, nous devions nous rejoindre ici, par conséquent je ne pus m'empêcher de l'aller voir, mais j'éprouvais une aversion extrême de continuer la route avec lui, parce qu'il m'aurait probablement mené dans sa maison, où j'aurais été de nouveau dans la même situation qu'à Taïf, qui m'avait été si désagréable. Toutefois il me parut disposé à éviter l'embarras et la dépense d'un hôte ; car lorsque je lui eus dit que je craignais bien que mon âne déjà fatigué ne pût pas suivre sa belle mule, il me répondit à l'instant qu'il espérait qu'à tout hasard nous nous reverrions à la Mecque. Je partis donc avec les soldats, laissant le kadhi se reposer plus long-temps. Nous passâmes les heures du milieu du jour au café de Schédad où plusieurs Bédouins s'amusaient à tirer au but. Ils firent preuve de beaucoup d'adresse, car ils atteignirent souvent une piastre que je plaçai à peu près à cent vingt pieds de distance. Excepté l'eau et le café on ne peut rien se procurer dans les cabanes de cette route ; le café n'est pas servi dans des tasses séparées comme dans la plupart des pays du Levant ; mais quand quelqu'un en demande, on place devant lui un petit pot qui en contient de dix à quinze tasses ; le voyageur en boit souvent cette quantité trois à quatre fois par jour. Ces pots se nomment *maschrabé*. La liqueur passe à travers un bouchon d'herbes sèches qui est fourré dans l'ouverture du

pot (1). J'ai déjà parlé de l'usage immodéré du café dans cette contrée de l'Arabie, on m'a dit qu'on en buvait encore davantage plus au sud et dans le voisinage du pays où on le récolte.

Après être partis de Schédad qui est situé dans les plaines inférieures entre des montagnes aiguës, nous fûmes surpris par une averse violente de pluie et de grêle qui nous contraignit de faire halte. Bientôt l'eau descendit en torrens du haut des montagnes, et quand la grêle eut cessé, au bout d'une demi-heure, nous reconnûmes que la pluie, qui continuait encore, avait couvert l'Ouadi Noman d'une nappe d'eau profonde de trois pieds, tandis que des ruisseaux larges de près de cinq pieds traversaient le chemin avec une impétuosité qui en rendait le trajet impossible. Dans cette situation, nous ne pouvions ni avancer ni reculer, sachant que des courans d'eau semblables se seraient formés derrière nous : nous prîmes donc poste sur le flanc de la montagne, d'où nous étions sûrs de n'être pas emportés, et où nous pouvions attendre en sûreté la fin de l'orage ; mais bientôt les pentes des monts présentèrent des cascades innombrables et l'inondation devint générale ; cependant la pluie accompagnée de tonnerre et d'éclairs continuait avec une violence sans relâche. J'aperçus le kadhi, qui était parti de Schédad peu de temps après nous, séparé de notre bande par un torrent profond, pendant que plusieurs de ses femmes montées sur des mules étaient forcées de rester à une certaine distance de lui.

(1) Ces pots sont figurés sur le plan de la Mecque.

Ce ne fut qu'au bout de trois heures que la cessation de la pluie nous tira de cette situation désagréable ; bientôt les torrens diminuèrent, mais nous éprouvâmes beaucoup de difficultés à faire avancer nos ânes sur un terrain glissant et encore couvert d'eau : enfin nous fûmes obligés de mettre pied à terre, et de les chasser en avant jusqu'à ce que nous fussions arrivés à une surface plus élevée. Le kadhi et toute sa troupe furent contraints de faire de même : maintenant la nuit nous surprit ; enfin après une marche aventureuse de trois à quatre heures, chancelant ou tombant à chaque pas, nous atteignîmes les cafés de l'A'rafat, au grand contentement des soldats qui avaient ressenti des inquiétudes très vives pour leurs sacs d'argent. Je n'éprouvai pas un plaisir moins vif, ayant grand besoin de me réchauffer après avoir été trempé si complétement, sans autre vêtement que l'ihram. Par malheur les cabanes avaient aussi été submergées ; nous ne pûmes trouver un espace sec pour nous y asseoir ; on eut bien de la peine à allumer du feu, dans une des petites huttes où l'eau n'était pas entrée, le kadhi, quelques personnes de sa suite et moi nous y entrâmes et y fîmes bouillir notre café ; ses femmes qui étaient dans une autre baraque se plaignaient à grands cris de la rigueur du froid. Comme il ne se souciait pas qu'elles fussent exposées aux conséquences d'un tel logement pendant la nuit, il remonta sur sa mule, après une halte d'une demi-heure et se mit en route pour la Mecque, me laissant avec ma bande en possession du feu, le long duquel au bout de quelques momens nous parvînmes à nous établir à notre aise.

9 septembre. Nous partîmes de bonne heure; l'orage de la veille ne s'étant pas étendu au delà de la plaine de l'A'rafat. Ces météores et les inondations qu'ils causent sont fréquens dans ce canton où les saisons paraissent être beaucoup moins régulières que dans d'autres lieux situés sous la même latitude. On m'a dit que dans les montagnes supérieures et à Taïf, la saison des pluies, bien qu'elle n'arrive pas aussi régulièrement que dans les contrées intertropicales de l'Afrique, est moins variable que dans le pays inférieur de la Mecque et de Djidda, où même, au cœur de l'été, l'atmosphère est souvent troublée par des orages et des pluies. Les historiens de la Mecque ont parlé de plusieurs inondations désastreuses qui ont ravagé cette ville : les plus funestes ont été celles des années 80, 184, 202, 280, 297, 549, 620, 802, 829 A. H. Dans quelques unes, toute la ville et le temple jusqu'à la hauteur de la pierre noire furent submergés; dans toutes beaucoup de maisons furent renversées et un grand nombre d'hommes perdirent la vie. Asami donne le détail d'une inondation qui dévasta la Mecque en 1039 A. H. ou 1626 de notre ère, fit perdre la vie à cinq cents personnes, et détruisit la ka'aba. Une autre inondation terrible est celle de 1672.

J'arrivai à la Mecque vers midi; mes compagnons allèrent à la recherche de leurs connaissances parmi les soldats et me laissèrent me tirer d'affaire comme je le pourrais dans une ville où je ne connaissais pas une ame, et où je n'étais recommandé à personne qu'au kadhi, que je voulais éviter.

CHAPITRE V.

ARRIVÉE A LA MECQUE.

C'est un devoir prescrit par la loi à quiconque entre à la Mecque, d'aller immédiatement au temple et de ne s'occuper d'aucune affaire avant d'avoir rempli cette obligation. Nous traversâmes les files de boutiques et de maisons qui conduisent à la porte de la mosquée, où je descendis de mon âne et je payai mon conducteur. Je fus accosté là par une demi-douzaine de métaouefs ou guides du saint lieu, qui savaient, en me voyant vêtu de l'ihram, que je voulais visiter la ka'aba. Je suivis l'un d'eux et déposant mon bagage dans une boutique voisine, j'entrai par la porte destinée aux nouveaux arrivans et nommée Bab-es'-Salam.

Les cérémonies qu'on doit observer en visitant la mosquée sont les suivantes : 1° certains rites religieux qu'on doit pratiquer dans l'intérieur du temple; 2° la promenade entre le Ssafa et le Meroua; 3° la visite à l'Omra. Ces cérémonies doivent être répétées par tout musulman qui entre à la Mecque après s'en être éloigné de plus de deux journées de chemin, et elles doivent surtout être pratiquées au temps du pélerinage à l'A'rafat. Je vais les décrire aussi brièvement qu'il me sera possible; un détail complet et une explication de toutes les lois musulmanes sur ce sujet, seraient extrêmement fastidieux : il existe en arabe plusieurs ouvrages volumineux qui traitent uniquement de cette matière.

1°. *Rites qu'on doit observer dans l'intérieur du temple.*

En entrant sous la colonnade au moment où l'on aperçoit la ka'aba, on récite des prières et on fait deux *rikats*, c'est à dire qu'on se prosterne quatre fois devant Dieu pour le remercier de ce que l'on est parvenu au lieu saint, et aussi pour saluer la mosquée même; ensuite le pélerin s'avance vers la ka'aba par l'une des chaussées qui y conduisent à travers la cour où elle est située. On dit certaines prières en passant sous le *Bab-es'-Salam*, portail isolé vis à vis de la ka'aba. On en récite d'autres à voix basse, on se place en face de la pierre noire de la ka'aba, et on se prosterne quatre fois; puis on touche la pierre avec la main droite ou bien on la baise s'il n'y a pas trop de presse. Alors on commence le *touaf* ou la promenade autour de la ka'aba qu'on laisse à gauche; cette cérémonie doit se renouveler sept fois, les quatre premières d'un pas accéléré à l'imitation du prophète; ses ennemis ayant répandu le bruit qu'il était dangereusement malade, il réfuta ce mensonge en courant trois fois très vite autour de la ka'aba. Chaque course doit être accompagnée des prières prescrites, à voix basses et appropriées aux différentes parties de l'édifice devant lesquelles on passe; la pierre noire est baisée ou touchée à la fin de chaque tour, ainsi qu'une autre pierre enchâssée dans un coin de celle-là. Les sept promenades terminées, le pélerin s'approche du mur de la ka'aba entre la pierre noire et la porte de ce bâtiment, cet intervalle est appelé *el Multezem*. Là les bras étendus et la poitrine appuyée contre le mur, il supplie le seigneur de lui pardonner ses péchés. Alors il se retire vers le *Mekam Ibrahim* qui est voisin, se prosterne quatre fois en répétant des prières à voix basse, c'est ce qu'on nomme *sunnet-et-touaf*; ensuite il va au puits de Zemzem qui est contigu, et après une courte et fervente oraison en honneur du puits, il boit de l'eau sainte autant qu'il veut ou qu'il peut lorsque la foule est très grande: ceci complète les cérémonies à observer dans l'intérieur du temple.

Je puis ajouter ici que le *touaf* ne se pratique pas exclusivement dans le temple de la Mecque. En 1813 j'assistais à la fête annuelle de Seïd Aberrahman el Kennaoui saint musulman, patron de Kené dans la Haute-Égypte. Plusieurs milliers d'habitans de la campagne étaient réunis dans la plaine où est le tombeau du saint à un mille de distance de la ville. Chacun en arrivant faisait sept fois le tour de la mosquée qui renferme le sépulcre, et quand la nouvelle tenture dont on comptait le couvrir cette année fut apportée en procession solennelle, toute l'assemblée la suivit sept fois autour du bâtiment, ensuite elle fut placée sur la tombe.

2°. *Promenade entre le Ssafa et le Meroua.*

Mon guide qui pendant toutes les cérémonies que je viens de décrire marchait derrière moi en récitant les prières prescrites que je répétais après lui, me conduisit hors de la mosquée par la porte appelée *Bab-es'-Ssafa*. A peu près à 150 pieds du côté sud-est de la mosquée, sur un terrain en pente douce, s'élèvent au dessus de trois larges marches de pierre trois petites arcades ouvertes et réunies par un architrave. C'est ce qu'on nomme la colline de Ssafa (1). Là se tenant sur la marche supérieure, le visage tourné vers la mosquée, que des maisons interposées l'empêchent de voir, le pélerin lève les mains au ciel, adresse une courte prière à Dieu et invoque son assistance pour le *saï* ou la promenade sainte; puis il descend pour la commencer, en suivant une rue unie longue d'environ 600 pas que les historiens arabes nomment Ouadi Ssafa, et qui conduit au Meroua, situé à son extrémité; c'est une plate-forme en pierre, élevée de six à huit pieds au dessus du niveau de la rue, et où l'on monte par plusieurs larges degrés. Le pélerin doit parcourir d'un pas rapide l'intervalle entre le Ssafa et le Meroua, et il doit courir dans un espace marqué par quatre pierres ou pilastres nommés *el milcïn el Akhdèrin*, et encastrés dans les murs des maisons de chaque côté, deux de ces pierres me parurent être de couleur verte; elles sont chargées d'inscriptions, qui sont placées si haut, qu'il serait difficile de les lire. Pendant cette promenade on récite sans discontinuer des prières à haute voix. Les personnes incommodées peuvent le faire, montées sur un animal ou portées dans une litière. En arrivant au Meroua le pélerin monte les degrés, et les mains élevées, répète une courte prière pareille à celle du Ssafa, où il doit retourner. On doit recommencer sept fois la promenade d'un lieu à

---

(1) On en voit la figure sur le plan de la Mecque.

l'autre, et on finit au Meroua; on va quatre fois du Ssafa au Meroua et trois fois du Meroua au Ssafa.

5°. *Visite à l'Omra.*

Dans le voisinage du Meroua, il y a plusieurs boutiques de barbiers : le pèlerin, après avoir achevé le saï, entre dans une de ces boutiques, et le barbier lui rase la tête en récitant une prière particulière que le barbier répète après lui. Les Hanefis, l'une des quatre sectes orthodoxes de l'islamisme, ne se font raser que la quatrième partie de la tête; les trois autres restant intactes jusqu'à ce qu'ils soient de retour de l'Omra. Quand le barbier a fini sa besogne, le pèlerin a la faculté de laisser de côté l'ihram et de se revêtir de ses habits ordinaires, ou s'il l'aime mieux, il peut aller immédiatement de là à l'Omra; dans ce cas il continue à porter l'ihram, et se prosterne quatre fois avant de partir. Mais c'est ce qui se fait rarement, les cérémonies du touaf et du saï étant assez fatigantes pour qu'il désire de se reposer après s'en être acquitté; ainsi il reprend ses vêtemens accoutumés; mais le lendemain, ou l'un des jours suivans, et le plus tôt est le mieux, il s'habille de nouveau de l'ihram avec les mêmes cérémonies qu'en le prenant pour la première fois, puis se met en marche pour l'Omra qui est à une heure et demie de marche de la Mecque. Il s'y prosterne quatre fois et prie dans une petite chapelle et retourne à la ville en chantant tout le long du chemin les exclamations pieuses appelées *telbi* et commençant par les mots : « *Lebeïk, Alla Houmma, lebeïk!* (fais de moi ce que tu voudras, ô mon Dieu, fais de moi ce que tu voudras!) Il doit ensuite s'acquitter de nouveau du touaf et du saï, se faire raser complétement la tête, et mettre de côté l'ihram, ce qui termine les cérémonies. La visite à l'Omra est prescrite par la loi comme absolument nécessaire ; toutefois beaucoup de monde s'en dispense. J'y allai, le troisième jour après mon arrivée à la cité sainte, et je fis cette promenade pendant la nuit, ce qui est d'usage durant la saison chaude.

Dans le temps du pélerinage toutes ces cérémonies doivent être répétées au retour de l'Ouadi Muna, et de nouveau au départ de la Mecque. Le touaf ou la promenade autour de la ka'aba doit se faire aussi souvent que cela convient, et presque tous les étrangers séjournant à la Mecque s'en acquittent tous les jours, une fois dans la soirée, une autre au point du jour.

Avant Mahomet quand l'Arabie était idolâtre, la ka'aba était un objet de vénération, et les ancêtres des musulmans venaient y faire le touaf, comme leurs descendans aujourd'hui. L'édifice était alors orné de trois cent soixante idoles. Il y avait cependant une différence marquée dans sa manière d'accomplir la cérémonie ; car en ce temps, les hommes et les femmes étaient obligés d'y paraitre dans une nudité complète, rejetant leurs péchés en même temps que leurs habits; le hadj ou pélerinage mahométan n'est donc que la confirmation et la continuation de l'ancienne coutume.

De même le Ssafa et le Meroua étaient regardés par les anciens Arabes comme des lieux sacrés qui renfermaient les images des dieux Motam et Nehik; et les idolâtres allaient de l'un à l'autre, en revenant du pélerinage à l'A'rafat. Ce fut là selon la tradition musulmane que Hadjer ou Agar mère d'Ismaël, après avoir été chassée de la maison d'Abraham, erra dans le désert, afin de ne pas voir expirer son fils qu'elle avait laissé mourant de soif : tout à coup l'ange Gabriel lui apparut et frappant du pied la terre en fit jaillir l'eau du Zemzem. On dit que c'est en commémoration des courses de Hadjer qui dans son désespoir alla sept fois du Ssafa au Meroua, que la promenade d'un de ces lieux à l'autre a été instituée.

El Azraki raconte que lorsque les Arabes idolâtres avaient fini la cérémonie du hadj au mont A'rafat, toutes les tribus en revenant de la Mecque, s'assemblaient à la sainte place nommée Ssafa. Là, ils célébraient dans des chants énergiques et passionnés la gloire de leurs ancêtres, leurs combats et la renommée de leur nation. Un poëte de chaque tribu se levait à son tour et s'écriait : « Ils étaient de » notre tribu, ces généreux guerriers, ces braves » Arabes : et maintenant nous en comptons d'autres » non moins braves, non moins généreux. » Alors il les nommait, exaltait leurs actions héroïques et, après un chant de triomphe, bravait et défiait les autres hordes : « Que celui qui nie la vérité de mes paroles, » que celui qui prétend à autant de gloire et d'hon- » neur de vertu se lève et le prouve. » L'appel était entendu, quelque poëte rival chantait la gloire la plus éminente de sa propre tribu, et mettait à dédain et à mépris les vanteries de son adversaire.

Pour adoucir l'animosité et la jalousie qu'entretenait cette coutume, ou peut-être pour plier la féroce indépendance des Bédouins, Mahomet l'abolit

par ce passage du Koran : « En finissant ton pélerinage
» rappelle-toi Dieu comme autrefois tu te rappelais
» tes ancêtres, et célèbre ses louanges avec encore
» plus de ferveur. » En détruisant cette source de
querelles et d'irritation, l'austère législateur anéantit aussi l'influence que les chants nationaux de ces
bardes exerçaient sur les vertus belliqueuses et le
génie littéraire de leurs compatriotes.

La visite à l'Omra était également une ancienne
coutume. Mahomet la conserva, suivant la tradition,
il faisait fréquemment sa prière du soir à l'Omra.

Quand j'eus accompli les cérémonies fatigantes
du touaf et du saï, je me fis raser une partie de la
tête et je restai assis dans la boutique du barbier, ne
connaissant pas d'autre endroit où je pusse me reposer. Je m'informai de logemens à louer, on me
dit que la ville était déjà remplie de pélerins, et que
beaucoup d'autres qu'on attendait avaient retenu
des appartemens. Néanmoins au bout de quelque
temps je trouvai un homme qui m'offrit une chambre garnie; j'en pris possession, et n'ayant pas de
domestique je mangeai avec le propriétaire. Il se
retira avec sa famille composée de sa femme et de
deux enfans dans une petite cour ouverte à côté
de ma chambre. C'était un pauvre homme de Médine, métaouef de profession. Quoique sa manière de
vivre fût inférieure à celle même des Mekkaouis de
la seconde classe, je lui payais quinze piastres par
jour. Je m'aperçus après être sorti de chez lui que
plusieurs objets de vêtement avaient été soustraits
de mon sac de voyage; mais ce ne fut pas tout; le
jour de la fête il m'invita à un souper splendide en

compagnie d'une demi-douzaine de ses amis, dans ma chambre et le lendemain matin il me présenta le compte de ce régal.

Les milliers de lampes allumées durant le ramadhan dans la grande mosquée en font tous les soirs le rendez-vous des étrangers; ils viennent s'y promener ou bien y restent assis à causer jusqu'après minuit. Ce lieu offre alors un spectacle qui, si l'on excepte l'absence des femmes, ressemble plus à une réunion nocturne d'Europe, qu'à celle que je me serais attendu à voir dans le sanctuaire de l'islamisme. La nuit qui termine le ramadhan ne présente pas ces réjouissances brillantes que l'on contemple dans les autres contrées de l'Orient : les trois jours de fête qui suivent sont également vides d'amusemens publics. Quelques escarpolettes furent placées dans les rues pour divertir les enfans, et des bateleurs égyptiens exécutèrent leurs tours d'adresse devant la multitude; mais du reste, la fête ne fut guère remarquable que par un étalage de beaux habits, chose dans laquelle les Arabes l'emportent sur les Syriens et les Égyptiens.

A l'occasion de cette fête je rendis visite au kadhi suivant l'usage, et à la fin du troisième jour, le 15 de septembre, je partis pour Djidda, afin de compléter mon équipement de voyage, qu'il est plus aisé de s'y procurer qu'à la Mecque. Je manquai d'être pris à Bahra par un corps de voltigeurs wahhabites. Je restai trois semaines à Djidda à cause d'un mal aux jambes, incommodité très commune sur cette côte insalubre où la moindre piqûre d'un cousin, si on la néglige, devient une plaie sérieuse.

Vers le milieu d'octobre, je revins à la Mecque, suivi d'un esclave que j'avais acheté. Ce jeune garçon s'était trouvé dans la caravane avec laquelle j'étais allé du pays des Nègres à Souakin; il fut très étonné de me voir dans une condition si au dessus de celle où il m'avait connu auparavant. Je chargeai un chameau d'une bonne provision de farine, de biscuit, de beurre et autres denrées que l'on achète à Djidda à un tiers du prix demandé à la Mecque. Aussitôt après mon arrivée je louai un joli appartement dans le quartier Haret el Mesfalé qui n'est pas très fréquenté. J'y jouissais de l'avantage d'avoir devant mes fenêtres plusieurs grands arbres dont la verdure, au milieu des rochers arides et brûlés du soleil qui entourent la ville sainte, était plus réjouissante pour moi que le plus beau paysage l'eût été dans des circonstances différentes. Dans ce lieu je goûtai le plaisir d'une liberté et d'une indépendance dignes d'envie : je n'étais connu que du kadhi et des gens de sa suite; tous partirent bientôt. Le pacha et sa cour restèrent à Taïf, jusqu'au temps du pèlerinage. Je ne fréquentais que les sociétés qui me plaisaient; me mêlant à la foule des pèlerins étrangers venus de toutes les parties du monde. Je n'étais sujet ni à des remarques impertinentes, ni à des questions désagréables. Si l'on m'en adressait sur mon origine, ce qui arrivait rarement dans un lieu où abondent les étrangers, je me donnais pour un mamelouck d'Egypte ruiné, et il ne m'était pas difficile d'éviter les gens qui connaissant intimement ce pays auraient pu découvrir l'imposture. Mais il y aurait eu peu à craindre même des conséquences d'une aventure semblable : parce que se donner pour ce que l'on n'est pas est très ordinaire à tous les voyageurs orientaux, notamment à la Mecque où chacun affecte d'être pauvre afin d'échapper aux importunités ou d'éviter de fortes dépenses.

Pendant tous mes voyages dans le Levant, je n'ai jamais été aussi parfaitement à mon aise qu'à la Mecque, et je conserverai toujours un souvenir agréable du séjour que j'y ai fait; quoique l'état de ma santé ne me permit pas de profiter de tous les avantages de ma position.

Je vais maintenant décrire successivement cette ville, ses habitans et le pélerinage, puis je reprendrai la relation de mes voyages.

CHAPITRE VI.

DESCRIPTION DE LA MECQUE (1).

Des Arabes donnent à la Mecque les titres les plus pompeux. Les plus ordinaires sont *Om el Kora* (la

---

(1) EXPLICATION DU PLAN DE LA MECQUE.

1 Quartier Djerouel.
2 — el Bab.
3 — el Schebeika.
4 — el Khandarisé.
5 — el Hedjla.
6 Maison du schérif.
7 Quartier Souk-es'-Sogheïr.
8 — Mesfalé.
9 Quartier Bal el Omra.
10 — Schamié.
11 — Soeiga.
12 — Karara.
13 Maison de la famille Djeilani.
14 Quartier à moitié ruiné habité par de pauvres gens.
15 Quartier Rakoubé.

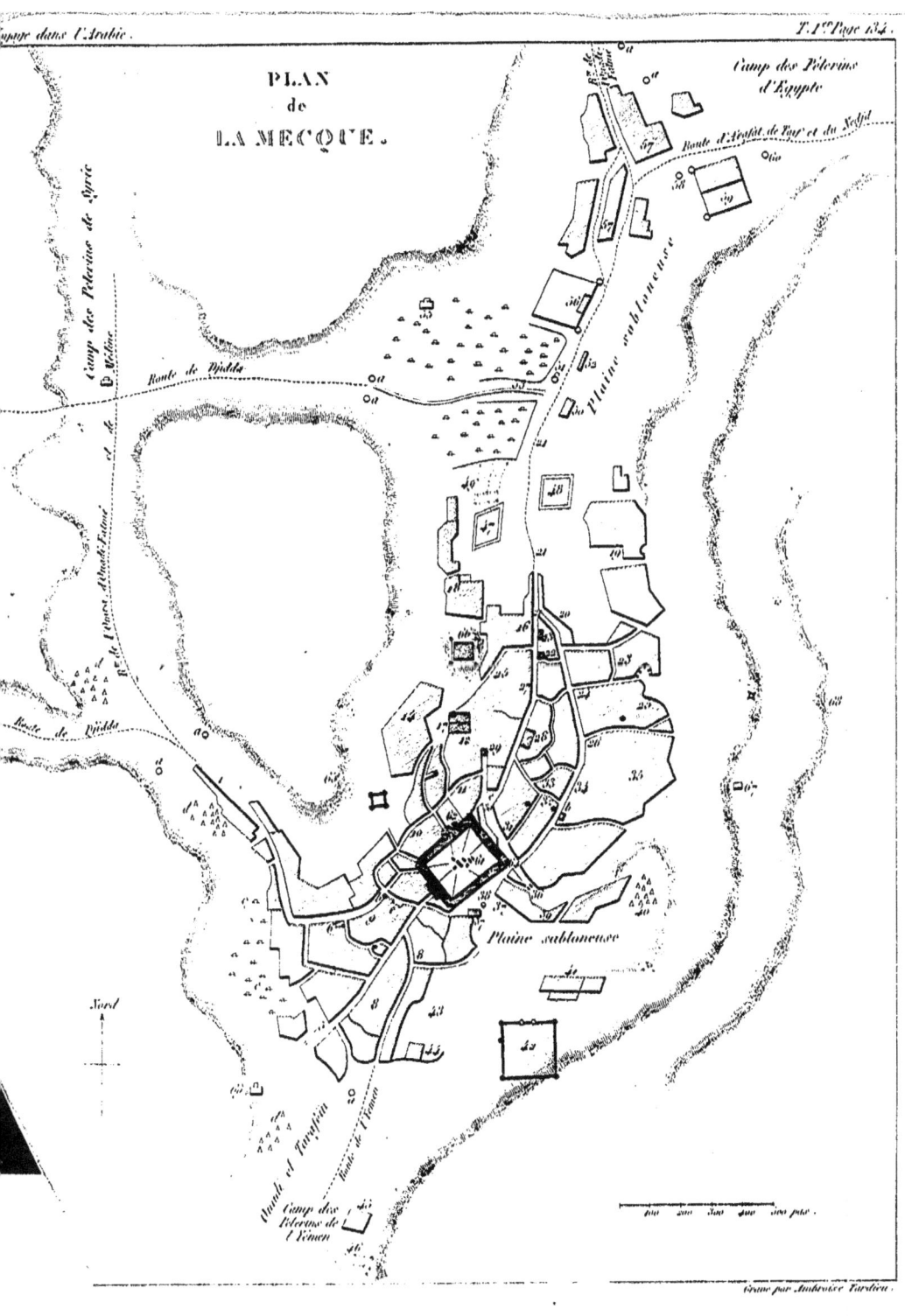

mère des villes); *el Moscherefé* (la noble); *Belad al Amein* (la patrie des fidèles). Firouz abadi le cé-

16 Ouadi el Naga.
17 Principal palais du schérif.
18 Quartier el Soleïmanié.
19 — Scha'b A'amer.
20 Rue el Hadadeïn.
21 Quartier el Ma'ala'.
22 Petite mosquée.
23 Quartier el Mamelé.
24 — Ghazzé.
25 — Scha'b el Mouled.
26 — Souk el Leil.
27 — El Moda'a.
28 Deux magasins de blé.
29 El Merona.
30 El Mesa'a.
31 Quartier Zogag el Hadjar.
32 Mou'ed Sitma Fatmé.
33 Rue Derb el Sini.
34 Quartier Keschaschié.
35 — Scha'b Aly.
36 Es' Ssafa.
37 Deux maisons du schérif.
38 Puits d'eau saumâtre dans différentes parties de la ville.
39 Quartier el Djiàd.
40 Baraques occupées par les esclaves du schérif.
41 Beit es Sadé, palais du schérif.
42 Le grand château.
43 Quartier ruiné.
44 Khan des pélerins de l'Yemen, ruiné.
45 Birket Madjen; réservoir des pélerins de l'Yemen.
46 Champs cultivés.
47 Birket es' Schâmi.
48 Birket es' Masri.
49 Champs cultivés.
50 Maison du schérif.
51 Mekam Abou Taleb.

52 Grande auge en pierre remplie avec l'eau du canal.
53 Route pavée menant au scheikh Mahmoud.
54 Le scheikh Mahmoud, sur l'emplacement où campent les pélerins syriens.
55 Tombeau de Khadidjé femme de Mahomet.
56 Grand palais de schérif servant de casernes.
57 Faubourg Mo'abedé.
58 Fontaine publique alimentée par l'eau du canal.
59 Maison d'été et jardin du schérif.
60 Puits.
61 El Haram (la grande Mosquée).
62 Maison du kadhi contiguë à la mosquée.
63 Tombeau de Seïd Ageïl : contigu à la mosquée.
64 Appartemens appartenant dans l'origine à une école publique et où demeurent maintenant les pachas qui viennent à la Mecque.
65 Djebel Hindi.
66 Djebel La'la' ou Djebel Ke:ka'an.
67 Djebel Abou Koleïs.
68 Khandamé point culminant des montagnes de la Mecque.
69 Djebel Omar.
a Tours rondes pour la garde.
b Bains.
c Cimetières: Abou Schebeïka et Kebour el Ma'ala'.
d Petit camp de Bédouins.
e Fontaines publiques alimentées par l'eau du canal.

lèbre auteur du *Kamous* a composé un traité entier des divers noms de la Mecque. Cette ville est située dans une vallée étroite et sablonneuse dont la direction principale est du nord au sud, mais qui incline vers le nord-ouest près de l'extrémité méridionale. La largeur de cette vallée varie de 100 à 700 pas, la principale partie de la cité est dans sa partie la plus large; on ne voit dans la partie la plus étroite que de simples files de maisons ou des boutiques isolées. La ville même couvre un espace long d'environ 1,500 pas depuis le quartier el Schebeika, jusqu'à l'extrémité du Ma'ala, mais l'étendue entière du terrain compris sous le nom de la Mecque depuis le faubourg Djerouel par où l'on entre en venant de Djidda, jusqu'au faubourg Mo'abedé sur la route de Taïf, est de 3,500 pas. Les montagnes qui encaissent cette gorge, nommées par les Arabes Ouadi Mekka ou Bekka avant que la ville fût bâtie, ont de 200 à 500 pieds de haut, sont complétement arides et dénuées d'arbres. La principale chaîne est à l'est, la vallée incline légèrement au sud où est le quartier el Mes'alé (le lieu bas). L'eau des pluies va se perdre plus au sud dans l'Ouadi el Tarafeïn, vallée ouverte. La plus grande partie de la Mecque est bâtie dans la vallée même, mais il y a aussi des maisons sur les flancs des montagnes, notamment sur la chaîne orientale où il paraît qu'étaient placées les habitations primitives des Koreisch et l'ancienne ville.

La Mecque peut être appelée une jolie ville, ses rues sont en général plus larges que celles des autres villes de l'Orient; les maisons hautes et bâties en pierres ; les fenêtres nombreuses s'ouvrant sur les rues leur donnent un air plus gai et plus européen qu'à celles d'Egypte ou de Syrie dont les habitations ne présentent à l'extérieur qu'un petit nombre de fenêtres. La Mecque, de même que Djidda, a beaucoup de maisons à plusieurs étages, il y en a peu de blanches, mais la couleur grise de la pierre est bien préférable à la blancheur éblouissante qui gâte la vue à Djidda. Dans la plupart des villes du Levant le peu de largeur d'une rue contribue à la rendre fraîche; et dans les pays où l'on ne se sert pas de voitures à roues, un espace qui permet à deux chameaux chargés de passer l'un à côté de l'autre est jugé suffisant: Toutefois à la Mecque il a été nécessaire de laisser des passages larges pour la quantité innombrable d'étrangers qui y affluent; et c'est dans les maisons disposées pour la réception des pélerins et autres gens du dehors que les fenêtres sont arrangées de manière à procurer la vue de la rue.

La Mecque est ouverte de toutes parts, mais les montagnes environnantes si elles étaient convenablement défendues, formeraient une barrière d'une force considérable contre un ennemi. Dans les temps anciens, trois murailles protégeaient ses extrémités ; l'une était bâtie en travers de la vallée, à la rue Mala; une autre au quartier Schebeïka, et la troisième dans la vallée qui s'ouvre dans le Mesfalé. Ces remparts furent réparés en 816 et 828 A. H., et un siècle après il en restait encore des vestiges (1).

La seule place publique de la ville est la vaste cour

(1) Azraki, Fasi et Kotobeddin.

de la grande mosquée; peu d'arbres, pas un jardin ne récréent la vue; et la scène n'est animée que durant le pélerinage par la multitude de boutiques bien garnies que l'on trouve partout. Excepté quatre ou cinq maisons spacieuses appartenant au schérif, deux medressés ou colléges maintenant convertis en magasins à blé, et la mosquée avec quelques bâtimens et des écoles qui y sont attachés, la Mecque ne peut se vanter d'aucun édifice public, et sous ce rapport peut-être elle le cède aux autres villes de l'Orient de la même étendue. On ne voit ni ces khans pour le logement des voyageurs ou pour le dépôt de leurs marchandises, ni ces palais de grands personnages, ni ces mosquées qui ornent chaque quartier des autres villes du Levant; on doit peut-être attribuer ce manque d'édifices somptueux à la vénération des habitans pour leur temple; elle les empêche d'en élever aucun qui puisse lui opposer quelque rivalité.

Les maisons ressemblent à celles de Djidda, et ont de plus des fenêtres donnant sur la rue; plusieurs même avancent en saillie et la charpente en est soigneusement sculptée ou peinte de couleurs vives. Des jalousies de minces roseaux pendent aux fenêtres et en laissant entrer l'air frais, préservent des mouches et des moustiques. Chaque maison a sa terrasse dont le sol revêtu de chaux est légèrement incliné, de sorte que l'eau coule par des gouttières dans la rue; parce que les pluies sont trop irréguliéres pour qu'on songe, comme en Syrie, à les recueillir dans des citernes. Ces plates-formes sont cachées à la vue par de petits murs en parapet; car dans tout l'Orient, il est inconvenant pour un homme de s'y montrer, et on l'accuserait d'y épier les femmes qui passent une grande partie de leur temps sur la terrasse de leur maison à sécher le blé, à étendre le linge et à d'autres occupations domestiques. Les Européens d'Alep jouissent seuls du privilége de se promener sur leurs terrasses qui sont souvent bien bâties en pierre; ils s'y retirent le soir en été, et souvent y soupent et y passent la nuit. Toutes les maisons des Mekkaouis excepté celles des principaux et des plus riches sont disposées de manière à loger les pèlerins et divisées par petits appartemens composés d'une chambre et d'une cuisine. Depuis que le pélerinage a commencé à diminuer, ce qui est arrivé avant la conquête des Wahhabites, beaucoup de Mekkaouis ne tirant plus de profit du loyer de leurs maisons, ne se sont plus trouvés en état d'y faire les réparations nécessaires : et ainsi on en rencontre beaucoup, en dehors de la ville, qui tombent en ruines, et dans l'intérieur même chaque rue en offre de très délabrées. Je n'en ai aperçu qu'une seule de construction récente dans le quartier el Schebeïka, elle appartenait à un schérif, et suivant le bruit public lui coûtait cent cinquante bourses; au Caire on en aurait bâti une pareille pour soixante bourses.

Les rues ne sont point pavées, de sorte qu'en été le sable et la poussière, dans la saison pluvieuse la boue les rendent très incommodes, et dans cette dernière saison on y peut à peine passer après une averse, car dans l'intérieur de la ville l'eau ne s'écoule pas, mais reste jusqu'à ce qu'elle soit évaporée. On peut attribuer aux ravages des pluies qui, bien que de moins longue durée que dans les autres contrées intertropicales, tombent avec une violence prodigieuse, l'absence d'anciens monumens à la Mecque. La grande mosquée a été réparée à tant de reprises, sous différens sultans qu'on peut l'appeler un édifice moderne, quant aux maisons je ne crois pas qu'il y en ait une seule qui remonte à plus de quatre siècles; ce n'est donc pas ici que le voyageur doit chercher ces intéressans échantillons d'architecture ou ces magnifiques restes de constructions sarrasines que l'on admire encore en Syrie, en Egypte, en Barbarie et en Espagne. Sous ce rapport, l'ancienne et célèbre cité de la Mecque le cède de beaucoup à de petites villes de province de Syrie ou d'Egypte, on peut en dire autant de Médine et je crois que les villes de l'Yemen sont généralement pauvres en restes d'architecture.

La Mecque manque de ces réglemens de police qui existent dans les villes de l'Orient. Les rues sont plongées, la nuit, dans l'obscurité la plus complète, aucune lampe de quelque espèce que ce soit n'y est allumée; les divers quartiers n'ont pas de portes, tandis qu'ailleurs chacun a les siennes qui sont fermées régulièrement après la dernière prière du soir. La ville peut donc être traversée à toute heure de la nuit et l'on n'a pas ici la même attention que dans les villes de Syrie et d'Egypte de grandeur égale pour la sûreté des marchands et des maris, car c'est surtout pour eux que les quartiers sont clos. Les immondices et les balayures des maisons sont jetées dans les rues et s'y convertissent en boue ou en poussière suivant la saison. Cet usage est sans doute ancien, car je n'ai pas aperçu aux environs ces tas de décombres qu'on trouve ordinairement près des grandes villes de Turquie.

Quant à l'eau, l'objet le plus important pour les Asiatiques et le premier qu'ils demandent, la Mecque n'en est guère mieux pourvue que Djidda; il n'y a que peu de citernes pour recueillir la pluie; l'eau des puits est si saumâtre qu'on ne s'en sert que pour la cuisine, excepté dans le temps du pélerinage, alors les plus pauvres hadjis la boivent. Celle du puits sacré de Zemzem dans la grande mosquée est assez abondante pour approvisionner toute la ville, mais elle est pesante et rend la digestion pénible; d'ailleurs les pauvres gens n'ont pas la permission d'en remplir leurs outres à discrétion. La meilleure eau est amenée de sources voisines de l'A'rafat à six ou sept heures de distance par un aqueduc. Le gouvernement actuel au lieu de construire des ouvrages semblables, néglige de faire à celui-là les réparations nécessaires et de le nettoyer. Il est entièrement construit en pierres et tout ce qui s'en élève au dessus du sol, est couvert d'une couche épaisse de pierre et de ciment. J'appris qu'il n'avait pas été nettoyé depuis cinquante ans, de sorte qu'une grande quantité d'eau se perd par de nombreuses crevasses ou ne coule que lentement à travers le sédiment qui embarrasse son passage, quoique la source soit extrêmement abondante à l'A'rafat. Ce qu'il fournit en temps ordinaire suffit à peine pour l'usage des habitans, et durant le pélerinage, l'eau douce devient très rare; une petite outre d'eau, et un seul homme en peut porter deux, se vend souvent un shilling, prix très élevé chez les Arabes.

Il y a dans l'intérieur de la Mecque deux endroits où l'aqueduc passe hors de terre; l'eau est divisée pour alimenter de petits canaux ou des fontaines auxquelles sont placées des esclaves du schérif pour exiger un droit des personnes qui viennent remplir leurs outres. Dans le temps du hadj elles sont entourées, jour et nuit, par une multitude de gens qui se querellent et se battent pour y avoir accès. Durant le dernier siége, les Wahhabites coupèrent l'aqueduc, et ce ne fut que quelque temps après que l'on répara en partie le dommage qu'il avait souffert en cette occasion.

Les historiens arabes entrent dans de grands détails sur l'histoire de cet aqueduc ouvrage d'un travail long et considérable. Zobeïde, femme de Haroun er'-Raschid, fut la première qui conduisit le ruisseau d'Aïn Noman, depuis sa source dans le Djebel Kora, jusque dans la ville. Le ruisseau d'Aïn Arf sortant du pied du Djebel Schamekh au nord du Djebel Kora, et arrosant la fertile vallée d'Ouadi Hoeïn fut ensuite amené pour se joindre à l'Aïn Noman; enfin quatre autres sources : el Beroud, el Zafaran, el Meimoun et el Aïn Meschasch furent aussi réunies dans l'aqueduc. Par la suite il paraît que l'aqueduc fut engorgé : l'an de l'hégire 643 il fut réparé par Kokebouri roi d'Arbela; une seconde fois en 762 par l'ordre de sultan Saïd Khadanbedé, et une troisième, mais non entièrement en 811 par le schérif Hassan ibn Adjelan alors régnant. Kaia bey sultan d'Égypte y dépensa de grosses sommes en 879 et en 916 Kansoué el Ghouri l'un des derniers rois circassiens d'Égypte contribua à sa réparation : toutefois il était encore engorgé fréquemment ; quand cela arrivait, les Mekkaouis et les hadjis étaient exposés à de grandes privations. En 931, sultan Soliman essaya de le reconstruire. Enfin son fils Selim ibn Soleïman ou Sélim II, après plusieurs années de travaux et des dépenses énormes, fit creuser un passage à travers les rochers derrière l'A'rafat, et bâtit un nouvel aqueduc qui subsiste seul aujourd'hui. Il réussit en 979 à amener l'eau en grande abondance dans la ville ; la longueur totale de ce conduit est de sept à huit heures de marche.

Une petite source jaillit de dessous les rochers derrière le grand palais du schérif appelé Beit el Sad. On dit que son eau est la meilleure du pays, mais elle en fournit très peu. La source est fermée et réservée pour la famille du schérif.

Les mendians et les pèlerins pauvres ou infirmes demandent souvent dans les rues aux passans un verre d'eau, au nom de Dieu ; ils entourent surtout les échoppes à eau que l'on voit à tous les coins ; pour deux paras dans le temps du hadj, et pour un para, dans les autres temps, on en peut faire emplir une cruche de moyenne grandeur.

Je vais maintenant décrire les différens quartiers de la Mecque, réservant pour la fin ce que j'ai à dire de la grande mosquée, puis j'y ajouterai des remarques sur les habitans et sur le gouvernement.

CHAPITRE VII.

QUARTIERS DE LA MECQUE.

En entrant du côté de Djidda, le voyageur après avoir contourné l'angle d'une vallée sablonneuse et graveleuse, aperçoit deux tours rondes, schérif Ghaleb les fit construire pour la défense de sa capitale, on en voit de pareilles aux autres entrées de la ville; elles peuvent contenir une vingtaine d'hommes. Ces tours étant élevées dans les endroits où les montagnes se rapprochent beaucoup les unes des autres, elles commandent le passage.

Il paraît qu'autrefois, à l'entrée de la ville du côté de Djidda, il y avait une porte; il n'en reste plus que le seuil qui est contigu à un petit bâtiment où les officiers du schérif percevaient les droits sur les marchandises. Il y a aussi une file de boutiques et de maisons basses et en ruines connues sous le nom de Hareh, ou de quartier el Djerouel. Il renferme un campement à droite où demeurent les Bédouins qui font le commerce de transport entre la Mecque et Djidda; ils appartiennent aux tribus de Harb, de Métrefi et de Lahaoui.

Au delà du Djerouel, la rue change de nom et prend celui de Haret el Bab; elle s'élargit et est bordée de plusieurs belles maisons, et mène au quartier el Schebeika qui s'étend principalement à droite; il est appelé ainsi parce que les sectateurs de Mahomet dans leurs guerres avec les Koreïsch y furent attaqués et serrés de près par leurs ennemis. Ce quartier qui a beaucoup de belles maisons est un des plus propres et des plus aérés de la ville; plusieurs Djiddaouis y logent; le schérif Ghaleb y avait aussi une belle habitation où sa famille composée de plusieurs petits garçons et d'une fille nubile continua de demeurer après qu'il eut été déposé. La rue principale est bordée de cafés, c'est de là que la poste part tous les soirs pour Djidda, les lettres sont portées par des ânes. C'est la seule poste aux lettres que j'aie vue en Orient, indépendamment de celle que les Européens ont établie entre le Caire et Alexandrie; mais la remise des lettres en Égypte se fait avec beaucoup moins de régularité qu'à la Mecque : le port d'une lettre entre cette ville et Djidda n'est que de deux paras, et on en donne autant à la personne qui les distribue.

C'est dans les cafés dont je viens de parler que demeurent les courtiers des caravanes par l'entremise desquels les Bédouins louent leurs chameaux pour aller à Djidda et à Médine.

A gauche du Schebeïka, vers la montagne, il y a un grand cimetière sur lequel sont éparses des cabanes et des tentes de Bédouins et quelques misérables baraques habitées par des femmes publiques de la plus basse classe; on le nomme el Khandarisé. Quoique suivant la tradition un grand nombre d'amis et d'adhérens de Mahomet y soient enterrés, ce n'est plus l'usage du grand monde de s'y faire inhumer et tous les Mekkaouis de la première et de la seconde classe préfèrent les vastes cimetières situés au nord de la ville. Les boutiques sont peu nombreuses dans le Schebeïka, et à l'époque du pélerinage peu d'étrangers y logent, parce que les habitans qui pour la plupart jouissent d'une certaine aisance regarderaient comme une honte de louer des appartemens.

En allant du Schebeïka au nord, le long de la large rue, on arrive à un bain qui bien que le meilleur des trois de la Mecque est cependant, à cause de la rareté de l'eau, inférieur à ceux des autres villes du Levant. Il fut bâti en 980 A. H., par Mohammed pacha visir du sultan Soliman II; c'est un des bâtimens les plus remarquables de la cité sainte (1). Il est principalement fréquenté par les étrangers, les Arabes faisant peu d'usage des bains et aimant mieux pratiquer chez eux les ablutions commandées par leur religion.

Le bain ainsi que plusieurs petites rues conduisant à la mosquée forment le quartier Haret Bab el Omra qui est habité par beaucoup de métaouefs, et rempli de pélerins surtout de Turquie. Ces rues sont étroites et très sales; mais les hadjis préfèrent ce quartier parce que c'est celui où on se loge à meilleur marché dans le voisinage de la mosquée, près de laquelle ils désirent de demeurer, afin d'être sûrs de ne pas manquer les prières, ou, comme ils disent aussi, s'ils sont troublés dans leur sommeil afin d'avoir le temple à leur portée pour chasser leurs mauvais rêves. On voit, au milieu de la nuit, des hommes courir à la mosquée dans leur accoutrement

(1) V. Kotobeddin.

de lit, ils y font le tour de la ka'aba, baisent la pierre noire, récitent une courte prière, boivent de l'eau du puits de Zemzem, puis reviennent se coucher. Près de la porte de la mosquée qu'on nomme Bab Omra, et de laquelle le quartier tire sa dénomination, il y a un vaste bâtiment, qui fut jadis une école publique et est maintenant occupé par Hassan pacha gouverneur de la Mecque. C'est probablement la medressé dont parle el Fasi comme ayant été construite près du Bab el Omra en 814 A. H. par les ordres de Mansour Ghiath Eddin Atham Châh, seigneur du Bengale. En 519 le gouverneur d'Aden ordonna aussi qu'une medressé fût bâtie dans ce voyage, elle fut nommée Dar-ès'-Selsalé. Il y a dans ce quartier une fontaine d'eau douce dérivée de l'aqueduc et plusieurs puits d'eau saumâtre.

En retournant de là au Schebeïka, puis tournant au sud le long de plusieurs rues composées de maisons considérables mais très délabrées, on arrive par une montée en pente douce à la rue Souk-ès'-Sogheïr ou le petit marché qui se termine à la porte de la grande mosquée qu'on nomme Bab Ibrahim. Les maisons des deux côtés de cette rue sont basses, et habitées par des gens des classes inférieures. Il y a une file continue de boutiques où se vendent toutes sortes de denrées et principalement du blé, du beurre et des dattes; dans quelques unes on peut aussi acheter des sauterelles à la mesure. Le souk est surtout fréquenté par les Bédouins de l'Arabie-Méridionale qui y apportent du charbon. De pauvres pèlerins nègres d'Afrique, logent également dans les misérables baraques et les maisons en ruines de ce quartier; ils y ont établi un marché pour le bois à brûler qu'ils vont chercher dans les montagnes voisines.

L'extrémité du Souk-ès'-Sogheïr, du côté de la montagne est appelée Haret el Hadjela ou Hadjela bîl Tekiet Sadek; on y voit quelques maisons passables habitées par les eunuques qui gardent la mosquée; ils demeurent avec leurs *femmes*, car tous sont mariés à des esclaves noires. C'est la partie la plus basse de la ville, et quand des pluies abondantes inondent la vallée, l'eau se précipite par cette rue pour s'écouler vers la plaine. On y aperçoit quelques restes de l'aqueduc; quand il était bien entretenu, ses eaux après avoir approvisionné la Mecque étaient conduites par là dans la vallée au sud où elles servaient à l'irrigation de quelques champs.

Le Souk-ès'-Sogheïr est quelquefois compris dans le *Mesfalé* ou lieu bas, nom du quartier à l'est et au sud du souk, mais que l'on applique plus ordinairement au dernier. Le Mesfalé est assez bien bâti, et de même que le Schebeïka ne renferme que peu de maisons neuves; la partie qui se rapproche de la grande colline du château est même presque entièrement en ruines. Elle est habitée par des marchands arabes et bédouins qui en temps de paix vont dans l'Yemen, principalement à Mokhoua, d'où ils rapportent du blé, du café et des raisins secs. C'est aussi le séjour de plusieurs pauvres Indiens établis à la Mecque; ils louent leurs maisons à leurs compatriotes qui y viennent à l'époque du pèlerinage. Les hadjis nègres prennent leur logement temporaire dans ces habitaons ruinées; quelques uns sont fixés dans la ville sainte, et leurs femmes préparent le *bouza* liqueur enivrante qui se fait avec le dhourra et que les gens de la classe inférieure aiment beaucoup. J'ai déjà dit qu'à mon retour de Djidda j'allai demeurer dans le Mesfalé, d'abord chez un Mogrebin, et bientôt après dans une maison contiguë chez un marchand, natif de Szana en Yemen, et métaouef de profession; il occupait le premier étage qu'il me céda et s'accommoda d'un coin du rez-de-chaussée; les autres habitans du logis étaient le propriétaire mogrebin et sa famille, un scheikh de village d'Égypte, pélerin accompagné de plusieurs fellahs, un pauvre Afghan, ou habitant du territoire d'El Soleïmanié, comme aujourd'hui on appelle communément l'Afghanistan, et un pélerin de l'archipel grec. Je me trouvai au milieu d'une bande de pélerins de l'ouest, appartenant à la nation berbère ou chilhé, venus par mer en Égypte. Il y a dans cette partie de la ville peu de maisons où l'on ne rencontre pas un mélange aussi étrange de peuples.

A l'extrémité méridionale du Mesfalé on voit un grand khan ruiné, qui, même neuf, doit n'avoir été qu'un bâtiment chétif. Il était destiné à recevoir les caravanes de pélerins qui autrefois arrivaient de l'Yemen par terre le long de la côte ; une autre caravane de pélerins du même pays, venait par les montagnes.

En sortant de la ville, de ce côté, on découvre une tour dans la plaine, par sa construction elle ressemble à celles de l'entrée du Djerouel. Une vallée large conduit de là à Hosseïnié petit village à deux ou trois heures de marche au sud, où croissent quelques dattiers. Le schérif Ghaleb y avait un petit jardin de plaisance et une maison de campagne; il y entretenait un troupeau de buffles amenés d'Égypte; mais ces animaux souffraient. Une route passant au sud-est et au sud de la Mecque, conduit de Hosseïnié à l'A'rafat; on y trouve à deux ou trois heures de marche de la ville, la fertile vallée d'A'bdié. L'autre vallée porte le nom d'El Tarafeïn; à un mille de l'enceinte actuelle de la Mecque on peut reconnaitre les ruines d'anciennes habitations, parmi lesquelles on voit plusieurs grandes citernes profondes et bien bâties, qui avec peu de travail pourraient être mises en état de recueillir de nouveau l'eau des pluies. A un mille et demi de la cité sainte, est le Birket Madjen, grand réservoir en pierre, bâti pour fournir de l'eau aux caravanes de l'Yemen; j'y trouvai encore de l'eau, mais il est très délabré. Au delà de ce réservoir, les habitans du Mesfalé cultivent quelques champs de concombres et de plantes potagères; immédiatement après la chute des pluies, quand la terre a été abondamment imbibée. Beaucoup de huttes et de tentes, de Bédouins des tribus de l'Ah'm et de Djehadelé sont éparpillées dans cette vallée. Ces gens gagnent leur vie en allant recueillir dans les montagnes de l'herbe et des plantes sauvages qu'ils font sécher et vendent en paquets au marché de la Mecque; on en nourrit les chevaux, les chameaux et les ânes, mais cela est si cher que la nourriture journalière d'un cheval coute deux à trois piastres. Ces Bédouins élèvent aussi quelques brebis; quoique pauvres, ils se tiennent entièrement à part de la classe inférieure des Mekkaouis qu'ils rougiraient d'imiter dans leur habitude de mendier. Quelques uns sont porteurs d'eau dans la ville.

Sur le sommet de la chaine occidentale de la vallée de Tarofeīn, vis à vis du Mesfalé, il y avait avant l'invasion des Wahhabites, le Merkam Seïdna Omar petit édifice avec un dôme, élevé en l'honneur d'Omar second successeur de Mahomet, les Wahhabites l'ont entièrement ruiné.

Près du sommet de la montagne de l'autre côté on voit le grand château, vaste construction massive entourée de murs épais et de tours solides. Il commande la plus grande partie de la ville, mais il est dominé par plusieurs hauteurs. J'appris qu'il avait été bâti par le schérif Serour prédécesseur de Ghaleb, cependant je le crois d'une date plus ancienne. Asami en fait souvent mention dans son histoire dès le quatorzième siècle, mais il ne dit point par qui il a été construit. Personne ne peut y entrer sans la permission du gouverneur de la Mecque, et je jugeai qu'il n'était pas prudent de la demander. La chose n'en valait pas la peine. Ghaleb rendit ce château plus fort, le répara entièrement et le munit de grosse artillerie. On raconte qu'il en avait mis les principaux magasins à l'épreuve de la bombe. Il renferme une grande citerne et une petite mosquée, et pourrait loger une garnison de mille hommes. C'est pour les Arabes une forteresse imprenable, et les Mekkaouis peuvent la regarder comme telle ; elle pourrait même offrir une certaine résistance aux Européens ; on y arrive par un sentier étroit.

Au dessous de la montagne du château et dans une petite plaine entre ce mont et le Djebel Kobris, on voit le Beit-ès'-Sadé, palais du schérif régnant. Il passa aussi pour avoir été bâti par Serour, mais je trouve qu'Asamien a parlé au sujet des événemens arrivés il y a 200 ans. Ses murs sont très hauts et très solides, et paraissent avoir été bâtis pour servir d'ouvrages avancés au château qui le domine, et avec lequel, selon le récit des Mekkaouis, il communique par un souterrain. C'est une masse irrégulière de bâtimens qui comprend des cours spacieuses et des appartemens sombres, ils n'ont pas été habités depuis la fuite de Ghaleb à Djidda; ce schérif essaya alors de les détruire par le feu, mais la solidité de la construction y mit obstacle. Les Turcs sous Mohammed Aly, l'ont converti en magasin à blé. Dans la plaine voisine où les troupes du schérif faisaient autrefois l'exercice, je trouvai un troupeau de chameaux avec le camp de leurs conducteurs qui font toutes les semaines le voyage de Djidda ou de Taïf. Beaucoup de pauvres pélerins qui n'ont pas le moyen de louer un logement dressent aussi dans ce lieu leurs misérables tentes composées de perches que couvrent quelques haillons. Les soldats étaient très occupés à détruire les restes des plafonds du palais pour se procurer du bois à brûler.

Dans un défilé étroit de la montagne, au nord du palais, et près de la plaine dont je viens de parler, on rencontre un grand nombre de cabanes basses en broussailles, c'est là que logeaient les esclaves de Ghaleb, servant comme soldats dans sa garde. La plupart s'enfuirent après la prise de ce schérif; et les cabanes sont aujourd'hui les casernes d'environ deux cents soldats arabes au service du schérif Yahya son successeur.

En partant de là et tournant à droite vers la mosquée, on arrive à un petit quartier bâti sur la pente de la montagne et renfermant beaucoup de maisons à moitié ruinées ; c'est le Haret el Djiad, habité par des pauvres gens et plusieurs domestiques inférieurs du schérif. Asami dit qu'il tire son nom de ce qu'il a été occupé par les cavaliers de Toba, roi d'Yemen dans son expédition contre la Mecque, événement célébré par les écrivains musulmans, à cause de la destruction miraculeuse de l'armée de ce prince ; c'est certainement un des plus anciens quartiers de la ville.

Tout près de la mosquée, de chaque côté de l'entrée de la plaine décrite précédemment, on aperçoit un palais du schérif. Celui du nord consiste en deux maisons magnifiques contiguës l'une à l'autre, elles sont habitées par le schérif Yahya. Ses femmes logent dans le bâtiment du sud érigé par le schérif Ghaleb qui passait la plus grande partie de son temps dans ce séjour de prédilection où l'attiraient le voisinage de la mosquée, sa situation centrale, et le vaste espace ouvert qu'il commande.

En allant de ce palais au nord parallèlement avec la mosquée, on entre dans la longue rue Mesa'a. Les petites rues latérales à droite, en approchant de la rue Mesa'a, forment le quartier El Ssafa ainsi nommé du Ssafa lieu saint que j'ai déjà décrit. Les maisons qui l'entourent sont très belles, c'est là qu'au temps du pélerinage, logent les étrangers les plus riches. L'aga des eunuques appartenant au temple demeure là dans une grande maison avec tous les jeunes gens qui y sont élevés jusqu'à ce qu'ils aient atteint un âge convenable pour tenir leur ménage.

Entrons maintenant dans le Mesa'a la rue la plus longue et la plus droite de la Mecque, et l'une des mieux bâties. Elle tire son nom de la cérémonie du saï qui s'y pratique. Cette circonstance et les boutiques dont elle est bordée la rendent la plus bruyante et la plus fréquentée de la ville. Les boutiques sont les mêmes qu'à Djidda; il faut y ajouter une douzaine de potiers d'étain qui fabriquent des bouteilles de ce métal; il y en a de toutes les dimensions et les pèlerins s'en servent pour emporter chez eux de l'eau du puits de Zemzem. Ses boutiques sont généralement des magasins au rez-de-chaussée, et pour tout le reste ressemblent à celles de Djidda et de toutes les villes du Hedjaz. Toutes les maisons du Mesa'a sont louées par des pèlerins turcs. Quand une troupe de pèlerins arrive de Djidda, ce qui a lieu à peu près chaque matin, pendant quatre à cinq mois, leur bagage est ordinairement déposé dans cette rue; ensuite ils courent visiter la mosquée, puis cherchent un logement; je trouvais la rue ainsi encombrée presque tous les jours, de nouveaux venus, de débitans de nouvelles, et de guides.

Vers le temps de mon séjour à la Mecque, le Mesa'a ressemblait à un bazar de Constantinople. Beaucoup de boutiques étaient tenues par des Turcs d'Europe ou de l'Asie-Mineure qui vendaient des habillemens à la turque provenant de pèlerins décédés, ou de ceux qui, pressés par le besoin d'argent, avaient vendu leur garde-robe. On y trouvait constamment de beaux sabres, de bonnes montres anglaises, et de superbes exemplaires du Koran, les trois principaux objets du bagage d'un pèlerin turc. Des pâtissiers de

Constantinople exposent en vente des pâtés et des confitures, le matin; du mouton rôti ou du kebab l'après-midi; et du *mehalabié*, espèce de gelée, le soir. On y voit aussi un grand nombre de cafés, remplis depuis trois heures du matin jusqu'à onze heures du soir. Le lecteur apprendra sans surprise que dans deux boutiques on vend publiquement pendant la nuit, mais non dans le jour, des liqueurs enivrantes, l'une est préparée avec des raisins fermentés et quoique mêlée ordinairement d'une bonne quantité d'eau, elle est encore si forte que quelques verres suffisent pour griser complétement. L'autre est une sorte de bouz... auquel on ajoute des épices, et qu'on nomme soubié. Il est connu au Caire, mais il y est moins fort.

C'est dans le Mesa'a que les criminels subissent leur peine. Pendant mon séjour un homme y fut décapité, par sentence du kadhi, pour avoir volé une somme d'environ deux cents livres sterling à un pèlerin turc. Ce fut là seul exemple de châtiment dont j'eus connaissance, quoique suivant ce qu'on m'a dit les voleurs fourmillent à la Mecque durant le pèlerinage. Toutefois l'histoire de cette ville parle de punitions très cruelles infligées à des malfaiteurs; en l'an 1624 de J.-C. deux larrons furent écorchés vifs; alors même Emir Soghair, chef militaire d'Ybrahim, ayant été fait prisonnier par le schérif régnant, il fut ânené, on lui perça les bras et les épaules en plusieurs endroits; des torches allumées furent placées dans ces trous; un de ses pieds fut brûlé et attaché à un de ses épaules par un crochet de fer; et dans cette posture il fut suspendu à un arbre dans le Ma'ala, et ne mourut que le second jour. Il paraît que le supplice de crever les yeux, assez usité dans d'autres parties de l'Orient, ne l'a jamais été dans le Hedjaz.

On voit dans le Mesa'a un joli bâtiment contigu à la mosquée, et érigé en 622 A. H. par Kaïd bey sultan d'Égypte; il y établit une grande école publique contenant soixante-douze chambres; il lui donna aussi une bibliothèque précieuse. Kotobeddin l'historien, qui cent ans après en fut le bibliothécaire, se plaint de ce que de son temps, il n'y restait plus que trois cents volumes, le reste avait été volé par ses prédécesseurs, gens sans principes.

A l'extrémité septentrionale du Mesa'a, est le Meroua, lieu où se termine le saï et que j'ai décrit précédemment; il fut construit tel qu'on le voit aujourd'hui, en l'an 801 A. H. Derrière, on montre une maison qui fut l'habitation primitive d'el Abbas l'un des oncles de Mahomet. Tous les matins on vend à l'encan près du Meroua des habits et toutes sortes de marchandises; on se sert alors de la langue turque, à cause des pélerins de cette nation, et il y a à peine un petit garçon à la Mecque qui ne connaisse au moins les noms de nombre dans cet idiome. On voit près de ce lieu une fontaine publique, ouvrage de Soliman, ibn Selim, empereur des Ottomans : son eau lui est fournie par l'aqueduc de la Mecque; toute la journée une foule de pélerins l'entourent pour y remplir leurs outres.

De l'extrémité du Mesa'a, près du Meroua, part la rue Soueïga ou le petit marché, allant à l'est parallèlement avec le côté oriental de la mosquée. Bien qu'étroite, c'est la plus propre de la ville, étant régulièrement lavée et nettoyée avec de l'eau, ce qui n'a pas lieu pour les autres. C'est là que les riches marchands indiens exposent en vente leurs toiles, leurs châles de Cachemir et leurs mousselines. Il y a aussi une vingtaine de boutiques où l'on trouve des parfums, des huiles de senteur, du baume de la Mecque, mais falsifié, du bois d'aloès, de la civette et autres marchandises de ce genre. Peu de pèlerins retournent chez eux sans rapporter à leur famille et à leurs amis quelques présens; ce sont ordinairement des parfums, du baume de la Mecque et du bois d'aloès; on coupe celui-ci en petits morceaux qu'on pose dans tout l'Orient sur la pipe allumée, ce qui produit une odeur agréable.

On vend dans d'autres boutiques du corail, des perles fausses, des chapelets de bois d'aloès, de sandal ou de calambac, des colliers de cornaline taillée, des cornalines pour bagues servant de cachet et toutes sortes de porcelaines. Toutes ces boutiques sont tenues par des Indiens et les marchandises viennent généralement de l'Inde. Il règne en Arabie un fort préjugé contre ces Indiens, parce qu'on est persuadé que dans le fond ils sont idolâtres et n'observent les rites extérieurs de la religion musulmane que par politique. On suppose qu'ils appartiennent à la secte des Ismaéliens, de ces mystiques dévoués sur lesquels j'ai donné quelques détails en rendant compte de mon voyage au mont Liban : à la Mecque on applique leur nom à ces Indiens. Il y en a environ une douzaine qui résident à la Mecque; les autres s'y rendent chaque année à l'époque du pèlerinage. Ils prennent en échange de leurs marchandises de vieilles pièces d'or et d'argent qu'ils font passer à Surate, d'où ils viennent pour la plupart. Il y a de ces Indiens qui vivent depuis dix ans à la Mecque, s'acquittant avec une scrupuleuse exactitude de toutes les cérémonies religieuses; ils louent une grande maison où ils demeurent tous ensemble, sans y admettre aucun étranger, lors même qu'il s'y trouve quelques appartemens vacans. Par une pratique contraire à l'usage de tous les autres musulmans, ces Indiens n'amènent jamais leurs femmes pour faire le pélerinage quoiqu'ils soient bien en état de fournir à cette dépense; et quant à ceux qui résident à la Mecque, il est sans exemple qu'ils s'y soient jamais mariés. Cela est d'autant plus remarquable que les autres naturels de l'Inde qui demeurent ici pour quelque temps, y prennent ordinairement des femmes lors même qu'ils sont déjà mariés dans leur pays.

On raconte sur ceux dont nous parlons les mêmes histoires qui ont cours sur les Ismaéliens de Syrie. Les peines que je me suis données pour obtenir quelques renseignemens authentiques sur leurs doctrines secrètes, n'ont pas eu plus de succès ici qu'en Syrie : on disait seulement d'une manière vague que le chef-lieu de ces Ismaéliens était dans l'Inde, et que ceux de cette contrée entretenaient une correspondance suivie avec ceux de Syrie. On dit qu'il existe, aussi bien dans l'Inde que dans la Mésopotamie, une secte d'éteigneurs de lumières, et peut-être est-ce à cette secte qu'appartiennent les Ismaéliens de Syrie et de ceux la Mecque. Ceux que j'ai vus à la Mecque se rapprochent par leurs traits plutôt des Persans que des Indiens; ils sont d'une stature plus élevée et plus robuste que celle des Indiens en général.

Vers le milieu du Soueïga, où cette rue n'a que quatre pieds de large, il y a de chaque côté des bancs en pierre. C'est là qu'on expose en vente les esclaves abissins des deux sexes, et comme la beauté attire partout les regards, les bancs sont constamment entourés de pélerins de tous les âges qui tous prétextent de vouloir conclure des marchés avec les marchands, afin d'examiner les jeunes filles pendant quelques instans, dans un appartement voisin. Beaucoup de ces esclaves sont ensuite menés dans les contrées septentrionales de la Turquie.

A l'extrémité du Soueïga la rue est couverte par un haut toit voûté, en pierre, soutenu de chaque côté par plusieurs constructions massives qui servent de magasins aux riches marchands; elles ont été bâties par un certain Mohammed pacha de Damas qui vivait il y a plusieurs siècles, et appartiennent maintenant à la mosquée. Cet endroit étant le plus frais de la ville, vers le milieu du jour, est, par cette raison, le plus fréquenté. Tous les pélerins un peu aisés viennent consumer leurs momens de loisir et fumer leurs pipes le matin et le soir dans le Soueïga. Ayant fait connaissance avec un marchand de parfums, je venais journellement passer une heure le matin et une autre l'après-midi, assis sur le banc devant sa boutique, fumant mon narghilé et régalant mon ami de café. Là j'apprenais les nouvelles : si un pélerin de marque était arrivé la nuit précédente; quels procès avaient été portés devant le kadhi; les événemens survenus dans l'armée de Mohammed Aly; ou les marchés considérables qui avaient été conclus. Quelquefois on discutait les nouvelles, par exemple, les dernières tentatives de Buonaparte; car les hadjis venant de Constantinople et de Grèce, apportaient continuellement des avis relatifs à l'Europe. J'employais ordinairement la première partie de la matinée et la dernière de la soirée à me promener par la ville, à fréquenter les cafés situés à ses extrémités et où je pouvais rencontrer des Bédouins; et le régal d'une tasse de café, les avait bientôt engagés à me parler de leur pays et de leur nation. Dans le milieu du jour je restais chez moi; je passais la première partie de la nuit dans la grande cour de la mosquée où règne toujours un vent rafraîchissant; là assis sur un tapis que mon esclave étalait devant moi, je prenais plaisir à me rappeler le souvenir des contrées lointaines, tandis que les pèlerins étaient assidument occupés à prier et à faire le tour de la ka'aba.

A son extrémité orientale, le Souëïga change de nom et prend celui de Schamié, qui est également donné à plusieurs petites rues de chaque côté, à droite elles conduisent à la montagne, à gauche à la mosquée. Le Schamié se termine au quartier de Schebeika et au Bab-el-Omar. Cette partie de la ville est bien bâtie et principalement habitée par de riches marchands ou des olémas attachés à la mosquée. On ne voit que peu de boutiques, dans la grande rue, excepté à l'époque du pèlerinage. Alors il s'en ouvre beaucoup où les marchands de Syrie étalent les productions de leur pays, ce qui a valu à cette rue la dénomination qui la désigne. On trouve dans ces boutiques des étoffes de soie de Damas et d'Alep; de la batiste fabriquée dans le territoire de Naplouse; du fil d'or et d'argent d'Alep; des *keffié* ou mouchoirs fabriqués à Bagdhad et à Damas, pour les Bédouins; de la soie du Liban; de beaux tapis d'Anadoli et des Bédouins Turcomans; des abbas de Hamah; des fruits secs et du kammereddin de Damas; des pistaches d'Alep et une quantité d'autres objets. Parmi tous les Syriens que je rencontrai à la Mecque, je n'en pus découvrir aucun que j'eusse connu dans sa patrie excepté le fils du chef de Palmyre qui cependant ne me reconnut pas. Il était venu avec environ trois cents chameaux pour transporter le bagage du pacha de Damas.

En retournant par le Schamié vers le Soueïga on trouve, au nord de ces rues, le quartier de Carara, le plus réputé de la ville et peut-être le mieux bâti. Les plus riches marchands y ont leur demeure. Djeïlani et Sakkat les plus opulens du Hedjaz y habitent presque toute l'année et ne vont à Djidda, où ils ont aussi une maison, que lorsque l'arrivée de la flotte des Indes les appelle sur cette place. Les femmes de Mohammed Aly viennent de prendre leur logement dans ce quartier, avec la troupe d'eunuques attachée à leur suite. Toutes les maisons y sont à deux ou trois étages, plusieurs sont peintes de couleurs vives, et renferment des appartemens spacieux. Schérif Ghaleb y fit bâtir un palais le plus beau de tous ceux qu'il avait à la Mecque. Il y résidait surtout pendant les mois d'hiver; alors il partageait son temps entre cette habitation et celle qui est voisine de la mosquée. Des chefs militaires logent actuellement dans ce palais qui ne tardera pas à tomber en ruines. Il ne se distingue des autres maisons de la Mecque que par ses dimensions et le nombre de ses fenêtres ; car il n'a ni un beau portique, ni aucun autre ornement d'architecture.

Près du palais sur une colline qu'on peut regarder comme étant dans la ville, Ghaleb fit bâtir un fort flanqué de fortes tours, mais beaucoup plus petit que le grand château. Quand l'armée turque s'avança vers le Hedjaz, il le garnit d'artillerie et l'approvisionna de vivres ; mais la garnison, de même que celle du château, se dispersa aussitôt qu'il eut été fait prisonnier. Le Djebel La'la', sur lequel il est placé est souvent cité par les poëtes arabes ; vis à vis et au sud-est de cette colline, sur le sommet d'une montagne au delà de l'enceinte de la Mecque, on voit un autre petit fort qui fut aussi réparé par Ghaleb. Son nom de Djebel Hindi lui vient de ce qu'un grand scheikh ou dévot de Cachemir y a été enterré. La tour est aujourd'hui habitée par quelques familles indiennes qui jouissent de l'avantage d'avoir une excellente citerne pour l'eau de pluie. Les Mekkaouis nomment également cette montagne Djebel Keïka'an, dénomination sans doute plus ancienne que celle de la Mecque même. Toutefois, Azraki place le Djebel Keïka'an plus au nord, et dit que son nom lui vient des cris et du cliquetis des armes de l'armée des Mekkaouis qui y était postée quand celle de l'Yemen commandée par Toba eut pris possession du coteau de Djiad. L'espace entre les deux collines surmontées de châteaux, est rempli de maisons chétives, à moitié en ruines, et principalement habitées par la classe inférieure des Indiens établis à la Mecque.

En tournant à l'est du Carara et passant devant le quartier de Rekoubé, qui égale presque le précédent pour les constructions, mais ne passe pas pour être un séjour aussi distingué, nous arrivons au Moda'a, grande rue qui est une continuation du Mesa'a, puis nous revenons par ce dernier, dans le voisinage d'el Ssafa, afin de pouvoir examiner les quartiers orientaux de la ville.

Des environs du Ssafa, part le Keschaschié rue fort large qui file parallèlement au Moda'a, et plus à l'est. Parmi plusieurs petites maisons on voit des édifices bien bâtis, et quelques uns très haut : un grand nombre de cafés; des boutiques d'armuriers et un bain. Le hakem ou surintendant de la police qui est le premier de la Mecque, après le schérif, y demeure. Une partie de cette rue est bâtie sur la pente de la montagne de l'est nommée Djebel Kobeïs à laquelle des ruelles étroites, sales et escarpées mènent de ce côté. Le keschaschié est recherché par les pèlerins parce qu'il est large et ouvert aux vents du nord. J'y logeai pendant les derniers jours du ramadhan, au mois de septembre 1814 à mon arrivée de Taïf.

Cette rue en se prolongeant prend le nom de Haret Souk el Leïl, qui désigne un vaste quartier à l'est. On y montre le Moled c' Neby, ou la maison où naquit le prophète, et qui est contiguë au Moamelé ou fabriques de poteries. Les petites rues voisines du Moled sont nommées Scha'b el Moled ou rochers du Moled : le terrain qui s'élève ici étant couvert de pierre.

Le Moamelé est situé sur le flanc du Djebel Kobeïs et renferme une douzaine de fournaises ; les principaux objets qu'on y fabrique sont des cruches, notamment celles dont on se sert pour emporter de l'eau du puits de Zemzem. Ces cruches du Moamelé quoique joliment faites sont trop lourdes, différant sous ce rapport des belles poteries de la Haute-Égypte et de Bagdhad qui sont si légères que quand elles sont vides une simple bouffée de vent peut les renverser. Le Moamelé seul fournit présentement tout le Hedjaz de ces vaisseaux ; et peu de hadjis s'en retournent sans en prendre quelques uns avec eux comme échantillons de l'industrie des Mekkaouis.

Plus avant, le Souk el Leï prend le nom d'el Khazzé ; donné aux deux côtés de la rue principale qui est le prolongement du Keschaschié. On y trouve plusieurs puits profonds d'eau saumâtre, ainsi que les boutiques des charpentiers, des tapissiers venant de Turquie, des menuisiers qui font les sercis ou châlits sur lesquels dorment les Mekkaouis, et ceux qui servent à les porter au tombeau. Les marchands en gros de fruits et de plantes potagères apportés de Taïf de l'Ouadi Fatmé y disposent, le matin, de bonne heure, de leurs approvisionnemens entre les détaillans. A l'extrémité septentrionale du Khazzé, où il s'élargit considérablement, on tient, tous les jours, le marché aux chameaux et aux vaches. A l'est, du côté de la montagne et en partie sur la pente, est le quartier de Scha'b Aly, contigu au Scha'b el Moled ; on y montre le lieu de la naissance d'Aly. Ces deux quartiers désignés par le nom de schab (rocher) sont au nombre des plus anciennes parties de la ville ; les Koreïsch y demeurèrent jadis ; ils sont encore aujourd'hui habités principalement par les schérifs et ne renferment pas de boutiques. Les maisons en sont spacieuses et dans une situation aérée.

Au marché au bétail du Khazzé, finissent les maisons ; au delà des boutiques basses et des échoppes bordent les deux côtés de la rue. C'est ce qu'on appelle Souk el Haddadeïn ; les forgerons et les serruriers turcs y ont leurs ateliers : un peu plus loin la rue aboutit au Ma'ala qui est la continuation du Moda'a, et forme le partage entre les parties orientale et occidentale de la ville, en courant droit au nord le long de la pente douce de la vallée. Le Moda'a et le Ma'ala dont le nom signifie place haute par opposition au Mesfalé ou quartier bas, sont garnis de boutiques des deux côtés. C'est là que se trouvent les épiciers, les droguistes, les marchands de blé, les marchands de tabac, les merciers, les faiseurs de sandales, et un grand nombre de fripiers. Il y a dans le Moda'a un vaste magasin à blé qui était autrefois une école, on en voit un autre dans le Ma'ala. C'est de là que partent les caravanes conduisant les vivres pour l'armée turque à Taïf ; tous les matins, on fait des ventes à l'encan sur cette place. A l'extrémité septentrionale du Ma'ala il y a un marché où les Bédouins amènent de toutes parts leurs moutons pour les vendre. Là aussi sont les boutiques de bouchers. On peut y acheter de la viande de mouton, de bœuf et de chameau : il y a aussi, dans la même rue une petite chapelle ou medsjed (1), pour les prières quotidien-

(1) Je crois que c'est la medsjed dont parlent les historiens sous le

nes, à cause de l'éloignement de la grande mosquée ; mais c'est toujours dans cette dernière qu'on va faire celles du vendredi. Vers cette extrémité septentrionale du Ma'ala où il rejoint le Souk el Haddadeïn, finissent les maisons en pierre ; il leur succède une simple file de boutiques basses et d'échoppes de chaque côté où l'on vend des vivres aux Bédouins de l'est qui viennent chercher du blé à la Mecque. On y voit un café nommé Kahouet el Haschascheïn où se débitent le haschisch et le bendj, ces préparations enivrantes qu'on mêle et qu'on fume avec le tabac. Cette maison est fréquentée par tous les gens les plus abjects et les plus dépravés de la ville. Schérif Ghaleb avait imposé un droit très fort sur la vente du haschisch, afin de dégoûter d'un usage qui viole aussi ouvertement la loi.

Le Ma'ala est connu aussi sous le nom de Haret el Naka, qui est dérivé de celui d'Ouadi el Naka, donné anciennement à cette partie de la vallée de la Mecque.

Les plus riches commerçans indiens ont leurs maisons dans les rues latérales du Ma'ala ; ils y reçoivent leurs chalands, car ils sont trop fiers pour tenir une boutique ouverte. El Schamsi Indien originaire de Surate et demeurant dans ce quartier, passait pour l'homme le plus opulent du Hedjaz ; toutefois ses opérations étaient moins étendues que celles de Djeïlani et de quelques autres. Quoique possédant plusieurs centaines de mille livres sterling, cet homme

---

nom de Medsjed Raïet. El Azraki fait mention de quatre ou cinq autres mosquées qui de son temps existaient à la Mecque.

marchanda avec moi pendant près d'une heure et demie pour un châle de mousseline qui ne valait pas plus de quatre piastres fortes.

Omar Ibn el Khatab jeta dans le Ma'ala, en travers de la vallée, un large barrage ou retranchement avec une porte de fer pour résister aux torrens qui coulent dans cette direction vers la mosquée, durant la saison des pluies. Il en resta des vestiges jusque dans le quatorzième siècle. Tant qu'il subsista, les pélerins en arrivant à la Mecque avaient coutume de jouir de dessus son sommet de la première vue de la ka'aba; ils y récitaient aussi des prières et c'est de cette circonstance que la rue a pris son nom de Moda'a qui signifie, lieu où l'on prie.

Entre le Moda'a et le Ma'ala d'un côté et le Khazzé et le Keschachié de l'autre, il y a plusieurs quartiers dont les maisons sont passables, mais les rues extrêmement étroites et sales; on ne les nettoie jamais et les courans d'air pur n'y pénétrent pas. C'est le Zokak é Seïni ou la rue Chinoise où les orfévres ont leurs boutiques, leur travail est très grossier, mais ils sont très occupés, notamment à faire des anneaux d'argent pour les hommes et pour les femmes, ornement d'un usage général parmi les Arabes. Au sud de ce quartier est le Zokak el Hadjar ou Zokak el Merfek (rue de la pierre), il renferme le lieu de la naissance de Fatmé fille de Mahomet; et d'Abou Bekr successeur immédiat du prophète au khalifat. Cette rue tire son nom du *Hadjar* ou de la pierre, qui avait coutume d'adresser la salutation du *Salam aleik* à Mahomet toutes les fois qu'il passait par là en revenant de la ka'aba. Elle est muette depuis le temps du prophète, mais on la montre toujours faisant une petite saillie dans le mur d'une maison qui en honneur de ce miracle a été blanchie.

Retournons maintenant au Ma'ala un peu au delà du point où il se réunit au Khazzé. Les boutiques finissent, et on ne voit plus qu'une large plaine sablonneuse où quelques cafés sont disséminés ; c'est ce qu'on peut appeler l'extrémité de la ville ; tout ce qui est plus au nord doit être considéré comme faisant partie des faubourgs. En continuant à marcher dans cette plaine, on rencontre de chaque côté deux grands *birkets* ou réservoirs pour l'usage des caravanes de pélerins ; ils peuvent être remplis avec l'eau de l'aqueduc qui passe par ici en allant vers la ville ; l'un est destiné à la caravane d'Égypte, l'autre à celle de Syrie ; ils furent construits en 821, A. H., et entièrement revêtus de pierre ; ils sont encore en très bon état. On trouve des monumens semblables de la munificence des grands sultans ottomans à chaque station des pélerins depuis Médine jusqu'à Damas et Alep. Quelques uns de ceux que je vis au sud de Damas me parurent d'une construction plus solide que ceux de la Mecque : celui des pélerins égyptiens a à peu près 160 pieds carrés, et une profondeur de 30 à 35 pieds ; quand il y a 8 à 10 pieds d'eau, on regarde cette quantité comme suffisante pour la caravane ; ils ne sont jamais remplis entièrement. Comme l'aqueduc n'en fournit que médiocrement, des champs voisins du réservoir occidental ou des pélerins d'Égypte, sont arrosés par le moyen de puits et cultivés en plantes potagères.

Tout auprès aussi est le Djama è Soleïmanié petite mosquée délabrée et où l'on ne fait plus la prière; elle sert maintenant de caserne pour des soldats turcs. Elle appartient au quartier d'el Soleïmanié qui s'étend depuis le Djebel La'la' contigu aux montagnes de l'ouest jusqu'aux cimetières au delà des reservoirs. Il ne renferme pas une seule belle maison ; j'appris qu'il tire son nom des Soleïmaniés ou habitans du Kandahar, de l'Afghanistan de plusieurs autres contrées, en deçà de l'Indus et du Cachemir auxquels les musulmans appliquent cette appellation. On dit que des descendans de ces peuples qui vinrent s'établir ici, y demeurent encore mélés à beaucoup d'Indiens. Il parait toutefois, par l'histoire de Kotobeddin, que vers 980 A. H., le sultan Soliman éleva une mosquée dans ce quartier. On peut supposer du moins que cet édifice dérive son nom de son fondateur. Les habitans du Soleïmanié sont des musulmans de la secte des Haréfy l'une des quatre premières divisions orthodoxes, et non des sectateurs d'Aly tels que les Persans ; plusieurs de ceux-ci viennent tous les ans en pèlerinage à la Mecque, soit par mer de Bombay ou de Basra, soit par terre en voyageant comme derviches le long des provinces méridionales de leur pays jusqu'à Bagdhad, et à travers la Mésopotamie et la Syrie jusqu'en Égypte. J'en ai connu plusieurs qui étaient arrivés par cette route; ils paraissaient plus vigoureux et plus actifs que la plupart des Indiens.

Vis à vis du quartier el Soleïmanié, sur la montagne de l'est et tout près du Khazzé et du Scha'b Aly, se trouve le Scha'b A'amer, quartier à moitié en ruines, habité par des colporteurs bédouins, des tribus de Thékif et de Koreïsch et par quelques pauvres familles indiennes. Il y a dans ce quartier de grands moulins mis en mouvement par des chevaux, pour le gouverneur turc; je ne crois pas que la ville en contienne aucun autre de dimension considérable. On s'y sert habituellement de moulins à bras, que font tourner les esclaves de la famille, et chez les pauvres, les femmes. C'est aussi là que sont les deux seuls endroits de la Mecque et peut-être du Hedjaz, où le lin et le coton soient teints avec l'indigo et le safranum; on n'y teint pas les tissus de laine.

Comme beaucoup de femmes publiques demeurent dans le Scha'b A'amer, ce quartier n'est pas compté parmi les mieux famés de la Mecque. Schérif Ghaleb assit un impôt régulier sur ces créatures, et exigea un droit supplémentaire de celles qui, à l'époque du pélerinage, suivaient les hadjis à l'A'rafat. Une taxe semblable est perçue au Caire et dans toutes les grandes villes de province en Égypte. Le nombre de ces femmes faciles, très grand à la Mecque, est augmenté au temps du hadj par celles qui arrivent des pays étrangers. Elles sont un peu plus modestes que celles d'Égypte, et ne se montrent jamais sans voile dans les rues. Il y a parmi elles beaucoup d'esclaves abissines, dont on prétend que les anciens maîtres partagent les profits. Quelques unes appartiennent à des Mekkaouis.

Les poètes arabes font de fréquentes allusions au Scha'b A'amer: Ibn el Faredh, entre autres, dit: « Le » Scha'b A'amer, depuis que nous l'avons quitté, est-il

» encore habité? est-il encore aujourd'hui le lieu du
» rendez-vous des amans (1)? »

En allant des réservoirs vers le nord, par la plaine, on arrive à une maison isolée, assez grande et bien bâtie, appartenant au schérif; quelques uns des favoris de Ghaleb y ont demeuré autrefois. De là part une chaussée pavée conduisant aux coteaux de l'ouest à travers lesquels existe une ouverture qui paraît avoir été faite par l'art. El Azraki donne le nom de Djebel el Khazna à cette partie de la montagne, et dit que la route a été coupée dans le roc par Yahya ibn Khold, ibn Barmak. Au delà de l'ouverture, le chemin descend dans la plaine de scheikh Mahmoud ainsi nommée du tombeau d'un santon autour duquel campent généralement les pélerins de Syrie. Schérif Ghaleb a fait élever au sommet du mont, de chaque côté du défilé qui est taillé grossièrement en degrés soit naturels, soit artificiels, ce qu'il serait difficile de décider, deux tours pareilles à celles que j'ai déjà décrites. Le long des deux côtés de la chaussée dans la vallée de la Mecque, s'étend le cimetière où la plupart des habitans de cette cité ont leurs sépultures de famille.

Un peu au delà de la maison du schérif dont je viens de parler et à l'extrémité du Ma'ala, on voit le tombeau d'Abou Taleb, oncle de Mahomet et père d'Aly. Les Wahhabites réduisirent à un tas de décombres le bâtiment qui recouvrait la sépulture, et Mohammed Aly n'a pas jugé à propos de le recons-

---

(1) *Commentatio de Poesi asiatica...*, par sir William Jones, au sujet d'un poëme d'Ibn Faredh rempli d'allusions relatives à la Mecque.

truire. Abou Taleb est le grand patron de la Mecque, et beaucoup d'habitans de cette ville qui ne se feraient pas scrupule d'enfreindre un serment prêté devant Dieu, auraient peur d'invoquer le nom d'Abou Taleb pour affirmer une fausseté. « Je jure » par la mosquée, je jure par la ka'aba » sont les exclamations constamment employées par les Mekkaouis pour en imposer aux étrangers; mais jurer par Abou Taleb est une imprécation bien plus solennelle, et rarement entendue dans des occasions semblables. Vis à vis du tombeau ruiné, on voit une fontaine publique, consistant en une auge en pierre, longue d'une soixantaine de pieds, elle est remplie journellement par l'eau de l'aqueduc; quelques arbres croissent auprès.

On n'aperçoit plus de bâtimens au delà de cette fontaine, ni jusqu'au palais du schérif qui est entouré de hautes murailles flanquées de tours et renferme une cour spacieuse. Du temps du schérif, une garnison nombreuse l'occupait, et pendant sa guerre avec les Wahhabites, il y demeura souvent parce qu'il pouvait en sortir pour une attaque ou une expédition secrète, sans qu'on en fût promptement instruit dans la ville. Cet édifice sert maintenant de casernes aux soldats turcs.

Au nord de ce palais est le quartier ou faubourg de Moabedé où l'on ne rencontre guère que des maisons en pierre, basses et mal bâties, ou des cabanes en broussailles; il est entièrement habité par des Bédouins qui s'y sont fixés pour faire, entre leurs tribus et la ville, un commerce consistant principalement en blé, en dattes et en bétail. J'ai vu parmi eux des

Arabes des tribus de Koreïsch, de Thékif, de Hodheïl et d'Ateïbé, on me dit qu'en temps de paix on y en rencontrait quelquefois de toutes les grandes tribus du Nedjd. Ils vivent, ainsi que je l'ai déjà observé au sujet de ceux qui occupent une autre partie de la Mecque, presque de la même manière que dans le désert. On n'aperçoit dans leurs maisons que les meubles de la tente d'un Bédouin riche. Comme ils sont éloignés de la grande mosquée ils ont entouré de murs bas un emplacement carré où ceux qui affichent de la régularité dans leurs dévotions, ce qui est très rare parmi eux, récitent leurs prières sur le sable, conformément à la coutume du désert.

Le gouverneur de la Mecque n'a pas jugé à propos de placer quelques uns de ses soldats dans ce faubourg, qui lui en a une grande obligation. Le Moabedé est par sa situation et les occupations de ses habitans tellement séparé de la ville qu'une femme qui y demeure m'a assuré n'avoir pas mis le pied dans celle-ci depuis trois ans; quoique les Bédouines sortent librement dans la vallée.

La vallée de la Mecque a ici deux issues; au nord un passage étroit défendu par deux tours conduit à l'Ouadi Fatmé. A l'est, le Moabedé finit à un jardin et une maison de plaisance du schérif où Ghaleb passait fréquemment les heures du milieu de la journée. Le jardin est entouré de murs hauts et de tours, et forme un poste fortifié en avant de la ville. On y voit des dattiers, des néheks et quelques autres arbres fruitiers, dont la verdure et l'ombrage doivent être singulièrement agréables. Du temps de Ghaleb l'entrée en était toujours ouverte aux habitans de la Mecque. La maison est mal bâtie; ce n'est pas un ouvrage de Ghaleb. Pendant ses dernières guerres avec les Wahhabites ceux-ci s'en emparèrent, et durant plusieurs semaines se battirent avec les soldats de la Mecque qui étaient postés dans le palais voisin et plus au sud, et qui ayant creusé une mine et fait sauter une partie des murs forcèrent les Wahhabites à la retraite. Ghaleb répara ensuite le dommage. Quelques soldats turcs logent maintenant dans cette maison qu'ils ont déjà ruinée à moitié. D'un côté du jardin il y a une fontaine publique dont l'eau est douce et qui est surmontée d'une jolie coupole; de l'autre un grand puits d'eau saumâtre; il y en a beaucoup de semblables qui sont épars dans le Moabedé.

La route de la Mecque vers l'est à l'A'rafat et à Taïf mène devant cette maison; à peu de distance de ses murs la vallée s'élargit; c'est là que les pèlerins d'Égypte établissent leur campement dont une partie se prolonge généralement dans la plaine vers le réservoir. Autrefois la caravane de Syrie campait dans le même endroit. Entre la maison de plaisance et le palais dont il a été question précédemment, l'aqueduc de la Mecque passe, sur une longueur d'une centaine de pas, dans un canal en pierre, maçonné intérieurement, et élevé de quatre pieds au dessus de la surface du terrain; c'est le seul endroit de cette vallée où il soit visible.

Aussitôt que l'on a franchi cette partie extrême de la Mecque le désert se présente : pas de jardins, d'arbres, de maisons de plaisance sur les avenues de la cité sainte; elle est environnée de tous côtés de vallées stériles et sablonneuses, et de coteaux également arides. Un étranger placé sur le grand chemin de Taïf, au point où les montagnes font un coude tout près de la maison de campagne du schérif, se croirait aussi éloigné de toute société humaine que s'il était au milieu du désert de Nubie, mais cela doit être entièrement imputé à l'apathie des habitans et à leur indifférence pour les travaux agricoles. Les puits nombreux dispersés dans la ville prouvent qu'on peut aisément s'y procurer de l'eau à une profondeur d'une trentaine de pieds au dessous du sol.

En Arabie partout où le terrain peut être arrosé par des puits, le sable devient productif. Ainsi en peu d'années, avec du travail et de l'intelligence, la Mecque et ses environs deviendraient aussi remarquables par leurs jardins et leurs plantations qu'ils le sont maintenant pour leur stérilité absolue. El Azraki parle de jardins dans cette vallée et décrit diverses sources et différens puits qui ne subsistent plus ; ils ont probablement été comblés par la violence des torrens. El Fasi aussi affirme que de son temps la ville ne renfermait pas moins de cinquante-huit puits ; mais dans les premiers temps de l'histoire d'Arabie, ce territoire était certainement stérile, et le Koran le nomme « la vallée sans semences. » Azraki dit depuis qu'avant que les Kossaï eussent bâti des maisons dans cette vallée elle abondait en acacias et en divers arbres épineux.

Rien de plus difficile que de calculer avec exactitude la population des villes de l'Orient où l'on ne tient pas de registres et où même le nombre des maisons peut à peine être constaté. Juger d'après les apparences et par comparaison avec les villes d'Europe, où la population est bien connue, serait s'exposer à de grandes erreurs. Les maisons particulières, dans le Levant, sont en général, excepté dans le Hedjaz seulement, à un seul étage, et par conséquent contiennent proportionnellement moins d'habitans que les habitations européennes. D'un autre côté, les villes de l'Orient ont des rues très étroites, elles n'ont pas de places publiques, ni de grands emplacemens pour les marchés; et leurs misérables faubourgs sont en général plus peuplés que leurs rues principales et les plus belles. Cependant les voyageurs qui les traversent rapidement peuvent être trompés aisément parce qu'ils ne voient que les bazars et certaines rues où la population mâle se rassemble ordinairement pendant le jour. Il s'ensuit que des autorités récentes et respectables ont donné 200,000 habitans à Alep, 400,000 à Damas, et 300,000 au Caire. Voici mon estimation de la population des trois grandes villes de Syrie : Damas, 250,000 ames; Hamah, dont je parle d'ailleurs avec moins de confiance, de 60,000 à 100,000; et Alep qui déchoit chaque jour, entre 80,000 et 100,000. Au Caire, j'attribuerais au plus 200,000 ames. Quant à la Mecque que j'ai vue avant et après le pélerinage et que je connais peut-être mieux que toute autre ville du Levant, le résultat de mes recherches porte le nombre des habitans domiciliés de 25,000 à 30,000 en y comprenant les faubourgs; à quoi il faut ajouter trois à quatre mille Abissins et esclaves noirs; mais la ville peut loger une population triple de celle-là. Selon Kotobeddin, un dénombrement fut fait sous le règne du sultan Selim Ier, en 923 A. H., avant une distribution gratuite de grains, et on trouva que le nombre des habitans : hommes, femmes et enfans était de 12,000. Le même auteur montre que dans des temps antérieurs, la population était beaucoup plus considérable; car lorsqu'Abou-Dhahar chef des Carmatis, secte hérétique de l'islamisme, saccagea la Mecque en 314 A. H., 30,000 de ses habitans furent victimes de la férocité des soldats.

CHAPITRE VIII.

DESCRIPTION DE LA MAISON DE DIEU (BEITHOU'LLAH) OU GRANDE MOSQUÉE DE LA MECQUE.

A l'endroit où la vallée s'élargit le plus dans l'intérieur de la ville, s'élève la mosquée appelée *Beithou'llah* ou *El Haram* édifice remarquable seulement à cause de la ka'aba qu'il renferme; car dans d'autres villes de l'Orient il y a des mosquées presque aussi grandes, et bien plus belles.

La ka'aba est située dans une place oblongue dont la longueur est de 250 pas, la largeur de 200 et dont aucun des côtés ne suit une ligne absolument droite, quoiqu'au premier aspect l'ensemble paraisse d'une forme régulière. Cette place est entourée à l'est d'une colonnade à quatre rangs, et le long des autres côtés à trois ; les colonnes sont unies entre elles par des arcades en ogive ; de quatre en quatre elles supportent un petit dôme enduit de mortier et blanchi en dehors. Ces coupoles, selon Kotobeddin, sont au nombre de 152. Tout le long des quatre côtés de la colonnade, des lampes sont suspendues aux arcades. Quelques unes sont allumées chaque soir, toutes le sont pendant les nuits du ramadhan. Les colonnes ont en général plus de vingt pieds de haut, et d'un pied et demi à un pied trois quarts de diamètre, mais on a eu peu d'égard à la régularité pour ce qui les concerne, quelques unes sont en marbre blanc, en granit ou en porphyre ; le plus grand nombre est en pierre ordinaire des montagnes de la Mecque. El Fasi dit qu'il y en a en tout 589, et ajoute qu'elles sont toutes en marbre excepté 126 en pierre commune, et trois en substance composée. Kotobeddin en compte 555 dont 311 en marbre, et le reste en pierre tirée des montagnes voisines ; mais aucun de ces auteurs ne vivait quand on fit les dernières réparations à la mosquée, après la destruction occasionée par un torrent en 1626 de J. C.

De trois en trois ou de quatre en quatre colonnes, s'élève un pilastre octogone d'environ quatre pieds de diamètre. Du côté de l'est, il y a deux colonnes de granit gris rougeâtre d'un seul morceau et une de beau porphyre gris avec des cristaux de feldspath blanc. Du côté du nord on voit une colonne de granit rouge, et une de beau porphyre rouge à grain fin ; ce sont probablement celles qui, d'après le récit de Kotobeddin, furent apportées d'Egypte et notamment d'Akhmin (*Panopolis*) quand le chef el Moddi agrandit la mosquée en 163 A. H. Parmi 450 ou 500 colonnes des galeries formant l'enceinte de la mosquée, je n'en ai pas trouvé deux dont les bases ou les chapiteaux fussent exactement semblables; les chapiteaux sont de style sarrasin grossier; quelques uns qui avaient servi à d'autres édifices, ont été, par l'ignorance des ouvriers, posés sens dessus dessous. J'ai observé une demi-douzaine de bases en marbre de bon style grec. Quelques colonnes en marbre portent des inscriptions arabes ou cufiques; j'y ai lu les dates de 863 et 762 de l'hégire. Une colonne, du côté de l'est, offre une inscription cufique très ancienne, un peu effacée que je ne pus ni lire ni copier. Les colonnes en pierre de la Mecque, taillées principalement dans le flanc de la montagne voisine du quartier Schebeïka, sont pour la plupart de trois morceaux, mais celles de marbre ne sont que d'un seul. Quelques fûts sont renforcés de larges anneaux ou bandes de fer, comme dans plusieurs autres édifices sarrasins de l'Orient; ils furent d'abord employés ici par Ibn Dhaber Berkouk, roi d'Egypte en rebâtissant la mosquée qui avait été détruite par le feu en 802 A. H.

Ce temple a été si souvent ruiné et réparé qu'on n'y rencontre pas des traces d'une antiquité reculée. En dedans du grand mur qui renferme les galeries on voit une seule inscription arabe en grands caractères, mais elle ne contient que les noms de Mahomet et de ses successeurs immédiats Abou Bekr, Omar, Othman et Aly. Le nom d'ALLAH en grandes lettres se lit aussi en plusieurs endroits. En dehors, au dessus des portes, il y a de longues inscriptions en caractères solouth qui rappellent les noms de ceux qui ont bâti ces portes, et dont les historiens de la Mecque donnent des détails longs et minutieux. Celle de la façade du sud au dessus du Bab Ibrahim est la plus remarquable; tout ce côté fut rebâti en 906 A. H., par sultan El Ghouri d'Égypte. Au dessus du Bab Aly et du Bab Abbas il y a une longue inscription, également en caractère solouth, elle y a été placée par sultan Mourad Ibn Soleïman en 984 A. H., après qu'il eut réparé tout l'édifice. Kotobeddin a donné toute l'inscription, elle occupe plusieurs pages dans son histoire; c'est un monument de la vanité de ce sultan. Ce côté de la mosquée ayant échappé à la destruction de 1626, l'inscription n'a pas été endommagée.

Quelques parties de murs et des arcades sont peintes en couleurs vives, disposées par bandes jaunes, rouges et bleues; il en est de même des minarets. On n'y voit nulle part des fleurs peintes dans le style ordinaire des musulmans; le pavé des galeries est en grandes pierres mal jointes.

Sept chaussées conduisent des galeries à la ka'aba ou maison sainte au centre de la cour; elles sont assez larges pour que quatre ou cinq personnes y marchent de front, et ont à peu près un pied d'élévation sur le plan général de la cour. Entre ces chaussées le terrain est couvert de gravier fin ou de sable, on aperçoit de l'herbe croissant en différens endroits humectés par l'eau qui sort des cruches pleines de l'eau du puits de Zemzem, et rangées tout le long du jour en longues files. Le niveau de la mosquée est plus bas que celui des rues voisines ; du côté du nord on descend huit à dix marches de la porte à la plate-forme de la galerie et trois à quatre du côté du sud.

Vers le milieu de la cour s'élève la ka'aba ; elle est à 115 pas de la colonnade du nord et à 88 de celle du sud. Ce manque de symétrie vient sans doute de ce que la ka'aba subsistait avant la mosquée qui a été bâtie à l'entour et agrandie à diverses époques. C'est une construction oblongue et massive, ayant 18 pieds de long, 14 de large, et 35 à 40 pieds de haut. Je relevai la position d'un des côtés de sa longueur, et je trouvai qu'il était au N.-N.-O. $\frac{1}{7}$O. Cet édifice est en pierre grise de la Mecque taillée en grands blocs de différentes dimensions et jointes grossièrement avec de mauvais mortier. Il a été entièrement rebâti, dans son état actuel, en 1627 de J.-C. Les eaux avaient, l'année précédente, emporté trois de ses côtés, et avant qu'on les relevât, le quatrième, selon le récit d'Asami, fut abattu après que les olémas eurent été consultés sur la question de savoir si des mortels pouvaient se permettre de détruire une portion quelconque du saint édifice sans encourir l'accusation de sacrilége et d'impiété.

La ka'aba est placée sur une base haute de deux pieds et présentant un plan fortement incliné ; comme son toit est plat, elle offre à une certaine distance l'aspect d'un cube parfait. L'unique porte par laquelle on y entre, et qui ne s'ouvre que deux ou trois fois l'an, est du côté du nord et à peu près à sept pieds au dessus du sol. C'est pourquoi on n'y peut pénétrer que par un escalier en bois dont je parlerai plus tard, mais dans les premiers temps de l'islamisme, quand elle fut rebâtie en 164 A. H., par Ibn Zebeïr chef de la Mecque et neveu d'Aïescha, elle avait deux portes au niveau du sol de la mosquée. La porte actuelle, qui suivant Azraki fut apportée de Constantinople en 1633, est entièrement revêtue d'argent et a plusieurs ornemens dorés. Tous les soirs on place sur le seuil de petites bougies allumées et des cassolettes remplies de musc, de bois d'aloès et d'autres parfums.

A l'angle nord-est de la ka'aba, près de la porte, est enchâssée la fameuse *pierre noire,* qui forme une portion de l'angle du bâtiment à quatre ou cinq pieds au dessus du sol de la cour. Elle est de figure ovale irrégulière, à peu près de sept pouces de diamètre, et a une surface ondulée, composée d'une demi-douzaine de petites pierres de dimensions et de formes différentes, bien jointes ensemble par une quantité de ciment, et parfaitement polie; son aspect ferait croire qu'elle a été brisée par un coup violent en plusieurs morceaux, puis réunie de nouveau. Il est très difficile de déterminer avec exactitude la nature de cette pierre, dont la surface a été usée et réduite à son état actuel par les baisers et les attouchemens de plusieurs millions de pèlerins. Elle me parut ressembler à une lave, contenant plusieurs petites particules hétérogènes d'une substance blanchâtre et d'une autre jaunâtre. Sa couleur actuelle est un brun sombre et rougeâtre, qui se rapproche du noir; elle est entourée complétement d'une bordure composée d'une substance que je pris pour un ciment compacte de poix et de gravier; également de couleur brunâtre, mais un peu différente. Cette bordure qui sert à maintenir les morceaux détachés, a deux à trois pouces de large, et s'élève un peu au dessus de la surface de la pierre. L'une et l'autre sont bordées tout autour d'une plaque d'argent plus large en bas qu'en haut, et offrant des deux côtés un renflement considérable par en bas, comme si une partie de la pierre était cachée dessous. Le bas de cette plaque est garni de clous d'argent.

A l'angle sud-est de la ka'aba, ou comme les Arabes le nomment *Roken el Yemani*, on voit une autre pierre à peu près à cinq pieds au dessus du sol ; elle est longue d'un pied et demi, large de deux pouces, et placée perpendiculairement, c'est une pierre ordinaire de la Mecque. En faisant le tour de la ka'aba, les musulmans se contentent de la toucher de la main droite, ils ne la baisent pas.

A la face septentrionale de la ka'aba, tout près de la porte, et contre le mur il y a une fosse, dans le terrain ; elle est revêtue en marbre et assez grande pour que trois personnes s'y asseient. On regarde comme très méritoire d'y faire sa prière. Cette fosse nommée *El Madjen* passe pour être celle où Abraham et son fils Ismaël gâchaient la chaux et la terre dont ils se servaient pour bâtir la ka'aba, et on dit que le premier plaça près du Madjen, la grande pierre sur laquelle il se tenait pendant qu'il travaillait à la maçonnerie. Sur la base de l'édifice, précisément au dessous du Madjen, il y a une ancienne inscription cufique ; mais je ne pus ni la déchiffrer ni trouver une occasion de la copier. Je n'en ai aperçu aucune mention dans les historiens.

A la face occidentale de la ka'aba, à deux pieds à peu près au dessous du sommet est le fameux *mizab* ou la gouttière par laquelle l'eau de pluie réunie sur le toit de l'édifice passe pour tomber à terre, elle a quatre pieds de long et six pouces de large, autant que je pus en juger d'en bas; la hauteur des rebords est égale à sa largeur. A son extrémité est suspendu ce qu'on appelle la barbe du mizab; c'est une planche dorée sur laquelle l'eau coule. Cette gouttière fut envoyée de Constantinople en 981 A. H.; on dit qu'elle est en or massif: le pavé autour de la ka'aba au dessous du mizab fut placé en 826 A. H.; il consiste en pierres colorées, de teintes différentes, ce qui forme une très jolie mosaïque. Il y a au centre deux grandes dalles de beau vert antique qui, suivant Makrizi, furent envoyées du Caire en 241 A. H. C'est là, selon la tradition des musulmans, qu'Ismaël fils d'Abraham et sa mère Agar sont enterrés; c'est une œuvre méritoire pour les pèlerins d'y réciter une prière, et de s'y prosterner deux fois. Vis à vis de ce côté occidental, s'étend un parapet semi-circulaire dont les deux extrémités sont parallèles à la face de la ka'aba; elles en sont éloignées de 3 à 4 pieds, l'espace intermédiaire conduit au tombeau d'Ismaël. Ce mur est appelé *El Hatim* et l'espace qu'il environne *Hedjer* ou *Hedjer Ismaïl*, à cause qu'il est séparé de la ka'aba; le parapet aussi est quelquefois désigné par le même nom, et celui de Hatim est donné par les historiens à l'espace compris entre la ka'aba et le parapet d'un côté et le bir Zemzem et le Makam Ibrahim de l'autre; mais aujourd'hui les Mekkaouis ne l'appliquent qu'au parapet.

Selon la tradition, la ka'aba s'étendait autrefois jusqu'au Hatim et ce côté s'étant écroulé précisément au temps du pélerinage les frais de reconstruction furent demandés aux pélerins, sous prétexte que les revenus du gouvernement ne provenaient pas d'une source assez pure pour être appliqués à un emploi aussi saint, tandis que l'argent des hadjis possédait les qualités requises pour une œuvre aussi pieuse. Cependant la somme qu'ils fournirent ne fut pas suffisante; et tout ce qu'on put faire fut d'élever un mur qui marqua l'espace autrefois occupé par la ka'aba. Cette tradition bien que courante parmi les métaouefs n'est pas d'accord avec l'histoire; celle-ci raconte que le Hedjer fut bâti par les Beni Koreïsch, qui diminuèrent les dimensions de la ka'aba, qu'il fut réuni à l'édifice par Hadjadj et qu'il en fut séparé de nouveau par Ibn Zebeïr. Fasi assure qu'aucune partie du Hedjer tel qu'il subsiste aujourd'hui n'a jamais été comprise dans la ka'aba. La loi le regarde comme en faisant partie, et à tel point qu'il est réputé aussi méritoire de prier dans le Hedjer que dans la ka'aba même, et les pélerins à qui manque l'occasion d'entrer dans celle-ci, ont la faculté d'affirmer par serment qu'ils ont prié dans la ka'aba quoiqu'ils ne se soient prosternés que dans l'enceinte du Hatim. Ce parapet est en pierres solides, haut de cinq pieds, épais de quatre, entièrement revêtu de marbre, et couvert de formules de prières et d'invocation pieuses délicatement gravées sur la pierre en caractères modernes. Elles sont, ainsi que le revêtement, l'ouvrage d'El Ghouri sultan d'Égypte en 917 A. H., suivant ce que nous apprend Kotobeddin. La promenade autour de la ka'aba se fait en dehors du mur, et il est bon de s'en approcher le plus qu'on peut.

La ka'aba est entièrement couverte en dehors d'une grande tenture en soie noire qui enveloppe ses côtés, et laisse le toit à découvert (1). Ce voile ou rideau est nommé *kesoua*, renouvelé tous les ans au temps du pèlerinage, et apporté du Caire où il est fabriqué aux dépens du grand seigneur (2). Diverses prières y sont tissues de la même couleur que l'étoffe, et il est par conséquent très difficile de les lire. Aux deux tiers de sa hauteur et tout autour de l'édifice, une bande d'inscriptions semblables est brodée en or. La partie du kesoua qui couvre la porte est richement brodée en argent. On y laisse une ouverture pour la pierre noire, et une autre à l'angle sud-est qui ainsi restent à découvert. Le kesoua ne change jamais de forme ni de modèle; celui que je vis, à ma première visite à la mosquée, était en mauvais état et plein de trous. Le 25 du mois *zoul'kadé*, l'ancien est enlevé, et la ka'aba reste quinze jours sans être couverte. On dit alors que la ka'aba a pris l'ihram (*el ka'aba yehrem*), ce qui dure jusqu'au 10 de *zoul hadji*, jour auquel les pèlerins reviennent de l'A'ra-

---

(1) Les Wahhabites pendant la première année de leur séjour à la Mecque couvrirent la ka'aba d'un kesoua rouge, façonné à El Hassa de la même étoffe que les beaux abbas arabes.

(2) Durant le premier siècle de l'islamisme, le kesoua n'était jamais ôté; le nouveau était mis par dessus l'ancien. Mais à la fin les Mekkaouis craignirent que la ka'aba ne succombât sous cet entassement continuel, et le khalife El Mohdi Abou Abdallah enleva ces couvertures en 160 A. H. (Voyez Makrizi.)

fat à l'Ouadi Muna; alors on place le nouveau kesoua. Durant les premiers jours, la nouvelle tenture est relevée par des cordes attachées au toit, de manière que la partie inférieure du bâtiment reste à découvert; ensuite on laisse retomber le kesoua qui couvre tout le bâtiment; il est fixé à de forts anneaux de cuivre placés à la base de la ka'aba. Le vieux kesoua fut enlevé d'une façon très indécente, et il s'éleva entre les pélerins et les Mekkaouis de tout âge une vive dispute au sujet de quelques uns de ses lambeaux. Les pélerins recueillent même la poussière qui s'attache aux murs de la ka'aba sous le kesoua, et la vendent à leur retour chez eux comme une relique sainte. Au moment ou l'édifice est découvert et complétement nu, ce qu'on nomme *ourian*, une foule de femmes s'assemblent à l'entour et poussent des cris de joie appelés *oualoualou*.

La couleur noire du kesoua couvrant un cube énorme au milieu d'une vaste place donne à la ka'aba, au premier coup d'œil, un aspect singulier et imposant; comme les cordes qui assujettissent la tenture par le bas, ne sont pas très tendues, le moindre souffle de vent suffit pour la faire ondoyer lentement, ce que la foule réunie autour de l'édifice accueille avec des prières, parce qu'elle regarde ces ondulations comme un signe de la présence de son ange gardien qui les produit en agitant ses ailes. Soixante-dix mille anges ont la garde de la ka'aba, et la transporteront au paradis quand la trompette du jugement dernier retentira.

L'usage de couvrir la ka'aba existait anciennement chez les Arabes idolâtres. El Azraki dit que le premier kesoua fut placé par Asad Toba l'un des rois hamiarites de l'Yemen ; avant l'islamisme, il y avait deux couvertures, l'une pour l'été, l'autre pour l'hiver ; dans les premiers temps de l'islamisme le kesoua était quelquefois blanc, quelquefois rouge et du plus riche brocard ; par la suite les différens sultans de Bagdhad, d'Égypte ou d'Yemen le fournirent suivant le degré de puissance qu'ils exerçaient à la Mecque ; car l'acte de donner la tenture de la ka'aba semble avoir toujours été considéré comme une marque de souveraineté sur le Hedjaz. Kalaoun, sultan d'Egypte, s'en arrogea le droit exclusif, pour lui et ses successeurs, et c'est d'eux que les sultans de Constantinople en ont hérité. Kalaoun assigna le revenu de Bizous et de Sandabeïr grands villages de la Basse-Égypte, pour la dépense du kesoua et sultan Soliman y en ajouta ensuite plusieurs autres, mais depuis long-temps la ka'aba est privée de cette ressource (1).

A quelque distance autour de la ka'aba s'étend un beau pavé en marbre, inférieur de huit pouces au niveau de la grande place ; il fut posé en 981 A. H. par ordre du sultan ; il décrit un ovale irrégulier et est environné de trente-deux colonnes minces ou plutôt piliers en bronze doré ; de l'un à l'autre, sont des barres de fer auxquelles sont suspendues sept lampes que l'on allume toujours après le coucher du soleil. Au delà de ces piliers, il y a un second pavé, large d'environ huit pas, un peu plus élevé que le premier, mais d'un ouvrage plus grossier, ensuite

(1) V. Kotobeddin et Asami.

un troisième, de six pouces plus haut et large de dix-huit pas, sur lequel s'élèvent plusieurs petits édifices; plus loin s'étend l'espace couvert de gravier, de sorte qu'on peut dire qu'il faut descendre deux larges degrés pour aller de la grande cour à la ka'aba. Les petits édifices dont je viens de faire mention et qui entourent la ka'aba sont les cinq *Makams*, le puits de Zemzem, le Bab es' Salam et le Mambar.

Vis à vis des quatre côtés de la ka'aba, s'élèvent quatre autres petits édifices où les imams des quatre rits musulmans orthodoxes, les hanefi, les schafei les hanbali et les malaki se placent et dirigent la prière de leur communauté. Le Makam el maléki dans le sud, et celui des hanbali en face de la pierre noire, sont de petits pavillons ouverts de toutes parts, et soutenus par quatre colonnes minces avec un toit légèrement incliné et se terminant en pointe, précisément dans le goût des pagodes de l'Inde. Le Makam el hanefi qui est le plus grand, ayant quinze pas de long sur huit de large, est aussi ouvert de tous côtés et soutenu par douze petites colonnes; il a un étage supérieur, également ouvert, où se met le muezzin qui appelle à la prière. Il fut bâti premièrement en 923 A. H. par sultan Selim Ier, et ensuite reconstruit en 947 par Khoschgheldi, gouverneur de Djidda, mais les quatre makams tels qu'ils existent aujourd'hui datent de l'an 1074 A. H. (1). Le Makam-ès'-schafei est au dessus du puits de Zemzem, dont il forme l'appartement supérieur.

Les sectateurs des quatre rits s'asseient près de

---

(1) V. Kotobeddin et Asami.

leurs makams respectifs pour réciter leurs prières. Durant mon séjour à la Mecque, les hanefi commençaient toujours les premiers, mais d'après la coutume des musulmans, les schafei devraient prier les premiers à la mosquée, puis les hanefi, les maleki et les hanbali. La prière du mogreb fait une exception, il leur est enjoint à tous de la réciter ensemble (1). Le Makam el hanbali est le lieu où les officiers du gouvernement et autres grands personnages se placent pendant la prière ; c'est là que se mettent le pacha et le schérif, et en leur absence les eunuques du temple. Ceux-ci remplissent le devant de l'espace au dessous de ce makam; derrière eux est la place assignée aux pélerines qui fréquentent la mosquée, elles y viennent principalement pour les deux prières du soir ; on en voit peu aux trois autres qui se font le jour ; elles s'acquittent aussi du touaf ou de la promenade autour de la ka'aba, mais généralement, la nuit, quoiqu'il ne soit pas rare d'en rencontrer pendant le jour marchant parmi les hommes.

Le bâtiment qui renferme aujourd'hui le puits Zemzem est tout près du Makam hanbali et fut élevé en 1072 A. H. (2), il est de forme carrée, et d'une construction massive ; il a une porte au nord s'ouvrant dans une chambre où est le puits et qui est ornée de marbre de diverses couleurs. Dans une petite chambre contiguë, mais ayant une porte particulière, il y a un réservoir en pierre qui est toujours plein d'eau du Zemzem; les pélerins y puisent

---

(1) V. Fasi.
(2) V. Asami.

sans entrer dans la chambre, en passant une tasse à travers une grille en fer, qui sert de fenêtre. L'ouverture du puits est entourée d'un parapet de cinq pieds de haut et d'à peu près dix pieds de diamètre. C'est sur cette margelle que se tiennent les gens qui tirent l'eau du puits avec des seaux de cuir, une balustrade en fer empêche qu'ils n'y tombent. Du temps d'El Fasi il y avait dans cette chambre huit bassins de marbre pour les ablutions.

Depuis le point du jour jusque vers minuit, la chambre du puits est constamment remplie de pélerins. Chacun a la faculté de tirer de l'eau pour lui-même, mais cette besogne est faite en général par des desservans de la mosquée; ils s'attendent aussi à une légère gratification de la part de ceux qui viennent boire de l'eau, quoiqu'ils n'osent pas la demander. J'ai souvent été dans cette chambre une heure avant de pouvoir obtenir un verre d'eau, tant la foule y était nombreuse. De dévots pélerins montent sur la margelle et tirent le seau, pendant plusieurs heures de suite, dans l'espérance d'expier ainsi leurs péchés.

Avant l'invasion des Wahhabites, le puits de Zemzem appartenait au schérif; et l'eau devenue ainsi un monopole ne pouvait être achetée qu'à un prix élevé. Mais un des premiers ordres donnés par Saoud, à son arrivée à la Mecque, fut d'abolir ce trafic, et maintenant l'eau est dispensée gratuitement. Les Turcs regardent comme un miracle que l'eau de ce puits ne diminue jamais quoiqu'on en tire continuellement; certainement sa profondeur est toujours la même ; car ayant examiné attentivement les cordes auxquelles les seaux sont attachés, je trouvai que la même longueur était nécessaire le matin et le soir pour arriver à la surface de l'eau. Ayant interrogé un homme qui du temps des Wahhabites était descendu dans le puits pour en réparer la maçonnerie, j'appris de lui qu'au fond, l'eau était *coulante*, ainsi le puits est alimenté par un ruisseau souterrain. L'eau est pesante et par sa couleur ressemble quelquefois à du lait; mais elle est parfaitement douce, et diffère beaucoup de celle des puits saumâtres dispersés dans la ville. Au sortir du puits elle est légèrement tiède, et sous ce rapport semblable à celle de beaucoup de sources du Hedjaz.

Le Zemzem fournit de l'eau à toute la ville, et il y a à peine une famille qui n'en remplisse pas journellement une cruche : elle n'est employée que pour boire et faire des ablutions ; s'en servir pour la cuisine et autres usages ordinaires serait considéré comme une impiété. Quand les pèlerins vont à la mosquée pour la prière du soir, une cruche de cette eau sainte est placée devant la plupart d'entre eux par les gens qui gagnent leur vie à cette profession. L'eau est distribuée dans la mosquée pour une chétive rétribution, à tous ceux qui ont soif, par des gens portant de grandes cruches d'eau sur le dos ; ils sont également payés par les hadjis riches pour verser de l'eau sainte aux pauvres pèlerins avant ou après la prière.

Cette eau est regardée comme un remède infaillible pour toutes les maladies, et les dévots croient que plus ils en boivent, plus leur santé se fortifie, et plus leurs prières sont agréables à la divinité. J'en ai vu qui au puits en avalaient une quantité presque incroyable. Un homme qui demeurait dans la même maison que moi, et qui souffrait d'une fièvre intermittente, allait tous les soirs au Zemzem et buvait de l'eau jusqu'à ce qu'il fût près de se trouver mal; ensuite il restait plusieurs heures étendu sur le dos, sur le pavé près de la ka'aba, puis retournait se gorger d'eau. Lorsque par suite de cette pratique, il se fut mis à deux doigts de la mort, il déclara qu'il était fermement persuadé que l'accroissement de sa maladie venait uniquement de ce qu'il n'avait pas été en état d'avaler une quantité d'eau suffisante. Beaucoup de pèlerins ne se contentent pas d'en boire, ils se déshabillent dans la chambre du puits, se font vider des seaux entiers sur le corps, et sont convaincus que par là leur cœur est également purifié. Peu de pèlerins partent de la Mecque sans emporter de cette eau dans des bouteilles de cuivre ou de ferblanc, soit pour en faire des présens ou pour en boire en cas de maladie, ou pour qu'elle serve à laver leur corps après leur mort. J'en pris avec moi quatre petites bouteilles dans l'intention de les offrir en cadeau aux rois musulmans du pays des Nègres. J'en ai vu vendre à Suez par des pèlerins à leur retour de la Mecque, au prix d'une piastre pour une quantité qui remplissait une tasse à café.

Le chef du puits de Zemzem est un des principaux olémas de la Mecque. Je n'ai pas besoin de rappeler au lecteur que selon la croyance des musulmans, ce puits fut trouvé par Agar dans le désert, au moment où son fils Ismaël était mourant de soif. Il paraît probable que la ville de la Mecque doit son origine à cette source; car à plusieurs milles à l'entour, on ne trouve pas d'eau douce, et dans tout le pays voisin il n'en existe point de si abondante.

Au nord-est du Zemzem on voit deux maisonnettes placées l'une devant l'autre et nommées El Koubbateïn ; elles sont surmontées de dômes peints de la même manière que la mosquée, et servent de magasins pour les cruches, les lampes, les tapis, les nattes, les balais et autres objets employés dans la mosquée. Ces deux maisonnettes qui sont fort laides gâtent l'aspect de l'intérieur du temple, et leur construction lourde contraste très désavantageusement avec la forme légère et aérienne des makams. J'ai entendu des pèlerins venus de Grèce, et hommes de bien meilleur goût que les Arabes, exprimer leurs regrets de ce que les Koubbeteïn défiguraient ainsi la mosquée. On pourrait déposer tout ce qu'ils contiennent, dans un des bâtimens voisins du temple dont ils ne forment pas une partie essentielle, nulle importance religieuse ne leur étant attachée. Ils ont été construits en 947 A. H. par Khoschgheldi, gouverneur de Djidda ; l'un est appelé *Koubbet el Abbas* parce qu'il a été élevé sur l'emplacement d'un réservoir qu'on dit avoir été fait par Abbas oncle de Mahomet.

A quelques heures à l'ouest du Zemzem et vis à vis de la porte de la ka'aba est placé l'escalier en bois que l'on approche des murs de l'édifice aux jours où la porte en est ouverte afin que les pèlerins puissent y entrer ; il est orné de quelques sculptures, posé sur des roues basses qui le font mouvoir, et assez large pour que quatre personnes y montent de front. Le premier escalier fut envoyé du Caire en 818

A. H. par Monaï ed Abou el Naser, roi d'Egypte; car il paraît que dans le Hedjaz il y a toujours eu une si grande disette d'artisans, que quand la mosquée exigeait quelque travail il fallait faire venir des ouvriers du Caire et quelquefois même de Constantinople.

Sur la même ligne que l'escalier mobile, et tout auprès, s'élève un arc isolé, circulaire et de construction légère, d'environ quinze pieds de large et de dix-huit de haut : on l'appelle *Bab-ès-Salam* (Porte du Salut). Il ne faut pas la confondre avec la grande porte de la mosquée, qui porte le même nom. On enjoint aux pèlerins qui entrent pour la première fois dans le Beithou'llah, de passer par les deux Bab-ès-Salam; sous celui de l'intérieur ils doivent s'écrier : « O Seigneur! que ce soit une heureuse entrée! » J'ignore par qui cet arc a été construit, mais il m'a semblé moderne.

Presqu'en face du Bab-ès-Salam, et plus près de la ka'aba que de tous les autres bâtimens environnans, on trouve le Makam Ibrahim. C'est un petit édifice soutenu par six colonnes hautes de huit pieds, dont quatre sont entourées, dans toute leur longueur, d'une belle grille en fer, ce qui laisse l'espace au delà des deux colonnes postérieures ouvert. La grille renferme un châssis d'à peu près quatre pieds carrés, qui se termine par un sommet pyramidal. On dit qu'il contient la pierre sacrée sur laquelle Abraham se tenait quand il bâtissait la ka'aba, et qu'avec l'aide de son fils Ismaël il avait amenée d'ici au lieu appelé *Ma'djen*, dont j'ai déjà parlé. On raconte que la pierre a cédé à la pression du corps du patriarche, et qu'elle conserve encore visiblement la marque de son pied; mais nul pélerin ne l'a jamais vue, le châssis étant toujours couvert entièrement d'une enveloppe de soie cramoisie, richement brodée en or et en argent. Des pélerins sont constamment autour de la grille, invoquant l'intercession d'Abraham. Une courte prière doit être récitée devant le Makam Ibrahim, après avoir fait les promenades autour de la maison de Dieu. Suivant la tradition, beaucoup de sahabé, ou des premiers disciples de Mahomet, ont été enterrés dans l'espace compris entre le Makam et le Zemzem, ce qui le rend un des lieux de la mosquée que l'on choisit de préférence pour y faire la prière. Le khalife Soleïman ibn Abdel Malek, frère de Wolid, construisit dans cette partie de la cour, en 97 A. H., un beau réservoir qui fut rempli avec de l'eau venue d'une source à l'est de l'A'rafat; mais après sa mort les Mekkaouis le détruisirent, sous prétexte que l'eau du Zemzem était préférable (1).

Du côté du Makam Ibrahim, qui est vis à vis du milieu de la façade de la ka'aba, on voit le mambar ou la chaire de la mosquée; elle est de forme élégante, en beau marbre blanc, et ornée de beaucoup d'ornemens en sculpture. Elle fut envoyée en présent à la mosquée par sultan Soliman ibn Selim en 969 A. H (2). Un escalier droit et étroit conduit à l'endroit où se tient le khatib ou prédicateur, et qui est

---

(1) Voyez le traité intitulé: *Monhadj min el Kholafa*, par Makrizi.
(2) Le premier mambar fut envoyé du Caire en 818 A. H. avec l'escalier dont il a été question précédemment, par Mouaï roi d'Egypte. Voyez Asami.

surmonté d'une coupole pyramidale octogone, dorée. Tous les vendredis, et à certaines fêtes, on y prêche un sermon; de même que ceux des vendredis de toutes les mosquées des pays musulmans, il roule ordinairement sur le même sujet, avec quelques légers changemens pour les occasions extraordinaires. Avant l'invasion des Wahhabites, on ajoutait à la prédication des prières pour le sultan et pour le schérif; mais elles furent prohibées par Saoud. Toutefois, depuis que les Turcs ont repris la Mecque, l'ancien usage a été rétabli, et les vendredis, ainsi qu'à la fin de la première prière quotidienne, les noms du sultan, de Mohammed Aly pacha et du schérif Yahya sont compris dans la même formule. Le droit de prêcher dans le mambar est réservé à quelques uns des premiers olémas de la Mecque; ce sont toujours des hommes âgés, et ils officient tour à tour. Dans les temps anciens, Mahomet lui-même, ses successeurs et les khalifes, quand ils venaient à la Mecque, montaient en chaire et prêchaient devant le peuple.

Le khatib ou prédicateur qui monte au mambar, y vient enveloppé d'un manteau blanc qui lui couvre la tête et le corps, et tenant un bâton à la main, coutume observée également en Égypte et en Syrie, en mémoire des premiers temps de l'islamisme quand les prédicateurs jugeaient nécessaire d'être armés, de crainte de surprise; de même que dans les autres mosquées on place un drapeau vert de chaque côté de la chaire.

Les pélerins déposent leur chaussure près du mambar, parce qu'il n'est pas permis de faire, les pieds couverts, les promenades autour de la ka'aba, ni regardé comme décent de porter ses souliers à la main comme c'est l'usage dans les autres mosquées. Des gens veillent sur les chaussures ainsi laissées, et reçoivent une petite gratification pour leur peine; cependant le voisinage du temple saint n'intimide pas les pervers, car j'ai perdu là successivement trois paires de souliers neufs : le même accident arrive à beaucoup de pélerins.

J'ai terminé la description de tous les édifices renfermés dans l'enceinte du temple (1).

Le terrain graveleux et une partie du pavé extérieur de la ka'aba sont couverts, pendant la prière du soir, de tapis longs de soixante à quatre-vingts pieds, et larges de quatre; on les fabrique en Égypte. La prière finie, ils sont roulés. Presque tous les pélerins apportent leur tapis avec eux. Les parties de la cour les plus éloignées, et le pavé sous les galeries, sont revêtus de nattes de Souakin; c'est là qu'on se tient ordinairement pendant les prières du

---

(1) Le plan de la mosquée donné par Aly bey el Abassi est parfaitement exact. On ne peut en dire autant de son plan de la Mecque, ni de ses différentes vues du Hedjaz : en comparant ma description avec son ouvrage, on verra en quoi je diffère de lui tant pour ce qui concerne le temple que pour la ville et ses habitans. Je n'eus sa relation entre les mains qu'à mon retour d'Arabie.

La vue de la mosquée donnée par Mouradja d'Ohsson, dans son précieux ouvrage, est assez exacte, excepté que la ka'aba est trop grande en comparaison du reste de l'édifice. La vue de la Mecque au contraire est très infidèle.

La vue de la mosquée qu'on voit dans la *Description de l'Arabie* par Niebuhr et qui est copiée d'après un ancien dessin arabe est moins exacte que celle de d'Ohsson. L'original semble avoir été pris avant les derniers changemens faits aux bâtimens du temple.

milieu du jour et du soir. Beaucoup de ces nattes sont offertes en présent à la mosquée par les pèlerins, qui, en retour, ont la satisfaction d'y voir leur nom écrit en gros caractères.

Au coucher du soleil les fidèles se réunissent en grand nombre pour la première prière du soir; ils se forment en plusieurs larges cercles, quelquefois au nombre de vingt, autour de la ka'aba, comme un centre commun vers lequel chacun se prosterne, et ainsi, suivant l'observation des docteurs musulmans, la Mecque est le seul lieu du monde où le vrai croyant peut convenablement se tourner vers tous les points de l'horizon pour faire sa prière. L'imam se place près de la porte de la ka'aba, et ses génuflexions sont imitées par toute la multitude assemblée. Il est impossible au spectateur le plus apathique de ne pas éprouver une secrète impression de respect religieux en voyant six ou huit mille personnes s'agenouiller ou se prosterner toutes à la fois, surtout si l'on se représente l'éloignement et la diversité des pays d'où sont venus les hommes rassemblés en ce lieu, et le motif qui les y amène tous. La nuit, quand les lampes sont allumées, et que des troupes de dévots s'acquittent du touaf (c'est à dire de la procession circulaire) autour de la ka'aba, l'aspect de ces groupes occupés à leurs dévotions, la voix élevée des métaouefs, appliqués à se faire entendre de ceux pour lesquels ils récitent des prières; les conversations d'une feule de gens oisifs qui parlent tout haut; les courses, les jeux, les éclats de rire des enfans donnent à tout cet ensemble une apparence bien différente, et qui ressemble beaucoup plus à celle d'un lieu public de divertissement. Toutefois la foule quitte la mosquée vers neuf heures; alors elle redevient un lieu de méditation silencieuse et de prière pour le petit nombre de musulmans qui y sont conduits par une piété sincère, et non par des motifs terrestres ou par l'usage.

Suivant une opinion très répandue à la Mecque, et fondée sur des traditions sacrées, la mosquée peut contenir tel nombre que ce puisse être de croyans, et même si tous les musulmans du monde y entraient à la fois, ils y trouveraient tous de la place pour prier. Les anges gardiens, disent-ils, étendraient invisiblement les dimensions de l'édifice et diminueraient chaque individu. La vérité est que, durant les pélerinages les plus nombreux, la mosquée, qui je crois peut renfermer à peu près trente-cinq mille personnes occupées à prier, n'est jamais à moitié remplie. Même les vendredis, la plupart des Mekkaouis, malgré l'injonction expresse de la loi, font la prière chez eux, si même ils en font aucune, et beaucoup de pélerins suivent leur exemple. Je n'ai jamais pu compter plus de dix mille individus à la fois dans la mosquée, même après le retour de l'A'rafat, quand tout le corps des hadjis était rassemblé pour peu de jours, dans la ville et dans ses environs.

A chaque heure du jour on voit, sous les colonnades, des personnes lisant le Koran et autres livres religieux; plusieurs Indiens ou nègres pauvres y étendent leurs nattes et y passent tout le temps de leur séjour à la Mecque. Ils y mangent et ils y dorment; mais il n'est pas permis d'y faire la cuisine.

Aux heures du milieu du jour, beaucoup de monde vient goûter le repos sous l'ombre fraîche du toit voûté des galeries ; usage qui non seulement explique la manière dont sont construits les anciens temples musulmans d'Égypte et d'Arabie, mais aussi les antiques temples égyptiens, dont les portiques immenses étaient probablement laissés ouverts à toute la population, dont les maisons, bâties en terre, ne pouvaient offrir qu'un abri bien imparfait contre la chaleur intense du milieu du jour.

Ce n'est qu'aux heures de la prière que les grandes mosquées de ces contrées participent à sa sainteté, ou semblent être considérées à un degré quelconque comme des lieux consacrés. Dans El Azhar, la première mosquée du Caire, j'ai vu des petits garçons criant des gâteaux à vendre, des barbiers rasant leurs pratiques, et beaucoup de gens de la classe inférieure mangeant leur dîner; mais durant la prière, pas le moindre mouvement, pas le plus léger bruit, pas même un discours à voix basse ne détournent l'attention de l'assemblée ; on n'entend d'autre son que celui de la voix de l'imam pendant la prière, dans la grande mosquée de la Mecque, tandis que dans d'autres temps c'est le lieu où se rassemblent les gens d'affaires pour s'en entretenir ; quelquefois elle est tant remplie de pauvres pèlerins ou de gens malades couchés sous la colonnade au milieu de leur misérable bagage, que l'on croit voir un hôpital plutôt qu'un temple. Des petits garçons jouent dans la grande cour, des domestiques portant des paquets la traversent afin de prendre le chemin le plus court pour aller d'un endroit de la ville à l'autre.

Sous ce rapport, le temple de la Mecque ressemble à toutes les autres grandes mosquées de l'Orient, mais on fait de la sainte ka'aba le théâtre d'actions si indécentes et si criminelles, que ce serait outrager la délicatesse que de les décrire avec détail. Elles sont commises non seulement avec impunité, mais on peut dire presque publiquement. Mon indignation a souvent été excitée en voyant des abominations qui ne provoquaient de la part des passans qu'un sourire ou une légère réprimande.

Sous plusieurs parties de la colonnade il se tient des écoles publiques où l'on enseigne aux enfans à lire et à écrire; elles forment des groupes très bruyans, et la baguette du maître est dans un mouvement continuel. Des hommes doctes de la Mecque prononcent chaque jour après midi, sous la colonnade, des discours sur des sujets religieux; mais leur auditoire est rarement nombreux. Les vendredis, après la prière, les olémas turcs expliquent à leurs compatriotes, assemblés autour d'eux, quelques chapitres du Koran; après quoi chaque auditeur baise la main de l'orateur, et glisse une pièce de monnaie dans son bonnet. J'admirai particulièrement un de ces olémas, quoique je ne comprisse pas un seul mot de ce qu'il disait, parce qu'il parlait turc. Ses gestes et les inflexions de sa voix avaient beaucoup d'expression; mais, de même qu'un acteur sur le théâtre, il riait et pleurait dans la même minute, et adaptait les traits de sa physionomie à son sujet avec une habileté très remarquable. Il était natif de Brousse : il amassa de cette manière beaucoup d'argent.

Quelques scheikhs arabes prennent tous les jours leur poste près de la porte de la mosquée nommée Bab el Salam; ils ont avec eux leur écritoire et du papier, prêts à écrire pour quiconque le demande des lettres, des comptes, des contrats, et autres pièces de ce genre. Ils vendent aussi des charmes écrits, pareils à ceux qui ont tant de vogue dans le pays des Nègres, tels que les amulettes et les recettes d'amour nommées *kutub mohhibet we kouboul*. Ils sont principalement employés par les Bédouins, et exigent des prix exorbitans pour ceux qui les font.

On voit constamment des draps (*keffin*) et d'autres linges, lavés dans l'eau du puits Zemzem, qui sont étendus entre les colonnes pour sécher. Beaucoup de pélerins achètent à la Mecque le linceul dans lequel ils désirent être ensevelis, et le trempent eux-mêmes dans l'eau du Zemzem, parce qu'ils sont persuadés que si le corps est enveloppé dans de la toile qui a été humectée par cette eau sainte la paix de l'ame après la mort est plus efficacement assurée. Des pélerins font de cette toile un objet de trafic.

La Mecque en général et la mosquée en particulier abondent en troupes de pigeons sauvages qui sont regardés comme la propriété inviolable du temple, et sont par conséquent nommés les pigeons du Beithou'llah. Personne n'oserait en tuer un seul, même lorsqu'ils entrent dans les maisons particulières. Tous les jours, régulièrement, on remplit d'eau de petits bassins épars dans la grande cour pour que ces oiseaux viennent boire. Des femmes arabes y exposent aussi en vente, sur de petites nattes de paille, de l'orge et du dhourra, que les pélerins achètent pour les jeter aux pigeons. J'ai vu des femmes publiques adopter cette manière de se montrer, et de conclure leur marché avec les pélerins, sous prétexte de leur vendre du grain pour les pigeons.

Les portes de la mosquée sont au nombre de dix-neuf, distribuées autour de son enceinte, sans ordre ni symétrie. Je donne en note leurs noms tels qu'ils sont ordinairement écrits sur de petites cartes par les métaouefs; une autre colonne indique les dénominations sous lesquelles elles furent connues autrefois, prises principalement dans Azraki et Kotobi (1).

Les principales de ces portes sont, au nord : Bab es' Salam, par laquelle tout pélerin entre dans la

---

(1) *Noms modernes.* *Noms anciens.*

Bab es' Salam composée de petites portes ou arcades.   3   Bab beni Scheïbé.

Bab el Nebi.   2   Bab el Djenaïz.
C'est par là qu'on porte les morts à la mosquée pour que les prières soient récitées sur leur corps.

Bab el Abbas.   3   Bab Sertakat.
La maison d'Abbas était autrefois vis à vis.

Bab Aly.   3   Bab beni Haschem.

Bab el Zeït.
Bab el Aschra.   2   Bab Bazan.

Bab el Baghlé.   2

Bab el Ssafa.   5   Bab beni Makhzoun.

Bab Schérif.   2   Bab el Djiad.

Bab Medjahed.   2   Bab el Dokhmasé.

Bab Zuleikha.   2   Bab Schérif Adjelan (qui la fit bâtir).

Bab om Hani.   2   (Ainsi nommée d'après la fille d'Abou Taleb.)

Bab el Woda'a.   2   Bab el Hazoura.
Le pélerin y passe quand il quitte finalement le temple.

Bab Ibrahim.   1   Bab el Kheïatin ou Bab Djohmah.
Ce nom vient non pas d'Abraham mais d'un tailleur qui avait sa boutique dans le voisinage.

mosquée; Bab Abbas; Bab el Nebi, on dit que c'était toujours par là que Mahomet passait; Bal Aly; à l'est, Bab el Zeït, ou Bab el Aschra, c'est par celle-là que les dix premiers sahabé, ou disciples de Mahomet, avaient coutume d'entrer; Bab el Ssafa; deux portes appelées Biban el Schérif, vis à vis du palais du schérif; au sud, Bab Ibrahim, où la galerie fait une saillie hors de la ligne droite des colonnes, et forme une petite mosquée; Bab el Omra, par où il est nécessaire de passer en visitant l'Omra; à l'ouest, Bal el Ziadé, décrivant un carré saillant, semblable à celui du Bab Ibrahim, mais plus grand. Presque toutes ces portes ont des arceaux en ogive, quelques unes en ont d'arrondis, qui, de même que tous ceux du même genre dans le Hedjaz, sont presque demi-circulaires. Elles n'ont d'autres ornemens que des inscriptions à l'extérieur qui rappellent les noms de ceux à qui on en doit la construction, elles sont toutes postérieures au quatorzième siècle. Chaque porte consistant en deux ou trois arcades ou divisions séparées par des murs étroits, ces divisions sont comptées dans l'énumération des

Bab el Omra.	1	Les pélerins sortent par là pour aller à l'Omra. On la nomme aussi Beni Saham.
Bab Atik.	1	Bab A'amer ibn el A'as ou Bab el Sedra.
Bab el Bastié.	1	Bab el A'djalé.
Bab el Kotobi.	1	Bab Ziadé Dar el Nedoua.

Elle tire son nom du célèbre auteur d'une *histoire de la Mecque* qui demeurait dans une ruelle voisine et ouvrit cette petite porte.

Bab Ziadé.	3	
Bab Dercibé.	1	Bab Medressé.

portes conduisant à la ka'aba, ce qui complète le nombre de trente-neuf. Comme ces portes n'ont point de battans, la mosquée reste constamment ouverte. Je l'ai traversée à toutes les heures de la nuit, et j'y ai toujours trouvé du monde qui priait ou qui s'y promenait.

Les murs extérieurs de la mosquée sont ceux des maisons qui l'entourent de tous côtés; dans l'origine elles appartenaient toutes au temple, la plupart sont aujourd'hui la propriété de particuliers qui les ont achetées; elles sont louées aux pélerins les plus riches, à des prix très élevés; un bel appartement avec des fenêtres donnant sur la mosquée est payé cinq cents piastres pour la durée du hadj. Des croisées ont en conséquence été ouvertes, dans plusieurs parties des murs, de niveau avec la rue, et au dessus du plan du pavé des galeries. Les pélerins qui logent dans ces chambres ont la permission de faire chez eux les prières du vendredi, parce que, voyant la ka'aba par leurs fenêtres, ils sont supposés être dans la mosquée même, et se joindre, en priant, aux fidèles réunis dans le temple. De petites chambres pratiquées dans les murs, s'ouvrant sur les galeries, avec le pavé desquelles elles sont de niveau, et ressemblant à des cachots, sont restées dans la possession de la mosquée, tandis que les maisons situées au dessus ont passé dans les mains des particuliers. Elles sont louées aux porteurs d'eau, qui y déposent les cruches du Zemzem, ou à des pélerins peu riches qui ont envie de demeurer dans la mosquée. Quelques unes des maisons autour de l'enceinte, et appartenant encore à la mosquée, avaient été d'abord destinées à servir d'écoles publiques, comme l'indique leur nom de médressés; toutes sont maintenant louées à des pélerins. Mohammed Aly pacha logeait dans la plus grande, et Hassan pacha dans une autre (1).

Tout près du Bab Ibrahim, il y a une grande médressé qui est aujourd'hui à Seïd Agheil, un des principaux marchands de la ville; ses magasins s'ouvrent sur la mosquée. Cet homme, qui est âgé, a une réputation de grande sainteté; on raconte qu'un jour Ghaleb l'ayant saisi au collet parce qu'il refusait de lui avancer de l'argent, la main de ce schérif fut frappée d'une paralysie momentanée. Seïd Agheil a tous les soirs dans sa maison des réunions où on lit des livres de théologie et où on discute des sujets religieux (2).

Parmi les autres bâtimens formant l'enceinte de la mosquée, on remarque le Mekham, ou la maison de justice, tout près du Bab Ziadé; c'est un bel édifice, solidement construit, avec de hautes arca-

---

(1) Une des plus belles médressés de la Mecque, bâtie par ordre de Kaït Bey, sultan d'Egypte en 888 A. H., sur le côté de la mosquée faisant face à la rue Masa'a est aussi devenue une maison particulière, après avoir été dépouillée de ses revenus par les malversations de ses administrateurs. Indépendamment des médressés, différens sultans d'Egypte et de Constantinople, ont élevé des rebat qui sont des bâtimens moins vastes, mais ayant la même destination que les médressés et où les pélerins pauvres qui ont envie d'étudier peuvent loger; mais ils ont partagé le sort de celles-ci et sont aujourd'hui possédées par des particuliers, ou louées par la mosquée par des baux à longs termes et servent de logemens publics.

(2) Le cousin de cet homme est le fameux pirate Seïd Mohammed el Agheil qui a commis de nombreux outrages envers les navires européens dans le golfe Arabique, et qui a même insulté le pavillon au-

des dans l'intérieur et une rangée de fenêtres claires qui donnent sur la mosquée; il est habité par le kadhi. Il y a tout auprès une vaste médressé renfermant une cour; on la nomme Medressé Soleïmanié; elle fut bâtie par sultan Soliman et son fils Selim II, en 973 A. H. Elle est toujours remplie de pélerins turcs amis du khadi, qui dispose des logemens.

La mosquée est ornée en dehors de sept minarets inégalement distribués. Ils sont appelés : 1° Minaret de Bab el Omra; 2° de Bab el Salam; 3° de Bab Aly; 4° de Bab el Ouada'a; 5° de la médressé de Kaïl Bey; 6° de Bab el Ziadé; 7° de la médressé de sultan Soliman. Ce sont des aiguilles quadrangulaires ou rondes qui ne diffèrent en rien des autres minarets. On y entre par les divers bâtimens environnant la mosquée à laquelle ils sont contigus. En montant par celui du nord, on jouit d'une vue remarquable de la foule occupée en bas à faire ses dévotions.

On a vu, par la description qui précède, que la mosquée de la Mecque diffère peu, dans sa construction, de beaucoup d'autres édifices du même genre en Asie. La mosquée de Zakharie, à Alep, la grande mosquée d'el Amoui, à Damas, et les grandes mosquées du Caire sont construites absolument

---

glais. Au commencement de 1814 il fut appelé à Djidda et reçut des propositions d'entrer au service de Mohammed Aly à qui l'on supposait alors des projets hostiles contre l'Yemen. Le pacha lui fit des présens considérables, dans l'espérance de se l'attacher ou de gagner son amitié; mais le forban déclina ses offres. Il a amassé une grande fortune; il a une maison montée dans presque tous les ports du golfe, et est adoré par ses matelots et ses soldats, à cause de son extrême générosité. De même que son cousin de la Mecque, il a réussi à persuader le peuple qu'il était doué de pouvoirs surnaturels.

sur le même plan, et offrent également des colonnades à arceaux entourant un espace ouvert. Celles qui lui ressemblent le plus sont la mosquée de Touloun, au Caire, bâtie en 263 A. H., et celle d'Ammer, située entre le Caire et le Vieux-Caire, sur l'emplacement où était autrefois Fostat; elle fut construite par Ammer ibn el Aas, la première année de la conquête de l'Égypte; on y voit au centre une fontaine en arcade, à l'endroit où, à la Mecque, s'élève la ka'aba, et elle est de deux tiers moins grande que le Beithou'llah. L'histoire de celle-ci a exercé l'esprit de beaucoup de doctes arabes; ce n'est que dans les temps modernes qu'elle a été agrandie; beaucoup d'arbres s'élevaient autrefois dans la cour, et on doit regretter qu'on ne leur en ait pas substitué de nouveaux.

Le service de cette mosquée occupe beaucoup de monde : les khatibs, les imams, les mouftis, les gens attachés au Zemzem, les muezzins qui appellent à la prière, un grand nombre d'olémas, qui font des cours, les gens qui allument les lampes, et une foule de domestiques sont employés au Beithou'llah. Ils reçoivent un salaire régulier de la mosquée, indépendamment de la part qu'ils ont aux dons faits par les pélerins pour être distribués. Le revenu de la mosquée est considérable, quoiqu'elle en ait perdu les meilleures branches.

Il y a peu de villes ou de cantons de l'empire ottoman où elle ne possède pas quelque propriété en terres ou en maisons, mais le produit annuel qui en provient est souvent retenu, ou au moins réduit à une petite proportion de sa valeur réelle par les gouverneurs des provinces par les mains desquels il passe. El Ishaaki dit, dans son *Histoire d'Egypte*, que du temps de sultan Ahmed, fils de sultan Mohammed, qui mourut en 1027 A. H., l'Egypte envoyait annuellement à la Mecque 295 bourses et 48,080 erdebs de blé. Bayazid ibn sultan Mohammed khan, en 912 A. H., fixa la somme qui devait être expédiée annuellement de Constantinople, à 14,000 ducats, en addition à celle que ses prédécesseurs avaient réglée, et sultan Soliman ibn Selim I accrut le revenu fourni annuel'ement par Constantinople à la Mecque, et que son père avait déterminé à 7,000 erdebs de blé, et 5,000 pour les habitans de Médine (1). Il régla également le *surra* de Constantinople, ou, comme on l'appelle, le surra grec à 31,000 ducats par an (2). Presque tous les revenus provenant de l'Egypte furent sequestrés par les beys mameloucks, et Mohammed Aly vient de saisir ceux qui restaient. On en tire encore quelques uns de l'Yemen, on les nomme *Ouakf el Hamam*, et les caravanes de pèlerins en apportent une petite quantité. Ainsi la mosquée de la Mecque peut aujourd'hui être réputée pauvre, en comparaison de ce qu'elle fut autrefois (3). Excepté quelques lampes d'or dans la ka'aba, elle ne possède pas

---

(1) Voyez Kotobeddin.

(2) Voyez Asami. Les surras ou les bourses furent d'abord institués par Mohammed ibn sultan Yalderem en 816 A. H.

(3) Les princes de l'Inde ont fréquemment donné des preuves d'une grande munificence envers la mosquée. En 791 A. H. des présens considérables en argent et des objets précieux furent envoyés par les souverains du Bengale et du Cambaye; ceux du Bengale entre autres, sont souvent cités comme des bienfaiteurs par Asami.

du tout de trésors, malgré tout ce que l'on débite de contraire; et j'ai appris du kadhi lui-même que le sultan, afin de la maintenir convenablement, envoie annuellement 400 bourses en présent à la ka'aba; cette somme est dépensée pour le service de la mosquée, et en partie distribuée entre les personnes qui y sont attachées.

Le revenu de la mosquée ne doit pas être confondu avec celui d'un certain nombre de Mekkaouis, parmi lesquels sont plusieurs desservans du temple, ils le tiennent d'autres fondations pieuses, connues dans l'empire ottoman sous le nom de *surra*, et dont une grande partie reste encore intacte. Toutefois les donations des pélerins sont assez considérables pour procurer une subsistance abondante à une foule de gens oisifs employés dans la mosquée, et tant que le pélerinage existera, il n'y a pas sujet de craindre que ceux-ci manquent des nécessités ou des aisances de la vie.

Le premier officier est le naïb el haram, ou hatés el haram, le gardien qui tient les clefs de la ka'aba. C'est dans ses mains que sont déposées les sommes destinées en présent à l'édifice : il les distribue conjointement avec le kadhi; c'est aussi sous sa direction que se font les réparations de l'édifice. L'honneur de garder les clefs de la ka'aba, et les profits qui en dérivent, furent souvent des sujets de contestation entre les anciennes tribus arabes. On m'a assuré, mais j'ignore jusqu'à quel point cela est exact, que les comptes annuels du naïb el haram, contre-signés par le schérif et le kadhi et envoyés à Constantinople, se montent à trois cents bourses seulement pour la dépense qu'exigent les réparations nécessaires, l'illumination, les tapis, etc., et l'entretien des eunuques appartenant à la mosquée. Dans ce moment, cet officier est un des chefs des trois seules familles descendant des Koreïsch qui ont conservé leur demeure à la Mecque.

L'officier qui suit immédiatement pour le rang est l'aga des eunuques ou *agat el taouaschi*. Les eunuques remplissent dans le temple les fonctions d'officiers de police (1). Ils préviennent le désordre, et tous les jours lavent et nettoient avec de grands balais le pavé qui entoure la ka'aba. J'ai vu dans les temps de pluie l'eau s'élever, sur ce pavé, à la hauteur d'un pied. Dans ces occasions, beaucoup de pélerins aident aux eunuques à pousser l'eau vers des trous qui sont pratiqués dans le pavé et qui la conduisent, dit-on, dans de grands souterrains situés sous la ka'aba. Cependant les historiens de la Mecque et du temple n'en parlent pas. Ces eunuques ont pour vêtement le kaouk de Constantinople, avec des robes très amples attachées par une écharpe; ils portent à la main un long bâton. La représentation de leur costume, dans l'ouvrage de Mouradjah d'Ohsson est d'une exactitude frappante. C'est ce que l'on peut dire en général de toutes les figures de costumes que l'on voit dans ce livre, que j'ai eu l'occasion de comparer avec les originaux (2).

Aujourd'hui le nombre des eunuques excède qua-

---

(1) L'emploi des esclaves ou eunuques dans cette mosquée est très ancien. Moavia ibn Ali Sofian, peu de temps avant Mahomet, ordonna le premier que des esclaves seraient attachés au service de la ka'aba.

(2) Cet excellent ouvrage est la seule source parfaite d'instruction

rante; ils sont fournis par les pachas et autres grands personnages qui les envoient encore jeunes en présent à la mosquée et une somme de cent piastres avec chacun, en guise d'avance pour leur entretien. Mohammed Aly en présenta dix. En ce moment il y a dix eunuques parvenus à l'âge d'homme et dix adolescens, ceux-ci demeurent ensemble dans la même maison jusqu'à ce qu'ils soient suffisamment instruits pour être confiés à leurs confrères plus âgés, avec lesquels ils passent quelques années ; puis ils s'établissent et prennent leur ménage. Quelque extraordinaire que cela puisse paraître, tous les eunuques parvenus à l'âge d'homme sont mariés à des esclaves noires et ont chez eux des esclaves des deux sexes pour les servir. Ils affectent un air de grande importance, et dans le cas de querelle ou de tumulte, ils n'épargnent pas les coups de leurs bâtons. Beaucoup de Mekkaouis de la classe inférieure leur baisent la main en approchant d'eux. Leur chef ou aga qu'ils élisent parmi eux est un grand personnage, il jouit du privilége de s'asseoir en présence du pacha et du schérif. Les eunuques ont une rente considérable provenant des revenus de la mosquée et des donations particulières des hadjis; ils reçoivent aussi régulièrement un salaire de Constantinople, et tirent de gros profits du commerce. Car de même que presque tous les Mekkaouis et les membres principaux du clergé, ils sont plus ou moins engagés dans

---

pour bien connaître les lois et la constitution de l'empire turc; mais on ne doit pas oublier que dans les provinces les faits sont malheureusement et souvent en contradiction directe avec l'esprit et la lettre du code de lois exposé par l'auteur.

le négoce ; leur ardeur à suivre les affaires qui doivent leur donner du gain est bien plus grande que celle qu'ils montrent à remplir leur emploi ; elle n'est égalée que par leur assiduité à acquérir l'amitié des pèlerins riches.

La plupart des eunuques ou taouaschi sont des nègres, quelques uns sont des Indiens de couleur bronzée, un des premiers est quelquefois envoyé dans les pays du Soudan, afin d'y recueillir des dons pour la ka'aba. Bruce parle d'un de ces eunuques ; il y a quelques années un taouaschi obtint la permission de retourner dans le Soudan, à condition qu'il donnerait à la mosquée quelqu'un pour le remplacer. Il alla dans le Borgo qui est à l'ouest du Darfour ; c'est aujourd'hui un homme puissant, il gouverne une province.

Quand les pèlerins nègres arrivent à la Mecque ils ne manquent jamais de faire une cour assidue aux taouaschi. Quand un de ceux-ci a été attaché au service de la ka'aba, ce qui lui confère la qualification de *taouaschi el nebi* (eunuque du prophète), il ne peut plus entrer au service de quelqu'un.

Durant le ramadhan dont je passai les derniers jours à la Mecque en 1814, la mosquée fut extrêmement brillante. A cette époque qui coïncida avec le temps le plus chaud de l'année, les hadjis récitaient généralement chez eux les trois premières prières de chaque jour ; mais pour les dévotions du soir, ils se rassemblaient en grandes troupes dans la mosquée. Chacun apportait dans son mouchoir un peu de pain et de fromage ou des raisins, et plaçait ces alimens devant lui en attendant le moment de l'appel à la prière du soir pour rompre le jeûne. Pendant ce temps ils offraient poliment à leurs voisins une partie de leur repas et en recevaient autant en retour. Il y avait des hadjis qui, pour acquérir la réputation d'hommes très charitables, allaient d'une personne à une autre, et plaçaient devant chacune quelques morceaux de victuailles; ils étaient suivis par des mendians qui à leur tour recevaient ces morceaux des hadjis devant lesquels ils avaient été posés.

Dès que l'imam eut fait entendre du haut du sommet du Zemzem le cri d'*Allah akbar* (Dieu est très grand), chacun se hâta de boire de l'eau du puits Zemzem contenue dans une cruche placée devant lui et de manger quelque chose avant de se joindre à la prière; après quoi on retourna souper chez soi, puis on revint à la mosquée pour réciter les oraisons de la dernière soirée, alors toute la cour et les colonnades furent illuminées par des milliers de lampes et de plus chaque pèlerin avait sa lanterne posée à terre devant lui. L'éclat de ce coup-d'œil et le vent frais qui se faisait sentir dans la place engagèrent des multitudes de hadjis à ne pas bouger de ce lieu avant minuit. Cette cour, qui est la seule place spacieuse et ouverte de la ville, laisse passer par ses portes le vent qui rafraichit l'atmosphère; les Mekkaouis attribuent cette agitation agréable de l'air au battement des ailes des anges qui gardent la mosquée.

Je fus témoin de l'enthousiasme d'un hadji darfourien qui arriva à la Mecque la dernière nuit du ramadhan. Après un long voyage à travers des déserts stériles et solitaires, en entrant dans le temple illuminé il fut tellement frappé de cet aspect brillant et saisi d'une telle crainte religieuse à la vue de la ka'aba couverte de son voile noir, qu'il se prosterna le visage contre terre près de l'endroit où j'étais assis, et resta long-temps en adoration dans cette posture. Enfin il se releva, répandit un torrent de larmes, et dans son émotion profonde, au lieu de réciter les prières ordinaires prescrites par le rituel, il s'écria: «O Dieu! prends mon ame, car ceci est vraiment ton « paradis.»

La fin du pélerinage donne un aspect tout différent à la mosquée, les maladies et la mortalité qui succèdent aux fatigues supportées pendant le voyage sont produites par le peu d'abri que procure l'ihram, les logemens insalubres de la Mecque, la mauvaise nourriture, et quelquefois le manque absolu de vivres, et remplissent le temple de cadavres que l'on y apporte pour qu'ils reçoivent les prières de l'imam; ou bien ce sont des malades qui s'y font amener, et beaucoup, lorsque leur dernière heure approche, se font transporter à la colonnade afin d'être guéris par la vue de la ka'aba, ou au moins d'avoir la satisfaction d'expirer dans l'enceinte sacrée. On voit de pauvres pélerins, accablés par des maladies et par la faim, trainer leur corps épuisé le long de la colonnade; et, lorsqu'ils n'ont plus la force de tendre la main pour demander l'aumône aux passans, ils placent près de la natte où ils sont étendus une jatte pour recevoir ce que la pitié leur accordera. Lorsqu'ils sentent approcher leur dernier moment, ils se couvrent de leurs vêtemens en lambeaux, et souvent un jour entier se passe avant que l'on s'aperçoive qu'ils sont morts. Durant le mois qui suivit la fin du pélerinage, je trouvais presque tous les matins des cadavres de hadjis couchés dans la mosquée. Un pèlerin grec, que le hasard avait amené là, m'aida à fermer les yeux d'un pauvre hadji mogrebin qui s'était traîné dans le voisinage de la ka'aba, afin de rendre le dernier soupir, suivant l'expression des musulmans, dans les bras du prophète et des anges gardiens. Il nous fit entendre, par signes, qu'il désirait être aspergé d'eau du puits Zemzem; tandis que nous nous acquittions de ce devoir, il rendit l'ame : une demi-heure après, il était enterré. Plusieurs personnes au service de la mosquée sont chargées de laver soigneusement l'endroit où étaient couchés ceux qui meurent dans la mosquée, et d'enterrer tous les étrangers pauvres et délaissés qui terminent leur carrière à la Mecque.

CHAPITRE IX.

NOTICES HISTORIQUES CONCERNANT LA KA'ABA, ET LE TEMPLE DE LA MECQUE, EXTRAITES DES OUVRAGES D'EL AZRAKI, EL FASI, KOTOBEDDIN, ET ASAMI.

La théologie musulmane affirme que la ka'aba fut construite dans le ciel, 2000 ans avant la création du monde, et qu'elle y fut adorée par les anges, à qui le Tout-Puissant commandait de s'acquitter du touaf, ou d'en faire le tour. Adam, qui fut le premier vrai croyant, érigea la ka'aba sur terre, dans son emplacement actuel, situé précisément au dessous de celui qu'elle occupait dans le ciel. Il recueillit les pierres nécessaires pour cet édifice dans les cinq montagnes saintes : le Liban, le Tor Sina (le Sinaï), le Djoudi (nom donné par les Musulmans au mont sur lequel s'arrêta l'arche de Noé après le déluge), le Hirra ou Djebel Hour, et le Tor Zeït (c'est je crois la montagne à laquelle le quatre-vingt-quinzième chapitre du Koran fait allusion). Dix mille anges furent chargés de préserver cette construction de tout accident, mais il paraît, d'après l'histoire de ce saint bâtiment, qu'ils se sont acquittés bien négligemment de leur devoir. Les fils d'Adam réparèrent la ka'aba; et, après le déluge, Ibrahim (Abraham), quand il eut renoncé à l'idolâtrie de ses pères, reçut du Tout-Puissant l'ordre de reconstruire ce temple. Son fils Ismaël, qui, depuis son enfance, demeurait avec sa mère Agar près de l'emplacement de la Mecque, aida à son père, venu exprès de Syrie pour obéir au commandement d'Allah. En creusant la terre, ils trouvèrent les fondemens posés par Adam. Comme ils avaient besoin d'une pierre pour marquer l'angle duquel devait commencer le touaf, ou la promenade sainte autour du temple, Ismaël en chercha une. Sur son chemin vers le Djebel Kobeïs, il rencontra l'ange Gabriel qui tenait à la main la fameuse pierre noire : elle était alors d'une couleur vive et brillante, mais elle devint noire, dit El Azraki, parce qu'elle souffrit plusieurs fois des atteintes du feu, tant avant qu'après l'introduction de l'islamisme. D'autres auteurs disent que sa couleur changea à cause des péchés de ceux qui la touchaient. Au jour du jugement, elle rendra un témoignage favorable de ceux qui l'ont touchée avec un cœur sincère, et sera douée de la vue et de la parole.

Après la création miraculeuse du puits Zemzem, et avant qu'Abraham commençât la construction de la ka'aba, la tribu arabe des Beni Djorham, branche des Amalécites, s'établit en ce lieu, avec la permission d'Ismaël et de sa mère, et y vécut avec eux. Ismaël regardait le puits comme sa propriété; mais s'étant marié avec une femme de la tribu des Djorham, ceux-ci, après sa mort, usurpèrent la possession du puits et de la ka'aba. Pendant qu'ils demeurèrent dans cette vallée, ils rebâtirent ou réparèrent complétement la ka'aba; mais le puits fut comblé par la violence des torrens, et resta ainsi pendant près de mille ans. Ensuite la tribu des Khozaa garda la possession de la ka'aba durant trois cents ans; la tribu Kossaï ibn Kélab, qui leur succéda, la reconstruisit de nouveau, parce que continuellement exposée aux dévastations des torrens, elle avait besoin de réparations fréquentes. Elle était auparavant ouverte par en haut, ils la couvrirent d'un toit. Depuis cette époque, son histoire est moins enveloppée de fables et d'incertitudes.

Ammer ibn Lahaï de la tribu de Kossaï introduisit le premier l'idolâtrie parmi ses compatriotes; il apporta de Hit en Mésopotamie (1), l'idole

---

(1) Voyez El Azraki.

nommée *Hobal*, et la plaça sur la ka'aba. Alors l'idolâtrie se répandit rapidement; et il paraît que chaque tribu arabe se choisit son dieu ou sa divinité tutélaire, et que considérant la ka'aba comme un panthéon commun à toutes, elles y venaient en pélerinage. Le dattier appelé *ozza*, dit Azraki, était adoré par la tribu de Khozaa, et les Beni Thekif vénéraient le rocher nommé *El Lat*; un grand arbre nommé *zat arouat* était vénéré par les Koreïsch : les saints lieux tels que le Muna, le Meroua, le Ssafa avaient leurs saints ou demi-dieux respectifs; les historiens donnent une liste très détaillée des autres divinités. Le nombre des idoles s'accrut tellement, qu'on en trouvait une dans chaque maison et chaque tente de cette vallée, et la ka'aba fut ornée de trois cent soixante de leurs statues, ce qui corespondait probablement aux jours de l'année.

La tribu de Kossaï fut la première qui bâtit des maisons autour de la ka'aba. Ces Arabes y logeaient pendant le jour, mais tous les soirs ils retournaient à leurs tentes dressées sur les montagnes voisines. Les successeurs des Beni Kossaï à la Mecque ou Bekka (nom que portait alors la ville) furent les Beni Koreïsch. Vers cette période la ka'aba fut détruite par le feu, ils la rebâtirent en bois, sur de plus petites proportions que du temps des Kossaï, mais indiquant par le parapet du Hedjer, ainsi que je l'ai dit plus haut, son ancienne limite. Le toit était soutenu intérieurement par six colonnes; la statue de Hobal, le Jupiter arabe, était placée au dessus d'un puits existant alors dans l'intérieur de la ka'aba. Cela arriva pendant la jeunesse de Mahomet;

toutes les idoles furent replacées dans ce nouveau bâtiment; et El Azraki allègue le témoignage oculaire de plusieurs personnes respectables pour prouver un fait remarquable dont je le crois, il n'a pas jusqu'à ce moment été fait mention; c'est que la figure de la vierge Marie avec le jeune Aïsa (Jésus) sur ses genoux, était également sculptée comme une divinité sur une des colonnes les plus proches de la porte.

Abd el Motalleb ibn Hescham grand père de Mahomet avait réparé le puits Zemzem, en le faisant creuser, peu de temps avant l'incendie de la ka'aba.

Quand Mahomet victorieux rentra dans la cité de ses pères, il détruisit les statues du temple, et abolit le culte idolâtre de ses compatriotes; et son muezzin le nègre Belal appela du sommet de la ka'aba les fidèles à la prière.

Les Koreïsch avaient bâti une petite ville autour de la ka'aba qu'ils vénéraient tant, qu'il n'était permis à personne d'élever le toit de sa maison plus haut que celui de l'édifice sacré. Le pélerinage institué par les Arabes païens à ce sanctuaire respecté fut confirmé par l'islamisme.

Omar ibn Khatab construisit le premier une mosquée autour de la ka'aba. En l'an 17 de l'hégire, ayant acheté des Koreïsch les petites maisons qui environnaient l'édifice sacré, et entouré cet espace d'un mur, Othman ibn Affan, élargit la cour en 27 A. H., et en 63, quand l'hérétique et rebelle Yezid fut assiégé à la Mecque par Abdallah ibn Zebeïr, neveu d'Aïescha, la ka'aba fut détruite par un incendie; les uns disent accidentellement tandis que d'autres affirment qu'Yezid causa l'incendie en lançant au sommet du Djebel Kobeïs où il s'était réfugié, des machines qu'il dirigeait contre la ka'aba. Après son expulsion, Ibn Zebeïr agrandit l'enceinte des murs, en achetant des Mekkaouis un plus grand nombre de maisons qu'il abattit et en renfermant leur emplacement en dedans de la muraille. Il reconstruisit aussi la ka'aba sur un plan plus vaste; sous les Koreïsch, sa hauteur n'était que de dix-huit piques ; il la porta à soixante-douze, ce qui égalait à peu près celle qu'elle avait du temps des Beni Kossaï, il y fit pratiquer des portes, de niveau avec la cour et construisit un double toit supporté par trois colonnes au lieu de six qui était le nombre précédent. Ce nouvel édifice avait vingt-cinq piques de long, vingt de large d'un côté et vingt et un de l'autre. Le Bir Ahsef, puits à sec, restait encore dans l'intérieur, on y avait déposé notamment les vases d'or offerts en présent à la ka'aba. Ce fut à cette époque que l'édifice fut désigné par ce nom que l'on fait dériver de *ka'ab* dé ou cube, forme que la construction avait prise. Sa dénomination antérieure était Beithou'llah (maison de Dieu), ou la vieille maison, appellation qui lui est souvent appliquée.

Vingt ans après, El Hadjadj ibn Youssef el Thakafi, gouverneur de la Mecque qui n'aimait pas les grandes dimensions données à la ka'aba, la réduisit aux proportions qu'elle avait du temps des Koreïsch ; il diminua sa longueur de six piques ; il rétablit le parapet du Hedjer, qu'Ibn Zebeïr avait compris dans le bâtiment. Depuis ce temps la forme de l'édifice est restée la même et dans toutes les réparations subséquentes qu'il a subies, on a scrupuleusement respecté celle qui lui fut donnée alors.

Vers la fin du premier siècle de l'islamisme, Oulid ibn Abdel Melek érigea le premier des colonnes dans la mosquée ; il fit revêtir leurs chapiteaux de couches minces d'or, et dépensa de grosses sommes pour la décorer ; on raconte que tous les ornemens qu'il donna au temple, furent envoyés de Tolède en Espagne, et transportés à dos de mulets à travers l'Afrique et l'Arabie.

Abou Djafar el Mansour, l'un des khalifes abassides, élargit, en 139, les côtés du nord et du sud de la mosquée, et lui donna une étendue deux fois plus grande que celle qu'elle avait auparavant ; ainsi elle occupa alors un espace de quarante-sept piques de long et de vingt-trois et demie de large ; il fit aussi paver en marbre le terrain voisin du puits de Zemzem.

Le khalife El Mohdi agrandit la mosquée à deux époques différentes ; la dernière fois en 163. Il acheta des Mekkaouis le terrain nécessaire pour ces additions, et leur paya vingt-cinq dinars pour chaque pique carrée. Ce fut ce khalife, comme je l'ai déjà dit, qui fit apporter les colonnes d'Égypte. Les embellissemens qu'il avait commencés furent complétés par son fils El Hadi. Le toit de la galerie fut alors construit en sadj, bois précieux de l'Inde. Les colonnes venues d'Égypte par ordre d'El Mohdi furent débarquées à une journée de route au nord de Djidda ; mais, des obstacles qui survinrent, empêchèrent de les transporter toutes à la Mecque, et quelques unes furent abandonnées sur le sable près du rivage. Je cite ce fait pour qu'il serve d'avis aux voyageurs futurs qui, en les apercevant, pourraient les prendre pour les vestiges d'une puissante colonie grecque ou romaine.

Les historiens de la Mecque remarquent, non sans étonnement, que le khalife Haroun er Raschid, si renommé par sa munificence, quoiqu'il ait visité plusieurs fois la ka'aba, n'ajouta à la mosquée qu'une nouvelle chaire.

En 226, sous le khalifat de Mostasem B'Illab, le haut du puits de Zemzem fut couvert; jusqu'alors il avait seulement été entouré d'un mur, mais n'avait pas eu de toit.

En 241, l'intervalle compris entre le Hedjer et la ka'aba fut pavé de beau marbre. Alors une porte conduisant dans cet espace était comprise en dedans du Hedjer.

En 281, le khalife El Motaded fit réparer complétement toute la mosquée; il en reconstruisit les murs, fit de nouvelles portes, et leur donna de nouveaux noms; il élargit l'édifice dans l'ouest, en y ajoutant l'espace occupé autrefois par le fameux Dar el Nedoua, antique bâtiment connu par l'histoire des anciens Arabes idolâtres, et qui avait toujours été le lieu d'assemblée des chefs de la Mecque. On dit qu'il se trouvait près de l'endroit où est maintenant le Makam el Hanefi.

En 314, et suivant d'autres auteurs en 301, la Mecque et son temple éprouvèrent de terribles désastres. L'armée des Carmatis, secte hérétique, commandée par Abou Dhaher, leur chef, envahit le Hedjaz, s'empara de la Mecque et la saccagea.

Cinquante mille habitans de cette ville perdirent la vie; le temple et la ka'aba furent dépouillés de tous leurs ornemens précieux. Après être restés là vingt jours, les ennemis partirent, emportant avec eux le grand joyau de la cité, la pierre noire de la ka'aba. Pendant l'incendie qui endommagea cet édifice, du temps d'Ibn Zobeïr, la violence de la chaleur avait fait fendre la pierre en trois morceaux; ils furent ensuite réunis et enchâssés dans une bordure d'argent, qui fut renouvelée et affermie par Haroun er Raschid.

Les Carmatis transportèrent la pierre à Hedjer(1), canton fertile du désert, au nord de Médine, sur la route de la caravane de Syrie; c'était un des repaires qu'ils avaient choisis; ils espéraient que tous les musulmans, venant visiter la pierre, ils acquerraient ainsi à leur tour les richesses que les pélerins de toutes les parties du monde avaient apportées à la Mecque. Plein de cette idée, Abou Dhaher refusa une offre de 50,000 dinars, qui lui fut proposée pour la rançon de la pierre; mais après sa mort les Carmatis, en 339, renvoyèrent volontairement ce joyau, l'expérience les ayant convaincus que l'espoir de l'opulence qu'ils fondaient sur sa possession était vain, et que bien peu de musulmans venaient à Hedjer pour la baiser. A cette époque, la pierre était en deux morceaux, ayant été fendue par un

---

(1) Asami dit que la pierre fut portée à El Hassa ville voisine du golfe Persique, et alors bâtie depuis peu de temps, par Abou Dhaher. Je trouve dans les voyages d'Ibn Batouta, une ville de Hedjer dans la province d'El Hassa.

I. Voy. dans l'Arabie. 15

coup que lui donna un Carmati pendant le siége de la Mecque.

Soixante-dix ans après qu'elle eut été remise à son ancienne place, elle souffrit une nouvelle indignité, en 411, Hakem b'amr Illah, roi d'Égypte, qui, atteint de folie, voulait s'arroger les honneurs rendus à la divinité, envoya avec la caravane des pélerins de la Mecque, un Égyptien qu'il chargea de détruire la pierre. Cet homme, muni d'une massue de fer qu'il tenait caché sous son manteau, s'approcha de la pierre en s'écriant : « Combien de temps encore » cette pierre sera-t-elle adorée et baisée ? Il n'y a » ni Mahomet, ni Aly qui puissent m'empêcher de le » faire, et aujourd'hui je détruirai cet édifice ! » Alors il asséna trois coups de sa massue à la pierre. Un parti de cavaliers appartenant à la caravane avec laquelle ce fanatique était venu d'Égypte, se tenait à la porte de la mosquée, prêt à lui porter secours aussitôt qu'il aurait accompli son dessein; mais ils ne purent le soustraire à la fureur de la populace ; il fut frappé par le poignard d'un Yemeni : les cavaliers furent poursuivis, et à cette occasion toute la caravane d'Égypte fut pillée.

En examinant la pierre, on reconnut que trois petits morceaux de la grandeur de l'ongle d'un homme en avaient été détachés par les coups. Ils furent pulvérisés, et leur poussière, humectée, fut pétrie en un mortier dont on remplit les fractures. Depuis ce temps, la pierre n'a plus souffert d'accident, sauf en 1674 de J.-C. Un matin on la trouva, ainsi que la porte de la ka'aba, enduite d'ordure; de sorte que tous ceux qui la baisèrent, se retirèrent le visage sali. L'auteur de cette plaisanterie sacrilége fut vainement cherché : les soupçons tombèrent sur des Persans ; mais on ne put trouver de preuves suffisantes contre eux (1).

La sainteté de la pierre paraît avoir été grandement mise en question par des plus fortes colonnes de l'islamisme. El Azraki cite le rapport de plusieurs témoins qui entendirent Omar ibn Khatab s'écrier devant cette relique : « Je sais que tu n'es » qu'une pierre, qui ne peut ni me nuire ni m'aider ; » je ne te baiserais pas si je n'avais pas vu Mahomet » le faire. »

En 354. Le khalife El Mokteder construisit le vestibule près de la porte Bab Ibrahim qui fait une saillie en dehors de la ligne droite de la colonnade, et y réunit les deux anciennes portes appelées Bab Beni Djomah et Bab el Khaïateïn. On n'y fit pas d'autres changemens importans pendant plusieurs siècles.

En 802. Un incendie détruisit complétement les côtés du nord et de l'ouest de la mosquée; deux ans après, ils furent rebâtis aux dépens d'El Nazer Feradj ibn Dhaher Berkouk, sultan d'Égypte. Le bois nécessaire fut amené en partie d'Égypte, en partie de Taïf, où l'arar arbre du genre du cyprès ou du genévrier fournit d'excellentes pièces de charpente.

En 906. Kansour el Ghouri, sultan d'Égypte, fit reconstruire la plus grande partie de la mosquée du côté du Bab Ibrahim; le Hedjaz lui est redevable de plusieurs autres édifices publics.

(1) Voyez Asami pour ces détails.

En 959. Sous le règne de Soliman ibn Selim I**er**, sultan de Constantinople, le toit de la ka'aba fut renouvelé.

En 980. Le même sultan fit relever tous les côtés de la mosquée du côté de la rue Mesa'a, et ériger toutes les coupoles qui surmontent le toit des galeries. Il fit aussi placer le beau pavé qui entoure maintenant la ka'aba, et un autre nouveau tout autour des colonnades.

En 984. Mourad son fils, répara et reconstruisit en partie les trois autres côtés auxquels son père n'avait pas touché.

En 1039 A. H. ou 1626 de J.-C. Un torrent qui se précipita du Djebel Nour dans la ville, remplit la mosquée avec tant de rapidité que toutes les personnes qui s'y trouvaient furent noyées; tous les livres et les belles copies du Koran laissés dans les appartemens autour des murs de l'édifice furent détruits, et une partie du parapet du Hedjer devant la ka'aba, enfin trois côtés de ce bâtiment furent emportés. Cinq cents ames périrent dans la ville. L'année suivante le dommage fut réparé et la ka'aba reconstruite, après que l'on eut abattu le côté qui avait échappé à la fureur du torrent.

En 1072. Le bâtiment qui entoure le puits de Zemzem fut bâti tel qu'il subsiste aujourd'hui et en 1074 les quatre makams furent reconstruits.

Depuis ce temps les historiens ne parlent plus de réparations ou de changemens essentiels faits à la mosquée, et je crois qu'il n'en fut effectué aucun pendant le dix-huitième siècle. Par conséquent, on peut attribuer ce grand édifice tel qu'on le voit aujourd'hui, entièrement à la munificence des derniers sultans d'Égypte et de leurs successeurs, les sultans osmanlis de Constantinople depuis le quinzième et le seizième siècle.

Dans l'automne de 1816 plusieurs artistes et ouvriers envoyés de Constantinople furent employés dans le Hedjaz à réparer tous les dommages causés par les Wahhabites, dans les chapelles des saints de cette contrée et à faire également toutes les réparations nécessaires dans les mosquées de la Mecque et de Médine.

CHAPITRE X.

DESCRIPTION DE PLUSIEURS AUTRES LIEUX SAINTS VISITÉS PAR LES PÉLERINS TANT DANS LA MECQUE QUE DANS SES ENVIRONS.

Du temps des Wahhabites personne n'osait visiter ces lieux sans s'exposer aux attaques de ces sectaires; et tous les édifices qui y avaient été élevés furent ruinés ou du moins leurs coupoles furent détruites par eux.

On fait voir dans la ville :

Mouled el Nebi : lieu de la naissance du prophète, dans le quartier qui porte ce nom. Du temps de Fasi on voyait près de là une mosquée appelée Mesdjed el

Mokhtaba. Durant mon séjour, des ouvriers travaillaient avec activité à reconstruire d'après l'ancien plan l'édifice au dessus du Mouled. Il consiste en une rotonde dont le sol est à peu près à vingt-cinq pieds au dessous du niveau de la rue, on y descend par un escalier. On fait voir dans le pavé un petit enfoncement où la mère de Mahomet était assise quand elle le mit au monde. On dit que c'était la maison d'Abdallah père du prophète.

Mouled Sittna Fatmé, ou le lieu de la naissance de Fatmé, fille de Mahomet, est indiqué dans une belle maison qui passe pour avoir été celle de sa mère Khadidjé dans la rue appelée Zogag el Hadjar. On descend par un escalier au sol de ce bâtiment qui de même que celui du précédent est beaucoup plus bas que la rue. Ce petit édifice renferme deux lieux saints: dans l'un il y a une cavité semblable à celle du Mouled el Nebi, pour marquer la place où Fatmé naquit; et tout à côté il y en a une autre moins profonde où l'on dit qu'elle a tourné son moulin à bras ou *rabha* quand elle fut grande. Dans une chambre voisine on montre une cellule étroite où Mahomet s'asseyait ordinairement et recevait les feuillets du Koran que l'ange Gabriel lui apportait du ciel.

Mouled el imam Aly dans le quartier Scha'b Aly. C'est une petite chapelle dans le sol de laquelle une cavité marque l'endroit où suivant la tradition Aly cousin de Mahomet est né.

Mouled Seïdna Abou Bekr: petite chapelle vis à vis de la pierre qui adressait à Mahomet ces mots: *Salam aleikom* chaque fois qu'il passait. On n'y fait pas voir de point spécialement regardé comme sacré, mais le pavé est recouvert de très beaux tapis de Perse.

Tous ces mouleds avaient été complétement réparés depuis la retraite des Wahhabites à l'exception de celui de Mahomet, auquel les ouvriers travaillaient encore. La garde de ces lieux est partagée par plusieurs familles, principalement de schérifs qui y remplissent alternativement leurs fonctions, avec un grand train de serviteurs. A chaque coin des édifices sont étendus à terre des mouchoirs blancs ou de petits tapis sur lesquels on espère que les dévots jetteront quelques pièces de monnaie; et les portes sont garnies de rangées de femmes qui ont le droit d'occuper l'endroit où elles se tiennent assises et attendent une rétribution des pélerins. La valeur d'un shilling distribuée en paras à chacun des mouleds satisfait complétement les désirs des avides et des indigens.

Mouled Abou Taleb, dans le Ma'ala, est entièrement détruit, ainsi que je l'ai déjà dit, et probablement ne sera pas rebâti.

Kaber Sittna Khadidjé : le tombeau de Khadidjé, épouse de Mahomet ; la coupole que les Wahhabites avaient abattue n'est pas encore relevée; les pélerins visitent régulièrement ce lieu, surtout le vendredi matin. Il est situé dans le grand cimetière du Ma'ala, sur la pente des montagnes de l'ouest; il est fermé d'un mur et ne présente d'autre objet de curiosité que la pierre sépulcrale qui a une belle inscription en caractères cufiques, contenant un passage du Koran tiré du chapitre intitulé *Sourat el kursi*. Comme ces caractères, ne sont pas de l'ancien cufique, je suppose que dans l'origine la pierre n'avait pas été destinée à couvrir ce tombeau; l'inscription ne porte pas de date. Le schérif Serour prédécesseur de Ghaleb eut la vanité, à son lit de mort, d'ordonner à sa famille que son corps fût enterré à côté de la tombe de Khadidjé, dans le même enclos où elle repose. A une petite distance de là, on montre le sépulcre d'Oumna mère de Mahomet. Il était couvert d'une dalle de beau marbre portant une inscription cufique, d'un caractère plus ancien que celui de la précédente. Les Wahhabites le brisèrent en deux morceaux qu'ils emportèrent pour manifester leur indignation des visites rendues au lieu renfermant les ossemens d'un être mortel, ce qui dans leur opinion était une espèce d'idolâtrie. Je trouvai aussi à ces tombeaux des femmes qui avaient obtenu la permission d'étendre leurs mouchoirs et de demander des aumônes aux pélerins.

En parcourant le vaste cimetière je trouvai beaucoup d'autres pierres sépulcrales avec des inscriptions cufiques, mais dont les caractères n'étaient pas très anciens, je ne pus déchiffrer aucune date antérieure au sixième siècle de l'hégire, c'est à dire au douzième de notre ère; la plupart ne contiennent que de simples prières, même sans le nom du défunt, ni une date. Les tombeaux sont faits en général de quatre grandes pierres disposées en parallélogramme; une très large placée debout à une extrémité offre l'inscription, je ne vis ni tombeau massif, ni turban sculpté en pierre, ni aucune sorte de ces ornemens usités dans les autres contrées de l'Asie. Quelques petits bâtimens ont été élevés par les premières familles de la Mecque, pour renfermer les sépultures de leurs parens; ils sont pavés à l'intérieur, mais n'ont pas de toit, et leur construction est extrêmement simple. Dans deux ou trois sont plantés des arbres arrosés par des citernes construites en dedans de l'enclos pour recevoir l'eau des pluies; les familles auxquelles ils appartiennent viennent quelquefois y passer la journée. Toutes les coupoles surmontant plusieurs bâtimens où avaient été enterrés des hommes renommés par leur savoir, furent renversées par les Wahhabites : néanmoins ces fanatiques ne touchèrent pas aux tombeaux mêmes, et respectèrent partout les restes des morts. Parmi les tombes il y a celles de plusieurs pachas de Syrie et d'Égypte qui sont très peu ornées.

A l'extrémité de presque tous les tombeaux opposée à l'épitaphe, je remarquai le saber espèce d'aloès. Comme cette plante est toujours verte et n'a besoin que de très peu d'eau, ainsi que l'indique son nom arabe *saber* (*patience*), on l'a choisie pour la planter près de la dernière demeure des mortels en faisant allusion à la patience nécessaire pour attendre la résurrection. Du reste, ce cimetière est dans un état de délabrement occasioné, dit-on, par les dévastations des Wahhabites; mais je crois que c'est plutôt par la négligence des Mekkaouis pour les tombeaux de leurs parens et de leurs amis.

Les lieux que l'on visite hors la ville sont :

Djebel Abou Koubeïs. Cette montagne est une des plus hautes de celles qui entourent immédiatement la Mecque et la domine à l'est. Selon la tradition musulmane ce fut la première créée sur la terre; son nom est cité dans presque tous les historiens et les

poëtes arabes. Les pélerins visitent deux endroits distincts sur son sommet. L'un est le mekan el Hedjar (le lieu de la pierre), où Omar, qui par la suite parvint au khalifat, avait coutume d'appeler le peuple à la prière, dans les premières années de l'islamisme quand les Koreïsch ou habitans de la Mecque étaient pour la plupart idolâtres. On y montre une cavité creusée dans le roc et ressemblant à un petit tombeau; on dit qu'aux jours du déluge, Dieu commanda aux anges gardiens d'y placer la pierre noire, qu'ils avaient adorée long-temps avant qu'Abraham construisit la ka'aba, et de refermer le rocher par dessus, afin que les eaux ne la touchassent pas; après le déluge l'ange Gabriel fendit le rocher, et replaça la pierre noire dans le mur de la ka'aba. L'autre ziara ou endroit que l'on visite est en travers d'une vallée étroite à peu de distance du premier, sur le sommet d'une montagne; c'est le Mékan schak El Kamrou le lieu où la lune fut fendue en deux; l'un des plus grands miracles de Mahomet. Toutefois l'histoire est aujourd'hui racontée différemment par les Mekkaouis. Ils disent qu'un jour qu'il priait là à midi, les principaux des Koreïsch vinrent le trouver et le prièrent de les convaincre tout d'un coup, par un miracle, qu'il était réellement le prophète du Tout-Puissant (1). « Que ferai-je, ré-
» pondit-il, pour vous rendre vrais croyans? » —

---

(1) Les historiens rapportent que sur la demande de quelques Koreïsch incrédules, il fit paraître la lune comme si elle était fendue en deux; de sorte qu'une moitié était visible derrière le Djebel Abou Koubeïs et l'autre au côté opposé de l'horizon, au dessus du Djebel Keïkebn.

» Fais reculer le soleil, répliquèrent-ils, et paraitre
» la lune et les étoiles; fais descendre la lune sur la
» terre, fais-la venir sur cette montagne; fais-la
» entrer dans une des manches de ta robe et sortir
» par l'autre, puis retourner au firmament; fais en-
» suite reluire sur nous la lumière du jour. » Mahomet se retira, adressa une courte prière à Dieu, et le miracle s'exécuta à l'instant; ensuite les Koreïsch se convertirent. Ces contes et d'autres semblables appliqués à divers lieux par les Mekkaouis pour extorquer de l'argent des pèlerins ne sont nullement corroborés par les traditions authentiques concernant le prophète. Les habitans viennent à cet endroit pour y jouir de la vue de la nouvelle lune du ramadhan, et du mois suivant. Entre ces deux points et un peu à l'est on voit les ruines d'un bâtiment massif, dont il ne reste que quelques pans de murs. On dit que ce fut autrefois une prison d'état des schérifs de la Mecque : il renferme plusieurs tours semblables à des cachots, et ce fut probablement un château bâti sur le Djebel Koubeïs par Mekether el Haschemi, chef de la Mecque vers 530 ou 540 A. H. ou bien c'était peut-être une mosquée appelé Mesdjed Ibrahim qui, selon Azraki, existait là dans le septième siècle de notre ère. La croyance vulgaire à la Mecque veut que quiconque mange une tête de mouton rôtie sur le Djebel Koubeïs soit à jamais guéri de maux de tête.

Djebel Nour; le mont de la lumière est situé au nord de la Mecque. Après avoir passé devant la maison de plaisance du schérif en suivant la route de l'A'rafat, on entre bientôt dans une vallée dont la direction est au N. E. ¼ N., et se termine par le Djebel Nour dont la forme est conique. Autrefois des degrés étaient taillés sur sa pente escarpée, maintenant ils sont ruinés; il me fallut trois quarts d'heure de marche très pénible et très fatigante pour parvenir au sommet. On montre dans le sol rocailleux d'un petit bâtiment saccagé par les Wahhabites, une fente qui a à peu près la longueur et la largeur du corps d'un homme. On raconte que Mahomet ennuyé et affligé des propos de ses ennemis et de l'hésitation de ses disciples de la Mecque, qui avaient prétendu que Dieu l'avait totalement abandonné, se retira sur cette montagne, et se coucha dans cette crevasse, en implorant du secours d'en haut. L'angle Gabriel lui fut dépêché avec le court chapitre du Koran que nous appelons le quatre-vingt-quatorzième et qui commence par ces mots : « N'avons-nous pas dilaté ton cœur? » Le chapitre précédent fait également allusion à cet état d'affliction. Un peu au dessous de ce lieu on voit une petite caverne creusée dans le granit rouge qui forme la couche supérieure de cette montagne; on la nomme Mogharat el Hira (1). On dit que plusieurs autres passages du Koran y ont été révélés au prophète qui souvent venait dans cet endroit élevé; mais aucune des personnes présentes ne put me dire quels étaient

---

(1) Du temps des Arabes idolâtres, le nom de cette montagne était *Djebel Hira*. Je pourrais ajouter ici que beaucoup de montagnes et de vallées du Hedjaz ont perdu leurs anciennes dénominations. C'est ce qui est prouvé suffisamment par les notices topographiques d'Azraki, des historiens de Médine et de Zomakh schari dans son excellent ouvrage intitulé: *El Sliat o'el Djebel*.

ces passages. Les gardiens de ces deux endroits sont des Bédouins de la tribu de Lahaïan.

J'étais sorti à pied de la Mecque, la nuit, avec une troupe nombreuse de pèlerins pour visiter ce lieu, ce qui se pratique ordinairement le samedi. Nous étions au sommet avant l'aurore, et quand le soleil se leva, une vue très étendue se présenta à nos yeux au nord et à l'ouest; les autres points de l'horizon étant bornés par les montagnes. Le pays que nous avions devant nous offrait un aspect triste, on n'y apercevait pas un seul coin où il y eût de la verdure, ce n'étaient que montagnes stériles blanches et grises, et vallées sablonneuses blanches. Sur la pente du Djebel Nour, à peu de distance du sommet, il y a un petit réservoir en pierres, construit pour fournir de l'eau aux pèlerins; quand je le vis il était à sec et en mauvais état.

Djebel Thor. A peu près à une heure et demie de marche au sud de la Mecque, et au sud du chemin du village de Hosseïnié s'élève le Djebel Thor, montagne qui passe pour plus haute que le Djebel Nour. Sur son sommet il y a une caverne où Mahomet et son ami Abou Bekr se réfugièrent pour échapper aux Mekkaouis avant de s'enfuir à Médine. Une araignée avait tendu sa toile devant l'entrée, ce que ceux qui les poursuivaient ayant remarqué, ils en conclurent que les fugitifs ne pouvaient y être. Il est fait allusion à cette circonstance dans le chapitre IX du Koran. Je n'ai pas visité ce lieu.

El Omra. J'ai déjà parlé de cet édifice; c'est une petite chapelle avec un seul rang de colonnes, sur la route de l'Ouadi Fatmé. Tout pèlerin est tenu de la visiter; tandis que pour les lieux dont j'ai fait mention auparavant, l'obligation n'existe pas. L'Omra est environné de plusieurs habitations; il existe tout auprès un puits abondant et on aperçoit dans la vallée des traces de culture. Je crois que ce puits est celui que les historiens de la Mecque appellent *Bir Tema'in*. Suivant Fasi, on voyait là, dans les premiers temps de l'islamisme, la mosquée nommée Mesdjed Ahlyledjé. Je vais terminer ma description de la Mecque par celle de l'ouverture de la ka'aba afin de ne pas interrompre mon récit concernant la mosquée.

La ka'aba ne s'ouvre que trois fois par an; savoir: le 20 du mois de ramadhan, le 15 de zou'lkadéh, et le 10 de moharram ou aschour comme l'appellent les Arabes. L'ouverture a lieu une heure après le lever du soleil; l'escalier est roulé jusqu'à la porte de l'édifice; aussitôt qu'il touche le mur, une foule immense s'y précipite, et en un instant l'intérieur du sanctuaire est rempli. L'escalier est bordé de chaque côté des eunuques de la mosquée qui essaient en vain de maintenir l'ordre, et dont les bâtons tombent lourdement sur quiconque ne jette pas une pièce de monnaie dans leur main : beaucoup de personnes sont souvent écrasées impitoyablement. Arrivé dans l'intérieur, chaque pélerin doit se prosterner seize fois en récitant des prières, c'est à dire quatre fois à chaque coin, mais on peut aisément se figurer comment ces cérémonies sont pratiquées, pendant que l'un s'incline, un autre passe par dessus lui : les prières finies, le pélerin doit s'appuyer, les bras étendus, contre une partie quelconque des murs, presser son visage contre la surface et ainsi posé réciter deux oraisons. On n'entend dans le sanctuaire que sanglots et que lamentations ; il m'a semblé que j'apercevais chez beaucoup de pélerins des marques de contrition parfaite et de repentir sincère. Combien de visages sont inondés de larmes et combien de bouches profèrent avec ferveur des éjaculations telles que les suivantes, ou d'autres semblables : « O » Dieu de la maison, ô Dieu pardonne-moi, et par- » donne à mes parens et à mes enfans ! ô Dieu, admets- » moi dans ton paradis ! ô Dieu, délivre nos corps du » feu de l'enfer ! O toi Dieu de l'antique maison. » Je ne pus y demeurer plus de cinq minutes, à cause de l'excès de la chaleur ; j'étais près de me trouver mal ; plusieurs personnes perdirent connaissance et n'en furent retirées qu'avec la plus grande peine.

Un schérif se tient assis à l'entrée, ayant à la main la clef d'argent de la ka'aba, qu'il présente à baiser au pélerin, à sa sortie, et celui-ci lui paie une rétribution ; on donne aussi de l'argent à l'eunuque assis à côté de ce schérif. Des eunuques placés sur l'escalier, ainsi que d'autres officiers inférieurs et des serviteurs du temple postés en bas, sur le pavé qui entoure la ka'aba, s'attendent aussi à recevoir quelque chose. J'ai entendu beaucoup de pélerins blâmer sévèrement cette pratique honteuse, disant que le lieu le plus saint de la terre ne devait pas être transformé en un théâtre d'avarice et d'avidité humaines ; mais les Mekkaouis sont invulnérables à de tels reproches.

La ka'aba est fermée vers onze heures ; le lendemain elle est ouverte exclusivement pour les femmes. Quand on a visité l'intérieur de ce sanctuaire, on juge qu'il est nécessaire d'en faire le tour à pied en dehors.

L'intérieur ne consiste qu'en une seule pièce, dont le toit est supporté par deux colonnes, et il ne reçoit la lumière que par la porte. Le plafond, la partie supérieure des deux colonnes et les parois, jusqu'à une hauteur d'environ cinq pieds au dessus du plancher, sont garnis de tentures épaisses de soie rouge, richement brodées avec des fleurs et des inscriptions en gros caractères en argent; la partie inférieure de chaque colonne est revêtue de bois d'aloès sculpté, et la partie des murs au dessous de la tenture est recouverte de beau marbre blanc, orné d'inscriptions taillées en relief et d'arabesques élégantes; tous ces ouvrages sont du travail le plus délicat. Le sol, qui est de niveau avec le seuil de la porte, et par conséquent élevé d'environ sept pieds au dessus du plan de la mosquée, est pavé en marbres de couleurs différentes. Un grand nombre de lampes d'or, dit-on, et données par les fidèles, sont suspendues entre les colonnes; les Wahhabites n'y ont pas touché (1). A l'angle du nord-ouest de l'intérieur de la ka'aba, il y a une petite porte qui conduit sur le toit de l'édifice. Je n'ai rien observé de plus qui fût digne de remarque; mais le sanctuaire est si obscur qu'il faut un certain temps avant

---

(1) Kotobeddin rapporte que les scheikhs de la Mecque dérobèrent les lampes d'or suspendues dans la ka'aba et les emportèrent dans les larges manches de leurs robes. Plusieurs lampes d'or ont été envoyées par sultan Soliman.

que l'on puisse y discerner quelque chose. Les ornemens de l'intérieur sont de la même date que la réparation de la ka'aba, qui eut lieu en 1627 de J.-C. Je n'ai point observé que le lavement du plancher intérieur de ce sanctuaire fût accompagné des cérémonies pieuses dont parle Ali bey dans la relation de ses (1) voyages; j'ai vu les Touacheïs faire cette opération de la même manière que pour le pavé qui l'entoure; toutefois, il paraît, par l'histoire d'Asami, que celui de l'intérieur est quelquefois lavé par de grands personnages.

La visite de l'intérieur de la ka'aba ne fait point partie des devoirs religieux prescrits au pélerin; beaucoup même quittent la Mecque sans l'avoir vue. J'y suis entré deux fois, savoir : le 15 de zou'lkadéh et le 10 de moharram. A cette dernière époque, les nouvelles tentures apportées du Caire par Mohammed Aly avaient été placées; elles étaient d'une étoffe très riche, d'un tissu beaucoup plus fin et plus serré que la tenture extérieure, et de couleur noire. La vieille tenture qui était en place depuis plus de vingt ans fut publiquement vendue aux dévots, au prix d'une piastre forte pour un morceau de six pouces carrés. Le droit d'offrir ces tentures appartenait à la personne qui donnait le késoua du dehors; toutefois, on a vu des exceptions à cet usage, comme en 866 A. H., quand Châh Rokh, roi de Perse, envoya une magnifique draperie pour l'intérieur.

---

(1) M. Sylvestre de Sacy dit qu'il a trouvé le récit d'Ali bey con-

I. Voy. dans l'Arabie. 16

Il y a, devant le Bab es' Salam, une boutique où des morceaux des tentures, tant extérieure qu'intérieure, sont constamment exposés en vente; ceux de la dernière sont les plus recherchés. J'ai vu des vestes qui en étaient faites, et que, par conséquent, on regardait comme la cotte de maille la plus sûre qu'un croyant pût porter. On vend dans la même boutique des dessins de la Mecque et de Médine, ils sont sur du papier ou du linge, en couleurs vives, et d'un style grossier; on y trouve aussi des prières et d'autres objets de petite dimension, imprimés avec des planches en bois. J'en ai apporté quelques uns par curiosité, ainsi que des bouteilles de l'eau du puits de Zemzem.

CHAPITRE XI.

REMARQUES SUR LES HABITANS DE LA MECQUE ET DE DJIDDA.

La Mecque et Djidda sont habités par une même classe d'hommes, dont le caractère et les mœurs se ressemblent. Tous les riches Mekkaouis ont des maisons à Djidda, et les affaires commerciales des deux villes sont analogues.

---

orme à ce qu'il avait lu dans quelques écrivains arabes (V. *Journal des Savans*, février 1830). E.

Tous les habitans de la Mecque peuvent être appelés des étrangers ou des fils d'étrangers, à l'exception de quelques Bédouins du Hedjaz ou de leurs descendans, qui se sont établis dans cette ville. L'antique tribu des Koreïsch, qui se divisait en deux branches, l'une nomade, l'autre sédentaire, est presque éteinte. Il y a encore, dans les environs, des Bédouins Koreïsch; mais ceux qui demeuraient à la Mecque, au temps de Mahomet, ont été détruits ou se sont expatriés, par suite des fréquentes guerres intestines. Dans ce moment, on ne trouve à la Mecque que trois familles koreïsch qui descendent de la tribu de ce nom, et le chef de l'une d'elles est le naïb ou gardien de la mosquée; les autres sont de pauvres gens, également au service de ce temple. Le voisinage du grand marché de Djidda, l'arrivée annuelle de caravanes immenses, et la ka'aba, ont attiré un nombre d'étrangers suffisant pour remplacer les Koreïsch. A chaque pèlerinage, quelques uns des individus qui en ont fait partie restent en arrière; un musulman qui séjourne quelque temps dans une ville y prend une femme, ce qui souvent l'engage à s'y fixer pour toujours. C'est pour cela que les Mekkaouis sont, pour la plupart, issus d'étrangers venus de parties du globe fort éloignées, qui ont adopté les mœurs des Arabes, et, en se mariant chez ceux-ci, ont produit une race que l'on ne peut distinguer des indigènes. En questionnant les marchands, les négocians, les olémas, les métaouefs, en un mot, les Mekkaouis de toutes les classes, on reconnaît qu'ils sont fils, petits-fils ou descendans d'étrangers. Les plus nombreux sont ceux dont les pères arrivèrent de l'Yemen et du Hadramaut; ensuite ce sont les descendans des Indiens, des Egyptiens, des Mogrebins ou des Turcs. Il y a aussi des Mekkaouis d'origine persane, tatare, boukhare, kurde, afghane, bref, leurs ancêtres se trouvent chez la plupart des peuples qui font profession de l'islamisme. Le Mekkaoui conserve soigneusement, par tradition, la connaissance de sa patrie originaire. Mon métaouef faisait remonter sa généalogie à un Tatar Ousbek du voisinage de Boukhara; quand il arrivait des pélerins de ce coin du globe, il ne manquait jamais d'aller leur offrir ses services, quoiqu'il ignorât entièrement leur langue.

Cependant, il reste encore à la Mecque une branche d'anciens Arabes; ce sont les schérifs indigènes, qu'il faut bien distinguer des descendans des schérifs qui s'y sont établis. Ils reconnaissent pour auteurs de leur race, Hassan et Hosseïn, fils de Fatmé, ou Fatime, fille de Mahomet; d'autres schérifs élèvent les mêmes prétentions, mais leurs généalogies sont regardées comme moins authentiques. Les schérifs de la Mecque composent une classe nombreuse, dans laquelle les étrangers ne sont point admis, et qui se répand sur plusieurs parties de l'Arabie. Je ne connais pas très bien leur histoire, ni l'époque à laquelle ils commencèrent à se partager en plusieurs tribus; je sais seulement qu'ils considèrent comme leurs parens éloignés plusieurs schérifs de l'Yemen et d'autres parties du Hedjaz, mais non pas la totalité. Le schérif régnant doit être choisi dans une de leurs tribus. A la Mecque, le nom que l'on donne aux schérifs varie suivant leur profession : ceux qui s'appliquent à l'étude des sciences et de la loi, et qui sont plus ou moins occupés au temple et dans ses dépendances, sont appelés seïds, tandis que ceux qui embrassent l'état militaire et se mêlent des affaires d'état sont exclusivement qualifiés schérifs. Les seïds, disent les Mekkaouis, sont les hommes de la religion, les schérifs sont soldats. Le fils suit ordinairement la carrière de son père. Ces schérifs indigènes sont les principaux personnages de la ville, ou du moins l'étaient avant que la conquête des Turcs vint abaisser leur fierté.

Quoique mélangée, la population de la Mecque n'offre aucune dissemblance dans les vêtemens et les usages, et quoique d'origine diverse, chaque individu semble tenir moins obstinément à son costume national et à ses mœurs primitives, dans cette ville sainte, que partout ailleurs. En Syrie et en Egypte, les étrangers venus de toutes les contrées de l'Asie conservent avec la plus grande exactitude l'habillement et la manière de vivre de leur pays natal, quoique établis pour la vie dans leur nouvelle demeure, circonstance qui rend la vue d'un bazar de l'Orient beaucoup plus intéressante que celle de toute réunion considérable d'hommes en Europe. Dans le Hedjaz, au contraire, la plupart des étrangers qui arrivent changent leur costume national pour celui des gens du pays, et leurs enfans qui y naissent sont élevés et vêtus à la manière des Mekkaouis. Les Indiens offrent seuls une exception à cette règle générale : ils composent une colonie distincte et gardent la langue de leurs pères, que les enfans des autres étrangers oublient ordinairement, leur mère étant très fréquemment une femme arabe native de la Mecque.

Les Mekkaouis et les Djiddaouis sont d'une couleur brune, jaunâtre et terne, plus ou moins foncée, suivant l'origine de la mère, qui est souvent une esclave abissine; leurs traits se rapprochent de ceux des Bédouins, beaucoup plus que je ne l'ai observé chez les habitans des autres villes de l'Orient, c'est ce que l'on remarque surtout chez les schérifs, qui sont doués d'une belle physionomie; ils ont les yeux, le visage et le nez aquilin des Bédouins, mais sont plus gras que ceux-ci. La classe inférieure des Mekkaouis est généralement robuste et musculeuse, tandis que la haute classe est reconnaissable à sa maigreur et à ses membres grêles, ce qui est également commun à tous les habitans originaires de l'Inde ou de l'Yemen. Les Bédouins des environs de la Mecque, quoique pauvres, ont le corps beaucoup plus fort que celui des autres Bédouins de l'intérieur du désert, probablement parce qu'ils mènent une vie moins errante, et parce qu'ils sont moins exposés aux fatigues des longues courses. Les Mekkaouis sont généralement moins forts et moins grands que les Syriens ou les Egyptiens, mais l'emportent infiniment sur eux par leurs traits expressifs et surtout par leurs yeux vifs et brillans.

Tous les hommes indigènes de la Mecque et de Djidda se distinguent à une marque particulière que leur font leurs parens, le quarantième jour après leur naissance. Elle consiste en trois longues entailles au bas de chaque joue, et en deux autres sur la tempe droite : les cicatrices ne s'en effacent jamais.

Cette marque est nommée *m'eschalé*. Les Bédouins n'ont pas adopté cette pratique; mais les Mekkaouis sont fiers de cette distinction, qui exclut les autres habitans du Hedjaz du droit de réclamer, dans les pays étrangers, l'honneur d'être né dans les villes saintes. Les habitans du Bournou, contrée de l'intérieur de l'Afrique, ont des marques semblables, mais beaucoup plus légères, sur les deux joues.

En hiver, voici l'habillement des hautes classes: un béniche ou manteau de dessus en drap, et un djubbé ou manteau de dessous de la même étoffe, tel qu'on le porte dans toute la Turquie; une robe de soie couleur éclatante, et attachée avec une ceinture mince de cachemire; enfin un turban de mousseline blanche, et des pantoufles jaunes complètent le reste de la parure. En été, au lieu de béniche en drap, on en a une d'étoffe de soie très légère, qui se fait dans l'Inde, et se nomme *moktur khana*.

Les gens des classes supérieures qui affectent de suivre les modes turques, ont un bonnet rouge à la barbaresque sous leur turban; ceux des autres classes en ont un en toile, richement brodé en soie; c'est l'ouvrage des femmes de la Mecque, et le présent ordinaire qu'elles font à un amant. Des phrases du Koran sont brodées en gros caractères sur le sommet.

La robe des gens de la classe moyenne bien vêtus est généralement de mousseline blanche des Indes; on la nomme *béden*. Elle diffère de l'antéri ordinaire du Levant, parce qu'elle est très courte, sans manches, et par conséquent bien plus fraîche. Par dessus le béden on a un djubbé de drap léger ou de soierie des Indes ; quand le temps est très chaud, on le jette sur les épaules, alors on n'a plus que la robe et la chemise. Celle-ci est en soie des Indes, ou en toile de lin d'Égypte ou d'Anatolie, aussi fine que l'ont permis les moyens de l'homme qui la porte.

Les classes inférieures n'ont, du moins en été, qu'une chemise, et, au lieu de pantalon, une simple pièce de nankin jaune des Indes, ou de toile de lin rayée d'Egypte autour des reins. En hiver, ces gens mettent par dessus un béden de calicot rayé des Indes, mais sans ceinturon pour l'attacher autour du corps.

Les hommes des classes moyenne et inférieure portent des sandales au lieu de souliers, usage très agréable dans ce climat ardent, puisqu'il contribue à tenir les pieds frais. Les meilleures sandales viennent de l'Yemen, où les manufactures de cuirs en tous genres sont florissantes.

En été, beaucoup de monde, et tous les Indiens d'un rang inférieur, ne portent que le bonnet sans turban. Le turban ordinaire est de toile fine ou de mousseline des Indes, que chaque classe roule autour de sa tête en le pliant d'une manière particulière. Ceux qui se qualifient olémas ou docteurs instruits, en laissent tomber l'extrémité en une bande étroite jusqu'au milieu du dos. Les Mekkaouis sont, de tous les Orientaux que j'ai vus, les plus propres dans leur habillement. Comme la mousseline ou la toile fine et blanche en forme une principale partie, elle a besoin d'être lavée fréquemment, ce qui a lieu régulièrement; de sorte que même les classes les plus pauvres s'efforcent de changer de linge, au moins une fois par semaine; naturellement, les gens de la classe moyenne et de la plus élevée en changent plus souvent encore. Les riches ont chaque jour un habillement nouveau; on en voit beaucoup qui en ont trente ou quarante complets. Les habitans du Hedjaz aiment bien plus que les musulmans du nord à se parer; et le gain de la basse classe est dépensé presque entièrement pour les habits. Quand un Mekkaoui rentre chez lui en revenant de sa boutique, ou même après une courte promenade dans la ville, il se déshabille aussitôt, pend ses vêtemens à une corde tendue dans la salle où il se tient, ôte son turban, change de chemise, puis s'assied sur le tapis, ne gardant sur sa tête qu'un simple bonnet de dessous. C'est dans ce déshabillé qu'il reçoit des visites. Pour peindre un Mekkaoui, il faudrait le représenter assis, dans son négligé, près d'une fenêtre à jalousie saillante, ayant généralement dans une main une sorte d'éventail qui ressemble à un petit drapeau, et qui lui sert à chasser les mouches; de l'autre main, il tient le long tuyau à replis tortueux de la pipe persane.

Aux jours de fête, les Mekkaouis déploient à un plus haut degré leur goût pour la parure; depuis le plus riche jusqu'au plus pauvre, chacun doit avoir un habillement neuf; s'il n'a pas le moyen d'en acheter, il en loue aux marchands pour deux ou trois jours. Dans ces occasions, cent piastres sont quelquefois données pour le loyer d'un habillement qui n'en vaut en tout que quinze cents ou deux mille. Alors nul ne se contente d'un habit approprié à son rang; il prend celui de la classe supérieure à la sienne. Le petit marchand qui, pendant tout l'été, ne porte que sa robe courte avec une serviette autour des reins, se montre en béniche couleur de rose doublé en satin, avec un turban brodé en or, une riche écharpe en soie ornée en fil d'argent, et un *d'jombaié* ou coutelas recourbé, et dont le fourreau est couvert de plaques d'or et d'argent. Les enfans sont vêtus à peu près avec le même luxe, et il n'est personne qui n'aimât mieux être traité de voleur, que de permettre aux gens d'un rang égal au sien de l'emporter sur lui pour la parure. En général les couleurs les plus gaies sont préférées; le manteau de dessus doit toujours trancher avec les vêtemens de dessous. Pendant les fêtes, les châles de Cachemire sont aussi portés, quoique dans les autres temps ils soient rarement déployés, excepté par les femmes et les belliqueux schérifs, mais tout Mekkaoui porte une longue canne. Celles de la classe inférieure pourraient être appelées de longs gourdins. Jamais on ne voit un oléma sans sa canne. Peu de gens marchent armés, sauf ceux de la classe inférieure ou les schérifs, qui ont à la ceinture un coutelas recourbé.

Les femmes de la Mecque et de Djidda portent des robes en soie des Indes, et de très grands pantalons bleu rayé qui leur descendent jusqu'à la cheville, et sont brodés au bas en fil d'argent; elles mettent par dessus la robe ample nommée *habra*, en étoffe de soie noire, et usitée en Égypte et en Syrie, ou un *méllaié* en soie à raies bleues et blanches, de fabrique indienne. Le visage est caché par un *bourko* blanc ou bleu pâle. La tête, couverte du méllaié, est coiffée d'un bonnet qui ressemble à celui des hommes, et autour duquel une pièce de mousseline de couleur est roulée en plis serrés. On dit que leur coiffure est moins ornée de pièces de monnaie d'or, de perles et de joyaux que celle des dames d'Égypte et de Syrie, mais elles l'entourent au moins d'un cordon de sequins; plusieurs ont des colliers et des bracelets en or, et des anneaux en argent à la cheville; les pauvres ont la chemise bleue des Égyptiennes, de grands pantalons et des bracelets de corne, de verroterie ou de succin.

Les enfans des Mekkaouis ne sont pas aussi gâtés par leurs parens que ceux des autres pays de l'Orient: aussitôt qu'ils peuvent marcher librement, on les laisse jouer dans les rues devant la maison, très légèrement vêtus, ou plutôt à moitié nus. C'est probablement par cette raison qu'ils sont plus forts et mieux portans que les enfans de Syrie et d'Egypte, qui sont toujours couverts de vêtemens, et dont on peut dire avec vérité que souvent on les tue à force de soins.

Il y a peu de familles aisées à la Mecque qui n'aient des esclaves. Mahomet trouva le commerce des esclaves africains si solidement établi en Arabie, qu'il n'essaya pas de l'abolir, et ainsi il a confirmé et étendu ce trafic dans toute l'Afrique septentrionale, avec toutes ses cruautés, indépendamment de celles qui ont suivi la propagation de l'islamisme. Les esclaves des deux sexes sont des nègres ou noubas, ordinairement amenés de Souakim; les concubines sont toujours des esclaves abissines. Nul Mekkaoui riche ne préfère la paix domestique au désir de satisfaire ses passions, tous ont des maîtresses, indépendamment de leurs femmes légitimes: mais si une esclave devient mère, ordinairement son maître l'épouse, ou s'il y manque, il est blâmé par la communauté. A Djidda, l'usage d'entretenir des concubines abissines est encore plus général; plusieurs Mekkaouis ont même pour épouses des Abissines, trouvant les Arabes plus dispendieuses et moins disposées à céder à la volonté du mari. Beaucoup d'étrangers qui font un court séjour dans le Hedjaz, ont adopté la même coutume; à leur arrivée, ils achètent une femme, avec le projet de la vendre à leur départ; mais quelquefois leur séjour se prolonge, l'esclave devient enceinte, ils l'épousent, et se fixent dans la ville. Il y a peu d'hommes non mariés, ou sans une esclave; cela est d'ailleurs général dans l'Orient, mais nulle part plus qu'à la Mecque.

Le mélange du sang abissin a sans doute donné aux Mekkaouis ce teint jaune qui les distingue des Arabes du désert.

Parmi les classes riches, c'est une honte de vendre une esclave concubine. Si elle devient mère, et si son maître n'a pas déjà quatre femmes légitimes, il la prend en mariage, sinon elle reste dans sa maison pendant toute sa vie. Dans quelques cas, le nombre des concubines est de plusieurs douzaines, tant vieilles que jeunes. Les gens de la classe moyenne ne sont pas si scrupuleux que ceux de la classe supérieure, ils achètent de jeunes Abissines par spéculation, les élèvent dans leur famille, leur enseignent à faire la cuisine, à coudre, à broder, et les vendent avec profit aux étrangers, du moins celles qui sont stériles. Des médecins, des barbiers et des droguistes m'ont dit que l'usage de faire avorter est commun à la Mecque. La graine de l'arbre qui produit le baume de la Mecque est ordinairement employée dans ce cas. Les Mekkaouis ne font absolument aucune distinction entre les fils nés d'esclaves abissines et ceux des femmes arabes libres.

Les habitans de la Mecque ne connaissent que deux sortes d'occupations, savoir : le commerce et le service du Beithou'llah ; mais le premier est préféré, et il y a peu d'olémas ou d'employés de la mosquée qui ne se mêlent pas d'affaires commerciales, quoiqu'ils soient trop fiers pour les faire ouvertement. Les artisans, tels que maçons, charpentiers, tailleurs, cordonniers, forgerons, sont peu nombreux et bien moins habiles que ceux d'Egypte. A l'exception de quelques établissemens de potiers et de teinturiers, les Mekkaouis n'ont pas une seule manufacture ; de même que les Djiddaouis, ils dépendent des autres pays pour fournir à leurs besoins. Par conséquent, la Mecque a un commerce étranger considérable durant le pélerinage, et quelquefois un mois avant ; il est principalement dans les mains des voyageurs riches qui apportent, soit par mer à Djidda, soit de Damas par le désert, les productions de leur pays, et en font des échanges entre eux, ou bien reçoivent des négocians de la Mecque les marchandises de l'Inde et de l'Arabie que ceux-ci ont accumulées pendant toute l'année dans leurs magasins. A cette époque, la Mecque devient un des plus grands marchés de l'Orient, et certainement le plus intéressant par la variété des nations qui fréquentent cette foire : toutefois, la valeur des exportations de cette ville est de beaucoup supérieure à celle des importations, et il faut une somme considérable en piastres fortes et en sequins pour solder la balance. Une partie de cet argent passe dans l'Yemen et dans l'Inde, il en reste environ un quart chez les Mekkaouis. Ce trafic est si profitable que les marchandises achetées à Djidda des négocians, quand on les vend en gros à la Mecque, durant le pélerinage, donnent un bénéfice net de vingt à trente pour cent, et de cinquante en détail. Il n'est donc pas surprenant que tous les habitans de la Mecque soient commerçans. Quiconque peut réunir quelques piastres fortes va à Djidda, et les convertit en marchandises, qu'il expose en vente durant le pélerinage. De gros profits aussi sont dus à des manœuvres frauduleuses : beaucoup de pélerins ignorent la langue arabe, et sont ainsi forcés de se confier aux courtiers ou interprètes qui ne manquent jamais de leur faire payer chèrement leurs services : les Mekkaouis semblent réellement être réunis dans le dessein de tromper les pélerins.

Autrefois, quand les caravanes jouissaient d'une sécurité parfaite en route, les marchandises étaient principalement transportées par terre à la Mecque; maintenant peu de négocians les confient aux hasards d'un voyage à travers le désert, ils aiment mieux renoncer à l'avantage de les introduire à la Mecque en exemption de droits, privilége important dont jouissent les caravanes, et les transportent par mer à Djidda, quoique tous les pélerins d'Afrique et de Turquie paient alors une double taxe, l'une en Égypte, la seconde à Djidda : l'une et l'autre sont perçues par Mohammed Aly. Ainsi tout le petit commerce ne se fait maintenant que par les caravanes qui ne restent que peu de jours à la Mecque. Les marchands en détail de la ville en tirent plus de profits que les marchands en gros. Les principales affaires de ces derniers ont lieu dans les mois qui précèdent le pèlerinage, quand les négocians étrangers arrivent par la voie de Djidda, et ceux-ci ont le temps de les terminer avant que le pélerinage commence.

Quand la paix règne dans l'intérieur de l'Arabie, il se fait un commerce important avec les Bédouins et surtout avec les habitans des villes du Nedjd, qui ont besoin des marchandises de l'Inde, de drogues et d'objets pour l'habillement; ils se les procurent, soit de Médine, soit à meilleur marché de la Mecque. Le café, dont on fait un si grand usage dans le désert, est apporté par les habitans du Nedjd, qui envoient leurs caravanes dans l'Yemen, pays où on le récolte.

Les Mekkaouis, notamment ceux qui ne sont pas assez riches pour faire le commerce des marchandises de l'Inde, parce qu'elles exigent beaucoup d'argent comptant et que quelquefois il faut les garder long-temps, emploient leurs capitaux au trafic du grain et d'autres denrées dans les intervalles des pèlerinages. Il était autrefois bien plus lucratif qu'à présent, puisque Mohammed Aly ayant établi le monopole de ces objets, l'on est maintenant obligé d'acheter le grain à Djidda, au prix fixé par le pacha, et de se contenter d'un léger bénéfice en le revendant à la Mecque. Toutefois, après avoir payé le fret, il laisse un profit de quinze à vingt pour cent. C'est un trafic très attrayant pour les capitalistes, car les prix étant variables, c'est une espèce de loterie par laquelle on peut quelquefois doubler ses fonds en très peu de temps.

A l'approche du pélerinage, toute espèce de denrées augmente de prix; et en moindre proportion toute autre marchandise. Les personnes qui ont des magasins remplis de blé, de riz et de biscuit, sont sûres de faire de gros profits. Pourvoir à la nourriture du concours de soixante mille créatures humaines pendant leur séjour, et à celle de vingt mille chameaux, et les approvisionner de vivres pour leur voyage en retournant chez elles, n'est pas une petite affaire, et Mohammed Aly n'a pas encore essayé de s'en charger entièrement. Tout Mekkaoui possédant quelques piastres fortes les emploie à acheter une sorte quelconque de provisions, et, à l'approche du pélerinage, il la transporte sur son âne de Djidda à la Mecque.

Quand l'intérieur de l'Arabie est ouvert aux caravanes, les Bédouins de tous les cantons voisins achètent leur provision annuelle de grain à la Mecque; cette ville, en temps de paix, reçoit aussi une quantité considérable de blé de l'Yemen, surtout de Mokhoua, qui, éloignée de dix journées de route, au pied occidental de la grande chaîne des montagnes, est le grand marché des Arabes qui les cultivent. J'ai entendu dire que ce qui arrivait de Mokhoua formait la moitié de ce qu'exigeaient les besoins de la Mecque; mais cela paraît douteux, quoique je n'aie pas le moyen d'en faire une appréciation exacte, la route étant peu fréquentée, et la Mecque recevant entièrement ses approvisionnemens de Djidda. Il faut observer que la consommation du blé est plus grande en Arabie que dans aucun des pays voisins; la masse de la population vivant presque uniquement de froment, d'orge, de lentilles ou de riz, ne mangeant pas de plantes potagères, mais aimant beaucoup le beurre.

A moins que quelqu'un ne fasse des affaires mercantiles, ou n'ait un ami intelligent parmi les marchands en gros, il lui est difficile et même presque impossible d'obtenir des détails exacts sur un commerce aussi étendu que celui de la Mecque. Je m'abstiendrai donc, par ce motif, de faire aucune remarque partielle, et probablement erronée, sur ses diverses branches, que je ne connais pas bien, et sur lesquelles je n'ai pu trouver dans cette ville personne qui me donnât des éclaircissemens.

On doit naturellement supposer que la Mecque est une ville riche; elle le serait encore plus si la classe inférieure ne dépensait pas aussi facilement ses gains pour satisfaire ses goûts. Les marchands en gros sont riches, et comme toutes leurs affaires se font avec de l'argent comptant, ils sont moins exposés aux pertes que les négocians européens. La plupart ont un établissement à Djidda, et les deux villes sont intimement liées par le commerce. Durant la domination des Wahhabites, l'intérieur de l'Arabie était ouvert à la Mecque, mais l'importation des marchandises étrangères par mer et par terre était bornée à ce qu'exigeait la consommation des habitans : la grande foire du pélerinage n'avait plus lieu, et bien que quelques étrangers vinssent encore visiter les lieux saints, ils ne voulaient pas courir la chance de voir leurs marchandises saisies par les Wahhabites. Dans ces circonstances, le principal attrait des Mekkaouis pour rester dans la ville, c'est à dire celui de faire constamment des profits, n'existait plus. Les riches attendaient le retour des caravanes de pélerins, mais beaucoup de pauvres, qui n'avaient plus le moyen de trouver leur subsistance à la Mecque, en sortirent pour aller s'établir à Djidda ou dans d'autres villes maritimes des bords de la mer Rouge; plusieurs commerçans aisés les y ont suivis.

Le négoce se fait par le moyen de courtiers, dont plusieurs sont indiens ; en général, ces derniers sont les plus riches de la Mecque : ils ont des relations directes avec tous les ports de l'Hindoustan, et peuvent souvent vendre à plus bas prix que leurs compétiteurs. Plusieurs, comme je l'ai déjà dit, sont fixés dans cette ville, tandis que d'autres font continuellement des voyages entre l'Inde et le Hedjaz. Tous conservent leur idiome maternel, qu'ils enseignent à leurs enfans, et aussi à beaucoup de négocians de la Mecque, mais superficiellement, de sorte que ceux-ci comprennent au moins les noms de nombre hindoustani et les phrases les plus ordinairement employées dans les ventes et dans les achats. Les Indiens éprouvent de grandes difficultés pour apprendre l'arabe. Je n'en ai jamais entendu aucun, quelque long séjour qu'il eût fait dans le Hedjaz, qui parlât cette langue avec un accent supportable; sous ce rapport, cette nation est au dessous des Turcs, qui, par la manière dont ils prononcent l'arabe, fournissent un sujet de ridicule à la populace du pays. Les enfans des Indiens nés à la Mecque parlent naturellement l'arabe comme leur langue maternelle. Les Indiens sont dans l'usage d'écrire l'arabe avec des caractères hindoustani.

Ils passent pour être extrêmement parcimonieux, et, d'après ce que j'ai vu d'eux chez leurs premiers négocians, ils méritent cette qualification : ce sont des négocians rusés et quelquefois même trop fins pour des Arabes. Ils sont méprisables pour leur manque de charité, mais ils ont un maintien hardi qui les fait respecter et même quelquefois craindre à la Mecque. Plusieurs ont des associés dans l'Inde; par conséquent ils reçoivent leurs marchandises à meilleur marché qu'on ne peut les acheter des navires indiens à Djidda; c'est pourquoi les petits marchands et les revendeurs de la Mecque trouvent souvent plus commode de conclure des marchés avec eux à court terme, que d'aller à Djidda, où tout doit être payé argent comptant. A l'exception de deux à trois maisons, aucun négociant arabe ne reçoit directement ses marchandises de l'Inde; on les achète à la flotte venant de ce pays. De tous les habitans de la Mecque, les Indiens sont ceux qui s'acquittent le plus exactement des cérémonies de la religion.

Quand les marchands sont occupés à faire un marché devant des personnes auxquelles ils désirent cacher leurs affaires, ils joignent leurs mains droites sous le coin de la robe ou sous la manche de l'un d'eux, et, en se touchant mutuellement les jointures de leurs doigts, ils indiquent les sommes qu'ils veulent proposer et terminent ainsi en silence leur arrangement.

Les Mekkaouis qui ne se livrent pas ostensiblement au commerce sont attachés au gouvernement ou à la mosquée, mais, comme je l'ai dit déjà dit, tous sont plus ou moins engagés dans quelque branche de trafic, et la population entière attend l'époque du pèlerinage comme celle qui doit lui apporter son revenu.

Les personnes attachées à la mosquée ont des salaires fixes, participent aux dons qui lui sont faits, espèrent des donations particulières des ames charitables, et ont leur part dans les pensions apportées par les caravanes d'Egypte et de Syrie. Ces pensions, nommées surra, dérivent principalement des grands sultans de Constantinople, qui, à leur avénement au trône, fixent généralement une somme annuelle pour le soulagement des pauvres et pour l'entretien des personnages les plus recommandables de la Mecque et de Médine. Ces sommes sont distribuées dans ces deux villes par le khadi, comme celui-ci le juge à propos; mais dès que quelqu'un a été gratifié d'un surra, il en jouit pendant toute sa vie, et ses enfans en héritent. Il reçoit un billet signé du kadhi, du schérif et du greffier des surra, son nom est inscrit sur un registre à la Mecque, un double de ce livre est envoyé annuellement avec la caravane des pèlerins qui retournent à Constantinople, où le nom est couché dans le registre général des surra. La somme destinée à chacune des parties prenantes est renfermée dans un petit paquet portant le nom de l'individu qui doit la toucher. Si une pension nouvelle doit être distribuée, le khadi en fait la répartition, en informe l'inspecteur des surra à Constantinople, auquel l'argent a été remis, et l'année suivante les paquets adressés aux nouveaux pensionnaires sont ajoutés à ceux qui existaient déjà. Des surra sont apportés d'Égypte, mais la plus grande partie vient de Constantinople par la voie de Syrie, cette portion arrive très régulièrement. Chaque caravane a son greffier spécial des surra, dont la fonction est aussi de distribuer tout autre argent ou tribut que la caravane paie aux Arabes ou aux Bédouins en allant à la Mecque.

Le surra destiné à cette ville est réparti dans la mosquée sous les fenêtres de la maison du khadi, après le départ des pèlerins. Il y a des gens dont la part n'est que d'une piastre; le plus grand nombre des surra est de dix à vingt piastres, mais il y a des familles qui reçoivent annuellement jusqu'à deux mille piastres. Quoique ces pensions ne soient pas toujours données au plus digne, elles servent à soutenir de pauvres familles. Les billets peuvent être transportés à une autre personne; le schérif doit signer le transfert; et, après avoir payé une petite gratification au scribe du kadhi, le nouveau nom est enregistré et envoyé à Constantinople. Jadis, un Mekkaoui consentait rarement à vendre son surra, qu'il regardait comme un honneur et comme un revenu assuré pour sa famille, mais la valeur des surra a subi un grand changement. Pendant le temps des Wahhabites, les billets étaient presque entièrement dépréciés, car, durant huit ans, les porteurs n'avaient reçu aucun paiement; maintenant ils ont un peu remonté, mais récemment il y en a eu de vendus pour le montant de deux ans et demi, ce qui peut donner une idée de l'opinion en vogue à la Mecque sur la stabilité du gouvernement turc ou sur la probabilité du retour des Wahhabites.

Les personnages les plus paresseux, les plus impudens et les plus abjects de la Mecque embrassent la profession de guide (*metaouef* ou *délil*); or, comme ces qualités ne sont pas rares et que durant le pèlerinage les guides sont recherchés, ils sont très nombreux. Indépendamment des lieux de dévotion de la ville, les métaóuefs accompagnent les pèlerins à tous ceux du territoire sacré, et sont prêts à rendre toute espèce de service. Mais leur utilité est plus que contre-balancée par leur importunité et leur friponnerie. Ils assiègent l'appartement du pèlerin depuis le lever jusqu'au coucher du soleil; et ne veulent lui permettre de rien faire sans leur conseil; ils déjeûnent, dînent et soupent avec lui, l'induisent à faire toutes les dépenses possibles, afin de pouvoir en empocher une partie, ne laissent passer aucune occasion de lui demander de l'argent, et malheur au pauvre Turc ignorant qui les emploie comme interprète dans une affaire mercantile. Mon premier délil fut un homme de Médine, dans la maison duquel j'avais logé durant les derniers jours du ramadhan. A mon retour à la Mecque, je le rencontrai par malheur dans la rue, et quoique je fusse bien loin de lui en témoigner ma satisfaction, puisque j'avais des motifs suffisans de suspecter son honnêteté, il m'embrassa avec transport, et fit aussitôt sa demeure de mon logis. D'abord il m'accompagna chaque jour, quand je faisais le tour de la ka'aba afin de réciter les prières usitées dans cette occasion; mais je les eus bientôt apprises par cœur, et ainsi je pus me passer de ses services pour cet objet. Cependant, il venait régulièrement dîner avec moi, et souvent apportait un petit panier, ordonnait à mon esclave de le remplir de biscuits, de viande, de plantes potagères ou de fruits, et l'emportait en s'en allant. Tous les trois ou quatre jours, il me demandait de l'argent : « Ce » n'est pas toi qui le donnes, disait-il, c'est Dieu qui » me l'envoie. » Ne trouvant aucun moyen poli de m'en débarrasser, je lui dis nettement que je n'avais plus besoin de lui, langage auquel un délil de la Mecque n'est pas accoutumé. Néanmoins, au bout de trois jours, il revint comme s'il ne fût rien arrivé, et me demanda une piastre. « Dieu, lui répon» dis-je, ne me dispose pas à te rien donner; s'il » jugeait que ce fût convenable, il adoucirait mon » cœur et m'exciterait à te donner toute ma bourse. » — Arrache ma barbe, s'écria-t-il, si Dieu ne t'en» voie pas ensuite dix fois plus que je ne te demande » en ce moment. — Arrache tous mes cheveux, lui » répliquai-je, si je te donne un seul para avant d'ê» tre convaincu que Dieu considérera mon action » comme méritoire. » A ces mots il fit un saut, et s'en alla en disant : « Echappés du cœur des or» gueilleux humains et des avaricieux, nous trou» verons notre réfuge en Dieu. » Ces gens ne prononcent jamais dix mots sans y mêler le nom de Dieu ou de Mahomet; on les voit constamment le rosaire à la main, et ils marmottent des prières même pendant la conversation. Ce portrait caractéristique des métaouefs convient tellement aux habitans de la Mecque en général, qu'au Caire, pour réprimer l'importunité d'un mendiant insolent, on se sert de ce proverbe : Tu ressembles à un Mek-» kaoui, tu dis donne-moi, et je suis ton maître. »

Etant obligé d'avoir un délil, je pris un vieillard d'origine tatare ; je commençai par conclure avec lui une espèce de traité, et je fus assez content de lui. A la Mecque, ce que je payai aux délils et aux visites des lieux saints s'est peut-être monté à cent cinquante piastres turques, ou trente piastres fortes; mais je ne fis aucun présent, soit à la mosquée, soit à ses officiers, comme le pratiquent les pélerins riches ou ceux qui veulent être remarqués par le public. Il y a toujours des délils qui se tiennent près de la ka'aba, attendant qu'on vienne les louer pour en faire le tour; s'ils aperçoivent un pélerin marchant seul, ils le prennent souvent par la main, sans qu'il les appelle, et commencent à réciter des prières. Le prix de ce service est à peu près d'une demi-piastre. Je les ai vus marchander avec les pélerins à la porte même de la ka'aba, de manière à être entendus de tout le monde. Les délils les plus pauvres se contentent d'un quart de piastre. Beaucoup de marchands en détail et de gens de la troisième classe envoient à cet endroit leurs fils, qui savent les prières par cœur, pour apprendre la profession de délil. Ceux qui comprennent le turc gagnent de gros salaires. Comme les pélerins turcs arrivent ordinairement par le chemin de Djidda, en troupes de huit à douze qui sont partis de chez eux de compagnie et vivent ensemble à la Mecque, un délil se charge généralement de toute la bande, et attend des gratifications proportionnées à leur nombre. Souvent les pélerins, en retournant chez eux, les recommandent à une autre troupe de leurs compatriotes, qui, en abordant à Djidda, leur expédient l'ordre de leur retenir des logemens à la Mecque, de venir à leur rencontre à Djidda, de soigner leur court voyage pour gagner la ville sainte, et de les guider dans les prières qu'il faut réciter quand on y entre pour la première fois. On rencontre toujours de ces délils à Djidda pendant les trois mois qui précédent immédiatement le pélerinage; je les ai vus sur la route de la Mecque marcher à cheval à la tête de leur troupe, qui les traitait avec beaucoup d'égards et de politesse. Un Turc d'Europe ou d'Asie-Mineure qui ne sait pas un mot d'arabe est ravi de trouver un Arabe à la langue dorée qui parle son idiome et lui promet toutes sortes de commodités à la Mecque, qu'on lui a toujours représentée comme un lieu où il n'y a à attendre que des dangers et de la fatigue. Un délil qui a sous sa direction douze pélerins turcs pendant un mois, gagne généralement assez pour payer les dépenses de la maison pendant toute l'année, indépendamment d'habits neufs pour lui et pour tous ses enfans.

Quelques uns de ces délils ont un emploi très singulier. La loi musulmane défend à toute femme non mariée de faire le pélerinage; elle veut même que toute femme mariée soit accompagnée de son époux, ou au moins d'un de ses parens: la secte des schafeï ne permet pas même cette dernière condition. Quelquefois, des femmes arrivent de Turquie pour faire le pélerinage ; ce sont de riches veuves qui souhaitent de voir la Mecque avant de mourir, ou des femmes qui, parties avec leurs maris, les ont perdus en route par maladie. Dans ce cas, les femmes trouvent à Djidda des délils, ou, comme on les appelle, des muhallil, prêts à prendre le caractère de leurs époux pour leur faciliter le moyen de parcourir le territoire sacré. Le contrat de mariage est dressé devant le kadhi, et la femme, accompagnée de son délil, visite la Mecque, l'A'rafat et tous les lieux saints ; mais il y est entendu que ce n'est qu'un mariage nominal, et le délil doit répudier sa femme à son retour à Djidda ; s'il s'y refusait la loi ne peut l'y contraindre, et le mariage serait considéré comme obligatoire ; toutefois, il ne pourrait plus exercer la profession lucrative de délil. La personne qui me fournissait ces détails ne pouvait se rappeler que deux exemples de délil continuant à être les époux des femmes qu'ils avaient prises comme muhallil.

Je crois ne pas exagérer le nombre de ces hommes en disant qu'il y en a huit cents adultes, indépendamment des petits garçons qui apprennent cette profession. Quand un marchand perd ses pratiques, ou qu'un homme de lettres pauvre désire gagner assez d'argent pour acheter une esclave abissine, il se se fait délil. Le métier est peu considéré, mais beaucoup de Mekkaouis riches l'ont exercé à une époque quelconque de leur vie.

Le commerce, les pensions et les profits fournis

par le pélerinage, répandent annuellement de grosses sommes dans la Mecque, et l'auraient même rendue une des villes les plus opulentes de l'Orient, si ses habitans n'avaient pas des mœurs si dissolues. A l'exception de la première classe des négocians qui, quoique vivant d'une manière splendide, ne dépensent généralement pas leur revenu, et d'une partie de la seconde classe qui entasse l'argent, afin de parvenir au premier rang, la plupart des Mekkaouis, de tous les rangs et de toutes les professions, sont des prodigues sans frein et sans retenue. Les bénéfices considérables qu'ils font pendant trois ou quatre mois sont dépensés en bonne chère, en parure, en plaisirs grossiers; et en proportion de ce qu'ils comptent gagner l'année suivante, ils s'embarrassent fort peu de mettre de côté une partie de ce qu'ils obtiennent. Au mois de moharram, aussitôt que le pélerinage est fini et que la plus grande partie des étrangers sont partis, on a la coutume de célébrer les mariages et les fêtes de la circoncision. Celles-ci sont très splendides à la Mecque; et un homme qui n'a pas plus de trois cents piastres fortes à dépenser par an, prodiguera la moitié de cette somme pour le mariage ou la circoncision de son enfant. Ni le caractère de sainteté de la ville, ni les injonctions solennelles du Kóran ne peuvent détourner les Mekkaouis de faire usage des liqueurs spiritueuses ni de s'abandonner à tous les excès qui sont les conséquences ordinaires de l'ivrognerie. Les navires de l'Inde apportent une grande quantité de raki en baril. Cette liqueur forte mêlée avec du sucre et de l'extrait de cannelle est vendue sous le nom d'eau de cannelle. Les schérifs de la Mecque et de Djidda, les gros marchands, les olémas et tous les gens d'un rang élevé, ont l'habitude de boire cette liqueur qu'ils se persuadent n'être ni du vin, ni de l'eau de vie, et par conséquent n'être pas prohibée par la loi. Les habitans moins riches ne peuvent acheter une boisson aussi chère, mais ils ont recours à une liqueur fermentée faite avec du raisin sec, et apportée de Taïf; enfin les gens de la classe inférieure boivent du bouza. Durant mon séjour à Taïf un Turc de la suite de Mohammed Aly pacha distillait de l'eau de vie de jus de raisin et la vendait publiquement quarante piastres la bouteille.

Les Mekkaouis font de grandes dépenses dans leurs maisons; les appartemens sont ornés de beaux tapis et d'une quantité de coussins et de sofas couverts de brocart; on voit parmi les meubles beaucoup de porcelaines, et plusieurs narghilés incrustés en argent. Un petit marchand aurait honte de recevoir une de ses connaissances dans une maison moins richement meublée. La table est également mieux couverte que dans tout autre pays de l'Orient, où même des familles aisées vivent économiquement sous ce rapport. Un Mekkaoui, même de la classe inférieure, doit avoir journellement sur sa table de la viande qui lui coûte une piastre et demie la livre; sa cafetière ne bouge jamais du feu, et lui-même, sa femme et ses enfans font continuellement usage du narghilé. Or, le tabac qui le remplit doit occasioner une dépense assez forte.

Les femmes ont introduit la mode, assez ordinaire en Turquie, de se faire mutuellement des visites une fois la semaine avec tous leurs enfans ; la visite dure toute la journée ; un régal abondant est préparé pour l'occasion ; la vanité de chaque maitresse de maison l'excite à faire ses efforts pour surpasser les femmes de sa connaissance en luxe et en magnificence, et c'est une continuité de dépenses obligées pour chaque famille. Parmi les causes de celles que font les Mekkaouis, il faut compter l'achat d'esclaves abissines que les hommes entretiennent, ou l'argent qu'ils donnent aux femmes publiques que plusieurs fréquentent. Des sommes considérables sont également prodiguées pour des plaisirs sensuels encore plus blâmables et plus dégradans, mais malheureusement aussi en vogue dans les villes du Hedjaz que dans quelques contrées de l'Asie, ou en Égypte sous les mameloucks. J'ai déjà observé que le temple même de la Mecque, ce sanctuaire de la religion musulmane, est presque publiquement et journellement souillé par des actes de la dépravation la plus grossière ; nulle sorte de honte n'y est attachée, les jeunes gens de toutes les classes y sont encouragés par les hommes de tous les rangs, et il y a même des parens assez vils pour y conniver à cause de l'argent que cela rapporte. Toutefois les camps des Arabes Bédouins sont exempts de ces abominations, quoique leurs ancêtres n'aient pas été intacts sous ce rapport, s'il faut ajouter foi à quelques anecdotes scandaleuses racontées par les historiens orientaux.

Mais je dois résumer ici ce que j'ai à dire des femmes publiques, qui sont très nombreuses. Le quartier Scha'b A'amer est habité par les plus pauvres, celles d'un rang plus élevé sont dispersées dans toute la ville. Leur tenue est plus décente que celle des créatures du même genre dans les autres villes de l'Orient, et l'œil exercé d'un Mekkaoui est nécessaire pour reconnaître à un certain mouvement dans la démarche, que la femme voilée qui passe devant lui appartient à la classe vénale. Je ne me hasarderai pas à parler des femmes mariées du Hedjaz ; j'ai entendu raconter des anecdotes peu honorables pour elles ; mais dans le Levant comme dans les autres pays les jeunes gens se vantent souvent des faveurs dont ils n'ont jamais joui. La conduite extérieure des femmes de Djidda et de la Mecque est très réservée ; on en voit peu se promener à pied ou à cheval dans les rues, usage si commun au Caire ; quoique contraire aux idées des Orientaux sur la décence. J'ai demeuré dans trois maisons différentes à la Mecque, sans avoir vu à découvert le visage des femmes qui les habitaient.

Les gros marchands de la Mecque vivent d'une manière très splendide. Les maisons de Djeïlani, Sakkat, Agheïl et Elnour entretiennent cinquante à soixante domestiques, elles ont gagné leurs richesses principalement pendant le règne de Ghaleb, à qui Djeïlani et Sakkat servaient d'espions parmi leurs confrères. Leurs tables sont journellement couvertes en abondance de toutes sortes de mets délicieux que produisent soit le pays, soit l'Inde et l'Égypte. Une vingtaine de convives prend part à leurs dîners ; leurs esclaves abissins favoris, et qui souvent leur servent d'écrivains ou de caissiers, sont souvent admis à la table de leurs maîtres ; mais les esclaves d'un rang inférieur et leurs domestiques n'ont pour nourriture que de la farine et du beurre ; les porcelaines et les verres dans lesquels les mets sont servis sont des plus belles qualités ; la barbe des convives est aspergée d'eau de rose après le dîner, et la salle est remplie du parfum d'aloès brûlé sur les narghilés. Il règne dans ces maisons beaucoup de politesse sans cérémonie, et il n'y a pas d'hommes qui se montrent sous un jour plus aimable que les gens de distinction de la Mecque exerçant l'hospitalité envers leurs hôtes. Quiconque se trouve assis dans la salle extérieure quand le dîner est posé sur la table est invité à venir y prendre place, ce qu'il fait aussitôt ne croyant nullement avoir contracté une obligation en acceptant; tandis que de son côté le maître de la maison a l'air de regarder cette acceptation comme une faveur dont on le gratifie.

Les riches Mekkaouis font tous les jours deux repas, l'un avant le milieu du jour, l'autre après le coucher du soleil ; la classe inférieure déjeûne au lever du soleil et ensuite ne prend rien jusqu'à ce qu'il soit près de disparaître de l'horizon. De même que dans les pays des nègres, il n'est pas décent pour un homme de manger dans les rues. Les soldats turcs qui conservent leurs habitudes sont blâmés journellement par les habitans de la Mecque de leur manque d'usage sous ce rapport.

Avant la conquête des Turcs, et les guerres des schérifs avec les Wahhabites, qui la précédèrent, les négocians de la Mecque menaient une vie très heureuse. Durant les mois de mai et de juin, ils allaient à Djidda pour assister à la vente des marchandises de l'Inde. En juillet et en août, à moins que le pélerinage n'arrivât dans ces mois-là, ils se retiraient dans leurs maisons de Taïf, où ils passaient la saison chaude, laissant leurs affaires aux soins de leurs associés ou de leurs commis à Djidda et à la Mecque. Pendant le temps du pélerinage, ils restaient naturellement dans cette dernière ville; et toute famille mekkaouie aisée suivait les pèlerins à l'A'rafat, par partie de plaisir, et campait pendant trois jours à l'Ouadi Muna.

Dans le mois de radjab, qui est le septième après celui du pélerinage, une caravane partait ordinairement de la Mecque pour Médine; elle était composée de plusieurs centaines de marchands montés sur des dromadaires. A cette époque il se tenait à Médine une grande foire fréquentée par un nombre considérable de Bédouins du voisinage et d'habitans du Hedjaz et du Nedjd.

Les marchandises y étaient expédiées de la Mecque par une caravane de chameaux qui partait aussitôt après celle des marchandises; on la nommait *rukub el Medina* (1). Les négocians séjournaient une vingtaine de jours à Médine, puis revenaient à la Mecque. Ce changement de demeure fréquent, mais régulier, devait avoir beaucoup de charme pour eux, notamment dans ces temps-là, où ils pouvaient calculer avec certitude que le pélerinage prochain leur apporterait de nouvelles richesses. Taïf et

---

(1) En général les Arabes du Hedjaz appellent leur caravane *rukub*; en parlant de la caravane de Bagdhad ils disent: *rukub es' Scham* ou *rukub el Irak*.

Médine étant maintenant à moitié ruinées, les négocians de la Mecque vont à Djidda, qui est leur seul lieu de divertissement; mais ceux-mêmes qui ont des femmes et des maisons dans cette ville, parlent de leur habitation de la Mecque comme de leur seul domicile véritable, et ils y passent la plus grande partie de l'année.

Les habitans de la Mecque, de Djidda, et, à un moindre degré, ceux de Médine, ont généralement le caractère plus vif que les Syriens ou les Égyptiens. On ne voit pas dans ces deux villes de ces automates silencieux et graves, si communs dans les autres contrées du Levant, et dont l'insensibilité ou la stupidité est regardée ordinairement parmi eux comme une preuve de bon sens, de finesse et de sagesse.

Sous ce rapport, le caractère des Mekkaouis ressemble à celui des Bédouins; et si l'avidité du gain n'altérait pas souvent leurs traits, le sourire de la gaieté se montrerait toujours sur leurs lèvres. Dans les rues et dans les bazars, dans leurs maisons et même à la mosquée, les Mekkaouis aiment à rire et à plaisanter. Dans leurs entretiens, même sur des sujets sérieux, un proverbe, un jeu de mots, un trait spirituel trouvent fréquemment leur place, et produisent le rire. Les Mekkaouis joignent à cette vivacité naturelle beaucoup d'intelligence, de sagacité, et une grande douceur de manières qu'ils savent très bien concilier avec leur orgueil inné. Leur conversation est très agréable, et quiconque ne cultive que légèrement leur connaissance manque rarement d'être enchanté de leur caractère. Ils sont plus polis entre eux et envers les étrangers que les Syriens et les Égyptiens, et conservent quelque chose de la bonté des Bédouins, dont ils tirent leur origine. Quand ils s'accostent les uns les autres dans les rues, pour la première fois de la journée, le plus jeune baise la main du plus âgé, ou l'inférieur celle de son supérieur, et celui-ci rend le salut en baisant l'autre au front. Les hommes égaux par le rang et l'âge, dans la classe inférieure, se baisent mutuellement la main (1). Ils disent à un étranger : « O fidèle ou frère! » et la phrase du prophète, que tous les fidèles sont frères, est constamment sur leurs lèvres : « Sois le bien-venu, dix » mille fois le bien-venu, dit un marchand à un » chaland étranger ; tu es l'étranger de Dieu, » l'hôte de la ville sainte; tout mon bien est à ta » disposition. » Quelqu'un à qui l'on demande un service, s'exprime ainsi : « Toute notre subsistance, » après Dieu, est due à vous autres, pélerins; pou-» vons-nous faire moins que d'être reconnaissans? » Si, dans la mosquée, un étranger est exposé au soleil, le Mekkaoui lui fait place dans un endroit à l'ombre; si l'étranger passe devant un café, il entend des voix qui l'invitent à prendre une tasse de café; si un Mekkaoui se prépare à boire de l'eau d'une cruche, que les vendeurs d'eau promènent dans les rues, avant de l'appliquer à sa bouche,

---

(1) En se prenant la main, les habitans du Hedjaz s'empoignent mutuellement le pouce, le présent, et rouvrent la main trois ou quatre fois. C'est ce qu'on appelle mésafèha, et on dit que c'était l'usage de Mahomet.

il l'offre à un passant quelconque. Il dit à l'homme qu'il ne connait encore que faiblement : « Quand m'honoreras-tu d'une visite dans ma maison, et souperas-tu avec moi? » Lorsque les Mekkaouis querellent entre eux, on n'entend ni ces dénominations vulgaires, ni ce langage grossier qui sont si communs en Égypte et en Syrie. Les coups ne se donnent que dans des occasions très extraordinaires; l'arrivée d'une personne recommandable met ordinairement un terme à toute dispute; et quand celle-ci recommande la paix, on s'écrie : « Dieu nous a faits de grands pécheurs, mais il nous a également doués de la vertu de nous repentir aisément. »

A ces aimables qualités, les Mekkaouis en joignent une autre pour laquelle ils doivent également recevoir des louanges. Ils sont fiers; mais quoique ce sentiment ne soit pas fondé sur un mérite personnel, il est infiniment préférable à la servilité rampante des autres Levantins, qui rachètent leur déférence abjecte pour leurs supérieurs par une hauteur insultante envers leurs inférieurs. Les Mekkaouis sont fiers d'être natifs de la cité sainte, d'être les compatriotes de leur prophète, d'avoir en quelque sorte conservé ses manières, de parler sa langue purement, de jouir en expectative de tous les honneurs qui, dans le monde futur, sont promis aux voisins de la ka'aba, et d'être beaucoup plus libres qu'aucun des étrangers qu'ils voient arriver en foule dans leur ville. Ils montrent cette fierté envers leurs propres supérieurs, auxquels ils ont appris à les traiter avec beaucoup de ménagement et de circonspection; et ils regardent tous les autres peuples musulmans comme composés d'hommes d'un ordre inférieur, et pour lesquels leur affabilité et leur politesse sont l'effet de leur condescendance. Beaucoup de conséquences heureuses pourraient résulter de cette fierté, sans laquelle une nation ne peut pas espérer de soutenir son rang parmi les autres. Elle a empêché les habitans de la Mecque de tomber dans un esclavage aussi profond que quelques uns de leurs voisins; mais elle ne les excite à rien de louable, tandis que ses effets les plus immédiats se manifestent dans leur mépris pour les étrangers. Ce mépris, comme je l'ai déjà remarqué, se montre principalement envers les Turcs, qui, par leur ignorance de la langue arabe, leur habillement et leurs manières, la bassesse de leur conduite toutes les fois qu'ils ne peuvent pas parler en maitres, leur poltronnerie dans toutes les occasions où la caravane des pélerins a été attaquée dans sa marche à travers le désert, enfin par le peu de respect que leur témoigna le gouverneur de la Mecque pendant tout le temps que la puissance des schérifs resta intacte, ont été tellement rabaissés dans l'estime des Arabes, qu'ils sont regardés dans le Hedjaz comme des infidèles; et quoique beaucoup de Mekkaouis soient d'origine turque, ils se joignent cordialement à leurs compatriotes pour vilipender la souche dont ils sortent. Le mot de *Turki* est devenu un terme d'insulte mutuelle parmi les enfans. Les noms de nosrani (chrétiens) ou de yakoudi (juifs), sont fréquemment donnés aux Turcs par les habitans de la Mecque ; enfin, leur langage et leurs manières fournissent une source perpétuelle de ridicule ou de reproche. Les Syriens et les Egyptiens éprouvent de semblables effets de la fierté des habitans du Hedjaz, surtout les premiers, car, de tous les étrangers, les Egyptiens se rapprochent le plus des Arabes par les usages et la langue, et entretiennent les communications les plus intimes avec eux. Mais le hautain musulman syrien qui appelle Alep ou Damas *Om el donia* (la Mère du monde), et croit que nulle famille humaine n'est égale à la sienne, et que nulle langue n'est aussi pure que la syriaque, quoique ce soit le pire des dialectes de l'arabe après le mogrebin, est obligé de se comporter, à la Mecque, avec beaucoup de modestie et de circonspection, ou au moins d'affecter de la politesse. Bien qu'Arabe, on lui reproche de se vêtir et de vivre à la turque, et l'épithète de *Schami* (Syrien) emporte l'idée d'un butor lourd et grossier. Si les Arabes voyaient les Turcs dans les pays où ceux-ci sont les maîtres, ils concevraient une bien plus grande aversion pour eux; car il faut dire que la conduite de ceux-ci, dans la cité sainte, est en général bien plus décente et plus conforme aux préceptes de la religion que dans les contrées d'où ils viennent.

Les Mekkaoüis croient que leur ville avec tous ses habitans, est l'objet des soins spéciaux du prophète, et qu'ils sont aussi plus favorisés que les autres peuples. Ceci est la Mecque, ceci est la cité de Dieu! s'écrient-ils lorsque l'on exprime quelque surprise de ce que la plupart d'entre eux sont restés dans la ville pendant la stagnation du commerce et l'absence des pèlerins. « Personne ne manquera ici de son » pain quotidien, personne ne craint ici l'incursion

» des ennemis. » Saoud sauva la ville du pillage; il n'y eut pas de dévastations de commises quand la cavalerie turque, commandée par Moustafa bey, la reprit aux Wahhabites; la prise de Ghaleb n'occasiona aucun massacre dans l'enceinte de la Mecque; tous ces événemens peu ordinaires dans l'histoire de l'Orient, sont pour les Mekkaouis autant de miracles visibles du Tout-Puissant pour prouver la vérité de ce passage du cent sixième chapitre du Koran, qui s'exprime ainsi : « Qu'ils adorent la maison de Dieu (la ka'aba), » qui les nourrit dans leur faim et les met à l'abri » de toute crainte. » Mais ces mêmes Mekkaouis oublient de jeter un regard en arrière sur leur propre histoire, qui mentionne plusieurs famines affreuses, et plusieurs batailles sanglantes qui ont eu lieu dans cet asile sacré. En effet, le Hedjaz a plus souffert de la famine qu'aucun autre pays de l'Orient. Les historiens abondent en descriptions de ces lamentables événemens; je ne citerai que celui qui arriva en 1664; alors, suivant le récit d'Asami, plusieurs habitans de la Mecque vendirent leurs propres enfans pour une mesure de grain; et à Djidda, la population mangea publiquement de la chair humaine.

Un Mekkaoui me raconta qu'ayant une fois résolu de quitter la ville parce qu'il ne voyait plus arriver les pèlerins turcs qui lui fournissaient les moyens de subsister, un ange lui apparut pendant son sommeil la nuit qui précédait le jour fixé pour son départ. L'ange avait une épée flamboyante dans la main, et placé sur la porte de la Mecque par la-

quelle le rêveur devait sortir, il s'écria : « Homme
» de peu de foi, reste! Les Mekkaouis mangeront
» du miel pendant que les autres nations se contente-
» ront de pain d'orge. » En conséquence de cette vi-
sion le narrateur abandonna son projet et continua
à demeurer dans la ville.

La politesse extérieure des Mekkaouis est dans la
même proportion avec leur sincérité, que leur profession de foi ardente et d'attachement à la religion
est avec l'observance de ses préceptes. Plusieurs
d'entre eux, notamment ceux qui n'ont pas d'intérêt
particulier à en imposer aux pélerins par une apparence de rigidité extrême, sont très relâchés dans la
pratique de leur religion, pensant qu'il suffit d'être
Mekkaoui et de répéter tout haut en public des
maximes pieuses, et supposant que l'accomplissement exact des commandemens religieux, est plus
particulièrement du devoir des étrangers qui ne
viennent à la Mecque qu'une fois en leur vie. De
même que les Bédouins, beaucoup de Mekkaouis ne
font pas la prière très régulièrement ou ne la font pas
du tout. Durant celle du vendredi, à laquelle tout
musulman qui demeure dans une ville est tenu d'assister, la mosquée est principalement remplie
d'étrangers, tandis que l'on voit beaucoup d'habitans de la Mecque, fumer tranquillement dans leurs
boutiques. Après le départ des pélerins, le service
dans la mosquée est plus suivi. Les Mekkaouis ne dis-
tribuent jamais d'aumônes, ils s'en excusent en disant
que la Providence les a placés dans cette ville pour
recevoir la charité et non pour la faire. Ils imitent
ce que l'on raconte des manières de Mahomet, mais

seulement pour les habitudes de peu d'importance ; leurs moustaches sont coupées court, et leur barbe est régulièrement tondue avec des ciseaux, parce que ce prophète avait habitude de le faire ainsi. De même ils laissent l'extrémité de leur turban tomber négligemment par dessus le bonnet ; de deux jours l'un, ils mettent du kohhêl ou de l'antimoine sur leurs paupières et ont constamment à la main un messouak (brosse à dents) fait d'un brin de branche d'arak ou d'un autre arbrisseau apporté par les pèlerins persans.

Ils savent par cœur beaucoup de passages du Koran et du Hadi (recueil de traditions sacrées) et y font allusion ou les citent à chaque instant ; mais ils oublient que ces préceptes ont été donnés pour servir de règle de conduite et non pour être répétés. Des liqueurs enivrantes sont vendues à la porte même de la mosquée, les délils eux-mêmes sont en contradiction avec la loi en récitant à haute voix des prières dans la mosquée aux pélerins leurs écoliers, afin d'attirer par leurs voix sonores d'autres étrangers qui les prennent pour guides ; et en même temps ils ont à la main la grande canne que portent ordinairement les Mekkaouis. Une autre infraction à la loi est de fumer publiquement le haschisch ou la feuille du chanvre dont la propriété est d'enivrer ; on joue aux cartes dans presque tous les cafés arabes, quoique le Koran interdise formellement tous jeux de hasard ; on fait usage de petites cartes chinoises. La protection ouverte accordée par le gouvernement aux personnes des deux sexes du caractère le plus dépravé, est un encouragement à des transgressions journalières des principes rigides de la loi musulmane. Les tromperies et les parjures ont cessé d'être des crimes chez les Mekkaouis, ils n'ignorent pas le scandale que ces vices occasionent ; chaque délit se récrie contre la corruption des mœurs, mais aucun ne donne l'exemple de la réforme, et pendant qu'ils agissent constamment d'après des principes entièrement opposés à ceux qu'ils professent, ils déclarent unanimement que l'on est dans un temps qui justifie le dicton : *Inné el haram fi belad el harameïn* (les villes défendues aux infidèles abondent en choses défendues).

Dans un lieu où il n'y pas diversité de croyance, l'esprit de persécution ne peut se manifester, mais il est probable que les Mekkaouis pourraient être aisément excités à se livrer à des excès contre ceux qu'ils appellent infidèles ; car j'ai toujours remarqué dans l'Orient, que les musulmans les plus négligens dans l'accomplissement de leurs devoirs religieux sont les plus violens à réclamer l'exécution des préceptes de la religion contre les infidèles; et que la superstition la plus grossière règne parmi ceux qui ne tiennent aucun compte de leurs devoirs, ou qui, tels que beaucoup d'Osmanlis, les tournent en ridicule, et veulent passer pour des esprits forts. Il n'y a pas de classe de Turcs plus invétérée dans sa haine contre les chrétiens que ceux qui, ayant de fréquentes communications avec eux, jugent convenable de rejeter pour un temps l'apparence de leurs préjugés. Dans tous les ports européens de la Méditerranée, les Mogrebins vivent comme des mécréans, mais quand ils sont chez eux, rien ne peut les engager à mettre des bornes à leur fanatisme. Il en est de même des Turcs de l'Archipel, et je pourrais citer plusieurs exemples de Syriens et d'Égyptiens à l'appui de cette assertion. Si le fanatisme a un peu diminué depuis une vingtaine d'années dans l'empire ottoman, je pense qu'il faut uniquement en attribuer la cause à ce que l'énergie des habitans déchoit, et à ce que leur indifférence pour leur propre religion augmente; car ce n'est certainement pas à la discussion parmi eux de principes plus philanthropiques ou plus charitables. Le texte de la loi musulmane qui excite ses sectateurs à montrer sans relâche de la haine et du mépris pour tous ceux qui professent une religion différente est précis. Ce mépris n'a pas souffert d'altération ; mais l'animosité est remplacée par un extérieur de politesse, lorsqu'il s'agit de l'intérêt d'un musulman.

Le degré de tolérance dont jouissent les chrétiens dépend de l'affection qu'a pour eux le gouvernement de la province où ils vivent; s'il les favorise, ils sont traités honnêtement par tous les sujets turcs. Dans tous les pays de l'Orient que j'ai vus, on accorde en général aux chrétiens plus de priviléges que ne prescrit le code musulman, mais leur condition est subordonnée à la volonté du gouverneur de la ville ou du canton, comme ils l'éprouvèrent il y a sept ans à Damas sous Youssouf pacha, quand ils furent réduits à leur précédent état d'abjection. Il y a vingt ans, un Copte d'Égypte était dans la même position où se trouve maintenant un juif dans les États barbaresques; mais aujourd'hui que Mohammed Aly exempt de préjugés, quoique bien éloigné d'avoir des idées libérales, regarde comme étant de son intérêt de se concilier les chrétiens, un Grec bat un Turc sans trop s'embarrasser des conséquences de la part de la populace ; je sais même qu'un Arménien, ayant tué son domestique musulman, évita toute punition en payant une amende au gouvernement, quoique le fait fût notoire. Convaincus comme les Turcs doivent l'être à présent de la supériorité de ces Européens qu'ils ne peuvent considérer que comme les frères de leurs sujets chrétiens, leur conduite envers ces derniers sera strictement réglée par les sentimens que manifesteront les hommes investis du pouvoir, et il serait aussi difficile à Mohammed Aly de dégrader les chrétiens en Égypte d'un seul mot, qu'il le lui a été de les élever à la considération dont ils jouissent aujourd'hui, et qui est supérieure, à ce que je crois, à celle qui leur est accordée dans toute autre partie de l'empire ottoman.

La haine pour les chrétiens est presque égale dans toute l'étendue de cet état, et si les musulmans font le sacrifice de ce sentiment, c'est non à un principe d'humanité ou de charité, mais au déplaisir que montrent les hommes exerçant l'autorité. Leur bassesse est telle qu'ils baisent aujourd'hui la main de celui qu'ils foulaient aux pieds la veille. En examinant les émeutes de fanatisme dont les chancelleries des consulats européens au Levant ont conservé les documens dans plusieurs occasions, on y trouvera généralement que le gouvernement avait eu part dans ces soulèvemens et qu'il parvenait aisément à les apaiser. Le feu grand sultan Selim dans son système de régénération qui le portait à favoriser les chrétiens, ne rencontra pas d'opposition dans la masse du peuple, ce ne fut que chez les turbulens janissaires; et quand ceux-ci l'eurent emporté, les grands de Constantinople, auparavant à demi francisés, redevinrent bientôt des sunnites. Quelquefois un bigot téméraire, un scheikh ou un derviche enragé, à la tête de quelques mutins, offrent une exception à cette assertion générale; ils insultent un chrétien placé très haut dans la faveur des autorités publiques; comme cela arriva en 1811 à Damas au patriarche grec après que Youssouf pacha eut été repoussé; mais les compatriotes du santon, quoique nourris des mêmes principes et imbus du même défaut de charité, ont rarement le courage de donner l'essor à leurs sentimens et de suivre son exemple. Aucune de ces véritables commotions populaires, jadis si fréquentes en Europe quand les membres de l'église dominante voyaient des hommes appartenant à une croyance rivale étendre leur influence, n'arrive aujourd'hui en Orient. Quelque opinion que l'on puisse en avoir, sous un point de vue moral, nous devons respecter l'énergie d'un homme qui se plonge entièrement dans une dispute dont l'issue est au moins douteuse, et généralement nuisible à ses intérêts personnels, uniquement parce qu'il s'imagine ou croit que son devoir religieux lui commande de se conduire de la sorte. Le musulman de l'empire turc, autant que j'ai eu l'occasion de l'observer, étouffe sans peine ses sentimens, ses passions, le cri de sa conscience, et ce qu'il suppose agréable à la volonté du Tout-Puissant, si ses ntérêts le lui commandent, ou s'il pense qu'il se conforme aux désirs ou à l'exemple du pouvoir gouvernant.

Du temps des schérifs, les chrétiens étaient souvent maltraités à Djidda; ils ne pouvaient ni porter des habits à l'européenne, ni s'approcher du quartier de la ville, situé du côté de la porte de la Mecque. Mais depuis l'arrivée de l'armée de Mohammed Aly, les chrétiens vont où ils veulent et s'habillent à leur fantaisie. En décembre 1814, deux Anglais étant sortis par la porte de la Mecque pour se promener autour de la ville, et c'étaient probablement les premières personnes vêtues à l'européenne qui eussent jamais franchi la limite sacrée, une femme s'écria : « Vraiment le monde doit être bien près de » sa fin, puisque les kafirs (infidèles) foulent cette » terre aux pieds! » Même à présent si un chrétien meurt dans cette ville, il ne peut pas être enterré sur ses rivages; le corps est transporté à une petite île déserte située dans le port. En 1815, lorsque la peste ravageait le Hedjaz, événement inouï, le kadhi de Djidda, accompagné du corps entier des olémas, alla trouver le gouverneur turc de Djidda, pour l'inviter à faire détruire un moulin à vent que des chrétiens du Caire avaient bâti en dehors d'une des portes par ordre de Mohammed Aly. Ces gens prétendaient être certains que la main de Dieu s'était appesantie sur eux à cause de cette violation du territoire sacré par des chrétiens. Il y a quelques années, un navire anglais fit naufrage près de Djidda; parmi les différentes dépouilles que le schérif Ghaleb obtint pour sa part, se trouvait un grand porc, animal qui probablement n'avait jamais été vu à Djidda;

ce pourceau lâché dans la ville avec deux autruches, devint la terreur de tous les vendeurs de pain et de plantes potagères ; car le simple contact, même du bout de la robe, d'un animal aussi immonde que le cochon rend un musulman impur et incapable de faire ses prières, avant de s'être préalablement purifié par des ablutions. Le porc vécut ainsi pendant six mois; alors on proposa à un capitaine américain de l'acheter, mais on en demandait cinquante piastres, prix que naturellement l'Américain ne voulut pas donner. Heureusement la bête impure mourut quelque temps après d'une indigestion, à la grande satisfaction de tous les habitans.

Toutefois les Mekkaouis tolèrent dans l'enceinte de leurs murs des hérétiques notoires. Par exemple, les Ismaélis secte idolâtre de l'Inde, qui arrivent vêtus comme des musulmans. Les pèlerins persans bien connus comme sectateurs d'Aly et diffamateurs d'Abou Bekr et de ses successeurs immédiats ne sont sujets à aucun inconvénient particulier. Les schérifs les supportaient mais leur faisaient payer à chacun un droit de capitation. Ces schérifs appartiennent, pour la plupart, à la secte des seïdites qui ne sont pas d'accord sur plusieurs dogmes principaux avec les orthodoxes sunnites, les plus fermes adversaires des Persans schiites.

Chaque fois que les Mekkaouis prononcent le mot de chrétien ou d'européen ils l'accompagnent toujours des épithètes les plus injurieuses et les plus outrageuses. Ils les comprennent tous sous la dénomination de kafir, sans avoir aucune idée claire des différentes nations qu'elle renferme. Cependant les

Anglais ayant le plus de points de contact avec eux, à cause de leurs possessions dans l'Inde, sont souvent appelés exclusivement *elkafer* (les infidèles); quand cette appellation est ainsi employée elle désigne les Anglais. Ainsi on dit *el kafer fi'l Hind* (les kafer de l'Inde), ou *merkeb, el kafer fi Djidda* (les navires des Kafres ou infidèles à Djidda); et l'on sous-entend toujours les Anglais.

Quand les Français envahirent l'Égypte, un santon mogrebin, de la Mecque, nommé scheikh el Djeïlani, parent éloigné d'un riche négociant de cette ville, et qui depuis quelque temps faisait des discours dans la mosquée, monta en chaire et prêcha une croisade contre les infidèles qui s'étaient emparés de la porte de la ka'aba, c'est ainsi que l'on nomme l'Égypte. Comme c'était un orateur très éloquent et très respecté, beaucoup d'Arabes se réunirent sous son étendard, d'autres lui donnèrent de l'argent, on dit même qu'un grand nombre de femmes lui apportèrent leurs bijoux d'or et d'argent pour l'aider dans sa sainte entreprise. Il s'embarqua à Djidda sur une petite flotte avec ses partisans zélés, et aborda à Cosseïr. Il paraît que les gouvernemens de la Mecque et de Médine ne prirent qu'une faible part à cette tentative, bien qu'ils ne lui suscitassent aucun obstacle. Le sort de ces Arabes dont plusieurs appartenaient à ces mêmes tribus wahhabites qui ensuite opposèrent une si vive résistance à Mohammed Aly, et la fureur avec laquelle ils combattirent les Français dans la Haute-Égypte sont connus au lecteur par le récit animé que Denon en a fait. Le scheikh Djeïlani fut tué; très peu de ses partisans revinrent dans leur pays. Je crois que leur nombre a été exagéré par Denon, car je ne l'ai jamais entendu évaluer à plus de quinze cents.

Les Mekkaouis, de même que les habitans de la Turquie, sont en général exempts du vice de voler et de piller; on entend rarement parler de larcin chez eux, bien que pendant le pélerinage, et durant les mois qui le précèdent et le suivent, la Mecque soit remplie de coquins qui sont tentés par la facilité d'ouvrir les serrures de ce pays.

Autrefois les esclaves du schérif étaient connus pour leur conduite désordonnée; Ghaleb rétablit le bon ordre parmi eux et pendant son règne il ne se commit pas un vol avec effraction qui ne fût découvert et puni exemplairement.

Les rues de la Mecque sont remplies de mendians et de pauvres pélerins qui vivent de la charité des étrangers; car les Mekkaouis se regardent comme jouissant du privilége de ne pas s'acquitter de ce devoir. En revanche, plusieurs adoptent la mendicité comme une profession; notamment pendant le pélerinage, temps auquel les fidèles qui remplissent cette obligation sont tenus d'exercer l'aumône si particulièrement recommandée par les préceptes de Mahomet. La majeure partie des mendians sont des Indiens, d'autres sont des Syriens, des Mogrebins et des Égyptiens; il en vient aussi beaucoup de l'Yemen; il y en a peu parmi les nègres, car généralement ceux-ci préfèrent travailler plutôt que de demander la charité. On dit communément dans l'Orient que la Mecque est le paradis des mendians; peut-être quelques uns mettent de l'argent de côté;

mais l'aspect misérable des autres montre clairement combien leurs espérances ont dû être déçues. Les Indiens sont plus modestes, ils accostent les passans en s'écriant : *Ya Allah, ya Kerim!* (Dieu, ô Dieu miséricordieux !) et si on leur refuse l'aumône, ils s'en vont en se contentant de répéter : *Ya Allah, ya Kerim!* Il n'en est pas de même des Mekkaouis et des Yemenis : « Rappelle-toi ton devoir envers les » pélerins, disent-ils ; Dieu n'aime pas les hommes » dont le cœur est froid ; veux-tu rejeter les bénédic- » tions des fidèles ? Donne et il te sera donné. » C'est avec ces phrases pieuses et d'autres semblables qu'ils s'adressent aux passans, et quand ils ont l'aumône bien assurée dans leur poche, ils disent souvent, comme mon délil : « C'est Dieu, ce n'est pas toi » qui me la donnes. » Quelques uns de ces mendians sont extrêmement importuns et semblent demander l'aumône comme s'ils avaient un titre légal pour l'obtenir. Pendant que j'étais à Djidda un mendiant de l'Yemen montait tous les jours au minaret après la prière du midi, et s'écriait à voix assez haute pour être entendu de tout le bazar : « Je demande à » Dieu cinquante piastres fortes, un habillement » complet et un exemplaire du Koran : ô fidèles, » écoutez-moi ; je demande cinquante piastres for- » tes, etc. » Il répéta cette formule pendant plusieurs semaines ; enfin un pélerin turc, frappé de la singularité de l'appel du mendiant, le pria de prendre trente piastres fortes et de discontinuer ses cris qui faisaient injure à la charité de tous les pélerins présens. « Non, répondit le mendiant, je ne veux pas » prendre ce que tu m'offres, parce que je suis con-

» vaincu que Dieu m'enverra la totalité de ce que je
» lui demande si instamment. » Après que ce mendiant eut répété publiquement sa supplique encore quelques jours, le même pèlerin lui donna toute la somme qu'il sollicitait, mais il n'en reçut pas de remercimens. J'ai entendu des gens s'écrier dans les mosquées de la Mecque, aussitôt après la prière :
« O fidèles, écoutez-moi; je demande à Dieu vingt
» piastres fortes pour payer les frais de mon retour
» chez moi; seulement vingt piastres fortes. Vous
» savez que Dieu est tout rempli de bonté, et peut
» m'envoyer cent piastres, mais je n'en demande
» que vingt. Souvenez-vous que la charité est la
» route la plus sûre du paradis. » Il n'est pas douteux que cette manœuvre ne soit quelquefois accompagnée de succès.

Mais on ne peut espérer que l'instruction et la science soient florissantes dans un lieu où tous les esprits sont occupés de la recherche du gain, ou de celle du paradis, et je crois avoir des motifs suffisans d'affirmer que maintenant la Mecque est inférieure même en instruction musulmane à toute ville de population égale en Syrie ou en Egypte. Il n'en était probablement pas ainsi lorsque les nombreuses écoles publiques ou médressés furent construites; aujourd'hui elles sont converties en logemens particuliers pour les pèlerins. El Fasi dit que de son temps il y avait onze médressés à la Mecque, indépendamment d'un grand nombre de *rébats* ou écoles moins richement dotées qui contenaient aussi des logemens pour les pauvres pèlerins; plusieurs des rébats dans le voisinage de la mosquée subsistent encore, mais ne servent plus que de logement; il n'y a pas dans la ville une seule école publique où l'on fasse la leçon comme dans d'autres parties de la Turquie, la grande mosquée est le seul endroit où se trouvent des professeurs des sciences de l'Orient. Les écoles dans lesquelles on enseigne aux petits garçons à lire et à écrire, se tiennent dans la mosquée, où, après la prière, surtout l'après-midi, des olémas instruits expliquent un petit nombre de livres de la religion à un auditoire très peu considérable, composé principalement d'Indiens, de Malais, de Nègres et de quelques indigènes du Hadramaut et de l'Yemen qui, attirés par le grand nom de la Mecque, restent ici quelques années jusqu'à ce qu'ils se regardent comme suffisamment instruits pour être regardés chez eux comme des savans. Les Mekkaouis mêmes qui veulent faire des progrès dans les sciences vont à Damas et au Caire. Dans la dernière de ces villes on en trouve constamment qui étudient dans la mosquée El Azhar.

Les cours qui se font dans la mosquée de la Mecque sont gratuits, de même que dans les autres villes d'Orient; chaque leçon dure une heure ou deux; quiconque se croit compétent pour remplir cette tâche, n'importe qu'il appartienne à la mosquée ou lui soit étranger, peut monter en chaire. C'est également ce qui a lieu dans l'Azhar au Caire; j'y ai vu plus de quarante personnes différentes occupées à parler en même temps. Les sujets des discours dans le Beithou'llah de la Mecque sont, suivant l'usage, des dissertations sur la loi, des commentaires sur le Koran et sur les traditions du prophète. Durant mon séjour, il n'en fut prononcé aucun sur la grammaire, la logique, la rhétorique ou les sciences, ni même sur le taouhid ou l'explication de l'essence ou de l'unité de Dieu, qui forme une des branches principales de l'instruction des théologiens musulmans. Toutefois on me dit que la syntaxe arabe est expliquée quelquefois, et que le traité d'Elfie ibn Malek sert de base à ces leçons. Mais les Mekkaouis qui ont acquis une connaissance intime de la structure de leur langue, la doivent à leur séjour au Caire.

Il n'y a pas de bibliothèque publique attachée à la mosquée, toutes celles qui existaient jadis sont disparues. Le naïb el haram (gardien chargé de garder les clefs de la mosquée) a une petite collection de livres qui appartenait originairement à la mosquée, mais elle est considérée maintenant comme étant à lui et on ne peut emprunter les livres que difficilement. L'Azhar au Caire est sur un pied très différent. A chaque rouak ou établissement particulier pour chacune des différentes nations musulmanes qu'il contient, et qui sont maintenant au nombre de vingt-six, est attachée une bibliothèque, et tous les membres du rouak ont la liberté de prendre des livres pour s'en aider dans leurs études. La Mecque est également dénuée de bibliothèques particulières, à l'exception de celles des riches marchands qui font parade d'un petit nombre de livres, afin de se distinguer du vulgaire, ou de celles des olémas dont quelques uns possèdent ceux qui leur sont nécessaires pour citer le texte de la loi dans les affaires juridiques.

On raconte que les Wahhabites emportèrent beaucoup de livres, mais on ajoute qu'ils payèrent tout ce qu'ils prirent. Il n'est pas probable qu'ils aient enlevé toutes les bibliothèques de la ville ; et j'ai essayé vainement de découvrir une seule collection de livres. On ne trouve à la Mecque ni boutique de livres ni relieurs. Lorsque les pélerins reviennent de l'A'rafat, quelques pauvres olémas exposent des livres en vente dans la mosquée, près de la porte Bab-el-Salam ; tous ceux que j'ai vus concernaient la loi, c'étaient des Korans avec des commentaires, et d'autres ouvrages du même genre. Il y en avait aussi un petit nombre sur la grammaire ; je ne pus trouver de livres d'histoire, ni aucun qui fût relatif à d'autres branches des connaissances humaines, et malgré toutes mes peines, je n'ai pu apercevoir aucune histoire de la Mecque, quoique les noms des auteurs qui en ont écrit ne fussent pas inconnus des Mekkaonis. Ceux-ci me dirent qu'autrefois des marchands de livres arrivaient avec les pélerins de l'Yemen, et vendaient des ouvrages précieux apportés principalement de Sana'a et de Loheïa ; le seul bon livre que j'aie vu à la Mecque était un bel exemplaire du dictionnaire arabe appelé *Kamous*; un Malai le paya six cent vingt piastres ; au Caire il ne vaut que la moitié de cette somme. Beaucoup de pélerins demandaient des livres, ils étaient disposés à en donner un bon prix ; je fus donc très surpris de ce que des gens aussi enclins aux spéculations mercantiles que le sont les Mekkaonis, n'eussent pas profité de cette branche de commerce, moins lucratif, il est vrai, que celui du café et des marchandises de l'Inde. Je regrettai beaucoup mon manque total de livres, et surtout les exemplaires des historiens de la Mecque que j'avais laissés au Caire, ils m'auraient guidé dans beacoup de recherches relatives à la topographie.

Les pélerins persans et malais sont ceux qui courent principalement après les livres; on dit que les Wahhabites cherchaient surtout les ouvrages historiques; remarque que j'ai entendu répéter à Médine. Durant mon séjour à Damas qui est le marché aux livres le mieux fourni de l'Orient, et celui où ils sont le moins chers, parce qu'il est le moins fréquenté par les Européens, j'entendis dire que plusieurs Arabes de Bagdhad chargés secrétement des commissions des Wahhabites, avaient acheté plusieurs livres d'histoire, quand Abou Notka pilla les ports de l'Yemen, et enleva une grande quantité de livres qu'il expédia à Déraïch.

La rareté des bons livres à la Mecque doit peut-être s'attribuer aux achats continuels qu'en font les pélerins; car il n'y a pas de copistes dans cette ville pour remplacer les ouvrages qui sont exportés. On se plaint généralement, en Syrie et en Egypte, du manque de copistes, qui doit produire une disette totale de livres dans ces pays, si on continue à en faire des envois en Europe. Il n'y a pas maintenant au Caire plus de trois copistes de profession ayant une belle écriture, ou assez instruits pour éviter des fautes grossières. Il y avait à la Mecque un nommé Lahor, qui écrivait très bien l'arabe, quoiqu'il le parlât très médiocrement. Il avait sa boutique près du Bab-el-Salam, et copiait pour les pélerins les prières qu'ils devaient débiter pendant qu'ils s'acquittaient de leurs dévotions. L'écriture du Hedjaz diffère de celle d'Egypte et de Syrie ; mais, avec un peu de pratique, on la lit aisément. En général chaque pays, et aussi chaque province de l'Orient, ont leur manière particulière d'écrire, que l'usage seul met en état de distinguer. Il existe des nuances entre l'écriture des Alépins, celle de Damas et celle de St.-Jean-d'Acre ; en Egypte, l'écriture des Cairiens se reconnait aisément et ne se confond pas avec celle des habitans de la Haute-Egypte. Celle des musulmans ne ressemble nullement à celle des chrétiens qui reçoivent des leçons de leurs prêtres, et non des maitres d'école turcs. Les Coptes d'E-gypte emploient aussi un caractère dissemblable de celui des autres chrétiens établis dans le pays. Une personne expérimentée connait à l'adresse d'une lettre à quelle province et à quelle race d'hommes appartient celui qui l'a écrite. Le dialecte et le style des lettres ne sont pas moins distincts que ne l'est la manière d'écrire, et cette remarque s'applique particulièrement aux expressions de complimens dont ces missives sont toujours remplies. Le style de Syrie est le plus fleuri ; on le trouve employé même dans les simples lettres d'affaires. Celui de l'Egypte est moins chargé de complimens ; celui du Hedjaz est simple et mâle, se rapprochant de la franchise des Bédouins, ainsi, avant le sujet immédiat de la lettre, il n'offre que quelques questions relatives à la santé et à la prospérité de la personne à qui elle est adressée. Chaque pays a sa manière particulière de plier une lettre. Dans le Hedjaz on la cachette avec de la gomme arabique ;

un petit godet rempli de cette substance en dissolution est suspendu près de la porte de toute grande maison ou de chaque khan.

Quelle que puisse être l'indifférence des Mekkaouis pour l'instruction (1), la langue qui se parle dans leur ville est toujours plus pure et plus élégante pour la construction et la prononciation que dans toute autre ville où l'on s'exprime en arabe ; elle se rapproche plus que les autres dialectes de l'ancien arabe écrit, et est exempte de cette affectation et de ces altérations du sens si communes dans d'autres provinces. Je ne regarde pas la langue arabe comme étant sur son déclin ; il est vrai qu'il n'y a plus de poëtes tels que Motanebbi, Aboul'Ola ou Ibn al Fared ; quant à une belle prose coulante, elle ne fut jamais le don d'un Arabe. Les poëtes modernes se contentent de copier leurs anciens maîtres, imitant humblement leurs métaphores sublimes, et leurs sentimens exaltés produits par un

---

(1) Je puis citer ici comme une forte preuve de la négligence que l'on a pour l'instruction qu'ayant questionné une douzaine de Mekkaouis d'un rang distingué sur la position de l'Okath, aucun d'eux ne savait où il se trouvait, ni s'il existait encore. L'Okath était le lieu où les anciens poëtes arabes, jusqu'au temps de Mahomet, avaient coutume de réciter leurs ouvrages à la foule réunie pour la grande foire. Les poëmes qui avaient remporté le prix étaient ensuite suspendus dans la ka'aba. C'est à cet usage que nous devons les célèbres poëmes appelés les *Sebat Moallekat*. Un Bédouin Hodeïl me dit que l'Okath était maintenant un lieu ruiné dans le pays des Béni Naszéra, à deux ou trois journées de marche au sud de Taïf. Mais El Fasi dit qu'il n'est qu'à une journée de Taïf et qu'il cessa d'être fréquenté comme lieu de foire en 129 A. H. El Azraki le place à la même distance de cette ville, sur la route de Sana'a en Yemen, et ajoute qu'il appartenait à la tribu des Béni Kanané.

esprit plus noble et plus libre que celui des olémas actuels. Mais aujourd'hui même, tous les hommes instruits font une étude profonde de la langue; c'est la seule science avec laquelle le musulman orthodoxe peut charmer ses heures de loisir après qu'il a exploré le labyrinthe de la jurisprudence; et dans tout l'Orient on regarde comme chose indispensable, dans une bonne éducation, non seulement d'écrire la langue avec pureté, mais aussi d'avoir lu et étudié ses poëtes classiques, et de savoir par cœur leurs plus beaux passages. L'admiration des littérateurs arabes pour leurs meilleurs écrivains, est analogue à l'estime des Européens pour leurs propres classiques. Il est vrai que la plus grande partie des habitans du Levant ne sait ni lire ni écrire; mais parmi ceux qui ont reçu une instruction littéraire, on en trouve beaucoup plus écrivant avec élégance, et versés dans la lecture des auteurs du pays, qu'il n'en existe dans la même classe en Europe.

L'étude de la langue et celle des lois sont presque les seules auxquelles s'adonnent les Mekkaouis. Des jeunes gens apprennent assez de turc pour les mettre en état de tromper les pélerins osmanlis, auprès desquels la connaissance de cette langue pourra leur être un titre de recommandation pour leur servir de guide. L'astronome de la mosquée s'applique à connaître le moment précis du passage du soleil au méridien, et s'occupe à l'occasion d'astrologie et d'horoscope. Un médecin persan, le seul en titre que j'aie vue à la Mecque, ne vend que des baumes miraculeux et des élixirs infaillibles; toutes ses potions sont douces et agréables, le musc et le bois d'aloès qu'il brûle, répandent dans sa boutique une odeur délicieuse qui a beaucoup contribué à établir sa réputation. La musique, que les Arabes en général aiment si passionnément, est moins cultivée à la Mecque qu'en Syrie et en Egypte. Ils n'ont d'autres instrumens que le rababa, espèce de guitare, le naï, sorte de clarinette, et le tambourin. Le soir, on entend peu de chansons, excepté parmi les Bédouins des environs de la ville. Le chant en chœur nommé *djok*, est quelquefois exécuté par des jeunes gens, le soir, dans les cafés. La mesure est accompagnée de battemens de mains. Les habitans du Hedjaz ont la voix dure et peu claire; je n'y ai pas entendu de ces voix sonores et harmonieuses, si ordinaires en Egypte et encore plus en Syrie, soit qu'elles énoncent des chants d'amour, soit qu'elles célèbrent les louanges de Mahomet du haut des minarets; ce qui, dans le silence de la nuit, produit un effet magnifique. Même les imans de la mosquée, et ceux qui chantent les antiennes, en répétant les derniers mots des prières commencées par les imans, gens qui ailleurs sont choisis pour leur belle voix, ne se distinguent ici que par les sons rauques et discordans qui sortent de leurs gosiers.

Le schérif a une musique militaire à l'instar de celle des pachas; elle est composée de timbales, de trompettes, de fifres. Les musiciens jouent deux fois par jour devant sa porte, et pendant à peu près une heure, chaque soir de nouvelle lune.

Des danseuses et des chanteuses de profession assistent aux mariages; on dit qu'elles ont de belles voix, et qu'elles ne mènent pas une vie déréglée, comme celles d'Egypte et de Syrie. Les Mekkaouis disent qu'avant l'invasion des Wahhabites, on entendait le soir des chanteurs dans toutes les rues, mais que l'austérité de ces sectaires, qui, bien qu'aimant passionnément leurs propres chants, désapprouvaient ceux des femmes en public, a occasioné la ruine de la musique; pourtant ce n'est peut-être qu'une de ces idées oiseuses que l'on peut ranger avec celle qui n'est pas moins en vogue dans le Levant qu'en Europe, et suivant laquelle les temps anciens sont, sous tous les rapports, meilleurs que le présent.

Les *sakas*, ou porteurs d'eau de la Mecque, dont plusieurs sont étrangers, ont un chant qui touche par sa simplicité et par le motif qui le fait employer : les pélerins riches achètent fréquemment tout le contenu d'une outre d'eau en sortant de la mosquée, notamment le soir, et ordonnent qu'elle soit distribuée aux pauvres. Pendant que les sakas versent l'eau dans les gamelles dont chaque mendiant est pourvu, ils s'écrient : *Sebil! Allah! ya, atchân, sebil!* (hâtez-vous, ô vous qui avez soif! hâtez-vous vers les voies de Dieu!) puis ils chantent les paroles suivantes, dont la mélodie n'est que sur trois notes, et que je n'ai jamais entendues sans émotion : *El djénné oua el magferata li sahéb es sebil* (que le paradis et le pardon soient le lot de celui qui vous a donné cette eau).

Je ne puis décrire les fêtes du mariage usitées à la Mecque, n'y ayant pas assisté, mais j'ai vu la prétendue amenée dans la maison de son mari, et accompagnée de toutes ses amies. Dans ces occasions il n'y a pas, comme en Egypte, un dais ou de la musique ; mais on déploie de riches habits ainsi que des meubles magnifiques. La fête est somptueuse, et souvent dure trois ou quatre jours. Quand un mariage a été conclu, l'argent qui doit être payé pour la femme est porté de la maison du prétendu à celle du père de la fille ; on le transporte avec apparat par les rues, sur deux tabourets, enveloppé dans un riche mouchoir recouvert d'une pièce de satin brodée. Les deux hommes qui tiennent ces tabourets sont précédés de deux autres ayant dans une main un flacon d'eau de rose, et dans l'autre une cassolette sur laquelle brûlent toutes sortes de parfums et d'odeurs suaves. Ces quatre personnages sont suivis d'une longue file composée des amis et des parens du prétendu, tous vêtus de leurs plus beaux habits. Le prix payé pour une jeune vierge, dans les classes supérieures, varie, à la Mecque, de quarante à trois cents piastres fortes, et de dix à vingt pour les classes pauvres. Ordinairement on ne compte que la moitié de cette somme, l'autre moitié reste en la possession du mari, qui la donne dans le cas où il répudierait sa femme.

Les fêtes de la circoncision sont semblables à celles du Caire ; l'opération terminée, l'enfant est revêtu des étoffes les plus riches, placé sur un beau cheval magnifiquement harnaché, puis il est ainsi conduit en cortége dans la ville au son des tambours.

Les funérailles ne diffèrent en rien de celles d'Egypte et de Syrie.

En général, les Mekkaouis ont peu de chevaux ;

je crois que dans la ville il n'y en a pas plus de soixante entretenus par des particuliers. Le schérif en a une trentaine dans ses écuries, mais Ghaleb avait un haras plus considérable. Les schérifs militaires ont des jumens; cependant la plupart de ces animaux étaient partis avec l'armée. Les Bédouins établis dans le faubourg Mo'abedé et dans d'autres quartiers, comme occupés d'affaires publiques, ont aussi des chevaux; mais ni la classe des marchands ni les autres n'en ont. On craint d'être privé par le schérif de quelque bel animal que l'on posséderait, et l'on se contente de mulets ou de ghediches qui sont des hongres de race inférieure. Les ânes sont très communs, mais jamais une personne de qualité ne les monte. Le petit nombre de chevaux entretenus à la Mecque est de race distinguée; ils sont achetés aux Bédouins. Au printemps, on les envoie ordinairement à un camp de ces derniers, afin qu'ils paissent les beaux herbages du désert, qui sont si nourrissans. Le schérif Yahya a une jument grise du haras de Ghaleb, elle était évaluée vingt bourses: c'était réellement un bel animal, et le seul absolument parfait que j'eusse vu dans le Hedjaz. Les Bédouins de cette contrée, surtout ceux des environs de la Mecque, sont très pauvres en chevaux; il n'y a que quelques scheikhs qui en entretiennent, parce que les pâturages sont rares, et que la dépense de nourrir un cheval se monte à trois piastres par jour.

Dans la plaine de l'est, au delà de Taïf, les chevaux sont nombreux, moins pourtant que dans le Nedjd et dans ' déserts de Syrie, en conséquence de la rareté comparative du grain, et de l'incertitude de la pluie, circonstance qui souvent laisse une année entière sans végétation la plaine habitée par le Bédouin; mais dans les déserts, plus au nord, où la pluie manque rarement de tomber dans la saison convenable, cet inconvénient est moins fréquent.

CHAPITRE XII.

GOUVERNEMENT DE LA MECQUE.

Les territoires de la Mecque, de Taïf et de Gonfadé, qui s'étend au sud jusqu'à Hali, le long de la côte, et celui d'Yambo, étaient, avant les Wahhabites et les conquêtes du pacha d'Egypte, sous le commandement du schérif de la Mecque, qui avait aussi étendu son autorité sur Djidda, ainsi que je l'ai expliqué en parlant de cette ville. Le schérif, élevé à ce poste par la force ou par son influence personnelle et par le consentement des familles puissantes des schérifs de la Mecque, tenait son pouvoir du grand seigneur, dont la confirmation était invariablement assurée à celui qui s'en était emparé (1).

(1) Le gouvernement du Hedjaz avait souvent été un sujet de dispute entre les khalifes de Bagdhad, les sultans d'Egypte, et les imams de l'Yemen. L'honneur attaché même à une autorité nominale sur les

Tous les ans, il était investi d'une pelisse apportée de Constantinople par le kaftandji bachi, et dans le cérémonial turc, il était rangé parmi les premiers pachas de l'empire. Quand le pouvoir du pacha de Djidda devint purement nominal, et que la Porte ne fut plus en état d'envoyer au Hedjaz de grandes armées avec la caravane des pèlerins pour assurer sa puissance sur ce pays, les schérifs de la Mecque commencèrent à être indépendans, et à dédaigner les ordres de la Porte, quoiqu'ils s'appelassent toujours serviteurs du sultan, reçussent l'investiture annuelle de la pelisse, reconnussent le kadhi envoyé de Constantinople, et priassent pour le sultan dans la grande mosquée. Mohammed Aly a rétabli l'autorité des Osmanlis dans le Hedjaz, et s'est arrogé tout le pouvoir du schérif, ne laissant au schérif actuel Yahya qu'une autorité de nom.

Le schérif de la Mecque était choisi dans une des nombreuses tribus de schérifs, ou descendans du prophète, qui s'étaient établies dans le Hedjaz; jadis elles furent très multipliées, maintenant elles sont réduites à quelques familles de la Mecque. Jusqu'au dernier siècle, le droit de succession résidait dans la famille doui Barakat, issue de Barakat, fils de Seïd Hassan Adjélan, qui succéda à son père en

---

cités saintes, était le seul objet que ces rivaux avaient en vue, quoique loin d'accroître leurs revenus, elle les obligeât à faire de plus grandes dépenses. Le droit de vêtir la ka'aba et d'avoir leur nom cité dans les prières du vendredi était le seul profit qu'ils en tiraient. La suprématie de l'Égypte sur la Mecque si fortement établie depuis le commencement du quinzième siècle fut, après la conquête de cette contrée par Selim Ier, transférée au sultan de Constantinople.

829 A. H.; il appartenait à la tribu de schérifs de Kataïdé, fixée originairement dans la vallée d'Alkamié, formant une partie de l'Yambo el Nakhel, et qui était alliée par la ligne féminine aux Beni Haschem, qu'elle avait dépossédés du gouvernement de la Mecque, en 600 A. H., après la mort de Mekether, le dernier des Haschemi. Durant le dernier siècle, le doui Barakat eut de longues guerres à soutenir avec les tribus rivales, et finit par céder à la plus nombreuse, celle des doui Zeïd, à laquelle appartiennent les schérifs actuels, et qui, avec tous les Kétadé, forme une grande partie de la tribu des Abou Néma. La plupart des Barakat émigrèrent, beaucoup d'entre eux s'établirent dans les fertiles vallées du Hedjaz, d'autres dans l'Yemen. Indépendamment des tribus dont je viens de faire mention, on m'en nomma cinq autres existant à la Mecque ou dans les environs, ce sont les Abadélé, l'Ahl Sérour, les Herazi, le Doui Hamoud, les Souamelé (1).

La succession au gouvernement de la Mecque, de même que celle des scheikhs bédouins, n'était pas héréditaire, quoiqu'elle restât dans la même famille aussi long-temps que le pouvoir de celle-ci était pré-

---

(1) J'en trouve encore d'autres mentionnées par Asami, telles que le doui Masoud, le doui Salambaz, le doui El Hareth, le doui Thokaba, le doui Djazan, le doui Baz. La composition d'une histoire de la Mecque d'après les sources que j'ai citées exigerait plus de loisirs que je n'en ai. D'Ohsson a donné une notice historique des schérifs de la Mecque qui contient plusieurs erreurs. Les longues généalogies auxquelles il faut remonter pour acquérir une notice claire des souverains d'une partie quelconque de l'Arabie, rendent l'histoire de ce pays extrêmement embrouillée.

pondérant. Après la mort d'un schérif, un de ses parens, ou son fils, ou son frère, ou son cousin, ou un autre, qui avait le parti le plus fort ou la voix publique en sa faveur, devenait son successeur. Il n'y avait ni cérémonie d'installation, ni serment d'obéissance. Le nouveau schérif recevait les visites de félicitation des Mekkaouis; ses musiciens jouaient des instrumens devant sa porte, ce qui parait être le signe de la royauté, ici comme dans le pays des Nègres, et son nom était dorénavant inséré dans les prières publiques. Quoique l'avénement d'un nouveau schérif eût rarement lieu sans contestation, cependant il y avait généralement peu de sang répandu, et bien qu'il se commît quelquefois des exemples de cruauté, les principes d'honneur et de bonne foi qui distinguent les guerres du désert étaient ordinairement observés. Les antagonistes se soumettaient, et communément restaient dans la ville, n'allant pas rendre leurs devoirs à leur parent vainqueur, ni ne redoutant son ressentiment, une fois la paix conclue. Durant la guerre, les droits de l'hospitalité étaient regardés comme aussi sacrés que dans le désert : le dakhil ou réfugié était toujours respecté; des amendes payées aux parens du mort formaient la compensation pour le sang versé des deux côtés, et l'on suivait les mêmes lois de représailles qui sont en vigueur chez les Bédouins. Il y avait toujours un fort parti d'opposition contre le pouvoir régnant, mais elle se manifestait plus par la protection accordée à des personnes que le chef persécutait, que par des attaques ouvertes contre son pouvoir. Néanmoins des guerres éclataient souvent, chaque parti avait ses adhérens parmi les Bédouins voisins, mais elles se faisaient d'après le système suivi dans celles de ces Arabes, et leur durée était rarement longue.

Bien que ces usages pussent tendre à réprimer le pouvoir du schérif régnant, ces guerres étaient accompagnées de conséquences fâcheuses pour la communauté; chacun était obligé de s'attacher à l'un des deux partis et à quelque protecteur qui traitait ses adhérens avec la même tyrannie et la même injustice qu'il éprouvait de son supérieur; les lois étaient peu respectées; tout était décidé par le crédit personnel. Le pouvoir des schérifs reçut une rude atteinte de la part de Scherour, qui régna de 1773 à 1786; cependant, même dans les derniers temps, Ghaleb, quoique possédant plus d'autorité qu'aucun de ses prédécesseurs, fut souvent contraint de combattre ses propres parens.

Cette continuité de brouilleries intestines, les contestations et les guerres des partis dominans, les vicissitudes de fortune qui les accompagnaient, et les manéges de popularité que les chefs étaient obligés d'employer, donnaient au gouvernement du Hedjaz un caractère différent de celui de la plupart des autres gouvernemens de l'Orient, et qu'il conserva extérieurement, même après que Ghaleb eut réussi à régner en despote. Aucune des cérémonies qui tracent une ligne de démarcation entre les souverains de l'Orient ou leurs représentans et le peuple n'était observée. La cour du schérif était peu nombreuse, et presque entièrement dénuée de pompe. Son titre n'est ni sultan, ni sultan-schérif, ni sire, comme Aly bey el Abassi l'assure. Ses sujets se servaient en lui parlant de celui de *Sidna* (notre seigneur) ou de celui de *S'adetkom* (votre altesse), qui se donne à tous les pachas. La distance entre le chef et le sujet n'était pas réputée assez grande pour empêcher le dernier, en cas de nécessité, d'exposer en personne ses griefs, et de demander respectueusement mais hardiment qu'ils fussent redressés.

Le schérif régnant n'entretenait pas un corps considérable de troupes régulières, mais chaque fois que la guerre était décidée, il convoquait ses partisans parmi les schérifs, avec leurs adhérens. Il attachait ces schérifs à sa personne en respectant leur rang et leur crédit; ils étaient accoutumés à le regarder seulement comme le premier parmi ses égaux.

Donner une histoire des événemens qui se sont passés à la Mecque depuis l'époque à laquelle les historiens arabes se sont arrêtés, ce qui est, je crois, vers le milieu du dix-septième siècle, serait un travail assez difficile, puisqu'il faudrait puiser ses renseignemens dans des communications orales, personne dans ce pays ne songeant à consigner par écrit les occurrences de son temps. Les circonstances dans lesquelles je visitais cette ville m'auraient seules empêché d'obtenir des informations exactes et étendues sur l'état politique de cette contrée, quand même j'en aurais eu le loisir, parce que les recherches de ce genre m'auraient forcé de fréquenter les personnes de rang ou les gens en place, classes de la société que par des raisons évidentes je m'attachais constamment à éviter. Je vais donner les détails que j'ai pu recueillir sur l'histoire récente de la Mecque.

1750. Le schérif Mesa'ad fut nommé au gouvernement de la Mecque qu'il garda vingt ans. La puissance des schérifs l'entraina dans des guerres fréquentes avec eux, et comme elles furent rarement heureuses pour lui, leur autorité n'éprouva aucune diminution. Ayant montré des symptômes d'inimitié pour Aly bey gouverneur de l'Égypte, celui-ci envoya avec une troupe considérable de soldats, comme chef de la caravane des pélerins de la Mecque, Abou-Dahab qu'il avait créé bey, et le chargea d'expulser Mesa'ad; mais peu de jours avant son arrivée le schérif mourut.

1769 ou 1770. Après le décès de Mesa'ad, Hossein qui bien que de la même tribu avait été son antagoniste dans toutes les occasions fut élevé au gouvernement par son parti et y fut confirmé par l'aide d'Abou-Dahab. Il continua à commander jusqu'en 1773 ou 1774 qu'il fut tué dans une guerre contre Serour fils de Mesa'ad.

1773 ou 1774. Le nom de Serour qui régna treize à quatorze ans est encore vénéré par les Mekkaouis; il fut le premier qui rabaissa l'orgueil et la puissance des schérifs et établit une justice rigide dans la ville. Avant son règne, chaque schérif avait dans sa maison de la Mecque un corps composé d'une quarantaine d'esclaves, de ses domestiques et de ses parens tous armés, et de plus des amis puissans parmi les Bédouins. Étranger à toute autre profession qu'à celle des armes, ces gens vivaient du produit du bétail qu'ils entretenaient chez les Bédouins et dans différentes parties du Hedjaz, du surra qu'ils avaient le droit de recevoir des pélerins, des présens qu'ils exigeaient de ceux-ci et des gens de leur dépendance dans la ville. Quelques uns, par addition à ces sources générales de revenu, avaient extorqué des précédens schérifs en chef, des sinécures lucratives, telles que des droits sur les navires et sur certaines marchandises, un péage perçu à l'une des portes de la Mecque, un impôt de capitation sur les pélerins persans, et beaucoup d'autres. Leur conduite dans la ville était turbulente et désordonnée; les ordres du schérif régnant étaient dédaignés; chacun faisait usage de son autorité personnelle pour accroitre sa richesse; les querelles de famille étaient fréquentes; et dans le temps du hadj, les schérifs attaquaient souvent de petites bandes de pélerins allant de Médine ou de Djidda à la Mecque, pillant ceux qui ne se défendaient pas et tuant ceux qui opposaient de la résistance.

Après une lutte prolongée, Serour réussit enfin à réduire les schérifs à l'obéissance, principalement en gagnant l'affection des Mekkaouis et des Bédouins de la classe commune, par l'extrême simplicité de ses mœurs, sa frugalité personnelle, sa générosité envers ses amis, et une réputation de bravoure et de sagacité excessives. Il avait souvent fait la paix avec ses ennemis, mais de nouvelles guerres éclataient aussitôt après. On dit qu'une fois il découvrit une conspiration formée pour l'assassiner pendant une de ses promenades nocturnes autour de la ka'aba, et qu'il eut la magnanimité d'épargner la vie des conjurés, se contentant de les bannir. Il fortifia le grand château de la Mecque, entretint constamment à son service un corps considérable d'esclaves et de Bédouins armés, corps dont il payait la dépense avec ses profits dans le commerce, car il en faisait un très considérable avec l'Yemen. Il finit par contraindre les familles de schérifs les plus puissantes à s'expatrier, et à chercher un refuge dans cette contrée, après que beaucoup de schérifs eurent perdu la vie dans les combats, et d'autres par la main du bourreau. Ensuite Serour s'appliqua à rétablir l'administration de la justice; et on raconte de lui un grand nombre d'actions qui font un égal honneur à son équité et à sa perspicacité. Il chassa les juifs de Djidda où ils avaient acquis des richesses considérables par leurs courtages et leurs trafics frauduleux : il protégea les pèlerins dans leur marche à travers le Hedjaz, et régla la perception des droits de douane et des taxes qui auparavant avaient été levés de la manière la plus arbitraire. A sa mort, toute la population de la Mecque suivit ses restes au tombeau. Il est encore considéré comme une espèce de saint, par les Mekkaouis, et son nom est vénéré même par les Wahhabites.

1785 ou 1786. Après le décès de Serour, Abd el Maïn un de ses frères, lui succéda pendant quatre à cinq jours, au bout desquels Ghaleb frère cadet de celui-ci, le déposséda par son habileté supérieure dans l'art de l'intrigue, et par la grande popularité que sa valeur, son esprit et ses manières engageantes lui avaient acquise dès le temps de son père. Ghaleb laissa Abd el Maïn se retirer tranquillement. Durant les premières années de son règne, Ghaleb ne fut que l'instrument des esclaves et des eunuques puissans de Serour qui étaient complètement les maîtres de la ville, et dont la conduite était aussi injuste, aussi arbitraire et aussi tyrannique que l'avait été celle des schérifs. Mais Ghaleb se débarrassa bientôt de leur influence, et finit par acquérir sur le Hedjaz, une autorité plus solide que celle de tous ses prédécesseurs : il la conserva jusqu'au temps où les guerres avec les Wahhabites et les succès de Mohammed Aly mirent un terme à son existence politique. Il gouvernait avec plus de douceur que Serour, mais il ne l'égalait pas en équité ; il n'ordonna la mort que de peu de gens, mais il se laissa dominer par l'avarice, et les coupables purent souvent racheter leur vie par de grosses amendes. Afin d'exercer ses extorsions il remplissait ses prisons de délinquans, mais le sang ne coula que dans ses contestations avec les Wahhabites. Pendant qu'il leur faisait la guerre, Abdalla et Seïd ses neveux, fils de Serour, essayèrent inutilement de lui arracher le pouvoir. S'étant réconciliés avec lui, il leur permit de revenir à la Mecque et ils y vécurent tranquillement jusqu'à l'arrivée de Mohammed Aly. Ce pacha envoya Abdalla au Caire avec Ghaleb, et reçut bientôt l'ordre de lui rendre la liberté. Abdalla était allé autrefois à Constantinople pour implorer l'aide du sultan contre Ghaleb; sa grande témérité lui avait gagné à la Mecque plus d'admirateurs que d'amis ; cependant il paraît probable que si les Turcs étaient de nouveau obligés d'abandonner le Hedjaz, il remplacerait son frère Yahya le chef actuel nommé par Mohammed Aly en 1813, et dont la réputation et l'influence à la Mecque, correspondent à la nature du fantôme d'autorité dont il y jouit.

Le pacha qui s'est emparé des revenus du gouvernement de la Mecque, a assigné au schérif une pension mensuelle de 50 bourses ou environ 800 livres sterling, pour entretenir ses troupes et sa maison. Cette dernière est sur le même pied qu'avant la conquête des Turcs, et consiste en un petit nombre de schérifs, quelques Mekkaouis et esclaves abissins ou nègres qui occupent indifféremment les divers emplois attachés à sa personne, et dont les titres pompeux sont empruntés du livre du cérémonial de la cour ottomane. A Yambo, à Taïf, à la Mecque et à Djidda, Ghaleb avait un visir qui était qualifié el hakem à la Mecque et à Taïf; il avait de plus son khasnadar ou trésorier, son selahdar ou porte-cimeterre, son moherdar ou garde-du-sceau; et quelques autres officiers qui étaient bien loin de garder une étiquette aussi stricte, ou d'être des personnages aussi considérables que ceux qui portent les mêmes titres à la Sublime-Porte. La totalité de la maison particulière de Ghaleb était composée d'une soixantaine de serviteurs et d'officiers et d'autant d'esclaves et d'eunuques. Indépendamment de ses femmes, il avait vingt-quatre esclaves abissines et une quantité double de femmes pour les servir et pour nourrir ses enfans. Il y avait dans ses écuries une quarantaine de chevaux de la meilleure race arabe, une demi-douzaine de mules qu'il montait quelquefois, et autant de dromadaires. J'appris d'un de ses anciens serviteurs que tous les jours on tirait des magasins un ardeb de blé ou à peu près quinze boisseaux pour sa maison, ce qui avec peut-être cinquante livres de beurre et deux moutons, formait la principale dépense en vivres. Cela était consommé en partie par les Bédouins que les affaires attiraient à la Mecque, et qui avaient l'habitude de descendre chez Ghaleb, pour demander l'hospitalité, tout comme ils seraient entrés dans la tente d'un scheikh à son camp dans le désert. A leur départ, leurs sacs étaient remplis de provisions pour la route, suivant la coutume arabe, et d'ailleurs les schérifs de la Mecque avaient toujours montré un vif désir de traiter les Bédouins avec bonté et libéralité.

Le costume du schérif est le même que celui de tous les chefs de famille de schérifs à la Mecque; voici ce dont il se compose ordinairement; une robe de soie des Indes, sur laquelle est jeté un *abba* blanc de la belle manufacture d'El Ahsa sur le golfe Persique; un châle de cachemire coiffe la tête; des pantoufles jaunes et quelquefois des sandales couvrent les pieds. Je n'ai jamais vu les schérifs de la Mecque avec le turban vert. Ceux qui entrent au service du gouvernement ou qui embrassent la profession des armes et sont exclusivement appelés schérifs par les Mekkaouis, portent généralement des châles de cachemire de couleur, les autres qui vivent en particuliers ou sont employés à la mosquée ou deviennent olémas, tournent autour de leur bonnet un petit châle de mousseline blanche. Toutefois les schérifs ont une marque distinctive dans leur costume, c'est un haut bonnet de laine de couleur verte qu'ils entourent du châle soit de cachemire, soit de simple mousseline blanche. Ce bonnet le dépasse tellement qu'il met le visage à l'abri des rayons du soleil; et cela est si commode que des vieillards l'adoptent quelquefois, mais cette mode n'est pas commune.

Quand le schérif sort à cheval il tient à la main un *metrek*, baguette mince et courte dont les Bédouins se servent quelquefois pour conduire leurs chameaux; un cavalier qui est près de lui porte un parasol ou dais à la chinoise et orné de glands de soie dont il se sert pour garantir la tête du schérif quand le soleil l'incommode. C'est le seul signe de souveraineté qui distingue ce prince quand il se montre en public, et quand il va à pied, il n'en fait pas usage. Les Wahhabites le forcèrent, de s'en abstenir et de se rendre à pied à la mosquée, alléguant pour motif qu'il était contraire à l'humilité requise en pareil cas de venir à cheval en présence de la mosquée. Mais lorsque Ghaléb jouissait complétement du pouvoir à la Mecque, il obligeait les pachas qui accompagnaient les caravanes de pèlerins de reconnaître dans toutes les circonstances son droit de les précéder, et il fit répandre dans le Hédjaz l'opinion que son rang était supérieur à celui de tous les officiers de la Porte, et que même à Constantinople, le sultan selon la rigueur du cérémonial devait se lever devant lui et le saluer. J'ai déjà parlé de son investiture annuelle par le kaftandji bachi. Conformément à l'étiquette suivie à l'arrivée de la caravane, le schérif fait la première visite au pacha ou Emir el Hadj, celui-ci en la rendant reçoit un cheval richement caparaçonné. Quand les pélerins reviennent de l'Ouadi Muna, le pacha lui présente, le premier jour, un cheval pareil, et tous deux se rendent mutuellement visite dans leurs tentes à Muna. Lorsque la caravane est sur le point de quitter la Mecque, le schérif va une seconde fois trouver le pacha, à son camp hors la ville, et est gratifié d'un autre cheval.

Le schérif est supposé avoir sous sa juridiction toutes les tribus de Bédouins du Hedjaz ; du moins elles sont inscrites sur ses registres et sur ceux de la Porte comme fidèles sujettes du sultan et du schérif. Dans le temps de sa grande puissance Ghaleb exerçait une grande influence, mais sans aucune autorité directe sur ces tribus. Elles le regardaient avec ses soldats et ses partisans sous le même point de vue qu'un de leurs scheikhs avec tout son monde ; et toutes les lois de la guerre reconnues dans le désert étaient strictement observées par le schérif. Dans ses dernières expéditions contre les Wahhabites, il était accompagné d'un corps d'à peu près huit mille Bédouins qui se joignaient à lui comme ils se seraient joints à un autre scheikh, sans recevoir de paie régulière pour leur service, mais suivant leurs propres chefs dont Ghaleb achetait l'attachement à ses intérêts par des présens.

Le gouvernement de la Mecque offrira des singularités à quiconque ne connait pas l'état politique du désert ; cependant tout s'explique aisément si le schérif est considéré comme un chef bédouin que la richesse et la puissance ont induit à s'arroger une autorité arbitraire, qui a adopté la forme extérieure du régime ottoman, mais qui adhère strictement à tous les anciens usages de sa nation. Autrefois les chefs de famille de schérifs à la Mecque exerçaient la même influence que les pères de famille dans les campemens de Bédouins; l'autorité des chefs les plus considérables prévalut ensuite, et les autres furent obligés de se soumettre, néanmoins ils conservent encore, dans plusieurs cas, l'autorité de leurs ancêtres. Les partis opposés regardaient les autres Mekkaouis non comme leurs égaux, mais comme des colons sous leur domination; de la même manière que des tribus de Bédouins se battent pour des villages dont les habitans leur paient des redevances, et qu'ils considèrent comme leurs inférieurs. Toutefois les Mekkaouis n'étaient pas gens à se laisser traiter comme les habitans de la Turquie septentrionale; ils prenaient une part active aux querelles des schérifs, et obtenaient une portion de l'influence et de la puissance acquises par leurs patrons respectifs. Lorsque Serour et Ghaleb se furent emparés successivement d'une autorité moins limitée que celle de leurs prédécesseurs, le reste des schérifs s'unit plus intimement aux Mekkaouis, et jusqu'à ces derniers temps forma avec eux un corps respectable par son caractère belliqueux, comme le prouvaient évidemment leurs querelles fréquentes entre eux, et leur résistance au gouvernement quand ses mesures mettaient leur existence en danger, quoiqu'ils fussent abaissés au point de ne se révolter jamais quand leur bourse seule était attaquée.

Le gouvernement de Ghaleb malgré ses extorsions pécuniaires était doux et circonspect; il respectait la fierté des Mekkaouis et se permettait rarement quelque tentative contre la sûreté personnelle ou même contre la fortune des particuliers, quoiqu'ils souffrissent des réglemens qui les affectaient collectivement. Il permettait à ses ennemis avoués de vivre paisiblement dans le sein de leur famille, et aux habitans de se livrer entre eux à ces rixes sanglantes qui survenaient fréquemment soit par une suite de la vengeance du sang, soit par l'effet de la jalousie des différens quartiers de la ville les uns contre les autres; ils se battaient quelquefois pendant des semaines entières, mais généralement avec des bâtons, des lances et des poignards, et non avec des armes à feu.

Les schérifs ou descendans de Mahomet, demeurant à la Mecque ou dans les environs, qui ont le goût des armes et sont si souvent engagés dans des dissensions civiles, ont la coutume d'envoyer chaque enfant mâle, huit jours après sa naissance, à la tente de quelque Bédouin qui fréquente les environs de la ville; ces enfans y sont élevés jusqu'à l'âge de huit à dix ans ou jusqu'à ce qu'ils soient en état de monter une jument; alors leurs pères les reprennent. Pendant tout le temps de son séjour parmi les Bédouins l'enfant ne va jamais voir ses parens, ni n'entre dans la ville, que lorsqu'il a atteint son sixième mois. Alors sa mère nourricière le porte pour quelques instans à sa famille et s'en retourne aussitôt après avec lui à sa tribu. Jamais un enfant mâle ne reste plus de trente jours après sa naissance entre les mains de sa mère, et quelquefois il demeure avec les Bédouins jusqu'à sa treizième ou même sa quinzième année. Par ce moyen il se familiarise avec les dangers et les vicissitudes de la vie d'un Bédouin; son corps s'endurcit et s'habitue à la fatigue et aux privations; il acquiert une connaissance de l'idiome des Bédouins et une influence parmi eux qui devient par la suite d'une grande importance pour lui. Tous les schérifs depuis le chef jusqu'au plus pauvre d'entre eux ont été élevés parmi les Bédouins et plusieurs ont pris leurs épouses chez eux. Les fils du schérif régnant étaient ordinairement envoyés dans la tribu des Adouan célèbres par leur bravoure et leur hospitalité ; mais elle a été tellement réduite par les guerres intestines des schérifs auxquelles elle prenait toujours part, et par l'invasion récente de Mohammed Aly, qu'elle a jugé convenable d'évacuer le territoire du Hedjaz et de chercher un refuge dans le camp des tribus de la plaine de l'est. Othman el Medhaïfé fameux chef wahhabite et le principal instrument employé par Saoud pour subjuguer le Hedjaz était un scheikh des Adouan, et Ghaleb avait épousé sa sœur. Les autres schérifs envoyaient leurs enfans aux camps des Hodheïl, des Thékif, des Beni-Sad et d'autres ; un petit nombre les confiait aux Koreïsch ou aux Harb.

Un schérif traitait avec le même respect et les mêmes égards que son père et ses frères, les Bédouins dans la tente desquels il avait été élevé ; il les appelait respectivement des noms de père, mère, frère, et, de leur côté, ils lui donnaient les noms correspondans. Quand ils venaient à la Mecque, ils logeaient chez leur pupille, et il ne les laissait jamais partir sans leur faire quelque présent. Pendant qu'il avait demeuré parmi eux, il avait traité d'*érham* leurs parens les plus éloignés qui avaient aussi des droits à ses attentions et à son amitié ; durant toute sa vie, il se regardait comme appartenant au camp où il avait passé ses premières années : en parlant de ses habitans, il disait : « nos gens ou notre famille ; » il prenait le plus vif intérêt à leurs diverses fortunes ; et souvent, quand il en avait le loisir, il allait leur faire visite pendant les mois d'été ; quelquefois même il les accompagnait dans leurs excursions et dans leurs guerres.

Schérif Ghaleb se montra constamment très attentif envers les Bédouins, chez lesquels il avait été élevé ; chaque fois qu'ils venaient le voir, il se levait de son siège, et les embrassait, bien qu'ils ne fussent distingués en aucune manière des plus chétifs habitans du désert. Il résultait naturellement de cette coutume, que souvent il était difficile d'engager les enfans des schérifs, de retour chez eux, à reconnaitre leurs parens véritables ; parfois ils s'échappaient pour aller rejoindre, dans le désert, les Bédouins amis de leur enfance.

L'usage que je viens de décrire est très ancien chez les Arabes. Mahomet fut élevé parmi des étrangers dans la tribu des Beni Sad ; et cet exemple est continuellement cité par les Mekkaouis, quand ils parlent de cette pratique, encore en vigueur parmi les schérifs. Mais aujourd'hui ce sont presque les seuls habitans de l'Arabie qui la suivent encore. La tribu des Moouali (1), jadis puissante, mais aujourd'hui réduite à un petit nombre, et qui fait paitre ses troupeaux dans le voisinage d'Alep, est la seule dans laquelle j'aie observé quelque chose de semblable. L'usage veut que le fils du chef de cette tribu soit élevé dans la famille d'un autre individu de la même tribu, mais appartenant à un camp dif-

---

(1) Cette tribu, originaire du Hedjaz, vivait dans le voisinage de Médine ; il en est souvent fait mention par les historiens de cette ville, pendant le premier siècle de l'hégire.

férent; et il y reste jusqu'à ce qu'il soit en état de se suffire à lui-même. Le pupille appelle *Morabbi* l'Arabe qui l'a élevé, et lui témoigne le plus grand respect pendant toute sa vie.

Les schérifs tirent de grands avantages de leur éducation chez les Bédouins; car ils y acquièrent non seulement la force et l'activité du corps; mais aussi une partie de cette énergie, de cette hardiesse et de cette aisance de manières qui caractérisent l'habitant du désert, et ils y joignent plus de bonne foi et d'hospitalité que s'ils avaient été élevés à la Mecque.

Je n'ai pas vu beaucoup de schérifs. Parmi le petit nombre de ceux qui restent, quelques uns, pendant mon séjour à la Mecque, étaient employés comme guides à l'armée de Mohammed Aly, ou incorporés dans un corps peu nombreux de Bédouins commandés par schérif Radjéh, l'un des plus considérés parmi eux; ou bien ils étaient au service d'Yahya, qui les envoyait aux postes avancés dans l'Yemen. Quelques uns, après la capture de Ghaleb, s'étaient retirés chez les Wahhabites ou dans l'Yemen, où il en restait encore un petit nombre. Ceux que j'eus l'occasion de voir se distinguaient par leur belle physionomie mâle, qui annonçait évidemment la noblesse de leur extraction; ils possédaient toutes les manières extérieures des Bédouins; libres, hardis, francs, amis chauds, ennemis implacables, cherchant la popularité, et doués d'un orgueil inné qui les porte à s'estimer bien supérieurs au sultan de Constantinople. Je n'ai jamais vu un plus bel homme que schérif Radjéh, la dignité de son maintien l'aurait fait remarquer parmi des milliers de ses semblables; on ne peut non plus se figurer une physionomie plus spirituelle et plus intelligente que celle de schérif Ghaleb. Le schérif actuel Yahya a, comme son père, le teint très foncé. Sa mère était une esclave abissine très brune.

Les Mekkaouis ont peu de confiance à l'honnêteté des schérifs, qui ont montré constamment une grande versatilité de caractère et de conduite; mais cela ne pouvait être autrement, si l'on a égard à leur sphère d'activité et aux circonstances. Certainement leur éducation chez les Bédouins les rendait préférables à la classe ordinaire des Mekkaouis.

Suivant une règle adoptée parmi les schérifs, les filles du chef régnant ne peuvent pas se marier, et pendant que leurs frères sont souvent à jouer dans la rue avec leurs camarades, dont rien ne les distingue, les infortunées restent renfermées dans la maison de leur père. J'ai aperçu un fils du schérif Ghaleb, alors en exil à Salonique, s'amuser devant la porte de son père. Mais j'ai entendu dire que lorsque les enfans du schérif régnant reviennent du désert, et ne sont pas assez grands pour paraître en public avec un air mâle, ils sont tenus dans la maison ou dans la cour de leur père, où les seuls commensaux de la famille les voient. Ils ne se montrent en public pour la première fois qu'à cheval, à côté de leur père; de ce moment ils sont regardés comme adultes, se marient bientôt après, et prennent part aux affaires publiques.

La plus grande partie des schérifs qui habitent la Mecque, et particulièrement ceux de la famille Doui

Zeïd, dernière tribu régnante, sont fortement soupçonnés de professer secrètement la doctrine hétérodoxe des zeïdites, secte qui a de nombreux prosélytes dans l'Yemen, surtout dans les montagnes voisines de Sada. Mais ils n'en conviennent pas, et se conforment à la doctrine de la secte orthodoxe des schafeis, à laquelle appartiennent la plupart des Mekkaouis. Quant aux schérifs qui demeurent loin de la cité sainte, ils n'en disconviennent pas, et quand il y a en litige un point de la loi sur lequel les zeïdites ne sont pas d'accord avec les sunnites, les schérifs s'abstiennent de prendre part à la discussion.

Je crois que les zeïdites sont partagés en plusieurs sectes; ceux de l'Yemen et de la Mecque reconnaissent pour fondateur de leur croyance, El Imam el Hadi ilel Hak Yahin ibn el Hosseïn, dont on fait remonter la généalogie, jusqu'à Hassan fils d'Aly. Il naquit en 245 A. H. à Ras, dans la province de Kasim, et commença à prêcher comme sectaire à Sada en 280 A. H. Il combattit les Abassides, s'empara de Sana'a, en fut ensuite chassé, attaqua les Karmates et mourut de poison à Sada en 298 A. H. D'autres reculent l'origine de cette secte jusqu'à Zeïd ibn Aly Zeïn el A'abedin, ibn el Hosseïn, ibn Aly, ibn Abou Taleb qui fut tué à Koufa en 121 A. H., par les partisans du khalife Hescham. Les zeïdites paraissent en général avoir un grand respect pour Aly. Cependant ils ne maudissent pas en même temps, comme font les Persans, Abou Bekr et Omar. Ils ont des idées différentes de celles des sunnites sur la succession des douze imams; mais sur les autres points, ils sont plus d'accord avec eux qu'avec les Persans. Les zeïdites de l'Yemen auxquels appartient l'imam de Sana'a, désignent leur croyance comme la cinquième profession de foi orthodoxe de l'islamisme dont les autres sont les hanéfis, les schafeïs, les malekis et hanbalis, et par cette raison sont appelés Ahl el Khams Mezaheb. Dans l'Yemen, ils avouent publiquement leur doctrine; à la Mecque ils la cachent. J'ai appris qu'une de leurs principales maximes est qu'en priant soit à la mosquée, soit dans sa maison, on ne doit employer d'autres expressions que celles qui sont contenues dans le Koran, ou que des phrases formées de passages de ce livre.

Les Mekkaouis regardent les zeïdites comme des hérétiques, et assurent que de même que les Persans ils n'ont aucun respect pour les successeurs immédiats de Mahomet. On raconte que des zeïdites de l'Yemen ont écrit le nom de Moavia au dessus de la partie la plus sale de leur maison pour marquer le mépris qu'ils en faisaient; mais de tels principes ne sont pas avoués, et les schérifs sont extérieurement d'accord avec les sunnites sur tous les points, quelle que puisse être d'ailleurs leur opinion particulière.

J'ai déjà dit que le kadhi de la Mecque y est envoyé annuellement de Constantinople, suivant l'usage du gouvernement turc relativement aux grandes villes de l'empire. Ce système commença avec les premiers empereurs qui pensèrent qu'en ôtant aux gouverneurs des provinces l'administration de la justice, et en la plaçant dans les mains d'un savant envoyé périodiquement de Constantinople et entièrement indépendant de ces officiers, ils empêcheraient ceux-ci d'exercer une influence illégale sur les cours judiciaires, en même temps qu'ils préviendraient les conséquences qui pourraient probablement résulter de ce qu'un juge restât trop long-temps dans son emploi. Mais les usages, dans tout l'empire, sont très différens de ce qu'ils furent il y a trois cents ans. Dans toutes les villes, le kadhi est soumis à l'autorité immédiate du gouverneur qui peut tyranniser suivant son bon plaisir, pourvu qu'il remette régulièrement ses subsides à la Porte. Personne ne peut gagner un procès, à moins qu'il ne jouisse de quelque crédit auprès du gouvernement, ou qu'il ne fasse au juge un présent que le gouverneur partage, ou bien il est de connivence avec lui en retour de sa complaisance pour ses intérêts dans d'autres cas. Les frais de justice sont énormes, et généralement dévorent un quart de la somme en litige, pendant que la cour est sourde au droit le plus évident, s'il n'est pas soutenu par des largesses au kadhi et à l'essaim d'officiers et d'employés qui entourent son siége. Ces désordres sont favorisés par la Porte; la charge de kadhi y est vendue publiquement au plus offrant, et il est sous-entendu qu'il se dédommagera par les profits de son administration.

Dans ces pays, où les Arabes relèvent de sa juridiction, le kadhi qui communément n'a qu'une connaissance très imparfaite de leur langue, est entre les mains de son interprète, dont la place est ordinairement perpétuelle; il instruit chaque nouveau kadhi de la manière dont on s'y prend pour le gagner, en usage dans le lieu, et il prend sa bonne part de la curée. Les actes d'injustice commis impudemment, et la corruption pratiquée ouvertement tous les jours dans les mekhamés ou cour de justice, paraîtraient presque incroyables à un Européen et surtout à un Anglais.

Le kadhi de la Mecque a partagé le sort de ses collègues dans les autres provinces de l'empire et a été pendant plusieurs années si complétement sous l'influence du schérif, que tous les procès étaient portés directement au tribunal de celui-ci, et que le kadhi était ainsi réduit à passer son temps dans un loisir qui ne lui rapportait rien. J'ai appris du kadhi lui-même, que le grand seigneur, en considération des chétifs émolumens de sa place, avait depuis un certain temps l'habitude de payer annuellement de son trésor 100 bourses au kadhi de la Mecque. Cet officier, depuis la conquête de Mohammed Aly, a recouvré son importance dans la même proportion que le schérif a vu diminuer la sienne. Durant mon séjour à la Mecque, tous les procès se jugeaient au mekhamé. Rarement Mohammed-Aly interposait son autorité, parce qu'il voulait se concilier la bienveillance des Arabes, et il paraît même que le kadhi avait reçu de lui des ordres très stricts d'agir avec circonspection; car dans ce temps, la justice était assez bien administrée, du moins par comparaison avec d'autres tribunaux, et les habitans n'étaient pas opposés au nouvel ordre de choses. Le kadhi de la Mecque nomme aux offices de judicature de Djidda et de Taïf, qui sont remplis par des Arabes et non par des Turcs. Dans les procès importans, les mouftis des quatre sectes orthodoxes exercent une influence considérable sur la décision.

Le revenu du schérif dérive principalement du produit de la douane de Djidda qui, ainsi que je l'ai déjà dit, au lieu d'être conformément aux intentions du gouvernement turc, partagé entre ce schérif et le pacha de Djidda, était pris en totalité par les derniers schérifs; il est maintenant dans les mains de Mohammed Aly. J'ai aussi déjà parlé des opérations commerciales de Ghaleb.

Indépendamment du port de Djidda, celui d'Yambo où le schérif tenait un gouverneur, était assujetti à des droits semblables. Le schérif levait également un impôt sur le bétail et sur les denrées amenés de l'intérieur du pays à Djidda, de même que sur ce qui entrait à la Mecque, à Taïf, à Yambo, excepté sur ce qui arrivait avec les deux grandes caravanes de pèlerins du nord, et qui passait en exemption de droits. Les habitans de la Mecque et de Djidda ne paient pas d'autres taxes que celles que je viens de citer; leurs maisons, leurs personnes et leurs biens étant exempts de tout autre impôt, avantage auquel ils n'ont jamais été suffisamment sensibles, quoiqu'il ne leur eût pas été difficile de comparer leur condition, sous ce rapport, à celle de leurs voisins de Syrie et d'Égypte. Les autres branches des revenus du schérif provenaient des profits de la vente des denrées à la Mecque : quoiqu'il n'en fît pas le monopole comme Mohammed Aly, cependant il en avait toujours une provision assez considérable à sa disposition, pour pouvoir influer sur les prix journaliers. Il faut y ajouter une capitation sur tous les pèlerins persans, venant soit par terre de Bagdhad, soit par mer par le golfe Arabique et l'Yemen; enfin les présens considérables que lui faisaient soit volontairement, soit par force les riches pèlerins de tous les pays (1).

Le schérif s'appropriait une portion considérable de l'argent envoyé de Constantinople à la ville sainte, au temple et pour d'autres objets, et l'on dit qu'il ne manquait jamais de prendre la moitié de tous les présens faits à la mosquée. Ghaleb possédait de grandes propriétés territoriales; beaucoup de jardins autour de Taïf et de plantations dans les vallées de Hosseïnié, d'Ouadi Fatmé, d'Ouadi Limoun et d'Ouadi Melik lui appartenaient. Il avait à Djidda plusieurs maisons et plusieurs caravanseraïs qu'il louait aux étrangers, et il ressemblait tellement à son successeur Mohammed Aly, qu'il ne négligeait pas le plus mince profit, toute son attention étant dirigée vers les moyens d'acquérir de la richesse. Les revenus de Ghaleb, quand il jouissait de toute son autorité, peuvent s'être montés à peu près à 350,000 livres sterling; mais depuis l'occupation du Hedjaz par les Wahhabites, ils n'excédaient probablement pas la moitié de cette somme.

Ghaleb était négociant et propriétaire de terres, et tirait de la première main tous les objets de consommation, ainsi je présume que l'entretien de sa mai-

---

(1) Jadis quand les schérifs de la Mecque étaient puissans ils levaient sur les deux grandes caravanes de pèlerins un tribut semblable à celui qu'exigeaient les Bédouins sur la route. Abou Nima en 654 A. H. prenait trente dirhems sur chaque chameau de la caravane de l'Yémen et cinquante pour chacun de celle de l'Egypte.

son, de ses femmes et de ses esclaves ne lui coûtait pas plus de 20,000 livres sterling par an. En temps de paix, il tenait sur pied une petite armée permanente forte au plus de 500 hommes, dont une centaine était en garnison à Djidda, 50 à Taïf, autant à Yambo, et le reste à la Mecque. Sur la totalité, on comptait huit cents cavaliers, indépendamment des gens de sa maison qui étaient à cheval. Beaucoup de soldats étaient des esclaves de sa maison, mais c'étaient pour la plupart des Bédouins de différens cantons de l'Arabie; ceux de l'Yemen, des montagnes d'Asir et du Nedjd étaient les plus nombreux. Leur paie était de huit à douze piastres fortes par mois et ils avaient pour commandans des schérifs auxquels ils obéissaient comme les Bédouins obéissent à leur chef pendant la guerre, c'est à dire que n'étant pas disciplinés à des exercices réguliers, ils accompagnaient le schérif quand il sortait de la ville à cheval, et en revenant, tiraient leurs fusils suivant l'usage arabe, en courant à bride abattue. L'infanterie avait pour arme un fusil à mèche et un coutelas recourbé; les cavaliers avaient une lance.

En temps de guerre, cette armée était grossie de beaucoup de schérifs et de gens de leur suite qui ne recevaient pas de solde; mais Ghaleb leur faisait des présens à l'occasion et leur donnait une part du butin; ces hostilités étant généralement dirigées contre des tribus de Bédouins dont on convoitait le bétail. Dans ces cas-là, le schérif était aussi rejoint par d'autres Bédouins, qui retournaient chez eux avec leurs scheikhs aussitôt l'expédition terminée. Lorsque la guerre des Wahhabites éclata et que ceux-ci eurent commencé à faire des attaques heureuses contre le Hedjaz, Ghaleb jugeant nécessaire d'augmenter ses troupes permanentes, y ajouta un certain nombre d'esclaves noirs, ce qui en porta la totalité à huit cents hommes : il suivait en cela l'exemple de ses prédécesseurs qui avaient toujours regardé les esclaves achetés par eux, comme les hommes les plus fidèles de tous ceux auxquels ils commandaient (1). Il enrôlait aussi une quantité supplémentaire de Bédouins, et pendant la contestation avait généralement de deux à trois mille hommes, nombre regardé comme suffisant pour garder ses villes. Quand il méditait une attaque contre les Wahhabites, il réunissait ses alliés parmi les Bédouins; il s'avança plusieurs fois contre le Nedjd avec une armée de dix mille hommes. Ces alliés ayant été successivement vaincus par les Wahhabites, et les Bédouins du sud sur lesquels il comptait principalement, ayant été obligés de céder aux efforts prodigieux et à l'activité d'Othman el Medhaïfé, Ghaleb se trouva seul avec un petit nombre de soldats, hors d'état de continuer la lutte, et bientôt réduit à l'extrémité, il fut contraint de se soumettre. Toutefois, il conserva un corps de troupes à sa solde, après que Saoud se fut mis en possession du Hedjaz, et conduisit ses affaires avec une habileté si consommée qu'il maintint son autorité, et imposa du respect aux Wahhabites.

Les dépenses occasionées par l'accroissement des

(1) Durant le dernier siècle les schérifs de la Mecque entretenaient constamment une troupe de Géorgiens mameloucks comme gardes-du-corps.

troupes des schérifs pendant la guerre des Wahhabites furent considérables : il fallut que Ghaleb fit des présens aux schérifs et aux Bédouins pour les conserver dans son parti. Heureusement que leurs intérêts étaient communs, et que ceux-ci, quoiqu'ils ne se lassent jamais de demander, se contentent généralement de petites sommes. Ainsi, on conçoit aisément que Ghaleb, pendant tout son règne, ne dépensa jamais tout son revenu; on croyait généralement, et je crois avec fondement dans le Hedjaz, que durant les vingt-sept ans qu'il fut à la tête des affaires, il amassa de grands trésors en argent. Quand Mohammed Aly se saisit de sa personne, on calcula que le montant de tous ses biens trouvés à la Mecque et à Djidda était à peu près de 200 à 250,000 livres sterling, et on présuma qu'il avait caché ses trésors dans le château de la Mecque, ou bien les avait expédiés à ses amis dans l'Inde, pendant que le pacha faisait des préparatifs pour l'attaquer. Il est très probable qu'il eut recours à ces deux moyens de mettre son bien à couvert, et accrut ainsi la masse des sommes considérables qui sont journellement enterrées dans l'Orient, tant par les personnes exerçant le pouvoir, que par les particuliers. Mais tel est le mauvais usage que les souverains de l'Orient font de leurs richesses, que la prospérité du pays souffre peu de cette perte.

Une aventure arrivée au Caire, en 1815, fera connaître à la fois combien l'usage de cacher des richesses est commun en Turquie, et ce qui en est la cause. Mohammed Aly ayant demandé aux Coptes employés dans les finances d'Egypte 15,000 bourses, ils répartirent cette somme entre eux, et Moallem Felteos, vieillard qui autrefois avait été un des principaux financiers, fut taxé à 1,200 bourses, ou à peu près 18,000 livres sterling; il s'y refusa, sous prétexte de sa pauvreté; mais, après de longs pourparlers, il offrit de donner 200 bourses. Le pacha l'envoya chercher, le menaça, et voyant son obstination, ordonna qu'on lui donnât la bastonnade. Felteos reçut cinq cents coups de bâton sur la plante des pieds, et, à moitié mort, jura qu'il ne pouvait pas payer plus de 200 bourses, de sorte que Mohammed Aly crut qu'il disait la vérité; mais son fils Ibrahim pacha, qui se trouvait présent, dit qu'il était sûr que cet homme avait plus d'argent. Trois cents coups de plus furent donc appliqués à Felteos; alors il avoua qu'il avait la somme qu'on lui demandait, et promit de la payer. On lui permit de retourner chez lui, et au bout de quinze jours, étant suffisamment remis de sa bastonnade pour pouvoir marcher, des commissaires furent envoyés à sa maison par le pacha, des ouvriers furent appelés; Felteos descendit avec eux dans les latrines, et au fond, ils enlevèrent une grande pierre fermant un petit passage qui conduisait à une niche voûtée où étaient déposés deux coffres de fer. On les ouvrit, ils contenaient 2,000 bourses en sequins : le pacha en prit 1,200, et laissa le reste à Felteos, qui mourut trois mois après, non de la bastonnade, mais du chagrin de la perte de son argent. S'il eût pu emporter secrètement son trésor, il l'eût probablement fait, mais dès qu'il eut promis de payer, le pacha soupçonnant que suivant l'usage général de l'Orient, l'argent était caché dans quelque coin secret, plaça des gardes dans sa maison.

CHAPITRE XIII.

CLIMAT ET MALADIES DE LA MECQUE ET DE DJIDDA.

Le climat de la Mecque est étouffant et insalubre; les rochers qui entourent la vallée étroite où cette ville est bâtie interceptent les vents, notamment celui du nord, et réfléchissent les rayons du soleil, dont la chaleur redouble. Dans les mois d'août, de septembre et d'octobre, elle est excessive; pendant mon séjour à la Mecque, un vent chaud et suffoquant remplit l'atmosphère durant cinq jours entiers en septembre. La saison des pluies commence ordinairement en décembre : elles tombent non pas continûment, comme dans d'autres contrées intertropicales, mais à des intervalles de cinq à six jours, et avec une grande violence; les ondées sont assez fréquentes, même en été : les Mekkaouis disent que les nuages venant de la côte maritime sont ceux qui arrosent copieusement la terre, tandis que ceux qui arrivent de l'est ou des hautes montagnes ne produisent que des pluies peu abondantes et passagères. Les sécheresses sont fréquentes; j'ai appris que rarement les pluies y sont abondantes pendant quatre ans de suite, ce qui est probablement la principale cause de la pauvreté des Bédouins du voisinage, la plus grande partie de leurs bestiaux mourant faute de pâturage dans les années arides.

L'air de la Mecque est généralement très sec; les rosées commencent à tomber en janvier, après quelques fortes ondées; c'est le contraire à Djidda, où l'atmosphère, même pendant les plus grandes chaleurs, est humide à cause des vapeurs de la mer et des nombreux marais, le long de la côte basse. Cette humidité de l'air y est si considérable, qu'en septembre, par un jour chaud et très serein, ma robe fut complétement mouillée pour être resté deux heures à l'air libre. Les rosées y sont copieuses la nuit pendant ce mois et celui d'octobre; des brouillards épais étaient fréquens le long de la côte, le soir et le matin. En été, le vent souffle généralement de l'est et du sud, il tourne rarement à l'ouest, mais quelquefois au nord. Les vents réguliers du nord commencent en septembre, et continuent pendant tout l'hiver. Dans le Hedjaz, comme sur la côte maritime en Egypte, le vent de nord-est est le plus humide, et, pendant qu'il souffle, le pavé de l'intérieur des maisons paraît toujours mouillé.

Les maladies ordinaires dans les deux villes sont à peu près les mêmes, et la côte du Hedjaz est peut-être une des contrées les plus insalubres de l'Orient. Les fièvres intermittentes y sont très communes, de même que les dysenteries, qui se terminent généralement par des enflures de l'abdomen, et sont souvent funestes. Peu de personnes passent une année entière sans ressentir une légère attaque de ces maladies, et aucun étranger ne s'établit à la Mecque ou à Djidda sans en éprouver une durant les premiers mois de son séjour; ce qui fut confirmé par l'exemple de l'armée turque de Mohammed Aly pacha. Les fièvres inflammatoires sont moins fréquentes à Djidda qu'à la Mecque, mais la première de ces villes est souvent affligée d'une fièvre putride, qui, suivant ce que me dirent les habitans, parait offrir un caractère contagieux, car on a vu cinquante personnes en mourir dans un jour. Asami et Fasi font fréquemment mention de maladies épidémiques à la Mecque; en 671 A. H., une maladie pestilentielle éclata, elle emportait cinquante personnes par jour; en 749, 793 et 829, ce même fléau ravagea cette ville, et, cette dernière année, il y enleva deux mille habitans. Toutefois, les auteurs ne parlent pas de la peste; de mémoire d'homme elle n'avait jamais paru dans le Hedjaz, ce qui avait établi la ferme croyance que le Tout-Puissant préservait cette province des atteintes de ce mal; mais, en 1815, il se déclara avec une grande violence, comme je le dirai ailleurs, et la Mecque ainsi que Djidda perdirent peut-être un sixième de leur population.

L'ophthalmie est presque inconnue dans le Hedjaz. J'ai observé un seul cas de lèpre chez un Bédouin, à Taïf. Mais l'éléphantiasis et le ver de Guinée n'y sont pas rares, surtout le premier, dont j'ai vu beaucoup d'exemples affreux. On dit que la pierre est fréquente à la Mecque, où elle est peut-être occasionée par la nature particulière de l'eau: on peut aussi attribuer à sa mauvaise qualité beaucoup d'autres maladies, dans ce pays chaud où l'on en boit tant. On me dit que les seuls chirurgiens qui fussent assez habiles pour extraire la pierre de la vessie étaient les Bédouins Beni Sad, qui vivent dans les montagnes, à une trentaine de milles au sud de Taïf. En temps de paix, quelques uns viennent annuellement à la Mecque pour faire cette opération, dont ils considèrent la connaissance comme un secret héréditaire dans quelques familles de leur tribu. Ils se servent d'un rasoir ordinaire, et en général avec succès.

Les maux de jambes, notamment du tibia, sont très communs à la Mecque, et surtout à Djidda, où l'humidité de l'air rend leur guérison très difficile. La plus petite égratignure ou la piqûre d'un insecte, si elle est négligée, devient une plaie qui souvent reste ouverte. Rien de plus ordinaire que de voir dans les rues des gens affligés de ces sortes d'ulcères, qui, si on n'y fait pas attention, finissent souvent par ronger l'os. Comme la cure de ce mal exige de la patience, et principalement du repos, rarement les hommes de la classe inférieure y appliquent à temps les remèdes convenables; et quand leur état demande impérieusement qu'ils y aient recours, ils ne peuvent trouver de bons chirurgiens; la fièvre survient, et beaucoup de malades meurent. Je crois qu'un quart de la population de Djidda est constamment tourmenté de ce mal, dont la mauvaise qualité est encore augmentée par l'usage des ablutions avec l'eau de mer.

Pendant mon séjour à la Mecque, je jouis rarement d'une santé complétement bonne; j'eus deux attaques de fièvre ; et, après le départ des pèlerins de Syrie, je fus pris d'une diarrhée violente, dont je relevais à peine quand je partis pour Médine. A cette époque, même quand j'étais exempt de maladie, j'éprouvais une grande lassitude, une dépression d'esprit, et un manque total d'appétit. Durant les cinq jours du hadj, j'eus le bonheur de me trouver très bien, quoique je craignisse beaucoup une rechute pour avoir pris l'ihram. Mes forces étaient très affaiblies ; et toutes les fois que je sortais de ma chambre pour aller me promener, il fallait que je fisse beaucoup d'efforts.

J'attribuai principalement ma maladie à la mauvaise eau, l'expérience m'ayant déjà prouvé que ma constitution souffrait singulièrement du manque de bonne eau légère, premier besoin de la vie dans les pays de l'Orient. L'eau saumâtre, dans le désert, est peut-être salutaire aux voyageurs échauffés par la marche, et souvent souffrant d'obstructions, à cause de la nature de leur nourriture en route. Alors cette eau agit comme un apéritif doux, et tient lieu de boissons médicinales ; mais le contraire arrive quand on en fait usage pendant un séjour prolongé, puisqu'une longue habitude peut seule y accoutumer l'estomac. Si je m'étais trouvé mieux portant et plus vigoureux, j'aurais probablement visité quelques unes des vallées peu éloignées de la Mecque dans le sud, ou bien j'aurais passé quelques mois parmi les Bédouins du Hedjaz ; mais le pire effet de la mauvaise santé sur un voyageur, est la pusillanimité qui accompagne cet état et les craintes dont il remplit son esprit, de dangers et de fatigues, que, dans d'autres circonstances, il n'aurait pas crus dignes de son attention.

Voici le prix courant des denrées à la Mecque en décembre 1814 :

	piast. paras.		piast. par.
Bœuf, la livre	2 10	Bon tabac de Syrie, la liv.	6 »
Mouton, id.	2 »	Tabac commun, id.	1 30
Chameau, id.	1 »	Tombac ou tabac pour les pipes persanes, la liv.	3 »
Beurre, id.	5 »		
Beurre frais, id.	3 »	Froment, le kelé.	3 »
Une poule	6 »	Farine, id.	3 20
Un œuf	» 8	Riz de l'Inde, id.	3 »
Lait, la livre	2 »	Lentilles d'Égypte, id.	2 30
Plantes potagères, savoir:		Sauterelles sèches, id.	1 »
Poireaux, épinards, navets, radis, potirons, melongènes, oignons verts, persil, etc., la livre	» 30	Une outre d'eau.	1 20
		Une quantité de bois suffisante pour faire cuire deux plats	» 20
		Une journée d'ouvrier	3 »
Un pain, petit, rond et plat	» 20	Un porte-faix pour aller à ville à la distance d'un mille	1 »
Biscuit sec, la livre	» 32		
Raisin de Taïf, id.	1 20	Gages ordinaires d'un domestique (1) par mois, outre le vêtement et la nourriture	30 »
Dattes, id.	» 25		
Sucre de l'Inde, id.	2 10		
Café, id.	2 20		
Une grenade	» 15	Salaires d'artisans tels que forgerons, charpentiers, etc., par jour, outre la nourriture	5 »
Une orange	» 15		
Un citron gros comme une noix, de même que ceux d'Égypte	» 10		

Pendant mon séjour à la Mecque, la piastre espagnole valait de 9 à 12 piastres, et ce taux variait

---

(1) Les Mekkaouis n'ont que des esclaves, mais beaucoup d'Égyptiens sont prêts à entrer au service des pèlerins. Les domestiques ordinaires dans les familles de la Mecque sont les fils cadets de quelques parens pauvres.

I. Voy. dans l'Arabie.

presque journellement. Une piastre comprend 40 paras ou diouanis, comme on les appelle dans le Hedjaz. La livre, ou le rotolo de la Mecque, est composée de 144 drachmes. L'erdeb égyptien équivaut à peu près à 15 boisseaux anglais, et se subdivise, à la Mecque, en 50 keïlés ou mesures; à Médine, en 96. La livre de Djidda est presque double de celle de la Mecque.

CHAPITRE XIV.

LE HADJ OU LE PÉLERINAGE.

Il est passé, et probablement pour toujours, le temps où, de tous les pays du monde musulman, les pélerins accouraient tous les ans en troupes nombreuses, afin de visiter dévotement les lieux saints du Hedjaz. Une indifférence toujours croissante en matière de religion, et un accroissement de dépenses résultant du voyage empêchent aujourd'hui la plus grande partie des musulmans de remplir ce précepte du Koran, qui enjoint à tout fidèle de faire le pélerinage de la Mecque, une fois au moins en sa vie. La loi permet à ceux que des occupations indispensables retiennent chez eux, de substituer des prières à l'accomplissement de cette obligation; mais peu de gens même se conforment maintenant à cette injonction, ou bien on l'élude en donnant quelques piastres à un pauvre pèlerin, qui, se chargeant de plusieurs commissions du même genre, comprend les noms de tous ses commettans dans l'addition qu'il fait en conséquence aux prières qu'il récite en visitant les lieux saints. Lorsque le zèle était plus ardent chez les musulmans, ils regardaient les difficultés du voyage comme en augmentant le mérite, ce qui était un motif de plus pour se joindre aux caravanes, et faire tout le voyage par terre; mais présentement la plupart des pèlerins ne se mettent pas dans une caravane régulière formée pour le pélerinage, mais arrivent d'Egypte ou du golfe Arabique, à Djidda, par mer : les spéculations lucratives du commerce étant le principal mobile de ces voyages.

En 1814 beaucoup de pélerins étaient déjà à la Mecque trois ou quatre mois avant l'époque prescrite. Passer le temps du ramadhan dans cette ville sainte, est un grand agrément pour ceux qui peuvent en supporter la dépense; de sorte qu'ils se hâtent d'y venir, et y prolongent leur séjour. Vers le temps où les caravanes régulières étaient attendues, quatre mille pélerins au moins de Turquie, débarqués à Djidda, étaient déjà rassemblés à la Mecque, et il y en avait peut-être deux mille autres appartenant aux différentes contrées où règne l'islamisme. Des cinq ou six caravanes régulières qui auparavant entraient à la Mecque quelques jours avant le hadj, deux seulement avaient paru cette année; elles étaient de l'Egypte et de la Syrie. La dernière était composée entièrement de gens dépendans de la suite du commandant de la caravane et de sa troupe, pas un pèlerin n'étant arrivé du Caire par terre, quoique la route fût sûre.

La caravane de Syrie a toujours été la plus forte, depuis le temps où les khalifes en personne accompagnaient les pèlerins de Bagdhad. Elle part de Constantinople, et, en traversant l'Anatolie et la Syrie, ramasse tous les pèlerins de l'Asie septentrionale, jusqu'à ce qu'elle atteigne Damas, où elle s'arrête pendant plusieurs semaines. Durant tout le voyage de Constantinople à cette ville, toutes sortes de soins sont pris pour sa sûreté et sa commodité; elle est escortée d'une ville à une autre par des soldats des gouverneurs; à chaque station, des caravansérails et des fontaines publiques ont été bâtis par les anciens sultans, pour lui servir sur son passage, qui est célébré partout avec des fêtes et des réjouissances continuelles. A Damas, il est nécessaire de se préparer pour la traversée du désert pendant trente jours jusqu'à Médine; les chameaux qui l'ont transportée précédemment doivent être changés, ceux d'Anatolie n'étant pas en état de supporter les fatigues d'un tel voyage. Presque toutes les villes de la Syrie orientale en fournissent à cet effet, et les grands scheikhs des Bédouins de la frontière de ce pays passent des engagemens avec le gouvernement de Damas pour en procurer une quantité considérable; elle doit l'être en effet, quand même la caravane ne serait pas très nombreuse; si l'on considère qu'indépendamment de ceux qui portent de l'eau et des vivres pour les pèlerins et les soldats, leurs chevaux et les chameaux de rechange destinés à suppléer ceux qui pourraient manquer en route, il faut aussi transporter la nourriture journalière de ces animaux, ainsi que des provisions qui sont déposées dans des châteaux, sur la route, pour servir au retour. Les Bédouins veillent soigneusement à ce que les chameaux ne soient pas surchargés, afin d'augmenter le nombre de ceux qu'on emploie. En 1814, quoique la caravane ne fût composée que de quatre à cinq mille personnes, en y comprenant les soldats et les domestiques, elle avait quinze mille chameaux.

El Fasi raconte que lorsque la mère de Motassem B'illah, le dernier des Abassides, fit le pèlerinage en 631 A. H., sa caravane consistait en cent vingt mille chameaux. Quand Soliman ibn Abd el Malek effectua son pèlerinage en 97 A. H., neuf cents chameaux furent employés seulement pour le transport de sa garde-robe. Il est bon d'observer qu'aucun empereur ottoman de Constantinople n'a fait le pèlerinage en personne. Le khalife el Mohdi Abou Abdallah Mohammed dépensa au sien, en 160, 30 millions de dirhems. Il avait avec lui une quantité immense de robes destinées à être distribuées en présens. Il bâtit de belles maisons à chaque station de Bagdhad à la Mecque, et les fit richement meubler; il fit aussi ériger des bornes pour marquer les distances sur toute la route. Il fut le premier khalife qui fit transporter avec soi de la neige pour rafraîchir en chemin les sorbets, usage qu'imitèrent beaucoup de ses successeurs. Haroun el Rascheïd, qui fit neuf fois le pèlerinage, dépensa, dans une de ces excursions, un million cinq ante dinars en présens aux Mekkaouis et aux pauvres pélerins. El Melek Nasir Eddin Abou el Ma'ali, sultan d'Egypte, mena avec lui, dans son pélerinage, en 719 A. H., cinq cents chameaux pour le transport seul des sucreries et des confitures, et deux cent quatre-vingts pour celui des grenades, des amandes et d'autres fruits : il y avait dans son garde-manger de voyage mille oies et trois mille poules (1).

La caravane de Syrie est très bien ordonnée, bien que comme dans tout ce qui dépend des gouvernemens de l'Orient les exceptions et les abus y soient nombreux. Le pacha de Damas ou un de ses principaux officiers accompagne toujours cette caravane et avec un coup de fusil donne le signal de faire halte et de partir. Quand on est en route une troupe de cavaliers marche en avant et une autre forme l'arrière-garde pour ramener les traîneurs. Les différentes bandes de pélerins distingués par leurs provinces ou leurs villes se tiennent ensemble; chacun connait sa place constante dans la caravane qui est déterminée par la position géographique du lieu d'où il vient. Quand on campe, le même ordre est observé; ainsi les habitans d'Alep s'établissent toujours tout près de ceux de Homs et de même des autres. Cet ordre est très nécessaire pour prévenir la confusion dans les marches de nuit.

Les pélerins font ordinairement un arrangement pour le voyage avec un mekouem ou guide qui se charge de leur fournir des chameaux et des domesti-

---

(1) MAKRISI, traité intitulé: *Man Hadj min el Kholasa*.

ques. Une trentaine de pélerins est sous la conduite d'un même entrepreneur qui a ses tentes et son monde et leur épargne ainsi tout le tracas et tous les embarras; leur tente, leur café, leur eau, leur déjeûner, leur dîner, tout est préparé, et ils n'ont pas à s'occuper du soin de placer et d'ôter la charge des chameaux. Si un de ces animaux vient à mourir, le mekouem doit en trouver un autre : et quelle que puisse être la disette des vivres sur la route, il doit fournir à ses voyageurs leurs repas quotidiens. En 1814 le prix de la traversée avec un mekouem à la table duquel on mangeait était de 150 piastres fortes de Damas à Médine et de 50 piastres de plus de cette dernière ville à la Mecque. Sur ces 200 piastres, le mekouem en donne 60 à l'homme qui conduit le chameau par le licou dans les marches de nuit, précaution nécessaire dans une caravane si nombreuse, puisque ordinairement le cavalier dort et que d'ailleurs l'animal peut aisément s'écarter de la route. Indépendamment du prix stipulé, le mekouem reçoit toujours quelque présent de ses pélerins. Pour retourner en Syrie, la somme est un peu moindre, beaucoup de chameaux étant alors sans charge.

Peu de pélerins font le voyage à leurs risques ou sur leurs propres chameaux, car s'ils ne sont pas particulièrement protégés par les soldats, ou par le chef de la caravane, il leur est difficile d'échapper aux mauvais traitemens des mekouems aux endroits où il y a de l'eau, ainsi que pendant la marche : ces derniers s'efforçant ainsi par tous les moyens qui sont en leur pouvoir d'empêcher qu'on voyage sans avoir recours à eux; de sorte que ce parti n'est pris que par des gens riches pouvant former une troupe d'une quarantaine d'hommes qui leur appartiennent.

Le soir on allume des torches ; la distance parcourue journellement l'est ordinairement de trois heures de l'après-midi, jusqu'à une ou deux heures après le lever du soleil le lendemain. Les Bédouins qui portent des provisions pour les troupes ne marchent que de jour et devancent la caravane dont ils dépassent le campement dans la matinée ; celle-ci les rejoint et les dépasse à leur lieu de halte, la nuit suivante. Le voyage avec ces Bédouins est moins fatigant qu'avec la masse de la caravane, parce qu'on dort régulièrement toutes les nuits ; mais leur méchant caractère empêche la plupart des pélerins de se hasarder avec eux.

A chaque endroit de la route où les chameaux sont abreuvés, il y a un petit château et un grand réservoir ; la garnison de ces lieux y reste toute l'année pour garder les provisions qui y sont déposées. Ils appartiennent aux Bédouins, c'est là que les scheikhs de la tribu rencontrent la caravane et en reçoivent le tribut accoutumé. L'eau est abondante le long du chemin, les stations n'étant nulle part à plus de onze à douze heures de marche l'une de l'autre ; en hiver on trouve fréquemment des mares produites par les pluies. Les pélerins qui voyagent en litière ou sur des selles de chameaux commodes peuvent dormir la nuit, et ne pas éprouver beaucoup d'inconvéniens de leur course ; mais ceux que la pauvreté ou le désir d'acquérir promptement une grosse somme d'argent porte à suivre la caravane à pied ou à se louer comme domestiques souffrent beaucoup et un grand nombre meurt de fatigue.

La caravane d'Egypte qui part du Caire est réglée comme celle de Syrie, mais l'égale rarement en nombre, n'étant composée que d'Égyptiens, indépendamment de l'escorte militaire; elle suit un chemin plus dangereux et plus fatigant que celui de la caravane de Syrie, parce qu'en longeant le rivage du golfe Arabique elle traverse le territoire de tribus bédouines farouches et belliqueuses qui tâchent souvent d'enlever par force une partie des pèlerins. Les lieux où l'on trouve de l'eau sont moins fréquens sur cette route que sur l'autre; car il y a quelquefois une distance de trois journées d'un puits à l'autre, d'ailleurs ils sont rarement abondans, et à l'exception de deux ou trois, leur eau est saumâtre. En 1814, cette caravane n'était composée que de soldats, des hommes de la suite du chameau sacré, ainsi que de quelques officiers publics; tous les pèlerins ayant préféré d'aller s'embarquer à Suez. En 1816 plusieurs grands personnages du Caire se joignirent aux pèlerins; l'un d'eux avait cent dix chameaux pour le transport de ses bagages et de ses gens et huit tentes. La dépense de son voyage pour aller et revenir a dû s'élever à 10,000 livres sterling. Il y avait aussi cinq cents paysans de la haute et de la basse Égypte avec leurs femmes; ils redoutaient moins les fatigues et les dangers du désert que ceux de la mer. Je vis avec eux une troupe de femmes publiques et de danseuses dont les tentes et les équipages figuraient parmi les plus magnifiques de la caravane; des pélerines de la même espèce accompagnent aussi la caravane de Syrie.

Les pélerins de Perse qui avaient coutume de partir de Bagdhad, puis de traverser le Nedjd pour venir à la Mecque, cessèrent de se mettre en route vers le temps où les Wahhabites arrêtèrent ceux de Syrie. Après qu'Abdallah ibn Saoud eut fait la paix avec Tousoun pacha en 1815, les Persans se hasardèrent à traverser le désert et passèrent par Deraïéh sans accident, mais à quatre journées de la Mecque, ils furent attaqués par les Beni Schammar, tribu qui était restée neutre pendant la guerre entre Tousoun et les Wahhabites. La caravane revint à Deraïéh; ce qui lui avait été pillé fut rendu par l'intercession de Saoud qui la fit escorter par une troupe de ses soldats jusqu'à la ville sainte.

Elle est ordinairement accompagnée par les Arabes Agheïl de Bagdhad; ces pélerins étant reconnus pour des hérétiques, sont exposés sur la route à de grandes extorsions : Saoud exigeait d'eux un droit onéreux; Ghaleb en faisait autant; dans ces derniers temps il se montait à 30 sequins par personne. Tous les pélerins persans sont riches, aucuns n'ont autant d'exactions à supporter en route. Un grand nombre vient par mer; ils s'embarquent à Basra pour Mokha, et s'ils rencontrent les vents alizés, ils vont directement à Djidda, sinon, ils se forment en caravane, et suivent par terre la côte de l'Yemen. En 1814, quand j'étais à la Mecque, le petit nombre de Persans qui arrivèrent par terre avaient passé par Bagdhad où ils avaient pris des conducteurs, puis par la Syrie, et s'étaient joints à la caravane de ce pays.

Il convient de noter ici que les Persans n'ont pas toujours eu la permission de visiter la cité sainte, parce que ce sont des hérétiques déclarés qui ne cachent leurs doctrines que pendant le pèlerinage, afin de ne pas offenser les sunnites. En 1634, peu d'années après que le temple de la Mecque eut été rebâti, sultan Mourad IV ordonna qu'aucun Persan de la secte d'Aly n'aurait la liberté de faire le pélerinage ni d'entrer dans le Beithou'llah; cette défense fut maintenue pendant plusieurs années; mais l'argent répandu par les Persans leur eut bientôt ouvert les chemins de l'A'rafat et de la ka'aba. Asami nous apprend qu'en 1625 un sectaire d'Aly fut empalé vif à la Mecque, parce qu'il refusa d'abjurer sa croyance.

La caravane des pèlerins mogrebins a cessé depuis plusieurs années de venir régulièrement; elle est ordinairement accompagnée d'un parent du roi de Maroc, et de sa résidence s'avance à marches lentes vers Tunis et Tripoli, se recrutant dans tous les lieux où elle passe, ensuite elle longe les côtes de la Syrie jusqu'à Derné, puis celles d'Égypte en passant par Alexandrie, ou bien elle va directement au Caire par les lacs de Natron, d'où elle suit la route ordinaire. En revenant de la Mecque elle visite toujours Médine, ce que ne font jamais les pèlerins égyptiens, et quelquefois elle va jusqu'à Jérusalem; elle n'est pas escortée par beaucoup de troupes, mais ses pèlerins sont bien armés et prêts à se défendre; ce qui est le contraire des deux autres grandes caravanes, dont les escortes seules combattent.

La dernière caravane des Mogrebins traversa l'Égypte en 1811; les Wahhabites leur permirent de visiter la Mecque, voyant qu'ils étaient étrangers aux scandaleuses pratiques qu'eux-mêmes reprochaient aux Égyptiens et aux Syriens; mais à son retour cette caravane essuya de nombreux malheurs de la part des ennemis et par le manque de guides et de subsistances; elle perdit ainsi beaucoup de monde. Les pélerins de Barbarie arrivent maintenant par mer à Alexandrie et se rembarquent à Suez par troupes de cinquante à cent à la fois; quoique pauvrement vêtus, ils ont généralement assez d'argent pour payer leurs dépenses, et très peu d'entre eux sont des mendians. J'ai vu une petite troupe de ceux-ci, c'étaient des Arabes de Draa, sur le versant sud-est de l'Atlas, elle était partie du Caire en septembre 1816 avec la caravane de terre; ces gens me dirent qu'ils avaient obtenu leur passage par mer gratis de Tunis à Alexandrie. L'un d'eux était un Chilouk dont le campement quand il le quitta se trouvait à vingt journées de route de Timbouctou.

On rencontre généralement dans la caravane des Mogrebins, des habitans de l'île Djerba ou Girba qui sont fortement soupçonnés d'être des sectaires d'Aly; quelques uns s'arrêtent souvent au Caire où ils habitent le quartier Teïloun, et se tiennent entièrement à l'écart des autres Mogrebins établis dans cette ville. La plus grande partie de la caravane vient du royaume de Maroc.

Je crois que le nombre des pélerins de Barbarie s'élève au plus à 2,000 par an. Les dernières caravanes se composaient en tout de six à huit mille individus.

Autrefois la caravane de l'Yemen venait par terre.

L'une nommée *Hadj el Kebsi* partait de Sada et prenait sa route le long des montagnes jusqu'à Taïf et à la Mecque. L'autre formée d'Yemenis, de Persans et d'Indiens arrivés dans les ports de l'Yemen, marchait le long de la côte; celle-ci qui cessa vers 1803, n'a pas été reprise depuis. Pendant un temps elle fut considérable et amenait beaucoup de marchandises et de café; quelquefois les imams de l'Yemen lui faisaient l'honneur de l'accompagner; de même que celles de Syrie et d'Égypte, elle avait un emplacement particulier désigné près de la Mecque pour y camper, et où un grand réservoir en pierre avait été construit pour lui fournir de l'eau.

J'ai vu la route des pélerins indiens marquée sur plusieurs cartes comme partant de Mascat et venant à travers le Nedjd à la Mecque; mais je n'ai pu obtenir des renseignemens sur ce point : cependant l'historien Asami parlant souvent de cette caravane, il paraît qu'elle exista jadis. Les personnes que j'ai questionnées m'ont assuré qu'elles ne se souvenaient pas de l'avoir vue arriver; néanmoins je crois qu'en temps de paix des Indiens, des Persans et des Arabes mendians viennent quelquefois en petites troupes par cette route dans le Hedjaz.

Avant que Serour eût anéanti le pouvoir des schérifs de la Mecque, ceux-ci extorquaient de chaque caravane qui y entrait, des sommes considérables, indépendamment du surra auquel ils avaient droit. Dès qu'ils apprenaient l'approche d'une caravane ils sortaient de la ville avec tout leur monde armé et les Bédouins leurs amis, et souvent se disputaient avec les conducteurs, pendant plusieurs jours avant que le montant du tribut fût réglé.

Aux caravanes régulières que je viens de nommer, il faut ajouter des bandes nombreuses de Bédouins qui en temps de paix se rendent de toutes les parties du désert à la Mecque; car même parmi les moins religieux de ce peuple le titre de hadji est respecté; le Nedjd et les Bédouins du sud envoient leurs pèlerins. Pendant que les Wahhabites étaient en possession de la Mecque, des hordes de ces sectaires venaient à l'A'rafat, moins peut-être par un motif religieux que pour rendre leurs devoirs à leur chef qui, comme on le savait, aimait à les y voir réunis. La dernière fois qu'ils firent le pélerinage fut en 1814, peu de temps après la défaite de Tousoun pacha à Djeïdé; ils étaient accompagnés de corps nombreux de Bédouins de Kahtan, d'Asir et d'autres de la partie la plus intérieure du désert. Le butin fait sur l'armée turque fut vendu aux Mekkaouis sur le marché de l'A'rafat. Je remarquerai ici qu'Aly bey a commis une étrange méprise relativement à la troupe de Wahhabites qu'il vit entrer à la Mecque au temps du pélerinage; il s'imagina qu'ils venaient pour prendre possession de la ville et se flatta ainsi d'avoir assisté à la première conquête de cette cité par ces sectaires; tandis que tous les enfans de la ville auraient pu lui dire que cet événement était advenu trois ans avant son entrée dans le Hedjaz.

Présentement la plupart des pélerins arrivent par mer à Djidda, ainsi que je l'ai déjà dit. Ceux qui viennent du nord s'embarquent à Suez ou à Cosseïr;

parmi eux une proportion considérable est de Barbarie, il y a aussi beaucoup de Turcs d'Anatolie et d'Europe, des Syriens, de nombreux derviches de Perse, de Tartarie et des contrées arrosées par l'Indus. Le manque de navires sur le golfe Arabique occasioné par la quantité de ceux que réclamaient les besoins de l'armée turque du Hedjaz rend le passage précaire; quelquefois on manque l'occasion et l'on arrive trop tard pour le pèlerinage, ainsi qu'il advint à une troupe de musulmans qui ayant été long-temps retenue à Suez n'entra dans la Mecque que trois jours après l'époque convenable. La mauvaise qualité des bâtimens et la manière dont on y est entassé rendent la traversée très désagréable et souvent dangereuse: Mohammed Aly n'a encore rien fait pour que le voyage fût plus commode, au contraire il a soumis les pèlerins à une taxe en les forçant de convenir d'un prix élevé avec le gouverneur de Suez pour les transporter à Djidda; en 1814 c'était 18 piastres d'Espagne par tête; cet officier les répartit à bord des navires arabes et ne paie au patron que 6 piastres par individu. Autrefois les pèlerins avaient la permission d'emporter avec eux de Suez autant de vivres qu'ils voulaient, et ensuite ils en vendaient une partie dans le Hedjaz avec quelque profit; mais à présent personne ne peut embarquer que ce qui est nécessaire pour sa consommation pendant le pèlerinage. L'avantage d'emporter avec soi du beurre, de la farine, du biscuit, de la viande sèche et d'autres denrées, achetés à bas prix en Égypte, pour tout le voyage, était la principale raison qui faisait préférer la voie de mer; les pèlerins qui vont par terre doivent acheter toutes leurs provisions à la Mecque où elles sont chères.

Si les pèlerins étrangers à leur arrivée au Caire apprennent qu'il n'y a pas de navire à Suez, ils remontent fréquemment le Nil jusqu'à Kené, et de là traversent le désert jusqu'à Cosseïr d'où la traversée jusqu'à Djidda n'est pas longue. Au retour du Hedjaz, cette route de Cosseïr est préférée par la plupart des pèlerins turcs; ceux de la Haute-Égypte la prennent aussi, de même que beaucoup de nègres qui descendent le long du Nil depuis le Sennar jusqu'à Kené; le prix ordinaire du passage de Cosseïr à Djidda est de 6 à 8 piastres fortes.

Dans les derniers jours des mameloucks, quand ils possédaient la Haute-Égypte, pendant que la basse était conquise par Mohammed Aly, beaucoup de pèlerins turcs qui se rendaient au Hedjaz en petites troupes, quoiqu'il fût alors dans les mains des Wahhabites, furent à leur retour en Égypte très maltraités par les mameloucks; plusieurs furent dépouillés et tués en descendant le Nil. Hassan Beg el Yahoudi, Grec sanguinaire, se vantait d'avoir égorgé plus de cinq cents de ces malheureux. Ces massacres, commis sur des hommes inoffensifs, fournirent à Mohammed Aly une excuse pour mettre à mort les mameloucks dans le château du Caire.

D'autres pèlerins arrivent par mer de l'Yemen et des Indes-Orientales; ce sont des Hindous et des Malais musulmans, des Cachemiriens et des habitans du Guzerat, des Persans du golfe Persique, des Arabes de Basra, de Maskat, de l'Oman, du Hadramaut; d'autres des côtes de Melinde et de

Mombase, compris sous le nom générique d'hommes Soouahel, c'est à dire de la Côte-Unie; des Abissins musulmans et beaucoup de nègres. Tous les musulmans qui habitent les côtes de l'Océan, sont sûrs de trouver, vers l'époque du pèlerinage, quelque navire partant d'un port voisin pour le golfe Arabique; mais le plus grand nombre arrive en mai sur les flottes régulières de l'Inde, et reste à la Mecque ou à Médine jusqu'au temps convenable. Quand le pélerinage est fini, ils s'embarquent sur des navires du pays, à Djidda, pour l'Yemen, où ils attendent la période des vents alizés pour franchir le détroit de Bab el Mandeb. Des multitudes de mendians abordent à la Mecque de tous les pays que je viens de citer. Ils obtiennent leur passage gratis de quelques compatriotes charitables, ou bien leur dépense est payée par ceux pour lesquels ils font le passage par procuration; mais quand ils sont débarqués ils dépendent entièrement de la bienfaisance d'autres pélerins; et les aumônes qu'ils recueillent doivent leur servir pour les ramener chez eux.

Peu de pélerins, excepté les mendians, arrivent sans apporter des productions de leur pays pour les vendre, et cette remarque s'applique tant aux marchands, dont le commerce est le principal objet, qu'à ceux qui sont amenés par le zèle religieux, car ces derniers tirent de leur trafic à la Mecque un profit suffisant pour diminuer en partie les dépenses considérables du voyage. Les Mogrebins, par exemple, apportent leurs bonnets rouges et leurs manteaux de laine; les Turcs européens, des souliers et des pantoufles, de la quincaillerie, des étoffes brodées, des sucreries, de l'ambre, des bagatelles fabriquées en Europe, des bourses de soie tricotées; les Turcs de l'Anatolie, des tapis, de la soie, des châles d'Angora; les Persans, des châles de Cachemir et de grands mouchoirs de soie; les Afghans, des brosses à dents, nommées *Mesoak katturi*, et faites des branches spongieuses d'un arbre croissant dans le territoire de Boukhara; des grains de pierre ollaire verte, des châles unis et grossiers tissus dans leur pays; les Indiens, les nombreuses productions de leur patrie, si riche et si vaste; les Yemenis, des tuyaux flexibles pour les pipes persanes, des sandales, et divers autres ouvrages en cuir; les Africains, différens objets propres au commerce des esclaves. Toutefois les pélerins sont souvent déçus dans leurs espérances de gain; le besoin d'argent les force à se dépêcher de vendre leurs petites pacotilles aux encans publics, et à se contenter d'un prix très bas.

De tous les pélerins pauvres venant dans le Hedjaz, les plus respectables sont les nègres, ou, comme on les appelle ici, les Tekrouris. Tous les Indiens pauvres, dès qu'ils débarquent à Djidda, se mettent à mendier; beaucoup de Syriens et d'Égyptiens font de même; il n'en est pas ainsi des nègres. Ceux qui arrivent par le Sennar et l'Abissinie, à Massouah, sont tous pauvres. Pour une piastre forte ils font la traversée de ce port à la côte de l'Yemen, et ordinairement débarquent à Hodeïda; là ils attendent que le nombre de leurs compatriotes soit assez considérable pour former une petite caravane; puis ils franchissent les montagnes de l'Yemen en suivant les vallées fertiles habitées par des Arabes hospitaliers dont les aumônes les mettent en état d'aller jusqu'à Djidda ou à la Mecque (1). S'ils ont le bonheur de posséder deux piastres, ils réussissent peut être à aller directement de Massouah à Djidda où ils rencontrent les nègres arrivés de Souakin ou de Cosseïr. Dès qu'ils sont à Djidda ou à la Mecque, ils s'occupent de gagner leur vie en travaillant ; les uns sont employés comme porte-faix pour le transport du blé et des marchandises des navires aux magasins; d'autres à nettoyer les cours, à aller chercher du bois dans les montagnes voisines, ce que ne ferait aucun habitant du pays, quelque misérable qu'il pût être, quoique l'on y gagne quatre piastres par jour. A la Mecque, ces nègres façonnent des kanouni ou petits fourneaux en terre, qu'ils peignent en jaune et en rouge, et les vendent aux pélerins, qui placent dessus leurs cafetières. Quelques uns font de petits paniers et des nattes avec des feuilles de palmiers, ou préparent du bousa, sorte de boisson enivrante; d'autres sont porteurs d'eau; enfin, toutes les fois qu'un ouvrage manuel est nécessaire, on va chercher un Tekrouri au marché. Si l'un d'eux tombe malade, ses compagnons le soignent, et paient ses dépenses. J'en ai vu bien peu demander la charité, excepté les premiers jours après leur arrivée, avant

---

(1) En 1813 une troupe d'une soixantaine de Tekrouris ayant pris cette route, les Arabes de ces montagnes qui sont Wahhabites et qui avaient vu des esclaves noirs parmi les soldats turcs, supposèrent que les pélerins nègres avaient l'habitude d'entrer au service des Turcs. En conséquence, pour empêcher que ceux qu'ils voyaient alors leur fussent jamais opposés, ils dressèrent des embûches sur la route aux pauvres Tekrouris et en tuèrent beaucoup.

qu'ils aient trouvé de l'emploi. De la Mecque ils vont à Médine, soit par terre, soit par mer jusqu'à Yambo, et fournissent également cette ville de bois. Les pèlerins seraient très embarrassés dans le Hedjaz s'ils ne pouvaient pas compter sur les services de ces nègres. Durant la domination des Wahhabites ceux-ci continuèrent à venir, et on dit que Saoud avait pour eux beaucoup d'estime (1).

Quand ils ont fini le pèlerinage, ils retournent à Djidda où ils continuent à travailler jusqu'à ce qu'ils trouvent un navire prêt à faire voile pour Souakin; bien peu retournent par l'Abissinie. En partant du Hedjaz, tous possèdent une somme d'argent, fruit de leurs épargnes, suffisante pour acheter une petite pacotille, ou au moins pour les mettre en état, après avoir débarqué à Souakin, de traverser le désert plus à leur aise qu'en sortant de leur pays, où ils rentrent ensuite en passant par Schendi et par le Kordofan. Néanmoins plusieurs au lieu de regagner leurs foyers après la fin du pèlerinage, se dispersent en Arabie, visitent la mosquée de Jérusalem, le sépulcre d'Abraham à Hébron, et restent ainsi absens de chez eux pendant plusieurs années, subsistant toujours de leur travail.

Les bienfaiteurs de la ka'aba ont enrichi le temple de la Mecque et les fainéans qui y sont employés; mais aucun n'a songé à fonder un établissement pour

---

(1) Makrisi, dans son *Traité des khalifes qui ont fait le pèlerinage*, dit qu'en 724 A. H., un roi nègre appelé Mousa arriva au Caire en allant à la Mecque et fut traité splendidement par Kalaoun sultan d'Egypte. Makrisi ajoute qu'il avait avec lui 14,000 femmes esclaves choisies.

PLAN
DE LA PLAINE D'ARAFAT
et
du Camp des Pèlerins.
1814.

faciliter le pélerinage des nègres et des Indiens pauvres, et pour leur procurer le passage gratis jusqu'au Hedjaz. Les frais de cette traversée qui se montent à une ou deux piastres fortes, sont les plus onéreux pour eux. Souvent ils parviennent aux ports d'Afrique de l'autre côté du golfe Arabique, après avoir dépensé le peu qu'ils avaient pris avec eux, ou après qu'on le leur a volé sur la route, et n'y trouvant peut-être pas les moyens de gagner assez pour payer leur passage, ils sont obligés d'attendre que leurs compagnons plus riches à leur retour du Hedjaz aient la charité de le payer pour eux.

Les Indiens pauvres offrent sous tous les rapports un contraste complet avec les nègres. Il est difficile de s'imaginer un extérieur plus misérable; ils semblent avoir perdu non seulement toute espèce d'énergie, mais même l'espérance. Leur corps qui paraît ne pas pouvoir résister à un souffle de vent, et leur voix également faible les feraient prendre pour des objets dignes de commisération, si l'expérience journalière ne prouvait qu'ils prennent plaisir à se montrer dans cet état, parce qu'il leur assure les aumônes des gens charitables et les exempte de travail. Les rues de la Mecque en sont couvertes; les plus décrépits, étendus de tout leur long sur le dos au milieu de la rue, adressent leurs prières lamentables aux passans. Les portes de la mosquée, tous les cafés, toutes les échoppes où l'on vend de l'eau leur servent de station. Un pélerin ne peut acheter des provisions au marché, sans être importuné par un Indien qui lui en demande une parcelle. Je vis parmi eux un de ces fanatiques qui sont si communs dans l'Inde septentrionale et en Perse. Il tenait droit au dessus de sa tête, un de ses bras, que l'habitude avait tellement fixé dans cette position qu'il ne pouvait en prendre une autre. La curiosité qu'il excitait, me fit supposer que cette sorte de gens vient rarement dans le Hedjaz.

On trouve parmi les pèlerins, des derviches de l'empire turc, de toutes les sectes et de tous ordres : plusieurs sont fous, ou du moins contrefont les insensés, ce qui leur attire le respect de leurs compagnons de voyage, et remplit leur poche d'argent. La conduite de quelques uns est si violente et en même temps si adroite, que même les pèlerins le moins disposés à la charité, leur donnent volontiers quelque chose pour échapper à leurs importunités. Presque tous sont étrangers à l'Arabie, car parmi les habitans de ce pays, il y a moins de ces hommes extravagans que dans tout autre pays de l'Orient. En Égypte ils sont très nombreux, et dans presque tous les villages de la vallée du Nil, on voit quelque *Masloub* ou prétendu fou, que les habitans regardent comme un être inspiré et une bénédiction que le ciel leur a envoyée.

En 1813, la communauté chrétienne de Gous dans la Haute-Égypte, avait l'honneur de posséder un jeune insensé qui parcourait les bazars absolument nu. Mais les musulmans du lieu furent pris de jalousie; une nuit ils s'emparèrent du jeune homme, et par la circoncision en firent un santon de leur religion.

L'arrivée d'étrangers de tous les pays du monde musulman, depuis Timbouctou jusqu'à Samarcand et depuis la Géorgie jusqu'à Bornéo, ferait de Djidda un séjour très intéressant pour un voyageur européen, ami des recherches; en donnant des secours à de pauvres pélerins, et en dépensant une petite somme pour leur fournir des vivres, il en attirerait chez lui un grand nombre, et pourrait ainsi recueillir beaucoup de renseignemens sur les contrées de l'Afrique et de l'Asie les plus éloignées et les moins connues. Tous les Mekkaouis, excepté ceux des classes supérieures, louent leurs maisons pendant le pélerinage, et demandent à leurs locataires autant pour un petit nombre de semaines ou de mois, que ce qu'ils comptent au propriétaire pour une année entière. Je payai pour six semaines, une chambre avec une petite cuisine et un réduit pour mon esclave, quinze piastres fortes, somme égale à celle que le propriétaire recevait annuellement pour le loyer de toute la maison; j'aurais été obligé de donner le même prix quand même je n'aurais pris l'appartement que pour les quinze jours avant ou après le pélerinage. La maison où je demeurais avait été partagée en plusieurs logemens qui étaient tous loués à des pélerins pour 120 piastres fortes; les propriétaires s'étaient retirés dans des appartemens si chétifs, que des étrangers n'auraient pas voulu les occuper.

Parmi les nombreux pélerins qui arrivent à la Mecque avant la caravane, quelques uns sont des marchands de profession, beaucoup d'autres apportent quelques objets qu'ils vendent sans peine. Ensuite ils passent très agréablement le temps jusqu'au hadj, libres de soins et d'inquiétudes et jouissent du *dolce far niente,* le bonheur suprême pour un Asiatique. A l'exception de ceux d'un très haut rang, les pélerins vivent ensemble dans un état de familiarité et d'égalité. Ils n'entretiennent que peu de domestiques; plusieurs même n'en ont pas et se partagent entre eux les différentes obligations du ménage, telles qu'apporter les provisions du marché et faire la cuisine, quoique accoutumés chez eux à être servis. La liberté et l'oubli des soins qui sont les compagnons de voyage, rendent ce temps une période de bonheur pour les habitans du Levant ainsi que pour les Européens; et le même genre de félicité résulte de leur séjour à la Mecque, où lire le Koran, fumer sa pipe dans les rues ou dans les cafés, prier ou converser dans les mosquées, sont autant de plaisirs de plus pour leur orgueil satisfait de se trouver dans le voisinage de la maison sainte, en attendant les honneurs attachés au titre de hadji pour le reste de leurs jours. Ajoutez à cela l'accomplissement des devoirs religieux et les espérances pour l'avenir qui exercent leur influence sur beaucoup de pélerins.

Ceux qui viennent avec les caravanes passent leur temps bien différemment. Dès que leur ennuyeux voyage est terminé, il faut qu'ils subissent les cérémonies fatigantes de la visite de la ka'aba et de l'Omra, aussitôt après ils sont entraînés à l'A'rafat et à Muna; encore échauffés des suites de la traversée des déserts, ils sont exposés à l'air vif des montagnes du Hedjaz, n'ayant pour tout vêtement que l'ihram : de retour à la Mecque il ne leur reste que peu de jours pour réparer leurs forces et pour faire des visites répétées au Beithou'llah, jusqu'au départ de la caravane pour s'en retourner. Ainsi tout le pélerinage est une rude épreuve de la vigueur corporelle, et une suite non interrompue de fatigues et de privations. Néanmoins cette manière de visiter la cité sainte est d'accord avec les opinions d'un grand nombre de savans théologiens musulmans : suivant eux, un long séjour dans le Hedjaz, quelque méritoire que soit l'intention, contribue peu à la foi véritable, puisque la vue journalière des lieux saints affaiblit la première impression qu'ils ont produite. Malgré le déclin général du zèle chez les musulmans, on en trouve encore parmi eux que leur dévotion porte à visiter plusieurs fois les lieux saints. J'ai connu des Turcs établis au Caire qui même pendant que la doctrine des Wahhabites prédominait dans le Hedjaz, allaient tous les ans par Cosseïr à la Mecque, et quelques fidèles demeurent dans cette ville afin de pouvoir passer le reste de leurs jours totalement séparés du monde et uniquement livrés à des occupations pieuses. Durant mon séjour à la Mecque j'y vis venir un grand personnage de Constantinople ; il avait été kaouadji bachi de sultan Selim : le grand seigneur actuel lui avait permis de s'en aller pour qu'il pût mourir dans le territoire saint où son arrivée fut annoncée par des dons magnifiques à la mosquée.

Les caravanes de Syrie et d'Egypte arrivent toujours à des époques fixes; généralement un ou deux jours, avant le départ pour l'A'rafat. Ces deux caravanes passent ordinairement par Beder, le même jour ou seulement à un jour d'intervalle l'une de l'autre. La caravane de Syrie venant de Médine, et la caravane d'Égypte venant d'Yambo el Nakhel, continuent leur marche de Beder à la Mecque à peu de distance l'une de l'autre. Le 5 du mois zoul hadj, de l'an 1223 de l'hégire ou le 21 novembre 1814 de notre ère, l'approche de la caravane de Syrie fut annoncée par un de ses guides ou mekouem qui entra dans la ville au grand galop, afin de gagner le prix accordé au *fabbak* ou à celui qui apporte la première nouvelle de l'heureuse arrivée de la caravane. Les acclamations bruyantes de la populace le suivirent jusqu'à la maison du gouverneur, où son cheval expira au moment qu'il en descendit. L'avis était d'autant plus important que l'on n'avait pas entendu parler de cette caravane et que le bruit avait couru que les Bédouins l'avaient pillée sur la route, au nord de la Médine. Deux heures après plusieurs pélerins qui en faisaient partie entrèrent dans la ville, et la nuit suivante toute la troupe, le pacha de Damas à sa tête, campa dans la plaine de scheickh Mahmoud.

Le lendemain de bon matin la caravane d'Égypte parut, le gros bagage et les chameaux furent envoyés au lieu de son campement ordinaire dans le Moa'bédé, mais le *mahmal* ou chameau sacré resta à Scheikh Mahmoud, afin qu'il pût le jour suivant être mené en procession à travers la ville. Dans la matinée Mohammed Aly pacha arriva de Taïf à l'improviste, pour assister au pélerinage et passer en revue la cavalerie venue avec la caravane d'Égypte, renfort qui relevait fortement ses espérances de succès contre les Wahhabites. Son ihram se composait de deux grands châles de cachemire entièrement blancs, il avait la tête nue, mais un officier tenait au dessus de lui un parasol pendant qu'il parcourait les rues à cheval.

Dans la même matinée tous les pélerins demeurant à la Mecque prirent l'ihram, dans leur logis, avec les cérémonies accoutumées, avant de partir pour l'A'rafat: et à midi ils s'assemblèrent dans la mosquée, où un court sermon fut prêché pour la circonstance. Les pélerins de la caravane s'étaient déjà revêtus de l'irham à Asfan, à deux stations de la ville sainte, mais un grand nombre d'entre eux, notamment les domestiques et les chameliers, ne quittèrent pas leurs habits ordinaires qu'ils conservèrent même à l'A'rafat, sans occasioner ni surprise ni indignation. Il n'existe ici nulle police ou inquisition religieuse ; chacun agit d'après sa conscience soit pour observer, soit pour négliger les préceptes de la loi canonique.

Ce soir-là il y eut un grand mouvement dans la ville ; chacun se préparait pour l'excursion à l'A'rafat ; les pélerins de Syrie cherchaient à louer des logemens, s'informaient de l'état des affaires, rendaient leur première visite à la ka'aba. Beaucoup de colporteurs et de petits marchands partirent pour l'A'rafat, afin d'être prêts pour vendre quelque chose aux pélerins. Un grand nombre de chameliers de Syrie et d'Egypte conduisaient par les rues leurs chameaux qui n'étaient plus chargés, offrant de les louer aux pélerins allant à l'A'rafat. Cette année, le prix du loyer était très modéré, à cause de la quantité de bêtes de somme ; pour trois piastres fortes j'en retins deux qui devaient me mener à l'A'rafat et m'en ramener ; ce qui prend quatre jours.

Le 8 de zoul hadj, de bonne heure, les pèlerins de Syrie passèrent processionnellement dans les rues escortés de tous leurs soldats, et précédés du mahmal. Ils avaient laissé à Scheikh Mahmoud tout leur bagage, à l'exception de leurs tentes qui devaient être dressées sur l'A'rafat. La plupart des pèlerins étaient dans des *schebries*, sorte de palanquin placé sur un chameau. Les gens de distinction et le pacha étaient portés dans des *takhtrouans*, espèce de litière fermée et supportée par deux chameaux, l'un devant, l'autre derrière; cette voiture est très commode, excepté qu'on a besoin d'une échelle pour y monter et pour en descendre. La tête des chevaux était décorée de plumes, de touffes et de clochettes, mais ils la tenaient penchée à cause des fatigues du voyage. Les rues où ils passaient étaient bordées de gens de toutes les classes, qui saluaient la caravane de leurs acclamations et de leurs louanges. La musique militaire du pacha de Damas, une douzaine de chevaux richement caparaçonnés qui précédaient sa litière, et les magnifiques *takhtrouans* qui renfermaient ses femmes, attiraient particulièrement l'attention.

Ce cortége fut bientôt suivi de celui des Egyptiens, composé du mahmal ou chameau sacré, car chaque caravane a le sien, et des schebries des officiers publics qui accompagnent toujours les pèlerins; mais aucun de ceux-ci ne parut à la suite. La bonne mine des soldats qui étaient avec cette troupe, la splendeur du mahmal, et l'équipage de l'émir el hadj, qui commandait les cavaliers turcs ou *delhis*, excitèrent également chez les Mekkaouis beaucoup de marques d'approbation. Les deux caravanes continuèrent, sans s'arrêter, leur route pour l'A'rafat.

Avant midi, les pélerins qui demeuraient depuis quelque temps à la Mecque, montèrent aussi sur leurs chameaux et remplirent les rues pour suivre le haj. Ils furent rejoints par la plus grande partie des habitans de la Mecque, qui se font une règle d'aller tous les ans à l'A'rafat, et par une portion égale de la population de Djidda qui s'était rassemblée ici depuis quelques jours. Pendant cinq ou six jours les portes de cette ville, ainsi abandonnée par tant de monde, restent fermées.

L'après-midi je sortis de mon logis, à pied, avec un compagnon et un jeune esclave, montés sur les deux chameaux loués d'un Syrien de Homs. On regarde comme méritoire de faire à pied, et surtout pieds nus, le voyage à l'A'rafat, qui est de six heures. Beaucoup de pélerins prirent ce parti, et je le préférai à cause de la vie très sédentaire que je menais depuis plusieurs mois. Nous ne pûmes parvenir hors de la ville, au delà du Mo'abédé, qu'au bout de plusieurs heures, tant la foule des chameaux était grande, et il arriva beaucoup d'accidens. Parmi les pélerins à demi nus, et tous avec l'ihram blanc, les uns, sur leurs chameaux, lisaient le Koran, d'autres récitaient des prières à haute voix, tandis que d'autres maudissaient leurs chameliers et se querellaient avec ceux qui, étant près d'eux, obstruaient le passage. Au delà de la ville la route s'élargit, et, pendant deux heures de marche à pas lents, nous traversâmes des vallées jusqu'à l'Ouadi Muna, dont l'entrée est étroite, ce qui occasiona de nouveau une grande confusion. La loi prescrit aux pélerins de réciter cinq prières à Muna, conformément à l'exemple de Mahomet; c'est à dire qu'ils doivent arriver là à midi pour la prière du milieu du jour, y rester jusqu'au lendemain matin, pour celles de l'Aszer, du Mogreb, de l'Aschée et du point du jour. Mais l'inconvénient qui résulterait d'un délai, a fait négliger ce précepte depuis un certain temps, et on ne fait plus halte à Muna.

Avant Muna, nous vîmes la mosquée de Mezdelifé à notre droite, plusieurs pélerins y allèrent pour réciter le Salat el aszer et le Salat el mogreb; mais la troupe continua sa marche. Au delà de Mozdelifé, nous entrâmes de nouveau dans les montagnes par le défilé d'el Mazoumeïn, d'où l'on sort à l'est dans la plaine de l'A'rafat. Là les pélerins passèrent entre les deux colonnes nommées A'arameïn, et en approchant du Djebel A'rafat, ils se dispersèrent dans la plaine pour y choisir le lieu où ils camperaient. J'y étais trois heures après le coucher du soleil, mais les traineurs n'arrivèrent qu'à minuit. On voyait des feux innombrables allumés sur une longueur de trois à quatre milles : des groupes élevés de lampes brillantes marquaient les emplacemens des camps de Mohammed Aly, de Soliman pacha et de l'émir el hadj de la caravane d'Egypte. De toutes parts, des pélerins couraient d'une tente à l'autre, cherchant leurs compagnons, dont ils avaient été séparés en chemin. Il se passa plusieurs heures avant que le bruit et les cris cessassent. Peu de personnes dormirent pendant la nuit; les dévots la passèrent en prières : leurs chants partaient notamment du côté du camp des Syriens; les joyeux Mekkaouis, partagés en différentes bandes, entonnèrent le chant jovial appelé *djok*, qu'ils accompagnèrent de battemens de mains; les cafés furent jusqu'au jour remplis de chalands.

La nuit fut sombre et froide; il tomba quelques gouttes de pluie. Je m'étais fait un lieu de repos avec un grand tapis attaché à la partie postérieure de la tente d'un Mekkaoui; et après m'être promené presque toute la nuit, je m'apprêtais à dormir, quand deux coups de canon, tirés par les pélerins de Syrie et d'Égypte, annoncèrent l'approche du jour de la cérémonie, et appelèrent les fidèles à se préparer à la prière du matin (1).

(1) EXPLICATION DU PLAN DE L'A'RAFAT.

1 Mont A'rafat.
2 Lieu où Mahomet priait sur le sommet de la montagne.
3 Plate-forme où se place le prédicateur.
4 Moda'a Sidna Adam.
5 Djama es' Ssakhra.
6 Ouadi Aroa.
7 Tente de la femme de Mohammed Aly.
8 Caravane d'Égypte.
9 Tente de Mohammed Aly.
10 Camp de la cavalerie de Mohammed Aly.
11 Caravane de Syrie.
12 Tente de Soliman pacha de Damas.
13 Camp de la cavalerie de Soliman pacha.
14 Tente de la famille de Djeïlani.
15 Camp des principaux habitans de la Mecque et des pélerins tures qui n'étaient pas venus avec les caravanes.
16 Camp des Indiens et des Mekkaouis de la classe inférieure; je m'y plaçai aussi.
17 Marché.
18 Maison du schérif.
19 Tente du schérif Yahya.
20 Camp de Bédouins.
21 Mosquée Djama Nimré.
22 El A'alameïn.
23 Puits de Basan.
a. a. a. Différens réservoirs.

Les caravanes et plusieurs troupes de pélerins campent tous les ans exactement au même endroit. La caravane de Perse, aussitôt qu'elle arrive de Bagdhad, campe près de la maison du schérif à l'endroit marqué *b*, et la caravane de l'Yemen à *c*; j'étais à *d*.

Le 9 de zoul hadj, au point du jour, chaque pélerin sortit de sa tente pour se promener dans la plaine et jeter un coup-d'œil sur la foule affairée qui s'y trouvait rassemblée. Des tentes disposées en longues rues, et arrangées comme des bazars, fournissaient toute espèce d'alimens. La cavalerie de Syrie et d'Egypte s'exerçait dès l'aurore sous les ordres de ses chefs, tandis que des milliers de chameaux broutaient tout autour du camp les arbustes desséchés. Je me dirigeai vers le mont A'rafat, afin d'y jouir plus distinctement de la vue de l'ensemble. Cette masse granitique, que l'on nomme aussi *Djebel er' Rahmé* ou le mont de la Miséricorde, s'élève au nord-est de la plaine, tout près des montagnes qui l'entourent, mais une vallée rocailleuse l'en sépare; son circuit est d'un mille à un mille et demi; ses flancs s'abaissent en pentes douces, et son sommet s'élève à près de deux cents pieds au dessus du niveau de la plaine; on y arrive du côté de l'est par un large escalier en pierre, et de celui de l'ouest par un chemin non pavé qui passe sur les blocs de granit brut. Après avoir monté une quarantaine de marches, on rencontre, un peu à gauche, le *Moda'a Sidna Adam*, ou l'oratoire de notre seigneur Adam; parce que, suivant la tradition musulmane, le père du genre humain s'y tenait quand il priait, l'ange Gabriel lui ayant enseigné comment il devait adorer son créateur. Une table de marbre, portant une inscription en caractères modernes, y est incrustée dans le flanc de la montagne, vers le soixantième degré; on trouve à droite, sur un emplacement uni, une petite plate-forme pavée où se place le prédicateur, qui, dans la soirée de ce jour, adresse des exhortations aux pélerins.

Jusqu'à ce point, l'escalier est si large et si aisé qu'un cheval ou un chameau pourrait y monter; mais au delà il devient plus raide et plus inégal. On montre, sur le sommet, l'endroit où Mahomet avait coutume de se placer pendant le hadj; une petite chapelle y avait été construite; les Wahhabites l'ont détruite; les pélerins y récitent ordinairement des prières accompagnées de quatre génuflexions pour saluer l'A'rafat. Les degrés et le sommet sont couverts de mouchoirs destinés à recevoir les dons de la piété, et chaque famille des Mekkaouis ou des Bédouins de la tribu des Koreïsch, sur le territoire de laquelle l'A'rafat est situé, a un lieu particulier qui lui est assigné à cet effet.

Du sommet, l'œil embrasse un vaste espace dont la perspective est singulière; j'avais apporté une boussole avec moi pour prendre des relèvemens, mais la foule était si grande que je ne pus m'en servir. Vers l'extrémité occidentale de la plaine, on aperçoit le Bir Bazan et l'A'alameïn; un peu plus près, vers le sud, la mosquée nommée *Djama Nimré* ou *Djama Sidna Ibrahim*, et au sud-est une petite maison où le schérif logeait pendant le pélerinage. De là un terrain élevé et rocailleux s'étend, dans la plaine, vers l'A'rafat. Du côté oriental, et tout près du pied de la montagne, on voit les ruines du Djama el Szakhrat, petite mosquée où Mahomet avait coutume de prier, et où les pélerins se prosternent quatre fois en mémoire du prophète.

I. Voy. dans l'Arabie.

Plusieurs grands réservoirs revêtus en pierre sont disposés dans la plaine : deux ou trois sont tout près du pied de l'A'rafat, d'autres sont proche la maison du schérif; ils sont approvisionnés par le même bel acqueduc qui fournit de l'eau à la Mecque, et qui commence à peu près à une heure et demie de marche plus loin dans les montagnes à l'est. Le conduit est ici à découvert pour la commodité des pèlerins; il longe les trois côtés de la montagne, et passe par le Moda'a Sidna Adam (1).

Du haut de l'A'rafat je comptai à peu près trois mille tentes dispersées dans la plaine; les deux tiers appartenaient aux deux caravanes de pèlerins, ainsi qu'à la suite et aux soldats de Mohammed Aly; les autres aux Arabes du schérif, aux pèlerins bédouins, et aux habitans de la Mecque et de Djidda. Ces multitudes réunies étaient, pour la plupart, comme moi, sans tente. Les deux caravanes campaient sans beaucoup d'ordre, chaque bande de pèlerins ou de soldats ayant disposé ses tentes en douars ou espaces circulaires au milieu desquels paissaient leurs chameaux. La plaine contenait, répartis sur différens points, à peu près vingt-cinq mille de ces animaux, dont douze mille à la caravane de Syrie, et près de six mille à celle d'Égypte; indépendamment d'environ trois mille achetés par Mohammed Aly des Bédouins du désert de Syrie, et amenés à la Mecque pour transporter les pèlerins, avant d'être employés à porter les vivres de l'armée à Taïf.

(1) A la fin du seizième siècle, selon Kotobeddin, toute la plaine de l'A'rafat était cultivée.

Les pélerins de Syrie étaient campés sur la pente du sud et du sud-ouest de l'A'rafat; Yahya, avec ses troupes, composées de Bédouins, entourait la maison du schérif, et les habitans du Hedjaz étaient dans le voisinage; c'était là que se plaçaient autrefois les deux caravanes de l'Yemen. Mohammed Aly et Soliman pacha de Damas ainsi que plusieurs de leurs officiers avaient de très jolies tentes; mais la plus magnifique était celle de la femme de Mohammed Aly, mère de Tousoun pacha et d'Ibrahim pacha, arrivée récemment du Caire avec un train vraiment royal; cinq cents chameaux ayant été nécessaires pour porter son bagage de Djidda à la Mecque. Sa tente était réellement un camp, consistant en une douzaine de tentes de différentes dimensions habitées par les femmes : le tout entouré d'une clôture de toile de lin de huit cents pas de circuit; la seule entrée qui y menait était gardée par des eunuques superbement habillés. Autour de cet enclos étaient rangées les tentes des hommes formant sa suite nombreuse. La belle broderie de la partie extérieure de ce palais de toile et la variété des couleurs qui y brillaient partout, offraient un aspect qui me rappelait quelques unes des descriptions qu'on lit dans les contes arabes des *Mille et une Nuits*. Parmi les riches équipages des autres pélerins, ou des habitans de la Mecque, le plus remarquable était celui de la famille de Djeïlani, le marchand. Ses tentes, disposées en demi-cercle, rivalisaient, en éclat, avec celles des deux pachas, et l'emportaient beaucoup sur celles du schérif Yahya. Dans d'autres contrées de l'Orient, un marchand penserait autant à acheter une corde pour se pendre, qu'à déployer sa richesse aux yeux d'un pacha; mais Djeïlani ne s'était pas encore défait de l'habitude que les Mekkaouis avaient prise sous leur ancien gouvernement, notamment sous celui de Ghaleb; et ils se fient maintenant sur la promesse faite par Mohammed Aly de respecter leurs biens.

Pendant toute la matinée, des salves répétées de l'artillerie des deux pachas se firent entendre; quelques pèlerins s'étaient postés sur le mont A'rafat même où une petite caverne ou bien un bloc de granit saillant les mettait à l'abri du soleil. Suivant la croyance générale de l'Orient confirmée par les vanteries de beaucoup de pèlerins à leur retour chez eux, tous campent dans cette journée sur l'A'rafat, parce que cette montagne possède la propriété miraculeuse de s'étendre assez pour admettre un nombre infini de fidèles sur son sommet. La loi ordonne que l'*Ouakfé* ou l'emplacement des pèlerins sera pris sur le Djebel A'rafat; mais elle a sagement pourvu à toute impossibilité relativement à ce point, en déclarant que la plaine dans le voisinage immédiat de cette montagne, peut être regardée comme comprise sous le terme général de mont ou Djebel A'rafat.

J'estimai le nombre des personnes assemblées en ce lieu à soixante-dix mille; le camp avait de trois à quatre mille de long et un à deux de large. Il n'y a peut-être pas de lieu sur la terre où sur un espace aussi resserré on parle une si grande diversité de langues; j'en comptai une quarantaine, et sans doute leur nombre était bien plus considérable. Il me sembla que j'étais placé dans un saint temple rempli seulement de voyageurs; et jamais je ne sentis un désir plus ardent de pouvoir pénétrer un jour dans le cœur du pays de beaucoup de ces hommes que je voyais devant moi, m'imaginant bonnement que je n'éprouverais pas plus de difficultés à m'avancer jusque chez eux qu'ils n'en avaient rencontré dans leur voyage jusqu'à l'A'rafat.

Quand l'attention est occupée par une telle multiplicité d'objets nouveaux, le temps passe rapidement. Je venais de descendre du mont A'rafat, et je m'étais promené pendant quelques momens dans le camp, parlant à différens pélerins, m'informant dans le camp syrien de quelques uns de mes amis, et parmi les Bédouins de Syrie, des nouvelles de leurs déserts, et il était déjà plus de midi. Les prières de cette époque du jour doivent être faites soit dans la mosquée de Nimré, soit dans son voisinage immédiat; les deux pachas s'y étaient rendus à cet effet. Mais le plus grand nombre des pélerins se dispense de cette observance, beaucoup même omirent celles du milieu du jour, personne ne s'inquiétant si son voisin est ou n'est pas ponctuel à s'acquitter des pratiques prescrites. Après midi, les pélerins doivent laver et purifier leur corps, par le moyen de l'ablution complète ordonnée par la loi et nommée *ghossel*, c'est pour cela surtout que les nombreuses tentes de la plaine ont été construites; mais le temps était nuageux et froid, ce qui détermina les neuf dixièmes des pélerins qui, avec le mince vêtement de l'ihram, grelottaient déjà, à s'abstenir aussi de cette pratique, et à se contenter de l'ablution ordinaire. Le temps de l'Aszer (à peu près trois heures après midi) approchait : alors la multitude des pélerins s'avança vers le mont A'rafat dont elle couvrit les flancs. A l'instant précis de l'Aszer, le prédicateur se plaça sur la plate-forme de la montagne, et commença son sermon qui dura jusqu'au coucher du soleil, et composa la cérémonie du pélerinage nommée *Khotbet el Ouakfé*; aucun pélerin, bien qu'il ait visité tous les lieux saints de la Mecque, n'a de titre au nom de *hadji*, à moins qu'il n'ait assisté à ce discours. C'est pourquoi, quand l'Aszer approcha, toutes les tentes furent abattues, chaque chose fut empaquetée, on commença à tout charger; les pélerins montèrent sur leurs chameaux et marchèrent vers la montagne qu'ils environnèrent, afin de voir le prédicateur; ce qui suffit, la plus grande partie de la foule étant trop éloignée pour pouvoir l'entendre. Les deux pachas, avec toute leur cavalerie rangée en deux escadrons qu'ils précédaient, se placèrent en arrière des lignes profondes des chameaux des pélerins auxquels ceux des habitans du Hedjaz s'étaient aussi joints; et là tous attendirent dans un silence solennel et respectueux la fin du sermon. Le schérif Yahya, avec sa petite troupe de soldats, distingués par plusieurs étendards verts qu'on portait devant lui, était plus loin encore du prédicateur. Les deux mahmals ou chameaux sacrés, portant sur leur dos la haute charpente qui sert comme de bannière à leurs caravanes respectives, se frayèrent difficilement un passage à travers les rangs des chameaux qui ceignaient les côtés oriental et méridional du mont, vis à vis du prédicateur; ils prirent leur place, entourés de leurs gardes, directement sous la plate-forme, en face de lui (1).

Le prédicateur ou khatib, qui est ordinairement le kadhi de la Mecque, était monté sur un chameau superbement caparaçonné, à qui on avait fait monter l'escalier, parce que, suivant la tradition, Mahomet se tenait toujours assis quand de ce lieu il parlait à ses disciples : usage qui a été imité par tous les

(1) Le mahmal, dont Mouradja d'Ohsson a donné une figure très exacte, est une charpente en bois, haute, creuse, de forme conique, à sommet pyramidal, couverte d'un beau brocard de soie, ornée de plumes d'autruches, et contenant dans son centre un petit livre de prières et de charmes enveloppé d'une pièce de soie; tel est celui d'Egypte. Quand la caravane est en route, il lui sert de bannière sainte ; au retour de la caravane, le livre de prières est exposé dans la mosquée el Hassanein au Caire, où les hommes et les femmes de la classe inférieure vont le baiser, et regardent comme une bénédiction d'y frotter leur front. On ne place ni le Koran ni autre chose que le livre de prières, dans le mahmal du Caire. Les Wahhabites déclarérent que cette cérémonie du pélerinage était une pompe vaine, d'origine idolâtre et contraire à l'esprit de la véritable religion ; et son usage fut une des principales raisons qu'ils alléguérent pour empêcher les caravanes d'aller à la Mecque.

Dans le premier siècle de l'islamisme, ni les Ommiades, ni les Abassides n'eurent de mahmal. Makrisi, dans son traité : *de ceux des khalifes et des sultans qui ont fait le pélerinage en personne*, dit que Dhaher Bibar el Boudokdari, sultan d'Egypte, fut le premier qui introduisit le mahmal vers 670 A. H. Depuis cette époque, tous les sultans qui ont envoyé leurs caravanes à la Mecque, ont regardé comme une prérogative d'expédier avec chacune un mahmal, en signe de leur royauté. Le premier mahmal de l'Yemen vint en 960 A. H., et en 1019 El Moayed Billah roi et imam d'Yemen, qui fit publiquement profession de la doctrine des seïdites, arriva avec un mahmal à l'A'rafat. Les caravanes de Bagdhad, de Damas et du Caire en ont toujours amené un. Asami raconte qu'en 730 A. H. la caravane de Bagdhad vint à l'A'rafat avec un mahmal porté sur un éléphant. Je crois que cet usage dérive de la bannière de bataille des Bédouins nommée *mekeb* et *otfé*, et qui ressemble au mahmal à un tel point que ce sont des charpentes en bois placées sur des chameaux.

khalifes venus en pélerinage, et adressant en personne la parole à leurs sujets. Mais le khadi turc de Constantinople, qui n'était pas habitué à monter un chameau, ne pouvait s'y tenir aussi bien que son prophète accoutumé à cet exercice comme un vrai Bédouin; et le chameau étant devenu indomptable, il fut bientôt obligé d'en descendre. Il lut son sermon dans un livre arabe qu'il tenait à la main. Par intervalles de quatre ou cinq minutes, il faisait une pause, et étendait les bras pour implorer la bénédiction du ciel, tandis que la multitude assemblée autour de lui et devant lui, agitait au dessus de sa tête l'extrémité des ihrams, en remplissant l'air des cris de : *Lebeïk allah huma lebeïk!* (fais de nous ce que tu voudras, ô mon Dieu! fais de nous ce que tu voudras!) Pendant que les ihrams flottaient ainsi, les flancs de la montagne, couverts de cette foule vêtue de blanc, présentaient l'aspect d'une cataracte, et plus bas les parasols de plusieurs milliers de pélerins montés sur leurs chameaux, offraient quelque ressemblance avec une plaine verdoyante.

Pendant le sermon qui dura près de trois heures, le kadhi essuya constamment ses yeux avec un mouchoir, car la loi enjoint au khatib d'être ému d'attendrissement et de componction, et ajoute que toutes les fois que son visage est baigné de larmes, c'est un signe que le Tout-Puissant l'éclaire et se montre disposé à écouter ses supplications. Les pélerins, qui se tenaient près de moi, sur les grands blocs de granit entassés sur les flancs de la montagne, offraient un spectacle très remarquable par sa diversité; quelques uns, presque tous étrangers, criaient et pleuraient, se frappaient la poitrine et confessaient qu'ils étaient de grands pécheurs devant le Seigneur; d'autres, en très petit nombre, dans l'attitude de la réflexion et de l'adoration, gardaient le silence et avaient les yeux baignés de larmes. Beaucoup d'Arabes du Hedjaz et de soldats, causaient et plaisantaient, et quand les autres agitaient leurs ihrams, ils gesticulaient en vrais frénétiques comme pour tourner cette cérémonie en ridicule. Je remarquai en arrière sur la montagne, plusieurs bandes d'Arabes et de soldats fumant tranquillement leurs narghilés; dans une caverne voisine, une femme du commun vendait du café, et ses chalands, par leurs éclats de rire et leur conduite turbulente, interrompaient souvent la dévotion fervente des pélerins qui étaient prés d'eux. Beaucoup de gens avaient leurs vêtemens ordinaires. Vers la fin de la cérémonie, les spectateurs avaient, pour la plupart, l'air fatigué et beaucoup descendirent la montagne avant que le prédicateur eût fini. Toutefois, je dois faire observer que la foule assemblée sur la montagne, appartenait presque toute à la classe inférieure; les pélerins de considération étant restés dans la plaine sur leurs chameaux ou leurs chevaux.

Enfin, le soleil commençant à s'abaisser derrière les montagnes de l'ouest, le kadhi ferma son livre; une dernière acclamation de *lebeïk* se fit entendre, et la foule se précipita le long des flancs de la montagne pour quitter l'A'rafat. On regarde comme méritoire de hâter le pas dans cette occasion, et beaucoup de pélerins font une véritable course nommée par les Arabes *Ad' dafa min A'rafat*. Autrefois, quand la force des caravanes de Syrie et d'Égypte se balançait à peu près, ce lieu était presque tous les ans témoin de luttes sanglantes entre elles; chacune s'efforçant de devancer l'autre, et de faire passer son mahmal le premier. La même contestation survenait quand les mahmals s'approchaient de la plate-forme, au commencement du sermon; dans quelques occasions, deux cents personnes ont perdu la vie pour soutenir ce qui était regardé comme l'honneur des caravanes respectives. Aujourd'hui la puissance de Mohammed Aly est prépondérante et les pélerins de Syrie montrent une grande humilité.

Les caravanes réunies et la masse des pélerins se mirent alors en mouvement pour traverser la plaine. J'ai déjà dit que les tentes avaient été préalablement serrées pour le départ. La foule s'empressa de traverser l'A'alameïn qu'elle devait repasser à son retour; la nuit arriva avant qu'elle eût atteint le défilé de Mazoumeïn. Alors on alluma une quantité prodigieuse de torches, on en portait vingt-quatre devant chaque pacha, leur lumière se répandait au loin sur la plaine. On entendait des salves continuelles d'artillerie, les soldats tiraient des coups de fusil, le son de la musique militaire des deux pachas retentissait dans l'air; des officiers des pachas et beaucoup de particuliers lançaient des fusées, tandis que la masse des pélerins hâtait le pas, dans le plus grand désordre et au milieu de clameurs assourdissantes, à travers le défilé de Mazoumeïn menant à Mezdelifé où tout le monde mit pied à terre après une marche de deux heures. Là aucun ordre ne fut observé dans le campement, et chacun se coucha sur le premier endroit qu'il trouva, car il n'y eut d'autres tentes dressées que celles des pachas et de leur suite; des lampes placées au devant en forme de hautes arcades continuèrent à brûler toute la nuit et le feu de l'artillerie ne cessa pas un seul instant.

Dans la confusion inexprimable qui avait suivi le départ de l'A'rafat, beaucoup de pélerins avaient perdu leurs chameaux; on les entendait crier à haute voix en cherchant leurs chameliers dans la plaine; j'étais de ce nombre. Quand j'allai sur le mont A'rafat je donnai ordre au mien et à mon esclave de rester où ils étaient et d'attendre mon retour, mais voyant bientôt après que je les eus quittés, tous les autres chameaux chargés s'avancer vers la montagne, ils suivirent leur exemple, et quand je revins à l'endroit où je les avais quittés, ils n'y étaient plus. Je fus donc obligé d'aller à pied à Mezdelifé où je dormis sur le sable, couvert seulement de mon ihram, après avoir cherché inutilement mes gens pendant plusieurs heures.

Le 10 de zoul hadj ou le jour de la fête du Nehar el Dhahié ou Nehar el Nahher, le canon du matin éveilla les pélerins avant l'aurore. A la pointe du jour, le kadhi prit sa place sur la haute plate-forme qui entoure la mosquée de Mezdelifé ou Moschar el Haram; et commença un sermon semblable à celui de la veille. Les pélerins avec leurs torches allumées, entouraient de toutes parts la mosquée et accompagnèrent la prédication des mêmes exclamations de *Lebeïk allah huma lebeïk !* Mais quoique ce sermon soit au nombre des principales obligations du pélerinage, la plupart des hadjis restèrent auprès de leurs bagages et n'y assistèrent pas. Le discours ne dura que depuis l'aurore jusqu'au lever du soleil, intervalle bien plus court sous la latitude de l'Arabie que dans nos contrées septentrionales. Le Salat el Aïd ou la prière de la fête se répéta au même moment avec ses cérémonies, par toute la communauté. Quand les premiers rayons du soleil percèrent les nuages, les pélerins marchèrent à pas lents vers l'Ouadi Muna qui est à une heure de distance.

En y arrivant, chaque nation campa au lieu qui lui est assigné par la coutume. Les pélerins, après avoir disposé leur bagage, se hâtèrent de pratiquer la cérémonie de jeter des pierres au diable. Selon la tradition, quand Abraham, en revenant du pélerinage à l'A'rafat, parvint à l'Ouadi Muna, le diable Eblis se présenta à lui à l'entrée de cette vallée, et voulut l'empêcher de passer; alors l'ange Gabriel qui accompagnait le patriarche lui conseilla de lui jeter des pierres; Abraham suivit cet avis : à la septième, Eblis se retira. Mais au milieu de la vallée il reparut devant lui, et se montra une dernière fois à son extrémité occidentale; le patriarche usa du même moyen qu'auparavant pour se débarrasser de lui. Suivant Azraki, les Arabes païens, en commémoration de cette aventure, avaient l'usage de jeter des pierres dans cette vallée, à leur retour du pélerinage; ils érigèrent à Muna sept idoles ; il y en avait une à chacun des trois endroits où le diable apparut, et ils lançaient trois pierres à chacune. Mahomet qui fit de cette cérémonie une des principales obligations du pélerinage, porta le nombre des pierres à sept.

A l'entrée de la vallée du côté de Mezdelifé s'élève au milieu de la route un pilier grossier ou plutôt un autel en pierre, haut de sept pieds; il marque l'endroit où le diable fit sa première apparition; on jette là sept pierres; on en fait autant contre un autre pilier au milieu de la vallée, et contre un mur à son extrémité occidentale. Les pélerins se succédèrent rapidement autour du premier pilier nommé *Djamrat el Aoula*, et chacun lui jeta sept petits cailloux; ils en usèrent de même au *Djamrat el Aousat* et au *Djamrat el Sofali* ou *el Akaba* ou *el aksa*. Les cailloux employés dans cette cérémonie doivent être à peu près de la grosseur d'une fève : les pélerins sont invités à les ramasser dans la plaine de Mezdelifé, mais ils peuvent également les prendre à Muna, et beaucoup, malgré la défense expresse de la loi, emploient ceux qui ont déjà été jetés.

La cérémonie de jeter les pierres terminée, les pélerins égorgent les animaux qu'ils ont amenés pour le sacrifice, et tous les musulmans, dans quelque partie du monde qu'ils se trouvent, sont tenus, à cette époque, de se conformer à cet usage. Les Bédouins tenaient là toutes prêtes environ huit mille brebis et chévres, dont ils demandaient un prix très élevé. Le sacrifice ne consiste que dans l'acte de tourner la tête de la victime vers la ka'aba, et de dire, pendant qu'on lui coupe la gorge : « Au nom » de Dieu très miséricordieux! ô Dieu suprême! » (*Bismillah! irrahmam irrahhim, Allahou akbar!*) On peut choisir le lieu que l'on veut pour ces sacrifices, qui s'effectuent dans tous les coins de l'Ouadi Muna; mais celui qu'on préfère est un rocher uni, situé à son extrémité occidentale; plusieurs milliers de brebis y furent immolées dans l'espace d'un quart d'heure (1).

Dès que les sacrifices furent achevés, les pélerins envoyèrent chercher des barbiers, ou allèrent les trouver dans leurs échoppes, dont une quarantaine avait été placée sur une ligne près du lieu préféré pour les immolations; ils se firent raser toute la tête, excepté cependant ceux de la secte des schafeïs, qui ne s'en font raser qu'un quart, réservant le reste jusqu'au moment où ils ont de nouveau visité la ka'aba, après leur retour à la Mecque. Ils se défirent de l'ihram et reprirent leurs habits ordinaires; ceux qui en avaient le moyen en mirent de neufs, parce que c'était le jour de la fête. Le pélerinage était ainsi terminé, et tous les pélerins s'adressèrent des félicitations mutuelles accompagnées de souhaits pour que la manière dont ils s'en étaient acquittés pût être agréable à Dieu. *Tekabbel Allah!* était répété de toutes parts, et chacun avait l'air satisfait. Toutefois je n'en étais pas là; car mes efforts pour retrouver mon chameau avaient été inutiles, au milieu de la foule prodigieuse qui remplissait la vallée; et tandis que les autres pélerins étaient revêtus de leurs habits, je restais avec mon ihram. Heureusement ma bourse, que suivant l'usage des pélerins j'avais sus-

---

(1) Kotobeddin raconte que lorsque le khalife Moktéder fit le pélerinage vers 350 A. H., il sacrifia, le 10 de zoul hadj, 40,000 brebis et vaches et 50,000 brebis. Aujourd'hui encore les hommes opulens immolent des chameaux. Cette cérémonie peut être effectuée par un délégué.

pendue à mon cou, l'ihram n'ayant pas de poches, me fournit les moyens d'acheter un mouton pour le sacrifice, et de payer un barbier. Enfin, après le coucher du soleil, je découvris mes gens, qui avaient campé sur la montagne du nord, et ressentaient de vives inquiétudes sur mon compte.

Les pélerins restent deux jours de plus à Muna. Le 11 de zoul hadj, à midi précis, sept petits cailloux sont de nouveau jetés aux trois endroits où le diable se montra, et on fait de même le 12; de sorte que, par ces jets de vingt et une pierres répétés à trois jours différens, le nombre en est porté à soixante-trois. Beaucoup de pélerins ignorent la teneur précise de la loi sur ce point, de même que plusieurs autres particularités du pélerinage, et jettent de bon matin les pierres qui ne doivent être lancées qu'à midi, ou bien ne se conforment pas à la quantité prescrite. Le 12, après le dernier jet terminé, tout le monde s'en retourne l'après-midi à la Mecque.

Le Muna (1) est une vallée étroite, s'étendant en ligne droite de l'ouest à l'est, sa longueur est à peu près de quinze cents pas, sa largeur varie; elle est bornée des deux côtés par des rochers de granit escarpés et nus. Vers le milieu, on voit à droite et à gauche une file de bâtimens, la plupart en ruines; ils appartiennent à des Mekkaouis ou à des Bédouins de la tribu des Koreïsch qui les louent ou les occu-

---

(1) On dit que ce nom tire son origine d'Adam. Pendant qu'il était dans cette vallée, Dieu lui dit de demander une grâce : « Je demande (*itemuna*) le paradis. » Ce lieu a donc été nommé d'après cette réponse. D'autres racontent que cette dénomination vient du sang qui coule le jour du sacrifice.

pent pendant les trois jours du pélerinage : ils sont, de même que le Muna, inhabités le reste de l'année. Quelques uns sont en pierre, assez beaux, et à deux étages ; mais il n'y en a qu'une douzaine en bon état. A l'extrémité de la vallée, le schérif régnant de la Mecque possède une belle maison, où il demeure ordinairement pendant ces jours-là. Maintenant les femmes de Mohammed Aly y logent ; schérif Yahya, après s'être dépouillé de l'ihram, s'en étant retourné à la Mecque, beaucoup de pélerins en font autant après cette cérémonie : mais ils doivent visiter de nouveau le Muna, le 11 ou le 12 de ce mois, afin de jeter les pierres, car l'omission de cette cérémonie rendrait leur pélerinage incomplet. Ils peuvent passer le reste de ces jours où il leur plait. Le soir du jour du sacrifice, les pélerins qui sont commerçans reviennent ordinairement à la Mecque, afin de déballer les marchandises qu'ils y ont amenées.

La mosquée nommée *Medsjed el Kheïf* est située entre la maison du schérif et les habitations des Mekkaouis ; c'est un bel édifice solide, et dont la cour, entourée d'un mur haut et fort, a au centre un puits surmonté d'un dôme ; le côté occidental, où est placée la chaire, est occupé par une galerie à trois rangs de colonnes. Cette mosquée est très ancienne, ayant été construite de nouveau par le célèbre Saladin, en 559 A. H. Kaïd Beg, sultan d'Egypte, la rebâtit dans sa forme actuelle, en 874 A. H. La tradition rapporte, suivant Fasi, qu'au pied de la montagne qui s'élève par derrière, Mahomet reçut plusieurs révélations du ciel, et qu'Adam fut en-

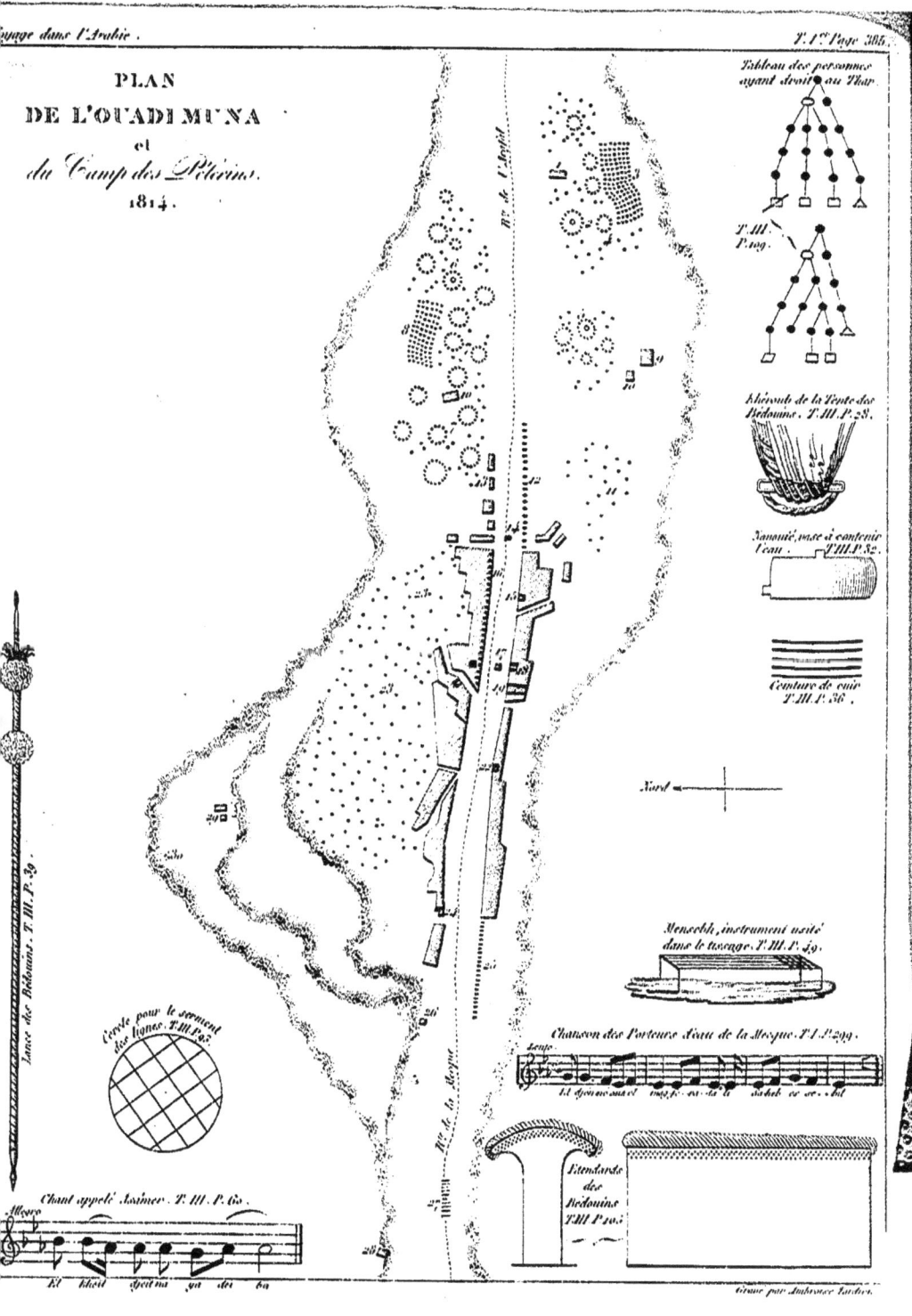

terré dans la mosquée. Tout à côté, il y a un réservoir fondé aussi par Kaïd Beg, selon Kotobeddin; il était alors à sec, de même qu'un semblable près du campement des pèlerins de Syrie. Le manque d'eau à Muna fit beaucoup souffrir les pauvres pèlerins : on en avait apporté un peu, soit de Mezdelifé, soit du réservoir situé au delà de Muna, sur la route de la Mecque; une outre pleine coûtait quatre piastres. Du temps de Fasi, il y avait à Muna quinze puits d'eau saumâtre; il paraît que partout autour de la Mecque on peut trouver de l'eau à une certaine profondeur.

La maison de Djeïlani est la plus belle de la ville ou du village de Muna (1); elle était constamment remplie de gens qui venaient lui rendre visite, et qu'il traitait splendidement. Les maisons du kadhi et des riches familles des Sakkat en étaient voisines. Du même côté du chemin, on avait récemment ré-

(1) EXPLICATION DU PLAN DE MUNA.

1 Maison du schérif.
2 Tente de Mohammed Aly pacha.
3 Cavalerie de ce prince.
4 Caravane d'Egypte.
5 Tente de Soliman pacha et de sa suite.
6 Tentes d'Ahmed bey commandant de la cavalerie syrienne.
7 Caravane de Syrie.
8 Cavalerie syrienne.
9 Mesjed el Kheïf.
10 Réservoir (à sec).
11 Camp des pèlerins pauvres, Yemenis, Indiens et nègres.
12 Tentes servant de cafés.
13 Maisons ruinées occupées par des Mekkaouis.
14 Premier pilier du diable.
15 Maison de Djeïlani.
16 Rangées de boutiques.
17 Second pilier du diable.
18 Maison du kadhi de la Mecque.
19 Salle voûtée avec des boutiques des deux côtés.
20 Mosquée ruinée.
21 Magasin où des esclaves abissins étaient exposés en vente.
22 Maison de Sakkat riche marchand de la Mecque.
23 Camp de pèlerins turcs, hedja-

paré et arrangé une longue salle étroite où une cinquantaine de détailleurs mekkaouis et turcs étalaient leurs marchandises. Les maisons de la rangée septentrionale sont presque entièrement en ruines, et les boutiques de ce côté étaient ouvertes et sans portes. Il y avait de plus plusieurs hangars construits au milieu de la rue, toutes sortes de denrées y étaient en grande abondance, mais leur prix était exorbitant.

Sur le penchant du Djebel Thébeïr, montagne au nord, les pélerins vont visiter le lieu où Abraham, selon quelques traditions, demanda la permission d'offrir son fils en sacrifice. On y montre un rocher de granit fendu en deux, et sur lequel tomba le couteau du patriarche au moment où l'ange lui montra le belier qui était près de là. La pierre, dès que le couteau la toucha, se sépara en deux. C'est en commémoration de ce sacrifice que les fidèles, quand le pélerinage est accompli, immolent leurs victimes. Toutefois, les commentateurs de la loi ne sont pas d'accord sur la personne qu'Abraham avait l'intention de sacrifier : quelques uns disent que c'est Isaac, mais le plus grand nombre pense que c'est Ismaël. Dans le voisinage immédiat du rocher, on voit une petite ca-

zouis et Bédouins. (Tout ce terrain est inégal et rocailleux.)
24 Troisième et dernier pilier du diable.
25 Rangées d'échoppes de barbiers.
26 Rocher sur lequel les victimes furent immolées.
27 Escalier pavé sur la route de la Mecque.
28 Petite maison du schérif où il se dépouille de l'ihram et s'habille.
29 Lieu où Abraham s'apprêtait à sacrifier son fils. Tout près de là est le lieu où Ismaël naquit.
30 Le Djebel Thébeïr.

verne qui peut contenir quatre ou cinq personnes : on raconte qu'Agar y accoucha d'Ismaël, toutefois ce récit est en contradiction directe avec la tradition musulmane, suivant laquelle Ismaël naquit en Syrie, d'où sa mère, quand il était encore à la mamelle, l'amena dans le Hedjaz; cependant, la petite caverne s'étant offerte si convenablement a justifié la substitution de Muna à la Syrie, pour le lieu de la naissance du père des Bédouins, et d'autant mieux qu'il en résulte beaucoup de donations pieuses aux Mekkaouis qui se tiennent assis à l'entour avec leurs mouchoirs déployés. Dans l'endroit où la vallée se termine du côté de la Mecque, il y a une petite maison du schérif, où il fait son sacrifice et se dépouille de l'ihram. On me dit que dans une vallée latérale qui mène de Muna au Djebel Hour, on trouve le Mesdjed el Aschra, mosquée où les disciples de Mahomet avaient la coutume de prier; mais je ne la visitai pas. Selon Azraki, le Mesdjed el Kabsch, autre mosquée, était voisin de la caverne, et Fasi dit qu'il y en avait une entre le premier et le second des piliers du diable; c'est probablement celle qu'on voit au n° 20 sur le plan.

Chaque division de pélerins a sa place pour camper, assignée dans l'Ouadi Muna comme à l'A'rafat, mais là l'espace est beaucoup plus resserré. Les Égyptiens s'arrêtèrent près de la maison du schérif, à l'endroit où Mohammed Aly avait dressé sa tente, dans le voisinage de sa cavalerie. Deux grands vases de cuir constamment remplis d'eau étaient placés devant sa tente pour l'usage des pélerins. A une petite distance, vers le Mesdjed el Kheïf on voyait la tente de Soliman pacha de Damas dont la caravane était campée de l'autre côté de la route; devant la tente étaient rangées dix pièces d'artillerie de campagne qu'il avait amenées. Son caisson de munition avait fait explosion en chemin près de Béder, et cinquante hommes avaient perdu la vie par cet accident: mais Mohammed Aly lui en avait fourni une nouvelle provision, et ses canons tirèrent souvent, de même que douze autres disposés près de la tente de Mohammed Aly. Les pélerins avaient pour la plupart campé sans aucun ordre, sur la plaine inégale et rocailleuse au nord derrière le village. Les tentes des Mekkaouis étaient élégantes, et comme c'était le jour de la fête, tous hommes, femmes et enfans se montrèrent avec leurs plus beaux habits. Dans la nuit peu de monde se hasarda de dormir à cause des voleurs qui pullulent à Muna. Un pélerin avait été dépouillé, la nuit précédente, de trois cents piastres fortes, et à l'A'rafat les Bédouins enlevèrent une douzaine de chameaux; deux des larrons avaient été poursuivis et saisis, conduits à Mouna, devant Mohammed Aly, il ordonna qu'on les décapitât. Leurs corps mutilés restèrent devant sa tente pendant les trois jours, des soldats les gardaient pour empêcher leurs amis de les emporter. Un pareil spectacle n'excite ni horreur, ni dégoût chez les Osmanlis; ils en sont si fréquemment témoins que leur sensibilité en est émoussée, et qu'ils deviennent inaccessibles aux émotions de la pitié. J'entendis un Bédouin, probablement un ami des suppliciés, qui, se tenant près de leurs cadavres, s'écria : « que Dieu leur fasse miséricorde, » mais qu'il n'en ait aucune pour celui qui les a tués! »

La rue qui s'étend tout du long du village de Muna fut alors convertie en un marché et une foire : chaque pouce de terrain où il n'y avait pas de bâtisse était occupé par des hangars ou des échoppes faites avec des nattes, ou par de petites tentes arrangées en boutiques. Des denrées et des marchandises de toutes sortes y avaient été apportées de la Mecque, et en opposition avec l'usage des autres pays musulmans où l'on s'abstient de tout trafic pendant les jours de fête, tous les marchands, les détailleurs et les brocanteurs étaient très occupés de leur négoce. Les marchands venus avec la caravane de Syrie commencèrent leurs marchés pour les marchandises de l'Inde, et étalèrent des échantillons de celles qu'ils avaient apportées et qui se trouvaient dans les magasins de la Mecque. Un grand nombre de pélerins pauvres parcouraient la rue en criant la petite pacotille qu'ils portaient sur leur tête ; et toutes les affaires étant confinées dans cette seule rue, le mélange de nations, de costumes et d'objets à vendre y était plus grand qu'à la Mecque (1).

(1) De tout temps le pélerinage chez les Arabes idolâtres fut lié à une grande foire qui se tenait à la Mecque. Dans le mois qui précédait le pélerinage, ils visitaient d'autres foires voisines, savoir : celle d'Okath qui est le marché de la tribu de Kémané ; celles de Médine et de Zou el Medjaz, marchés de la tribu des Hodeïl, et celle de Hascha, marché des Beni Lazed. Après avoir passé leur temps aux amusemens de ces foires, ils allaient en pélerinage à l'A'rafat et revenaient à la Mecque où s'ouvrait une autre grande foire (voyez Azraki). A l'A'rafat et à Muna, au contraire, ils s'abstenaient scrupuleusement de tout trafic, pendant qu'ils y séjournaient, et s'acquittaient des cérémonies de la religion ; mais le Koran a abrogé cette observance et un passage du chapitre II permet de commercer pendant les jours du pélerinage : du moins il a été expliqué ainsi (voyez El Fasi).

Dans l'après-midi du premier jour de Muna, les deux pachas se firent mutuellement une visite, et leur cavalerie manœuvra devant leurs tentes. Parmi les soldats de Soliman pacha, une soixantaine de Zembourek attira l'attention; ce sont des artilleurs montés sur des chameaux et ayant devant eux de petits pierriers tournant sur un pivot fixé au pommeau de leur selle. Ils tirent en courant au trot, et l'animal supporte avec la plus grande tranquillité le choc de la pièce. La cavalerie syrienne consistait à peu près en quinze cents hommes, presque tous des delhis; aucun fantassin n'accompagnait la caravane. Soliman pacha parut aujourd'hui avec un cortége très brillant; tous ses gardes-du-corps étaient habillés d'étoffes richement brodées et resplendissantes d'or, et tous étaient bien montés quoique le coursier du pacha fût chétif. Après que les deux pachas se furent rendu visite, les officiers suivirent leur exemple, furent admis au baise-main des pachas, et chacun reçut un présent en argent suivant son rang. Le kadhi, les riches marchands de la Mecque et les grands personnages parmi les pélerins, rendirent également leurs devoirs aux pachas; leurs visites durèrent chacune environ cinq minutes. Une foule immense était en même temps rassemblée dans un vaste demi-cercle autour des tentes ouvertes, afin d'en considérer l'éclat.

L'après-midi, une troupe de pélerins nègres ayant un chef à leur tête, se fit jour à travers la multitude, et marchant droit à Soliman pacha assis seul sur un sofa et fumant sa pipe dans un coin de sa tente, le salua hardiment et le félicita sur l'accomplissement du pèlerinage, il leur donna en retour quelques pièces d'or. Ils essayèrent ensuite d'en faire autant auprès de Mohammed Aly pacha, mais ils ne reçurent pour leurs complimens que des coups sur le dos de la part de ses officiers. Parmi les curiosités qui fixaient les yeux de la foule, il y avait sous l'entrée de la maison du schérif un chariot appartenant à la femme du pacha d'Égypte ; il était venu par mer sur le navire qui avait porté cette dame à Djidda, et elle s'en était servie pour aller à la Mecque et à l'A'rafat ; elle y était, conformément à l'usage du pays, entièrement cachée ; il était traîné par deux beaux chevaux, et plus tard on l'aperçut fréquemment dans les rues de la Mecque.

Le soir, toute la vallée parut en feu ; chaque maison et chaque tente étaient illuminées ; le devant des tentes des pachas offrait de belles illuminations, et les Bédouins firent de grands feux de joie sur le sommet des montagnes. Les salves d'artillerie continuèrent pendant toute la nuit ; des feux d'artifice furent tirés, et plusieurs Mekkaouis lancèrent des fusées.

Le second jour de la fête de Muna se passa de la même manière que le premier ; mais les carcasses des moutons immolés commençant à se corrompre, répandaient une infection épouvantable dans quelques parties de la vallée, parce que très peu de pèlerins peuvent consommer les victimes qu'ils égorgent. Il n'est pas même permis aux hanefis, par les préceptes de leur secte, de manger plus d'un huitième de mouton. La plus grande partie de la chair tombe donc en partage aux pauvres pèlerins, et les entrailles sont jetées dans la vallée et dans la rue. Des nègres et des Indiens découpaient cette chair en tranches, qu'ils faisaient sécher pour leur voyage (1).

Aujourd'hui beaucoup de pèlerins récitèrent leurs prières dans le Mesdjed el Kheïf; je le trouvai rempli de pauvres indiens qui s'y étaient logés. Le pavé était jonché de charognes, et sur des cordes, allant d'une colonne à l'autre, étaient suspendues les tranches de viande qui séchaient. La vue et l'odorat en souffraient également, et beaucoup de pèlerins s'étonnaient de ce que les bienséances fussent blessées à un tel point. En général les pèlerins étrangers sont témoins à la Mecque d'une infinité de choses qui ne sont pas propres à leur inspirer un grand respect pour les lieux saints de leur religion, et bien que les sentimens religieux de plusieurs n'en éprouvent pas de diminution, il en est d'autres, nous pouvons en être assurés, chez qui ils s'affaiblissent

(1) Jusqu'au seizième siècle, ce fut une règle invariable pour les sultans d'Egypte, et ensuite pour ceux de Constantinople de fournir à Muna, à tous les pauvres pèlerins, des vivres aux dépens du trésor public. Les Arabes idolâtres se distinguaient plus particulièrement par leur hospitalité durant le temps du pèlerinage; ceux qui le faisaient étaient reçus gratuitement par tous ceux devant les tentes desquels ils passaient, ceux-ci s'étant pourvus à cet effet d'approvisionnemens considérables (voyez Kotobeddin). Parmi les prodiges qui distinguaient l'Ouadi Muna des autres vallées, El Fasi raconte que suivant les circonstances celle-ci s'agrandit assez pour contenir une quantité quelconque de pèlerins; que le jour du sacrifice aucun vautour n'enlève jamais les moutons immolés, et les laisse pour les pèlerins pauvres, et que, malgré l'abondance de la viande crue, nulle mouche n'y incommode les pèlerins. Quant à ce dernier fait, je déclare, d'après ma propre expérience, qu'il est faux.

beaucoup, d'après ce qu'ils ont vu durant leur séjour dans le Hedjaz. C'est à cette perte du respect pour la religion, et aux pratiques criminelles et honteuses légitimées en quelque sorte par leur fréquence dans la cité sainte, que l'on doit attribuer ces proverbes qui désignent les pélerins comme moins religieux et moins dignes de confiance que les autres hommes. Mais notre terre sainte, à nous chrétiens, est sujette aux mêmes reproches pour des pratiques du même genre. Les musulmans les plus dévots et les plus rigides connaissent ce mal et en déplorent l'existence, et prouvent ainsi qu'ils sont plus clairvoyans et plus sincères que le pélerin chrétien M. de Châteaubriand (1).

Le 12 de zoul hadj, à midi, aussitôt après avoir jeté les dernières vingt et une pierres, les pélerins partirent de Muna, et prirent leur chemin le long de la vallée de la Mecque, en manifestant leur joie par des chants, des discours à haute voix et des éclats de rire : contraste frappant avec l'air triste que chacun avait il y a quatre jours en venant. A leur arrivée à la Mecque, les pélerins doivent visiter la ka'aba, qui, sur ces entrefaites, a été revêtue de la nouvelle tenture envoyée du Caire, en faire sept fois le tour, et accomplir la cérémonie du saï ; c'est ce qu'on nomme *thouaf ifadhé* ; ensuite on reprend l'ihram, afin de visiter l'Omra ; quand on en

---

(1) M. de Châteaubriand peut avoir eu des motifs politiques pour peindre sous de belles couleurs la Palestine et son clergé ; mais comme voyageur il ne peut échapper au blâme de s'être écarté de la vérité, et d'avoir présenté sous un jour complettement faux les faits dont il a été témoin.

revient, on recommence le touaf et le saï, et alors tout ce qui tient au pélerinage est terminé.

Les principales obligations imposées aux pélerins sont donc les suivantes : 1° prendre l'ihram ; 2° assister, le 9 de zoul hadj, au sermon prêché à l'A'rafat, depuis l'après-midi jusqu'au coucher du soleil ; 3° assister, le 10, au lever du soleil, à un sermon semblable à Mezdelifé ; 4° le 10, le 11 et le 12, jeter chaque jour vingt et un cailloux aux piliers du diable, à Muna ; 5° faire le sacrifice à Muna, ou, si l'on est trop pauvre, le remplacer par un jeûne à une époque future ; 6° au retour à la Mecque, visiter la ka'aba et l'Omra. La loi établit tant de distinctions minutieuses, et augmente tellement le nombre des régles qui doivent guider chaque pas du pélerin, qu'il en est bien peu qui puissent se flatter de s'y être conformés exactement : mais comme il n'existe pas de police pour faire accomplir les cérémonies prescrites, chacun s'en acquitte à sa manière, et prend le titre de pélerin, n'importe qu'il ait rempli strictement ou d'une manière superficielle les devoirs qui lui étaient imposés. Il suffit d'être allé à l'A'rafat au jour marqué, c'est le signe distinctif ; mais une simple visite à la Mecque n'autorise pas un homme à se qualifier hadji ; et s'il s'arroge ce titre sans autre prétention, il s'expose au ridicule. A la Mecque on ne délivre pas, comme à Jérusalem, un certificat en règle aux pélerins ; néanmoins beaucoup de gens riches achètent quelques dessins de la ville, auxquels est annexée une attestation de quatre témoins portant que les acheteurs ont réellement fait le pélerinage. Si le 9 de zoul hadj, ou le jour d'el Ouakfé, tombe un vendredi, cette coïncidence est regardée comme singulièrement heureuse.

Quelques pèlerins ont la dévotion d'obtenir le titre de *khadem el mesdjed* (serviteur de la mosquée). On peut l'acquérir pour une somme d'environ trente piastres fortes; on délivre à celui qui les paie un diplôme revêtu des signatures du schérif et du khadi, et par lequel ce titre lui est conféré. Il n'est pas même rare que des chrétiens jouissent de cet honneur: il est surtout recherché par les Grecs qui habitent les îles et les rivages de l'Archipel, parce que l'exhibition d'un semblable diplôme leur sert presque toujours de protection contre les pirates mogrebins les plus rigides. J'ai vu un capitaine grec qui en avait payé un deux cents piastres fortes: il avait commandé un dao de Mohammed Aly, et s'en retournait chez lui: il était persuadé qu'à l'avenir tout navire qu'il monterait n'aurait, moyennant ce diplôme, rien à craindre des pirates. Autrefois ce titre de khadem paraît avoir eu beaucoup plus d'importance qu'il n'en a aujourd'hui, car je trouve que, dans les histoires de la Mecque, il est fait mention de beaucoup de grands personnages, qui l'ajoutaient à leur nom.

Au retour de Muna, il est presque impossible de passer dans la principale rue de la Mecque, à cause de la foule. Les pèlerins syriens louent des boutiques et tirent le meilleur parti possible du peu de temps qui leur reste pour leurs affaires commerciales; chacun achète des provisions pour s'en retourner chez soi, et le désir du gain occupe tous les esprits depuis le plus grand jusqu'au plus petit. Les deux caravanes partent ordinairement vers le 23 de zoul hadj, après avoir séjourné dix jours à la Mecque. Quelquefois les conducteurs, gagnés par les marchands, qui paient grassement cette faveur, accordent un répit de quelques jours ; mais cette année ce ne fut pas nécessaire, la caravane ayant été retenue par Mohammed Aly, qui, se préparant à ouvrir la campagne contre les Wahhabites, jugea à propos d'employer douze mille chameaux de la caravane de Syrie à faire deux voyages à Djidda et un à Taïf, pour le transport des provisions. Comme la caravane d'Égypte n'était composée que d'employés du gouvernement et de soldats, Mohammed Aly ordonna que tous les cavaliers et les chameaux qui l'avaient accompagnée l'aidassent dans sa campagne. Le mahmal ou chameau sacré fut envoyé à Suez par mer, ce qui ne s'était jamais vu auparavant. La caravane de Syrie ne quitta la Mecque que le 29 de zoul hadj ; le travail continuel auquel ses chameaux avaient été assujettis les affaiblit à un tel point qu'un grand nombre périt dans le désert. Les caravanes de chameaux non chargés qui à toute heure partaient pour Djidda afin d'y charger des vivres, facilitaient, aux pèlerins qui voulaient s'en retourner chez eux par mer, le moyen d'aller s'embarquer dans cette ville.

Ayant appris que l'argent qu'à mon arrivée en Arabie j'avais demandé au Caire avait été reçu à Djidda, je partis dans la nuit du 1er décembre pour ce port, et j'y restai six à sept jours. Les pèlerins, qui sur ces entrefaites y affluaient journellement à leur retour de la Mecque, étaient campés dans tous les quartiers, et bientôt on y fut aussi à l'étroit qu'on venait de l'être dans la ville sainte. Parmi les navires qui se trouvaient dans le port, prêts à prendre à bord des pélerins, il y en avait un de Bombay, appartenant à une maison persane de cette place, et commandé par le capitaine Boàg, Anglais, qui était venu contre mousson, à cette époque tardive. Je passai plusieurs heures agréables avec M. Boag, à son bord, et je regrettai que mes projets me forçassent de partir si tôt. Deux autres Européens étaient arrivés vers le même temps, par le Caire, à Djidda; l'un était un Anglais allant dans l'Inde, l'autre un médecin allemand, né dans le Hanovre, et baron. Des malheurs cruels l'avaient forcé de quitter son pays, et il avait le dessein de pratiquer son art à Djidda ou d'aller à Mokha; mais ses idées étaient trop en désordre pour qu'il pût se décider à quelque chose, et il avait un caractère trop indépendant pour recevoir des conseils ou des secours. Je le laissai à Djidda, et, de retour à la Mecque, j'appris qu'il était mort de la peste au mois de mars. Les Grecs l'avaient enterré dans une île du port.

Revenu à la Mecque vers le 8 ou 9 décembre, je n'y trouvai plus la même affluence; mais les mendians étaient devenus si nombreux et si incommodes, que beaucoup de pélerins préféraient de rester chez eux toute la journée, afin d'éviter à la fois les importunités, la dépense qu'elles occasionaient si on y cédait, ou le scandale qu'on causait en manquant de charité. Ces mendians sollicitaient des aumônes pour pouvoir retourner chez eux, et beaucoup de pélerins d'un extérieur respectable qui avaient dépensé leur argent pendant le temps des cérémonies, en augmentaient la quantité. Mon intention avait été de voyager avec la caravane de Syrie jusqu'à Médine; en conséquence, je m'arrangeai avec un Bédouin de la tribu de Harb, qui me loua deux de ses chameaux. Cela vaut mieux que de conclure un marché avec un mekouem, qui se charge de toutes les dépenses sur la route. Mais un accident m'empêcha de profiter de cette occasion.

La caravane étant prête à partir le 15 décembre, j'empaquetai mes effets dans la matinée; à midi un coup de canon annonça que Soliman pacha avait quitté la plaine de Scheikh Mahmoud où la caravane campait. Cependant mon Bédouin n'arrivait pas; je courus vers la plaine, et voici ce que j'appris : le bruit, vrai ou faux, s'étant répandu que Mohammed Aly n'attendait que le moment où tous les chameaux seraient rassemblés pour s'en emparer, et les envoyer à Taïf, plusieurs Bédouins s'étaient échappés pendant la nuit; il était évident que le mien était de ce nombre. Dans la précipitation et la confusion du départ, il ne fut pas possible de trouver d'autres chameaux, et je fus obligé de m'en retourner avec plusieurs Mekkaouis à qui le même désagrément était arrivé.

Au moment de partir, le conducteur de la caravane de Damas distribue aux pauvres une certaine quantité de vivres. Soliman pacha en avait donc amassé deux cents charges de chameaux près de sa tente; à un signal donné, et quand il monta à cheval, les gens qui attendaient le moment se jetèrent de la manière la plus désordonnée sur ces provisions; une bande d'une quarantaine de pélerins nègres, armés de bâtons, s'en appropria une portion considérable.

La caravane de Syrie s'arrête ordinairement pendant deux ou trois jours dans l'Ouadi Fatmé, sa première station, afin que les chameaux profitent des beaux pâturages de ce canton; mais Soliman pacha, qui se défiait extrêmement de Mohammed Aly et qui craignait qu'il ne demandât encore des chameaux, passa outre et ne fit halte qu'à la seconde station, au grand détriment de beaucoup de détailleurs mekkaouis venus à l'Ouadi Fatmé dans l'espoir de vendre des marchandises. Pendant le voyage le pacha fut pris d'un délire, et avant d'arriver à Damas ses propres officiers s'assurèrent de sa personne. Dans cette ville, il revint en son bon sens, mais il y mourut peu de jours après.

J'attendis encore un mois une autre occasion d'aller à Médine. J'aurais pu aisément m'embarquer à Djidda pour Yambo, mais je préférais voyager par terre. A cette époque les habitans du Hedjaz étaient livrés à de vives inquiétudes causées par Mohammed Aly qui se préparait à marcher en personne contre les Wahhabites; ils savaient que s'il échouait dans cette entreprise, les Bédouins de leur pays reprendraient leurs anciennes habitudes, et fermeraient la route de l'intérieur à tous les voyageurs; l'expérience leur avait également appris que si les Wahhabites se rendaient maîtres du pays une seconde fois, la Mecque seule pouvait espérer d'échapper au pillage. Ces considérations retardèrent le départ des caravanes pour Médine. Il en part ordinairement une considérable le 11 de moharrem, qui cette année correspondait avec le 2 de janvier 1815, jour qui suit celui de l'ouverture de la ka'aba ; et qu'on nomme *aschour*. Vers la fin de décembre on fut alarmé par un faux bruit ; on disait qu'une armée de Wahhabites arrivait du sud, le long de la côte. Bientôt, dans les premiers jours de janvier 1815, Mohammed Aly partit ; quatre jours après, il rencontra les Wahhabites à Bissel dans le voisinage de Taïf, il les battit complétement ; dès que cette nouvelle fut connue à la Mecque, la caravane qui était prête depuis long-temps, partit pour Médine le 15 de janvier.

Après le départ des pélerins de Syrie pour ce pays et celui de la plupart des autres pour Djidda, la Mecque ressemblait à une ville abandonnée; il ne restait plus qu'un quart de ses brillantes boutiques, et dans ses rues où peu de semaines avant il fallait se frayer péniblement un passage à travers la foule, on n'apercevait plus un seul pélerin, excepté quelques mendians isolés qui élevaient leurs voix plaintives vers les fenêtres des maisons qu'ils supposaient encore habitées. Les gravois et l'ordure couvraient toutes les rues, et personne ne paraissait disposé à les enlever. Les environs de la Mecque étaient jonchés de cadavres de chameaux dont l'odeur empestait l'air, même au centre de la ville, et contribuait certainement aux nombreuses maladies qui régnaient. Plusieurs centaines de ces charognes étaient étendues près des réservoirs des pélerins, et les Arabes qui habitaient ce quartier ne sortaient jamais sans se boucher les narines avec du coton qu'ils portaient suspendu à leur cou par un fil (1). Mais ce n'était pas tout. Les Mekkaouis ont l'habitude de vider leurs latrines vers cette époque; trop paresseux pour emporter les immondices hors de leurs villes, ils se bornent à creuser un trou dans la rue, devant leur porte, ils les y déposent, et ne les couvrent que d'une simple couche de terre. On devine aisément les conséquences de cet usage.

Les fêtes des mariages et de la circoncision ont lieu alors; car on les célèbre aussitôt après le pèlerinage, dès que les Mekkaouis sont laissés à eux-mêmes, et avant qu'on ait eu le temps de dépenser l'argent gagné pendant la période précédente; mais je vis bien plus de convois que de cortéges nuptiaux. Beaucoup de pélerins, déjà malades des fatigues de la route, ou du froid dont ils ont été saisis pendant qu'ils portaient l'ihram, ne sont pas en état de se mettre en route pour retourner chez eux; ils restent dans l'espérance de recouvrer la santé; souvent ils terminent leur existence dans la ville sainte. S'ils ont avec eux un compagnon ou un parent, il emporte ce que le défunt a laissé, après avoir payé un droit au kadhi; s'il est seul, le schérif et le kadhi sont ses héritiers; ces successions composent

---

(1) Les Arabes en général et même les Bédouins sont beaucoup plus sensibles que les Européens à la moindre odeur désagréable. C'est une des principales raisons pour lesquelles les Bédouins n'entrent jamais sans répugnance dans les villes. Ils croient que les mauvaises odeurs affectent la santé en pénétrant dans les poumons par les narines; et c'est pour cela plutôt que pour éviter la sensation déplaisante causée par l'odeur, que les Arabes et les Bédouins en passant par les rues couvrent souvent leur nez avec le bout de leur turban.

I. Voy. dans l'Arabie.

une source assez considérable de revenu. Quand je quittai la Mecque, il y restait peut-être un millier de pélerins, qui avaient le projet d'y passer une année entière pour assister à un autre hadj; d'autres comptaient n'y séjourner que quelques mois.

Le jour où l'on part de la cité sainte, il est regardé comme bienséant de faire à la ka'aba une visite de départ nommée *touaf el ouodaa*, et de pratiquer le touaf et le saï. On se conforme généralement à ce devoir quand tout est prêt pour partir, et la cérémonie terminée, on monte sur son chameau.

FIN DU PREMIER VOLUME.

TABLE.

- Chap. I. Séjour à Djidda. 1
- — II. Voyage de Djidda à Taïf. 71
- — III. Séjour à Taïf. 92
- — IV. Voyage de Taïf à la Mecque. 115
- — V. Arrivée à la Mecque. 124
- — VI. Description de la Mecque. 134
- — VII. Quartiers de la Mecque. 144
- — VIII. Description de la maison de Dieu (Bei-thou'llah) ou grande mosquée de la Mecque. . 177
- — IX. Notices historiques concernant la ka'aba et le temple de la Mecque, extraites des ouvrages d'El Azraki, El Fasi, Kotobeddin et Asami. . . . 217
- — X. Description de plusieurs autres lieux saints visités par les pèlerins, tant dans la Mecque que dans ses environs. 229
- — XI. Remarques sur les habitans de la Mecque et de Djidda. 242
- — XII. Gouvernement de la Mecque. 302
- — XIII. Climats et maladies de la Mecque et de Djidda. 332
- — XIV. Le Hadj ou le pélerinage. 338

www.ingramcontent.com/pod-product-compliance
Lightning Source LLC
Chambersburg PA
CBHW060936230426
43665CB00015B/1962